中国少数民族设计全集

The Design Collection of Chinese Ethnic Minorities

回族

中国少数民族设计全集编纂委员会 编

山西人民出版社　人民美术出版社

图书在版编目（CIP）数据

中国少数民族设计全集．回族／中国少数民族设计全集编纂委员会编；杨明朗等著．—太原：山西人民出版社，2019.10
ISBN 978-7-203-11113-9

Ⅰ．①中… Ⅱ．①中…②杨… Ⅲ．①回族－民族文化－研究－中国 Ⅳ．① K28

中国版本图书馆 CIP 数据核字（2019）第 227635 号

中国少数民族设计全集．回族

编　　者：中国少数民族设计全集编纂委员会
著　　者：杨明朗　等
责任编辑：阎卫斌　王新斐
复　　审：梁晋华
终　　审：姚　军
装帧设计：谢　成

出 版 者：山西人民出版社　人民美术出版社
地　　址：太原市建设南路 21 号
邮　　编：030012
发行营销：0351 - 4922220　4955996　4956039　4922127（传真）
天猫官网：https://sxrmcbs.tmall.com　电话：0351 - 4922159
E — mail：sxskcb@163.com　发行部
　　　　　sxskcb@126.com　总编室
网　　址：www.sxskcb.com

经 销 者：山西出版传媒集团·山西人民出版社
承 印 者：山西出版传媒集团·山西新华印业有限公司

开　　本：889mm × 1194mm　1/16
印　　张：33.75
字　　数：400 千字
印　　数：1—1 000 册
版　　次：2019 年 10 月　第 1 版
印　　次：2019 年 10 月　第 1 次印刷
书　　号：ISBN 978-7-203-11113-9
定　　价：540.00 元

如有印装质量问题请与本社联系调换

中国少数民族设计全集编纂委员会

总 主 编　（按年龄排序）
　　　　　　张夫也　王立端　戴晋明　廖 军　王 琥　李豫闽　过伟敏　顾 平
　　　　　　王 强　李 岗
执行主编　王 琥
编务统筹　张明山

中国少数民族设计全集编辑工作委员会

主 任　刘伟冬
编 委　（排名不分先后）
　　　　　　王 琥　王 峰　王 强　王立端　王浩滢　白 波　过伟敏　许 星
　　　　　　许边疆　李 岗　李 丽　李豫闽　成光虎　肖 飞　余 强　汪传跃
　　　　　　罗 力　杨明朗　陈 述　陈见东　邱 珂　胡万明　顾 平　郑 静
　　　　　　郭立忠　姬 莹　张夫也　张泽国　张明山　张秋平　张耀引　梁盛平
　　　　　　樊 进　谢 玮　熊 伟　熊 微　熊建新　蔡克中　葛 芳　鞠 斐
　　　　　　魏 洁　廖 军　戴晋明

中国少数民族设计全集出版工作委员会

主 任　胡彦威　周 伟
执行主任　姚 军　欧京海
编务统筹　阎卫斌　周小龙
编 辑　（排名不分先后）
　　　　　　王新斐　史美珍　冯 昭　冯灵芝　吉 昊　吕绘元　刘小玲　任秀芳
　　　　　　孙 琳　孙宇欣　李广洁　李建业　李 靖　员荣亮　张小芳　张志杰
　　　　　　张书剑　何赵云　陈俞江　吴春华　武 静　周小龙　柳承旭　郝文霞
　　　　　　赵 玉　赵晓丽　席 青　秦继华　高 雷　郭向南　阎卫斌　崔人杰
　　　　　　傅晓红　蔡咏卉　翟丽娟　樊 中　薛正存　魏 红　魏美荣
整体设计　谢 成

中国少数民族设计全集·回族

本册著者　　杨明朗　邱　珂　吴国荣　胡红中　郭林森
　　　　　　　万朝红
参与撰写　　黄树根　陈炳灿　汤繁稀　庄　泓　邹萍秀
　　　　　　　姚惠婧　张　雪　虞正韬　李雪松　殷君士
　　　　　　　杨忠强　杨　钦　胡浩然　张灿斌　张　明
　　　　　　　许梦露　邓　奔　李菁菁　汤丹丹　林志兵
　　　　　　　苏远亮　宋　姣　肖巧妮　虞洁琼　李亚蓉
　　　　　　　赵祎祎

求同存异　和合共荣

刘伟冬

　　中华民族，是一个由56个民族组成的大家庭。在漫长的文明发展史中，汉族和各少数民族都为中华文明的繁荣发展贡献了自己的聪明才智。纵观中华文明史，其实就是一部各族群之间"求同存异，和合共荣"的文化演进史。

　　从根子上讲，4000年前的"中国"，仅指北方中原地区，居住在这里的相传是上古时期黄帝部落和炎帝部落的后裔，故而自称"炎黄子孙"。其时的"中国"，不过是黄河中下游（西起陇山，东至泰山）区域。在千年发展与民族融合之后，尤其是晋末"衣冠南渡"，南迁的中原汉族与南方百越民族彻底融合，来自北方的鲜卑等民族融入汉族，使汉族前所未有地壮大发展，逐渐形成后来疆域辽阔、人口众多、物产繁盛、文化昌明的中华民族的主体族群。特别值得强调的是，自从作为一个民族整体之后，中华民族就从未中断过自己的民族发展史——这在世界历史上是硕果仅存、独一无二的。

　　中华民族具备兼容并蓄、虚心好学的民族天性。仅以设计学范畴的事例讲：在数千年文明发展历史中，中华民族在不断向外输出优秀的文明成果（如烧造之陶瓷砖瓦、营造之榫卯斗拱、织造之丝绸刺绣、锻造之"失蜡"分模等），影响全人类的日

常生活与生产方式的同时，也不断地吸纳域外各民族的优秀文明成果，如汉魏之印度佛教和西域音乐、隋唐之西亚服饰和家具、宋元之东洋印染和漆艺、明清之西洋机器与建筑……在中华民族内部，这样的文化交流更是从未停止过，而且是风生水起、枝繁叶茂，愈发流畅、深入，中华民族各族群之间"求同存异，和合共荣"的文化大演进，共同创造了中华民族极为灿烂辉煌的造物文明历史。仍以设计学范畴为例：原本是匈奴人发明的单足绳圈，被晋代的汉族人设计成铁质双镫；最早是鲜卑人原创的毡毯卷边，被晋代的汉族人改造成"高桥马鞍"，这宗中国式马具设计案例，被誉为"13世纪中国传入欧洲的最重要文化成果"（李约瑟语）。再如，西域（今新疆地区）是全世界最早的皮靴生产地，哈尼族为主的红河地区出现了全世界最早的梯田。再如，全世界最早的"干栏式建筑"和全世界最早的稻米人工育种、栽培，均起源于长江中下游的百越地区；全世界最早的竹藤编结器物起源于闽越地区……由中华民族共同创造、发明，后来又影响了全人类文明进程的优秀造物设计案例很多，不胜枚举。几千年中华民族的文明史，就是各种文化多元融合、共同发展的最好例证。不了解中华民族内部各族群的文明交流史，就无法真正理解中国文化史，也不能理解为什么中华民族总是能在逆境中成长强大。甚至可以说，能否完整地理解中华民族的文化史，是检验每一个当代中国知识分子（特别是文史哲专业的学者）文化立场的"试金石"。

　　随着改革开放的逐渐深入，各民族地区的经济与社会状态已发生了天翻地覆的变化。令人遗憾和担心的是，由于各地区政策执行力度不平衡，保护措施不得力，少数民族的文化特性正在逐步衰退，有些地区的少数民族文化特征甚至已经消失殆尽，仅仅存在于徒具形式，充满口号、标语的民族文化村旅游景点中。有学者预言，再不加快整理抢救工作，中国的少数民族可能在物质形态和文化内涵的特征上，若干年后将不复存在。

从少数民族地区反映古代中国社会某些面貌的文化遗存看，这些少数民族之所以一直与汉族地区差距巨大，存在多方面的原因，其中历代汉族统治者对少数民族的歧视政策是主要原因。此外这些地区本身就处于偏僻荒地，不是沙漠就是山区，自然条件远不及汉族聚集地区，社会发展水平滞后。20世纪50年代，有相当比例的少数民族在当时仍处于原始农耕社会或奴隶制社会，不要说通电、通水、通汽车，不少人一辈子连铁器长什么样都没见过。部分少数民族聚集地的各种自然条件也较差，缺肥少水，基本生活来源，一靠老天爷恩赐的"望天收"农作物；二靠家庭手工作坊制作些竹藤编结物和土织、土陶等土特产来换取粮食；三靠养猪、兔、羊和鸡、鸭、鹅等家禽来换取日用品，如灯油、农具、衣物和油盐酱醋等；四靠为土司、头人和大户们出卖劳力（社会底层奴隶身份），年老即被抛弃。中华人民共和国成立后，党和政府在这些地区实行社会主义改造，打倒以土司、巫师和头人为首的剥削阶级，将土地和生产资料一律收归集体所有，解放了全体少数民族民众，使他们历史上第一次有了自由劳作和生活的权利。

中华人民共和国成立之初，党和政府就高度关注民族事务问题，为如何保护、关心各少数民族制定了一系列方针、政策，也为当代中国社会处理民族问题、保护民族文化树立了光辉典范。中央人民政府政务院于20世纪50年代初发布了《关于民族事务的几项决定》，为新中国民族政策奠定了最初的思想基础，其主要内容是：一、各大行政区军政委员会（人民政府）须指导各有关

求同存异 和合共荣

省、市、行署人民政府认真推行民族区域自治及民族民主联合政府的政策和制度，并随时向政务院报告推行经验，请示者须事前向政务院请示。二、各大行政区军政委员会（人民政府）须指导各有关省、市、行署人民政府认真并有计划地实行政务院在1950年颁发的《培养少数民族干部试行方案》，并将该项工作进行情况定期加以检查，每半年向政务院报告一次。中央民族学院及西北、西南、中南各军政委员会和新疆省人民政府的民族学院，必须依计划实行，并向政务院报告。三、政务院于1951年下半年适当时间将同时召开有关少数民族的卫生、教育及贸易三个专业会议，责成政务院文教委员会、中财委指导中央卫生部、教育部、贸易部开始筹备，并责成中央民族事务委员会协助进行。有关部门如农业部、文化部也须派人参加。四、责成中央人民政府各委、部、会、院、署、行注意建立有关民族事务的业务。五、在政务院文教委员会内设民族语言文字研究指导委员会，指导和组织少数民族语言文字的研究工作，帮助尚无文字的民族创立文字，帮助文字不完备的民族逐渐充实其文字。六、扩大中央民族事务委员会委员名额，责成中央民族事务委员会提出补充名单的建议，并于1951年下半年召开中央民族事务委员会扩大会议，检查与总结关于推行民族区域自治及民族民主联合政府的经验。

20世纪50年代，中央人民政府和政务院，曾多次组织"中央慰问团""土改工作队"和"普查工作队"等，花费大量人力和物力，深入各少数民族地区，进行了大量较为翔实的社会历史调查。50年代这轮由政府统筹、由中央民委组织行政领导和人类学、社会学专家学者以及民族同志组成工作队与考察队的少数民族大考察活动，1953年正式启动，1956年结束（个别地区延期至1958年才结束）。直接成果之一，就是为1956年国务院公布的55

个少数民族的正式定名和划分，提供了可靠的依据。

从当时考察的资料看，各少数民族的社会发展水平参差不齐，不少民族呈现类似汉族曾经历过的各种历史发展状况，为我们今天考察、了解并研究过去的历史以及各学术分支问题，提供了绝好的活体范本。比如以"设计发生学"研究为列，以山寨（村落）为主的初级社会组织形态，原始手工业在农耕环境中的地位，原始造物的手工技艺与设备、工具等，都是我们极感兴趣的研究对象。

在西北、西南和东北各少数民族聚集地区，有些古时流传下来的本民族手工造物技术，迄今仍保存良好。其吸收了汉族和其他兄弟民族的技术长处之后演变出来的各时段手工造物技术，则印证了各民族互相融合、取长补短的史实。更有些原始手工艺，特别具有艺术和历史研究价值。以维吾尔族人为例，本世纪初，笔者在新疆喀什城艾格孜艾日克老街看到几样手工艺绝活：其一是整条街的维吾尔族乐器店，除了热瓦普、曼陀林和冬不拉等少数维吾尔族知名乐器外，全是些笔者叫不上名来却似曾相识的弹拨乐器和拉弦乐器，于是从心里认可了"西域古乐成就了中国传统民乐"这句话所言不谬。其二是亲眼所见一个拖着鼻涕的不到10岁的维吾尔族小男孩，拿着电砂轮在铜壶上信手飞快地刻着精美细腻的图案，一不要底稿，二没有图纸，真是佩服得五体投地，也相信了"汉族人长于热铸，西域人长于冷锻"这个说法。其三是在喀什近郊著名的大巴扎"金器一条街"上看见近百家金店生意红火，家家门前毡毯上都围坐着一群金店伙计和顾客，正在热烈讨论、共同设计着花样繁多的未来金饰嫁妆，感受到了"中国传统样式的金银首饰工艺，最富有创意的设计和最先进的工艺制作，原来在维吾尔族人手里"这句大实话。还有，笔者

在云南景洪县城集市上，曾亲眼见过景颇族老乡用古老的"焖烧法"烧出的红彤彤的土陶——跟笔者一知半解的仰韶彩陶的烧制工艺几乎一模一样。还有，笔者在大西北甘陕宁各省亲眼所见的回族、保安族、裕固族和东乡族老乡巧手做出的那些花样繁多、样式复杂的面塑造型，真是个个精妙绝伦。这方面的事例实在太多了。

50年代的少数民族地区社会大普查，以及半个多世纪以来社会各界对其丰富而珍贵的考察、研究，意义深远，价值极为重大。这些地区客观上保存的较为完整的、与数千年前中国原始社会最初形态近似的许多社会特征，为我们研究社会的最初形态形成和当时的经济、文化、政治的基本状况以及"设计发生学"的相关课题，提供了珍贵的类型学"活化石"范本，价值非凡。改革开放以来，这些少数民族地区也获得了前所未有的巨大发展，人民生活日新月异；但与此同时，少数民族地区的民族性在不可避免地愈发衰减、退化，甚至消失。如果我们再不采取保护措施，若干年后，各少数民族的许多宝贵民族文化遗产将无法挽救地彻底消亡，这部分同属于全人类精神财富和中华民族集体智慧的宝藏，我们将再也看不到了。

在"设计发生学"问题上，我们一向秉持文化多元论的观点，认为人类文明是全世界人民共同创造的，各国家、地区、民族均做出过大小不一、形态各异的贡献；同理，中华民族的灿烂文明是中国的各族人民共同创造的，每个民族都对中华传统文化做出过贡献，也都应当得到尊敬和肯定。中国的各少数民族在中华文明漫长的演化过程中，都曾经以自己独特而充满智慧的文明成果，补充、完善甚至改良着中华文明。比如，古代西域的龟兹古国各民族创造或引自西亚的弹拨乐器和拉弦乐器以及音律、曲式，彻底改造了中国古代音乐，新创作出代表中国古乐精髓的江南丝竹；南疆的维吾尔族和北疆的哈萨克、塔塔尔、塔吉克等族首创了制革术，并引进古波斯革皮书籍装帧术和制靴术、制毡术、毛衣编结术；海南岛的黎族率先种植棉花并纺织棉布，传入内地后棉织业逐渐形成中国古代手工行业的"天下第一营生"……保护少数民族的民族文化特性，就是保护我们的历史遗产，就是传承我们的文明。我们应进一步发扬文化兼容的优良传统，把振兴中华的百年民族复兴梦，逐步落实为将大中华建设成为中国各民族共同拥有的美好家园。

由上千名来自全国各高等艺术院校的教授、研究生组成的55支团队参与编撰的《中国少数民族设计全集》（55卷），正是有识之士基于对各少数民族的民族文化特性正在快速衰减、消亡的严重现实问题的深切忧虑而进行的抢救、发掘、整理中国少数民族文化遗产的重要文化工程。经过两年精心筹划，六年努力写作，在国家出版基金管理部门的支持下，在山西人民出版社和人民美术出版社的策划和组织下，目前《中国少数民族设计全集》的书稿编撰工作已基本完成，即将付梓。在长达八年的漫长过程中，全国兄弟院校各团队涌现出的各种可歌可泣的事迹经常感动着笔者，并不时鞭策着全体作者克服千难万险，一路向前。有的分卷作者身患绝症仍不眠不休地忘我工作，有的分卷作者遭遇各种意外仍坚持工作。特别是，很多民族同志公而忘私、不计较个人得失，有人不惜将自己赚钱的企业关张歇业，全身心地投入各自所负责分卷的繁重编撰工作中；有人义无反顾地将自己珍藏多年的本民族实物、资料和研究成果无偿提供给相关分卷作者。大家万众一心，克服各种复杂得难以想象的困难，以确保这部凝聚了众人八年心血的巨著，能按计划如期完成。借此机会，笔者谨

代表本丛书编委会全体成员，向领导、编辑和作者们表示衷心的感谢！

作为一项文化创举，笔者深信《中国少数民族设计全集》必将在未来岁月的长期检验中，愈发显现其非凡的、独特的文化价值。

2017年夏季于南京

前言

回族，是一个在中国少数民族中人口较多的民族。主要聚居于宁夏回族自治区，在全国各地也有不少聚居区。回族的居住特点有小集中、大分散特征。回族以农业为本，同时也兼营畜牧业、手工业。回族还善于经商，尤多经营回族特色饮食业。

本卷从传统建筑、传统服饰、传统饮食与餐具、传统手工艺、传统生活用具、传统生产工具、传统民俗用物这七个部分全面系统介绍与回族吃、穿、住、用、行息息相关的设计造物活动。以设计作为本体，结合人机学、材料学、符号学、社会学、民俗学、考古学等多学科交叉研究，从多个角度展现和诠释回族传统造物设计方法和特征。本卷挑选具有代表性、典型性的200个案例，采用图文并茂的形式加以展示和分析。这些案例种类和内容是可以反映回族传统造物设计的整体面貌和基本特征的。

回族造物文化传统可以追溯到唐代。唐、宋时期，阿拉伯、波斯来中国经商、传教的穆斯林，即带来了丰富的伊斯兰艺术。

从建筑方面看，由于回族分布地区广阔，社会文化背景和自然生态环境不同，所以建筑的形制不同。这集中体现在清真寺建筑上。清真寺建筑遵循伊斯兰教的教义，形成了有别于其他宗教建筑的形式和风格。有些早期的清真寺保留穹顶、形式多样的拱和高耸的邦克楼等，更增加其伊斯兰色彩。如福建泉州清净寺、青海西宁东关大寺等。随着时间的推移，回族清真寺建筑在结合伊斯兰教信仰实践的同时，受儒家文化影响，采纳了中国古典建筑形式，结构及外形多呈传统四合院的平面布局。建筑细部由几何图形、花卉和

文字组成伊斯兰艺术装饰，突出表现为中国传统文化与伊斯兰文化相融合的特点。如北京的牛街清真寺、西安的化觉巷清真大寺、南京的净觉寺等。

从服饰方面看，回族服饰是回族突出的文化现象，回族服饰文化历史悠久、绚烂多彩、积淀丰厚。回族服饰的发展变化及多种形态，受到时代、地域以及周边兄弟民族习惯等潜移默化地影响，但在根本上或者说整体上，是受到伊斯兰文化的深厚影响。如男装：礼拜帽（白布小圆帽）、平顶圆帽、六棱形圆帽、准白（回族袍子、长大衣）、回族白衬衫、马夹（黑坎肩）、青坎肩、麦赛（皮袜子）、高筒麻布白袜、白布大裆宽松裤、方口或圆口布鞋、麻线凉鞋；女装：搭盖头（及腰大披巾，绿、青、白三色）、对开大襟长衫（通常均做嵌线、镶色、绲边、绣花处理）、节日礼服；老人装；礼拜服；童装；首饰：回族腰刀、耳环、戒指、手镯；容妆：妇女点额、染指甲，等等。

从饮食与餐饮器具看，回族的食俗，具有悠久的历史，早在公元七世纪中叶，从陆路来到长安的阿拉伯、波斯商人，即一直保留着原来的饮食习惯。他们在经商的同时所带来的许多阿拉伯、波斯地区的清真菜点也就慢慢在中国生根发芽，形成今天我们所熟知的回民菜点。而从海路来到广州、泉州等地的回族先民也同样带进了许多清真面点和菜点。元代以后，回族饮食更为丰富，大街小巷的饮食摊点都出现品种花样繁多的回族餐点。此时的回族饮食，既继承了阿拉伯、波斯地区的一些清真菜点特色，又吸收了中国菜点、面点的一些制作方法。回族的面食制作方法更是丰富多彩，有煮、蒸、炸、烙、烤、煎、炒、熬等。回族饮食以香、咸、辣、酸、软、硬、酥、脆为特色，别具风味、名目繁多。丰富的美食也产生了丰富多样的餐饮器具。

　　从传统手工艺看，回族的民间造物工艺习俗，源于伊斯兰文化艺术。同时它具有本民族的传统和特点，表达了回族人民对艺术的感受和思想，反映了回族人民探索、追求完美的艺术境界的理想、观念和方法。回族民间手工艺习俗，无不与伊斯兰艺术有着千丝万缕的联系。回族的伊斯兰教石刻艺术精美，石碑上充分地展现了阿拉伯书法艺术，石碑边上还有丰富多彩的中国传统的装饰雕刻：有螺旋纹、缠枝、如意双环等图案，也有莲花瓣、莲花蕊等几十种花卉图案，还有以枝叶烘托圆月的图案。明代回族的制铜和制瓷工艺，民族特色更浓。如铜器宣德炉的制出，看其采用的原料紫石、风磨铜以及装饰纹样，在当时还不多见。在制瓷上，回族最大的贡献是发现了"回青"这种原料，并在瓷器中将花纹与中国传统的松、竹、梅、龙、凤巧妙地结合起来。清代以来，回族手工艺应用的范围较广，种类也较多。在民间已有回族人制作的陶瓷花瓶、盘碟、玻璃画、箱框画、香炉、盖碗、地毯、刺绣、纺织以及回族房屋建筑的砖雕、木雕等。

　　从日常生活生产器物和宗教器具看，回族是一个高度重视宗教的民族。在回族人民看来，宗教礼仪已经成为生活的一个部分，生产、生活要严格按照宗教要求来安排进行。本卷精选的包括生活洁具、医疗器具、乐器、生产用具、宗教用品等案例，从不同种类、不同角度进行了全面解析。

　　本卷的编撰出版，要感谢各位参编的老师和同学，是他们夜以继日的辛苦付出，才使本卷有机会与读者见面。南昌大学副教授、硕士生导师、南京艺术学院设计学在读博士生邱珂老师，从200个案例的收集到选定、从整体进度的把握到编撰团队的协调管理，以及一部分案例的编写，都付出了许多心血；清华大学美术学院博士后张明山老师，在撰写博士毕业论文的同时还不辞辛劳完成本项目初

始的策划工作。另外，还有南昌大学吴国荣老师、胡红忠老师、徐秋莹老师、孟永刚老师、万朝红老师，南昌航空学院郭林森老师，仲恺农业工程学院何香凝艺术设计学院尧优生老师也对某些特定章节进行了策划工作，以及南昌大学艺术与设计学院硕士研究生黄树根、陈炳灿、姚惠婧、张雪、邹萍秀、陈惠、汤繁稀、庄泓、虞正韬、邓奔、杨忠强、李菁菁，南昌大学艺术与设计学院本科生李雪松、张灿斌、张明、胡皓然、殷均仕、许梦露、汤丹丹、林志兵等，为本卷的编撰也付出了许多心血。是他们的热情与付出，才使得本卷得以完成。大家基于共同的兴趣，聚集在一起，朝着既定的目标不懈努力。

编写过程中，全体参编人员收集、整理、参阅了相关文献、著述和资料，针对每一个案例都进行了仔细的调研，并得到临夏回族自治州博物馆馆长马颖先生的帮助和建议，得到南昌大学艺术与设计学院教授熊兴福、教授吴江的大力支持。

《中国少数民族设计全集》整套书采用案例图文分析的方式展开，本卷也不例外。

图文的方式，一方面简洁直观；另一方面连贯分析图的展示，引人入胜，能够吸引读者细细品味。本卷通过实地考察和文献阅读梳理回族设计的脉络发现：回族的造物理念凝聚了数代人的经验和智慧，其特有的民族文化特色和造物文明，令人赞叹！

由于编者自身学识所限，加之时间、精力有限，虽然整个编撰团队已经夜以继日、辛勤付出，但是书中难免有疏漏或不足之处，恳请广大专家、学者、各界人士批评指正，不胜感激！

南昌大学教授、博导杨明朗

目录

第一章　回族传统建筑

北京牛街礼拜寺　002

北京东四清真寺　006

上海小桃园清真寺　009

宁夏同心清真大寺　013

青海西宁东关清真大寺　019

西安化觉巷清真大寺　022

广州怀圣寺　029

杭州凤凰寺　034

河南沁阳清真北大寺　039

江苏南京净觉寺　044

松江清真寺　048

天津清真南大寺　052

扬州仙鹤寺　056

宁夏固原二十里铺拱北　059

江苏扬州普哈丁墓　063

甘肃兰州桥门街清真寺　067

四川成都皇城清真寺　070

银川南关清真寺　074

云南大理东莲花清真寺　077

山东济宁清真东大寺　079

福建泉州清净寺　082

河北沧州泊头清真寺　088

云南大理回族民居　092

西北回族民居·窑洞　095

西北回族民居·庄院　098

第二章　回族传统服饰

　　回族男士节日礼服　102
　　回族女式节日礼服　105
　　回族女式老人服装　108
　　回族平金绣童装　111
　　回族长褂　114
　　藏回婚礼服饰　117
　　白回女士服饰　120
　　回族礼拜帽　124
　　回族阿訇穿衣帽　128
　　回族六角号帽　131
　　回族男士绣花口袋　133
　　回族儿童服饰　136
　　回族女子贴绣肚兜　138
　　回族新娘耳环　141
　　回族押银戒指　144
　　回族银铃耳环　146
　　回族嵌珠花簪子　148
　　回族项链　150
　　回族绣花布耳套　152
　　回族套装牙签　154
　　回族镶珠八棱首饰盒　156
　　回族阿拉伯文景泰蓝胭脂盒　160

第三章　回族传统餐饮

　　兰州拉面　164
　　回族八宝茶　168

　　回族馓子　171
　　回族焜锅馍馍　174
　　回族焜锅　177
　　回族陶壶　182
　　回族汤瓶　185
　　回族木制羊骨嘴汤壶　188
　　回族带火门铜壶　191
　　回族带角錾银壶　195
　　回族阿拉伯文铜方壶　199
　　回族铜茶杯　203
　　回族银盖铜托青花瓷茶碗　206
　　回族竹节铜水舀　210
　　回族铜壶　213
　　回族铜火锅　216
　　回族色釉纹盖碗　219
　　回族青花瓷碗　223
　　回族铜茶壶　225
　　回族银筷　228
　　回族带盖黄铜杯　231
　　回族錾花银碟　234
　　回族錾花铜缸　237
　　回族青花阿拉伯文折沿盘　240
　　回族木刻点心模具　244

第四章　回族传统生活用具
　　回族炕桌　248
　　回族红漆龙纹木箱　253
　　回族喜字螺钿梳妆匣　257

回族银熏炉 260
回族铜炭火盆 264
回族铜暖足瓶 266
回族铜汤瓶 269
回族铜暖手炉 272
回族景泰蓝三足香炉 275
回族狮钮盖铜熏炉 278
回族盛物褡裢皮囊 281
回族铜盆 283
回族铜盆 285
回族灯架 288
回族砖枕 290
回族绣花枕套 293
回族錾花银秤斗 296
回族帽筒 298
回族阿拉伯文錾花红铜提梁熏炉 302
回族圈足铜灯台 305
回族铜吊罐 308
回族储物铜罐 312
回族提梁铜罐 316
回族高足提梁桶 320
回族木质提梁盒 323
回族铜唾盂 326
回族铜药壶 329
回族绣花布壶套 332
回族脉枕 335
回族药捣 338
回族骨诊棒 341

　　回族胡梳　343
　　回族赶牛棍　346
　　回族石臼　348
　　回族凤凰琴　351
　　回族四弦　354
　　回族腰鼓　356
　　回族号角　358
　　回族驼铃　360
　　回族"哇呜"　364
　　回族口弦　367
　　回族盖兰　371

第五章　回族传统生产工具
　　回族石磨　376
　　回族制皮工具　380
　　回族簸箕　383
　　回族药碾子　386
　　回族木榔头　390
　　回族木锨　392
　　回族筐　395
　　回族锄　397
　　回族钉耙　399
　　回族量斗　402

第六章　回族传统手工艺
　　回族挂毯　406
　　回族青花无挡尊　409
　　回族黄釉粉彩瓷碗　412

回族鸳鸯银碟　414
回族白釉盘口瓷花瓶　417
回族珐琅炉瓶　419
回族景泰蓝瓶　423
回族景泰蓝细颈花瓶　427
回族青花瓷瓶　431
回族景泰蓝花插　434
回族景泰蓝花瓶　437
回族白釉刻花鸡首壶　440
回族瓜棱圈足铜壶　443
回族青花缠枝莲扁壶　447
回族镂花银套杯　450
回族掐丝盘构银烛台　454
回族玉笔筒　457
回族景泰蓝长方盒　459
回族剪纸　462
回族藤编碗套　465
回族刺绣瓶挂　469
回族木雕门　473
回族绣莲花绸壁挂　476
回族铜饰牌　480
回族皮雕　482
回族托盘　485
回族铜印章　488

第七章　回族传统民俗和宗教

回族经架　492
回族经柜　495

回族经案　498
回族梆子　501
回族袖珍版古兰经盒　505
回族三联双耳桶炉　508
回族阿拉伯文无足香炉　510
回族香筒　513

第一章 回族传统建筑

北京牛街礼拜寺

图一　北京牛街礼拜寺主图

　　清真寺通常是回民聚居区的宗教、权力、文化中心。北京牛街礼拜寺于996年建成,粗具规模后不断翻修和扩建,才形成了当今宏伟壮观的古建筑群。牛街礼拜寺是北京历史最悠久、规模最宏丽的清真古寺,居北京四大清真寺之首,同时也是世界上著名的清真寺之一。

　　北京牛街礼拜寺位于北京市宣武区牛街东侧,其建筑风格宏伟肃穆,是中国式古代宫殿和阿拉伯式清真寺相结合的产物。主要建筑有礼拜大殿、宣礼楼、望月楼、南北碑亭、大影壁等。牛街礼拜寺殿堂楼亭排列在一条中轴线上。大殿坐西向东,入口设在殿的后面。走进礼拜寺,就能看见一座三十多米长的玉石叠砌、束腰浮雕的大影壁。绕过影壁便到了清真寺正门,正门在望月楼下,上悬"达天俊路"金字匾。一进寺门,十余米高的望月楼矗立眼前,楼上悬挂着"牛街礼拜寺"蓝底金字匾额,双层飞檐,亭顶覆以上黄下绿的琉璃瓦,孔雀绿色的斜脊六角攒尖,上有金黄色琉璃陶宝顶。从望月楼下进入寺院,在殿后有一堵照壁为避免一入寺就见到大殿背面,引导行人折转到大殿左右夹道再进入寺内,然后绕行殿东,折回进入大殿。大殿有五楹三进,可容千人礼拜。殿内拱门为阿拉伯式上尖弧形落地。柱子上饰

图二　北京牛街礼拜寺大殿

图三　北京牛街礼拜寺邦克楼

有蕃莲图案，皆为红底，沥粉贴金，精巧细致。殿内金光灿灿、光彩夺目，更显庄严富丽，给人以圣洁肃穆之感。大殿是由一个硬山卷棚屋顶的前殿、一个由两个歇山屋顶前后串连组成的主殿和高耸着攒尖屋顶的小窑殿三部分组成。大殿外有南北碑亭两座，记载了该寺历史沿革。两侧为南北经学教室。殿内装饰很有特色，欢门（指柱间设置转变的阿拉伯式上尖弧形拱门）满饰红地金花图案；门框是阿拉伯经文，其他面和柱子都是卷草和团花。天花和梁枋彩画以青绿冷色为主，与欢门和柱子的一片金红有强烈的对比，显得非常华丽辉煌。

牛街礼拜寺作为独具特色的中国式伊斯兰古建筑群，是世界古建筑之精品。作为寺庙建筑其本身影响力也是巨大的，其保存了无数历史文物，是国内历史研究领域一个值得探索的宝库。

图片来源

图一、图二　洪梅香编著.中国回族民俗集萃.北京：朝华出版社，2012.

图三、图四　路秉杰，张广林编著.中国伊斯兰教建筑.上海：上海三联书店，2005.

图五　杨忠强　制图

图六、图七　邹萍秀　制图

图四 北京牛街礼拜寺内碑楼

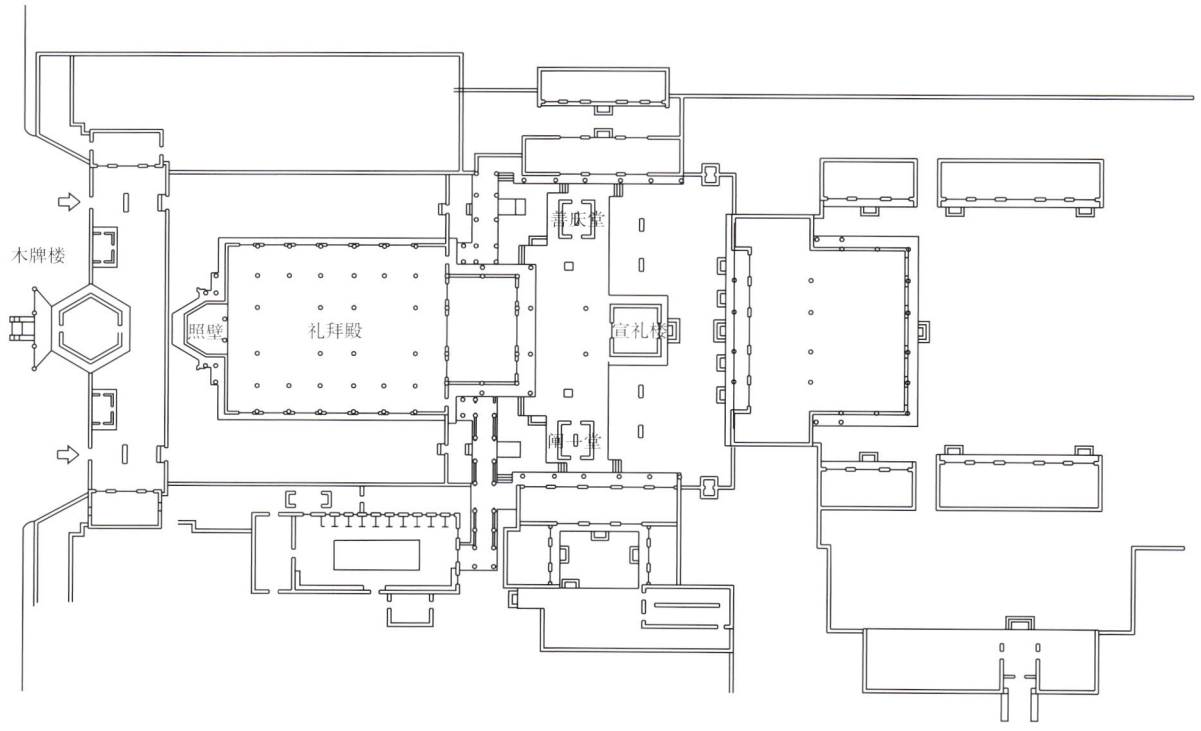

图五 北京牛街礼拜寺平面图

图六　北京牛街礼拜寺邦克楼手绘上色图

图七　北京牛街礼拜寺六角殿手绘上色图

第一章　回族传统建筑

北京东四清真寺

图一　北京东四清真寺主图

北京东四清真寺别称法明寺，位于北京市的东四南大街。该寺始建于1356年，重建于1447年，有着独具特色的明代建筑风格。该寺建筑面积约为1万平方米，做礼拜时寺内可容纳500多人。

东四清真寺建筑以三进院落为主干线，其主要组成部分有礼拜殿、水房、图书馆和南北讲堂。从寺门进去，可以看见外院的一些木构架建筑，硬山顶屋顶，屋顶用的是灰色的筒瓦片，更显古典庄重。建筑的正中一间设有板门，板门出去可看见前后方都是长廊，建筑外柱的中间设置有遮隔内外院的门。院子西侧院落内的门，南北方向有一条走廊，是原宣礼楼的位置，它原是为了让回民们做礼拜而设置的，后来因一次地震被毁。走进门内，就是东四清真寺的主要庭院。可以看到礼拜殿居于其内，坐西朝东。礼拜殿的正面有四根柱子，侧面有五根柱子。殿内的四角设有用以支撑屋面出檐的柱子。礼拜殿采用庑殿式屋顶，屋面采用灰色的筒瓦片。殿前部分为木质结构，殿内造型古香古色，独具中国古典的宫殿建筑特色，而后半部则为无梁殿，该殿全都是用砖砌成的，没有采用任何钉子或者木头。无梁殿的建筑外形为各种脊兽装饰的屋顶，该殿内以厚重的隔墙将各间分隔开，而隔墙上的券门也连通了其他的三座拱门。

东四清真寺是穆斯林做礼拜、聚会的所在地，是伊斯兰教在北京的驻地，现今寺内每天都有阿訇主持宗教活动。这里除了做礼拜和聚会外，还会为外籍教徒举行婚丧仪式。东四清真寺是北京市文物保护单位。

图片来源

图一至图三　路秉杰，张广林编著.中国伊斯兰教建筑.上海：上海三联书店，2005.

图四、图五　邹萍秀　制图

图二　北京东四清真寺垂花门

图三　北京东四清真寺大殿

图四　北京东四清真寺手绘上色图（一）

图五　北京东四清真寺手绘上色图（二）

上海小桃园清真寺

图一 上海小桃园清真寺主图

上海小桃园清真寺称清真西寺，因寺门正对着小桃园街，故得名"小桃园清真寺"。该寺初建于1917年，重建于1925年，是一座四座圆顶的具有伊斯兰建筑风格的清真寺。

小桃园的建筑布局与其他清真寺有所不同，礼拜大殿气势雄伟，总面积有500平方米，殿内可接纳500多人做礼拜。走进殿内可发现该大殿有两层，结构为大跨拱顶，这样的建筑风格在中国的伊斯兰建筑中较为少见。由于是拱形的结构，设计时窗户尤多，使得室内的光线充足。大殿的顶部平台是用石子浇筑而成的，可以看到在建筑中间的圆拱顶上有一座望月亭，亭顶竖立有一个星月的杆子，是伊斯兰教寺院的显著标志。大殿的正门有3扇，均比较宽敞。玻璃钢窗有12扇，均配有25块花纹玻璃。殿内有吊灯等。因顶口是穹顶，若在殿顶平台讲话，上面的人可以听到。殿底采用架空模式，在上海这种环境下，能起到防止变潮、虫蛀等作用，可以更好地保护建筑，也可以减少一些不必要的维护。在小桃园清真寺的庭院内，东侧是一幢楼房，楼房主要以中式厅堂结构为主，楼内有图书室、阅览室，有大量的伊斯兰教书籍珍藏在内。而北侧有会客厅、教长室等。

小桃园清真寺在上海是集教育、文化为一身的宗教建筑，是教徒们举行宗教活动的重要场所。

图片来源

图一至图三　路秉杰，张广林编著.中国伊斯兰教建筑.上海：上海三联书店，2005.

图四　杨忠强　制图

图五、图六　邹萍秀　制图

图二　上海小桃园清真寺望月楼

图三 上海小桃园清真寺小穹隆

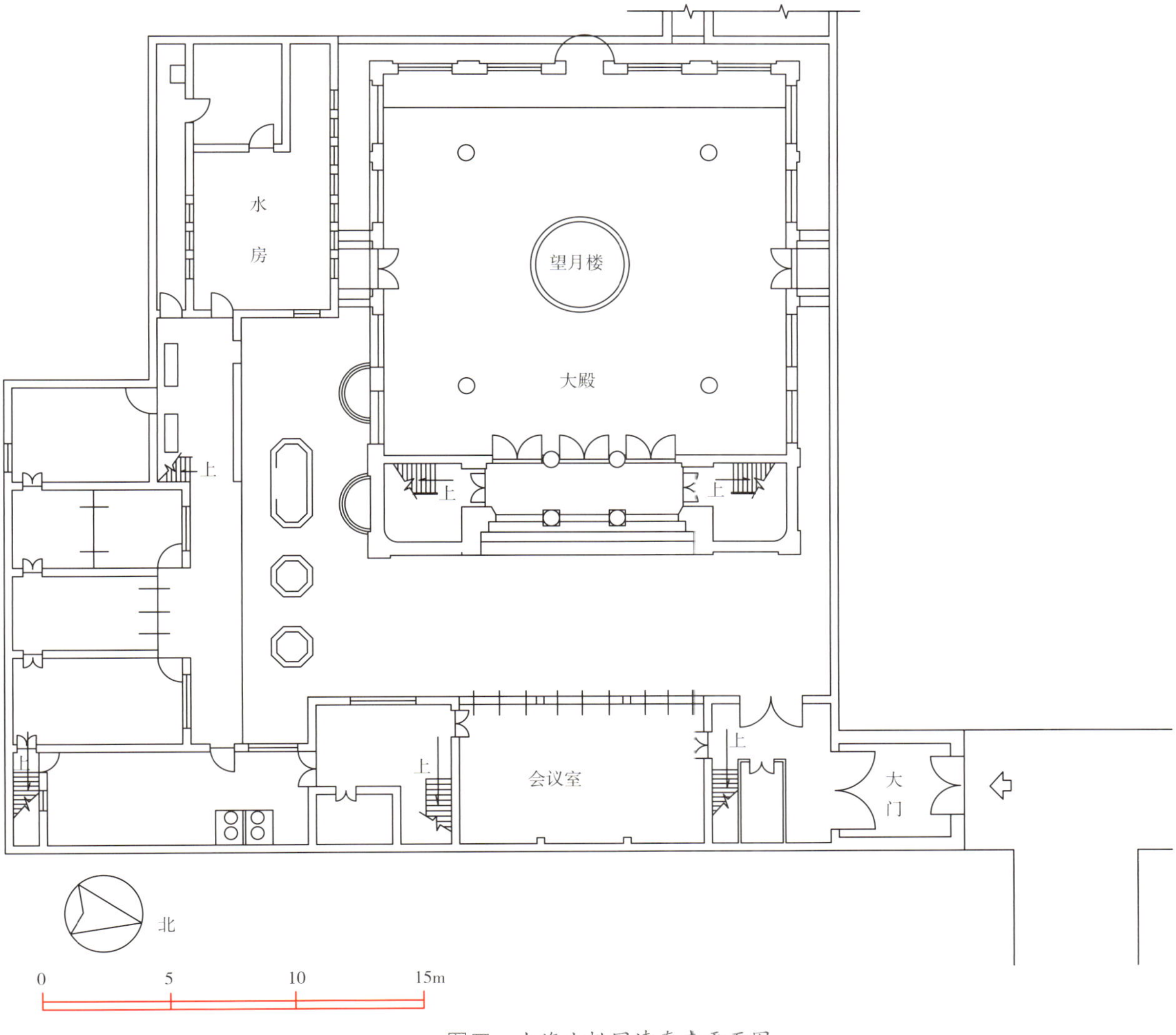

图四 上海小桃园清真寺平面图

第一章 回族传统建筑

图五　上海小桃园清真寺礼拜殿手绘上色图

图六　上海小桃园清真寺入口手绘上色图

宁夏同心清真大寺

图一　宁夏同心清真大寺主图

宁夏同心清真大寺位于宁夏同心县旧城区内，相传建于明万历年间，1791年和1907年两次重修。它在宁夏地区的穆斯林心目中具有重要地位，对整个宁夏地区的伊斯兰教影响颇大。

同心清真大寺总占地面积为3542平方米，建筑气势雄伟，主要为汉式风格，辅以伊斯兰教风格装饰。该寺沿袭了中国古典宫殿建筑风格，从外立面就可感受到建筑的雄伟，飞檐斗拱，重檐歇山，显得古朴而严肃。清真寺内有阿訇住房、礼拜大殿、宣礼楼等建筑。大寺坐西向东，照壁立于高台正前方，长9米，高6米，中心有大幅"月桂松柏"砖雕，两边雕刻有对联，甚为精美。照壁后面是三孔拱门，轻巧秀丽的邦克楼立于拱门之上。穿过拱门，是一个由大殿和南北讲堂形成的三合院式平台，其中大殿为砖木结构，坐西向东。往里走，一座中式建筑的邦克楼映入眼帘，建筑为四角攒尖顶形式。寺庙主体建筑礼拜殿坐西向东，与寺门相反，是一座单檐歇山顶式建筑，面宽5间，进深9间，用20多根巨大的圆木柱支撑梁架，室内全用木板铺地，两侧内墙刻有精致的阿拉伯文《古兰经》。纵观建筑平面图，可看到整个礼拜大殿呈中轴线模式，这种模式使整个清真寺的院落一目了然。礼拜大殿的各个支柱雕以各式云纹，更显庄重。建筑的斗拱其比如栉、多而有序。礼拜大殿由两殿勾连而成，这种格局使空间最大化，做礼拜时人数可以达到1000人。礼拜殿的右前侧，有重檐四角攒尖顶亭式建筑邦克楼。台基下部建筑由寺门、井房和沐浴室等组成。整体建筑呈现出一个倒卷帘式的布局，将中国传统的建筑风格和伊斯兰装饰艺术巧妙地融为一体，体现了精湛的建筑技巧。寺内建筑工艺精湛，砖雕艺术奇绝。礼拜大殿和邦克楼的整体结构，未用一颗铁钉，全由木榫连接，利用挑梁减柱扩大空间，颇具匠心，是建筑美学和力学的完美结合。

图片来源

图一　洪梅香编著.中国回族民俗集萃.北京：朝华出版社，2012.

图二至图五　路秉杰，张广林编著.中国伊斯兰教建筑.上海：上海三联书店，2005.

图六、图七　杨忠强　制图

图八　游小军　制图

图九至图十一　邹萍秀　制图

图二　宁夏同心清真大寺后殿

图三　宁夏同心清真大寺卷棚梁架

图四 宁夏同心清真大寺照壁上之砖雕

图五 宁夏同心清真大寺大殿檐下斗拱

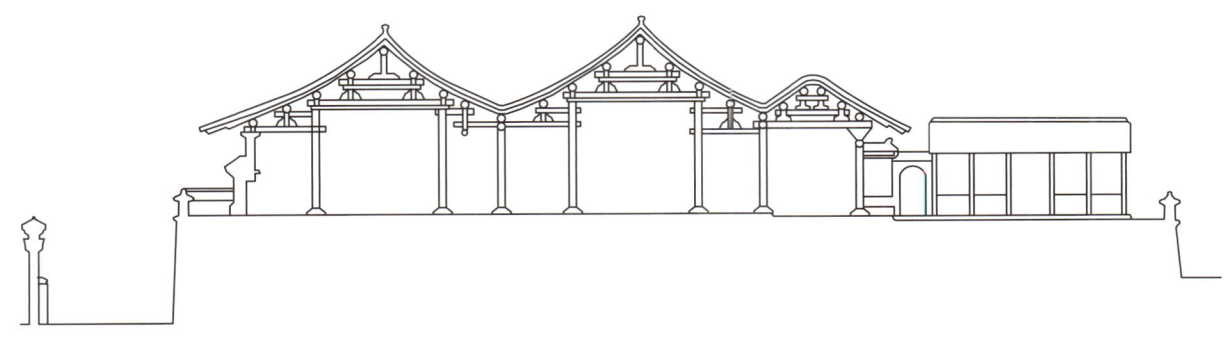

图六 宁夏同心清真大寺剖面图（一）

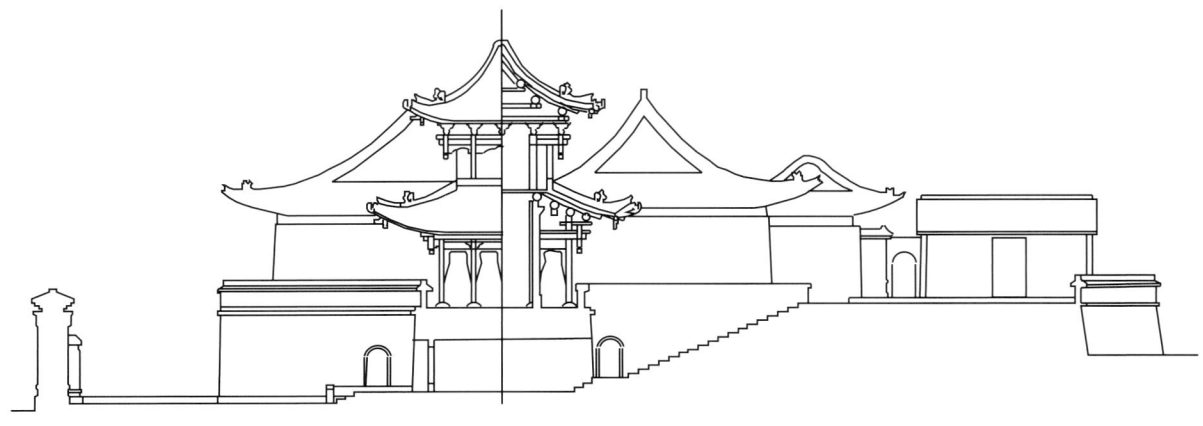

图七　宁夏同心清真大寺剖面图（二）

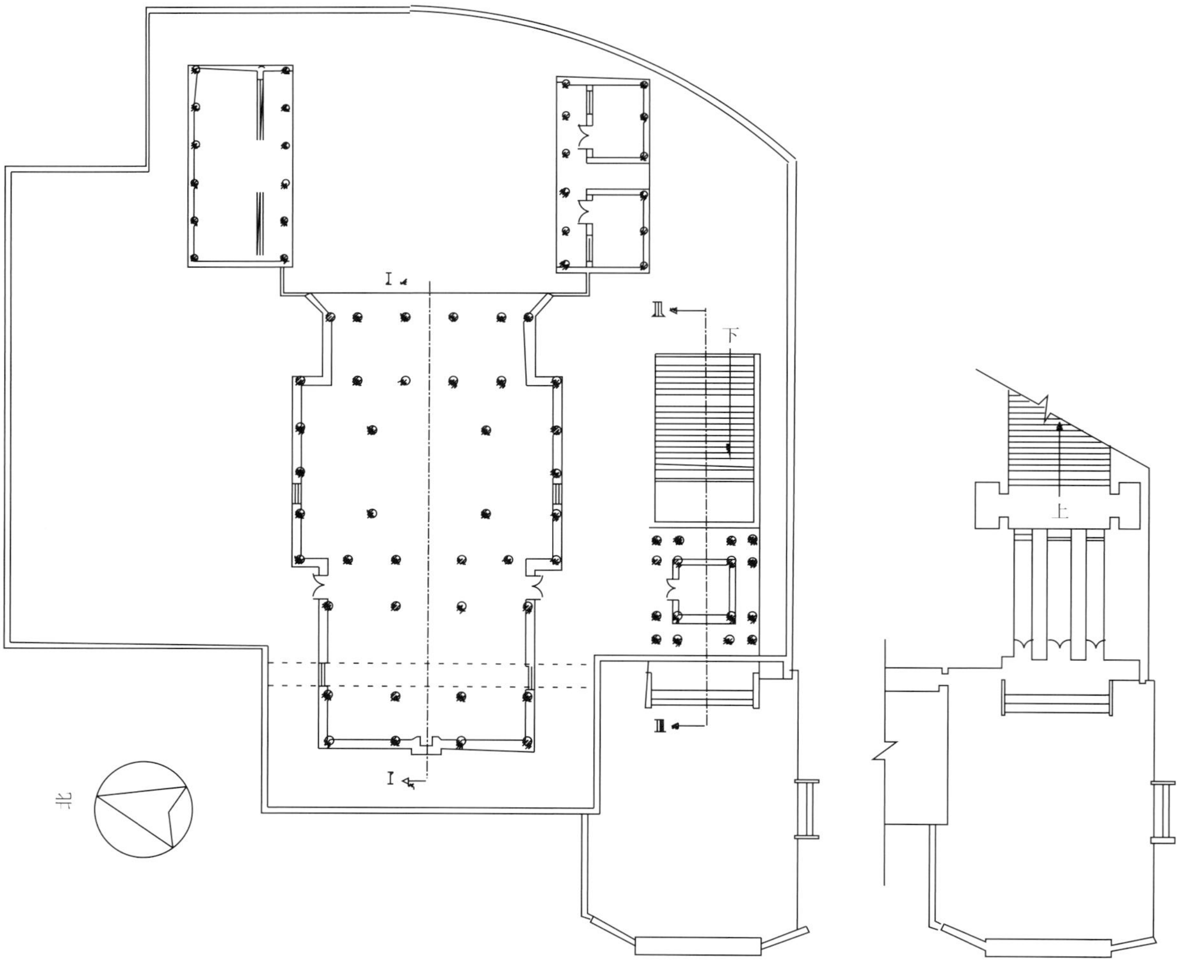

图八　宁夏同心清真大寺平面布置图

图九　宁夏同心清真大寺礼拜大殿手绘上色图

图十　宁夏同心清真大寺礼拜大殿砖雕牌匾手绘上色图

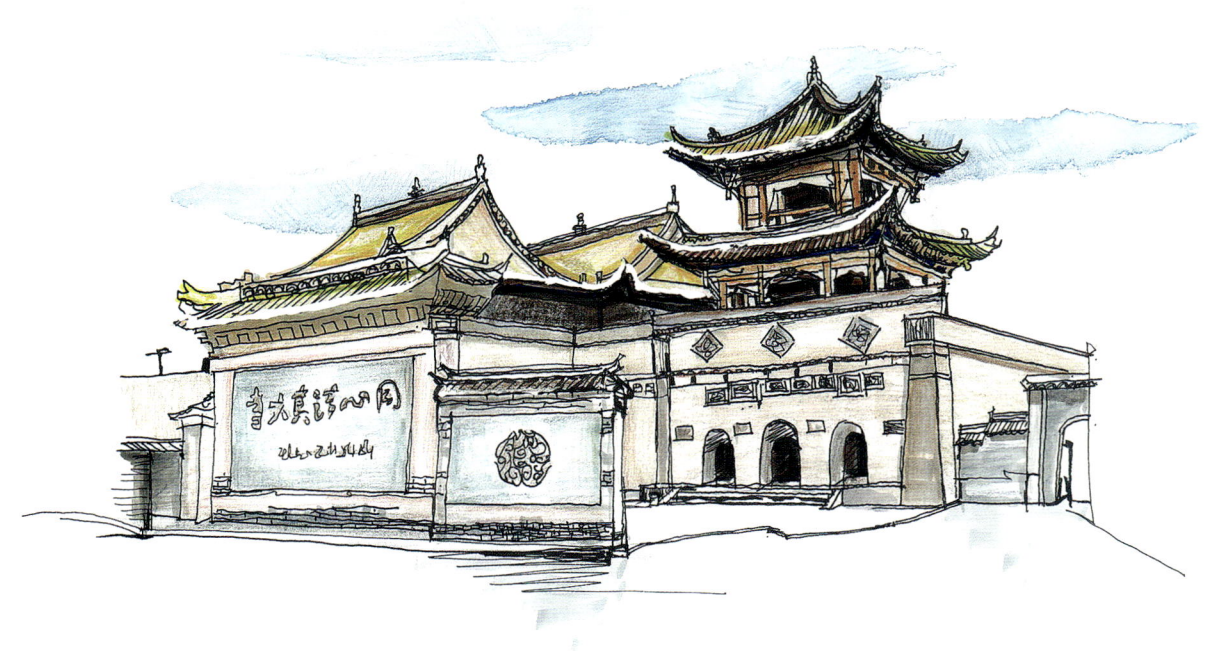

图十一　宁夏同心清真大寺手绘上色图

青海西宁东关清真大寺

图一 青海西宁东关清真大寺主图

青海西宁东关清真大寺是青海西宁古城著名的建筑，位于西宁东关大街路南一侧。寺院占地面积1.194万平方米，大殿本体占地面积1102平方米，南北楼各363平方米。东关清真大寺是西宁市规模最大、保存最完整的古代建筑，是青海省目前最大的伊斯兰教寺院，也是西北地区四大清真寺之一，属省级文物保护单位。该寺建造雄奇，坐西面东，古朴雅致，庄严肃穆，具有我国明清古典建筑和伊斯兰风格的建筑特点，雕梁彩檐、金碧辉煌，大殿内宽敞、高大、明亮，可以同时容纳3000名穆斯林进行礼拜。中华人民共和国成立以后，人民政府曾多次拨出专款进行修缮。

该寺的原正门即"前三门"，是一大两小的绿色西式大门。进了"前三门"，约30米处，在数十阶花岗石的台墩上耸立着五个平顶拱形门，称为"中五门"，高近10米，宽为21米。"中五门"南北两侧矗立着两座宣礼塔。穿过"中五门"，南北是两座老式木楼。北楼为接待室、藏经室、会议室等，南楼为阿訇进修班教室、学员宿舍、教研室等。两楼中间是面积为4490平方米的大院，场内铺着青石板，石板虽大小不一、形状各异，但却巧排密布、平整如镜、不露泥土。大院西面，是坐落在2米高的石基之上的礼拜大殿。此大殿为中国古代宫殿式建筑，系砖木结构。建筑坚固、结构严谨、外形宏伟壮观、内部清静素雅。大殿南北两侧是两座两层的厢楼，为歇山式建筑。大殿和厢楼紧相毗邻，浑为一体，十分协调。这三座建筑是该寺的主体。

东关清真大寺，不仅是广大穆斯林的宗教活动场所，其建筑式样更是回族建筑中的突出代表。

图片来源
图一　洪梅香编著.中国回族民俗集萃.北京：朝华出版社，2012.
图二、图三　杨宗强　制图
图四　邹萍秀　制图

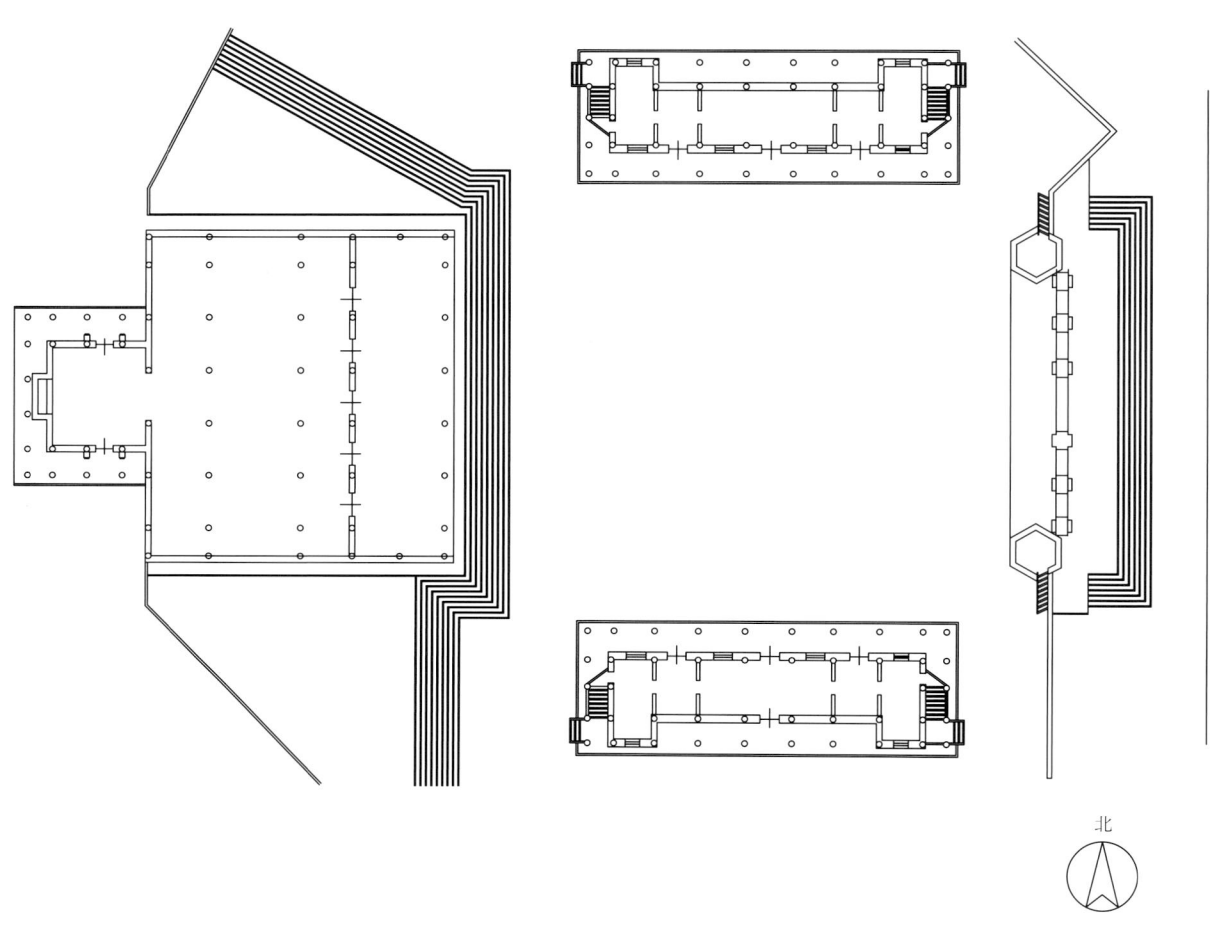

图二　青海西宁东关清真大寺平面图

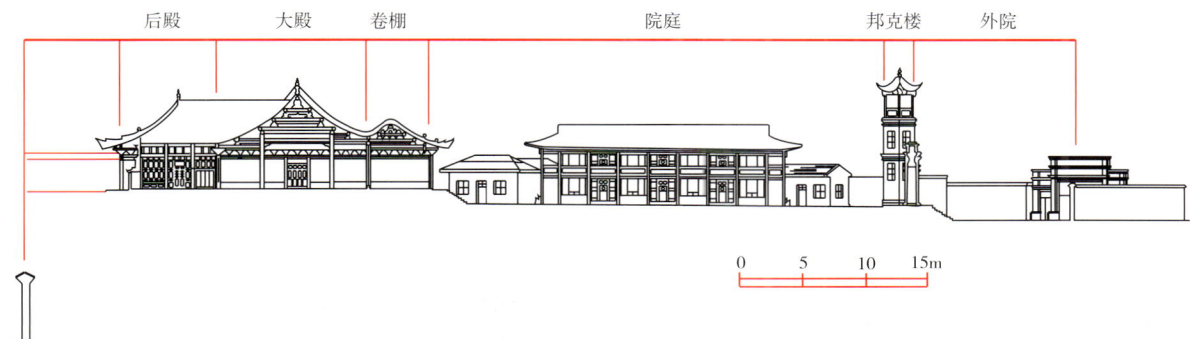

图三　青海西宁东关清真大寺剖面图

图四　青海西宁东关清真大寺手绘图

西安化觉巷清真大寺

图一　西安化觉巷清真大寺主图

西安化觉巷清真大寺本名清修寺，因其坐落于陕西省西安市鼓楼街北隅的化觉巷内，故人称化觉寺。它是西北地区著名的四大清真寺之一。其历史悠久，经明清的几次重修和扩建，逐渐形成了规模宏大、庄严肃穆，楼台亭殿布局紧凑和谐的巨大古建筑群。其建筑风格体现了伊斯兰文化与中国传统建筑艺术的有机统一，是我国最具特色、保存最完整的中国式清真寺之一。

化觉寺整体平面呈长方形，围墙由青砖所筑。全寺总面积约1.3万平方米，长245.68米，宽47.56米，建筑占地超过6000平方米。化觉寺以东西轴线划分院落，内设楼、台、亭、殿，组合模式为四合院模式，在中国清真寺中有独特的风格。寺院以中轴线为起始端点，轴线上排列主要建筑物，如木牌楼、五间楼、省心楼、凤凰亭、大殿等。西安化觉巷清真寺大殿，是中国清真彩绘装饰艺术的代表作。走进大殿，就会被殿内的彩绘所吸引：殿内吊顶全部做成井形天花，天花支条为绿地红花，沥粉贴金。全殿天棚藻井彩画有600余幅，彩画图案不一、一幅一文，各有千秋，充分表现了中国清真寺古建筑宗教彩画的独特手法。更令人惊叹的是大殿四周的木板墙上雕刻着完整的30卷中、阿文对照的《古兰经》，这项工程历时13年，气势十分宏伟，被赵朴初先生称为"世界性工程"。

图二　西安化觉巷清真大寺院内碑亭

进入寺中为第一进，这里可以看到约有9米高的建于17世纪初的木牌楼。另外，专供皇帝坐的龙床、慈禧太后从北京逃难时带来的西式沙发以及清代雕龙的长桌等文物都陈列在这里。第二进就能看见在树木成荫、花圃对称的环境中间有个刻有"天监在兹"四个字的石碑坊。字刻于明代，警世人们积德行善，行事光明磊落。石碑坊的后面是刻有"道法参天地"与"敕赐礼拜寺"的冲天雕龙碑，上面的字分别是由宋代大书法家米芾和明代书法家董其昌所题。经过敕赐礼拜寺就是第三进了。第三进院有中国式的阿拉伯文"月碑"和慈禧太后亲题的"派衍天方"牌匾。其中心就是著名的"省心楼"，即呼唤穆斯林礼拜的楼。此楼为三层八角中国式建筑，较阿拉伯式低些。在传统阿拉伯清真寺中，"省心楼"应该在寺院的四周各建一座，但该寺的"省心楼"却只有一座，而且建在寺院的中轴线上，体现了其中国建筑特色。第四进院中央，建有一座真亭，又名凤凰亭。第五进院宽大的月台上有长明灯，被称为"吉星高照"。

西安化觉巷清真大寺布局规整、轴线划分明确、景物布排舒适，寺内树木成荫、花草交错，让人陶醉。整个寺院建筑雄伟壮观、独具韵味，堪称最具代表性的中国清真寺院。

图片来源

图一至图三 洪梅香编著.中国回族民俗集萃.北京：朝华出版社，2012.

图四 路秉杰，张广林编著.中国伊斯兰教建筑.上海：上海三联书店，2005.

图五 杨宗强 制图

图六、图七 游小军 制图

图八至图十 邹萍秀 制图

图三 西安化觉巷清真大寺碑亭

图四 西安化觉巷清真大寺大门楼

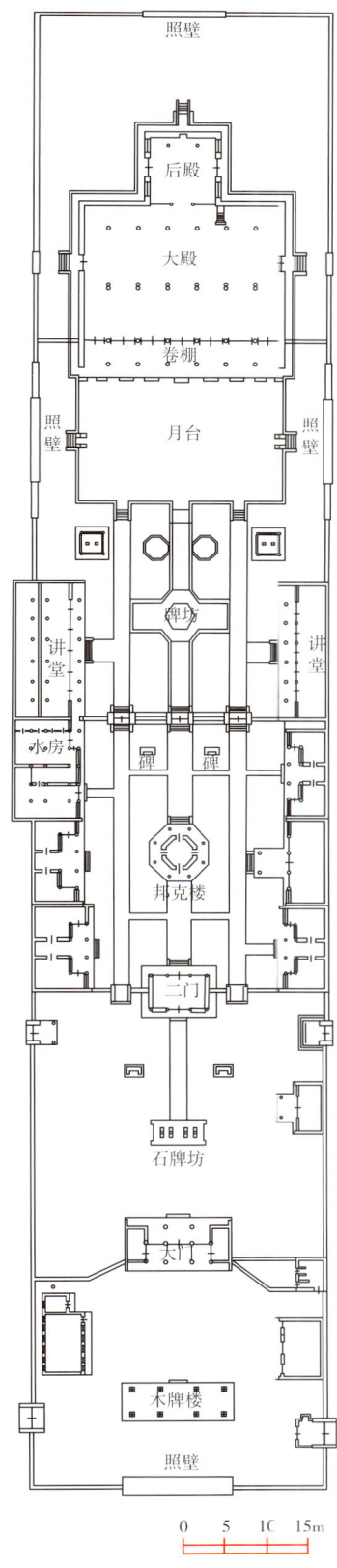

图五　西安化觉巷清真大寺平面图

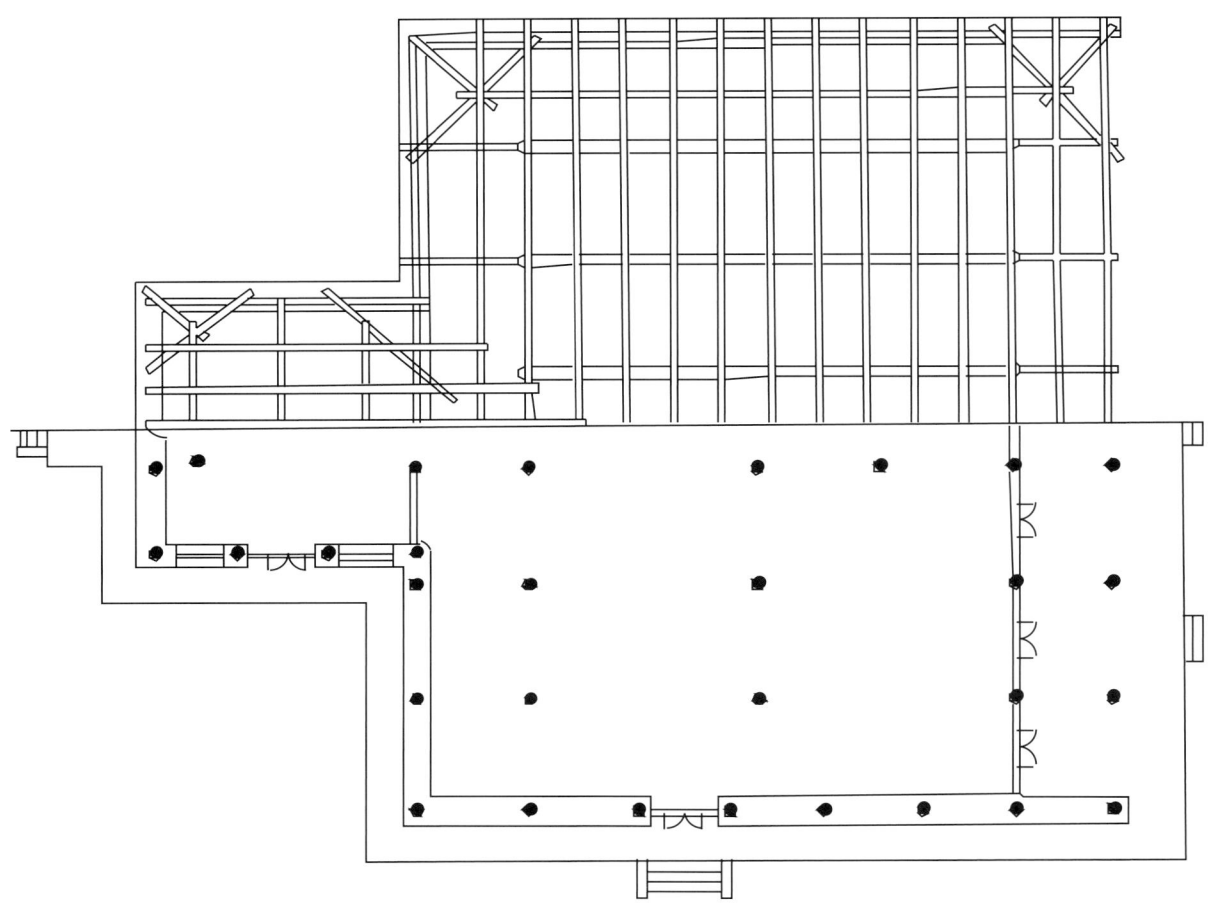

图六 西安化觉巷清真大寺大殿平面图及梁架平面布置图

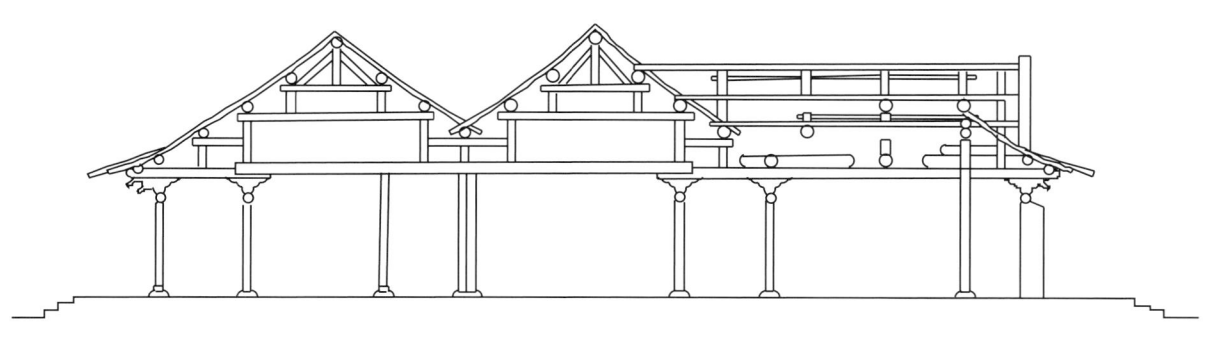

图七 西安化觉巷清真大寺大殿剖面图

图八　西安化觉巷清真大寺手绘图（一）

图九　西安化觉巷清真大寺手绘图（二）

图十　西安化觉巷清真大寺细节手绘图

广州怀圣寺

图一 广州怀圣寺主图

广州怀圣寺又名狮子寺，俗称光塔寺。该寺位于广州的老城区越秀区，是唐朝初期阿拉伯富商在当地官府支持下修建的一座规模宏大的清真寺，重建于明清时期。怀圣寺是我国现存最古老的清真寺建筑。

怀圣寺坐北向南，占地面积有2966平方米。寺门前为马路，周边为民居。头门的门额用阿拉伯文书"清真寺"；二门门额书"怀圣寺"；三门门额书"教崇西域"，为光绪年间御赐。建筑风格为中式的对称结构，沿该寺的主轴线上，可以依次看见三道门、看月楼、礼拜殿和藏经阁，而该寺出名的光塔则在寺的西南方，寺内还有回廊、碑亭等建筑。光塔始建于唐代，高36.3米，青砖砌筑，塔身圆筒形，塔向上呈收分方式。我国古代砖砌的塔结构多为方形，圆形结构少见，所以该塔在我国悠久的古建筑历史中尤其突出。塔内的楼梯为螺旋形状，楼梯向着塔中心回旋，直通塔顶。明朝时，塔顶上立有金鸡，可随风旋转。塔顶金鸡于1934年重修。看月楼是清康熙三十四年（1695）重建，重檐歇山顶，面宽5.98米，进深4.88米，墙身为红砂岩石砌筑，厚0.77米，有收分，四面各开一拱券门，东西拱券门连接回廊。礼拜大殿占地面积为400平方米，位于庭院的正面，坐落在石基之上，是一座带有斗拱的中国古典建筑，重檐歇山顶，周围有廊。大殿周围的石栏杆上面雕刻着各种花卉、动物，富有艺术性。上有题字"大明成化三年岁次丁亥秋九月二十日戊午重建""大清康熙三十四年岁次乙亥腊月十七日己巳再重建""中华民国二十四年元月二十一日辛未第三次重建""唐贞观元年岁次丁亥季秋鼎建"。大殿内宽阔明亮，内有拉门三面，且地板为木质材料，整个大殿内由于装饰少而显得格外整洁。

怀圣寺是广州伊斯兰教协会所在地，该寺曾多次组织对外交流活动，是我国一座历史悠久的古寺。

图片来源

图一至图四　路秉杰，张广林编著.中国伊斯兰教建筑.上海：上海三联书店，2005.

图五　杨宗强　制图

图六　游小军　制图

图七、图八　邹萍秀　制图

图二　广州怀圣寺看月楼

图三　广州怀圣寺光塔

图四　广州怀圣寺大殿

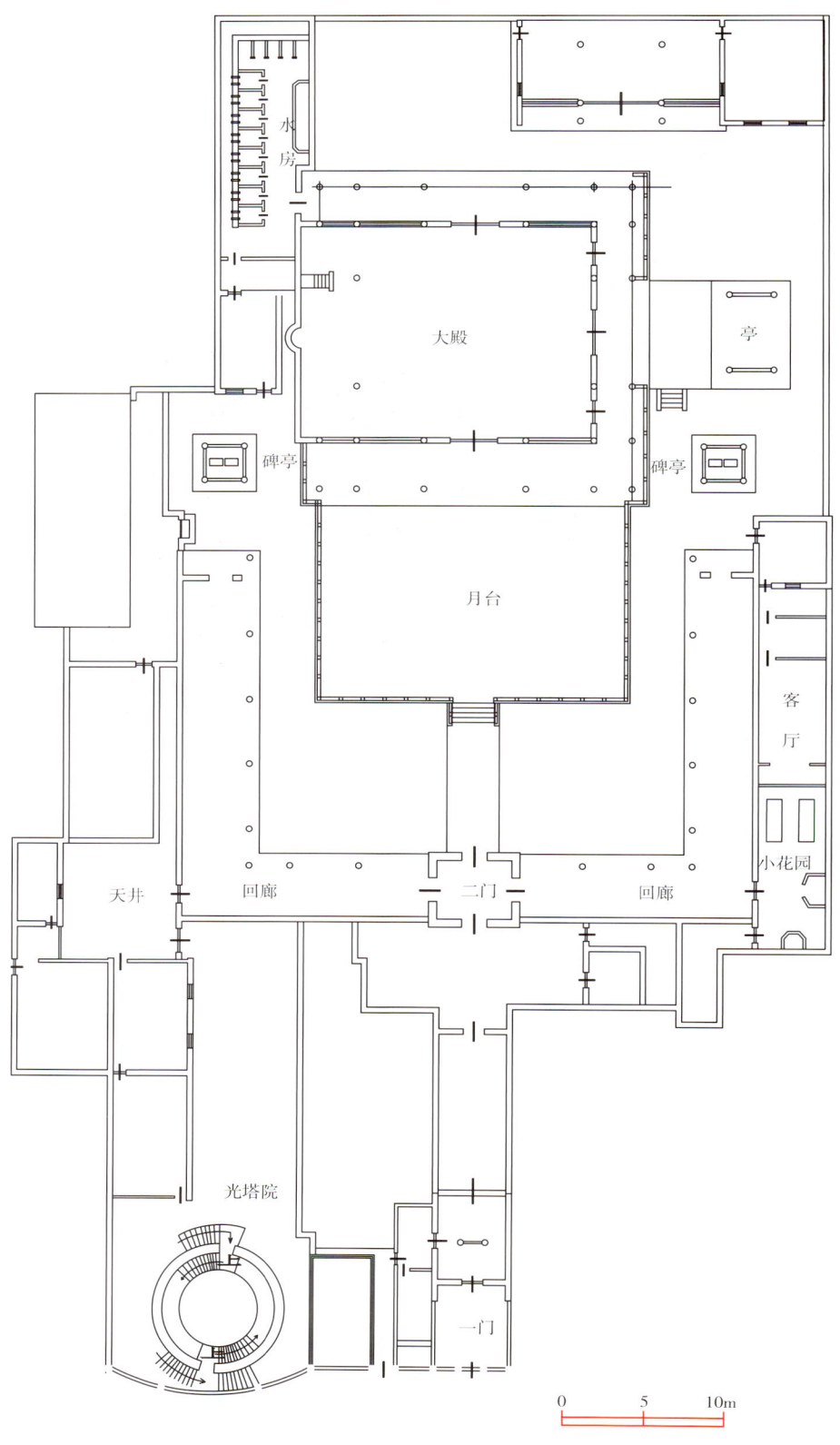

图五　广州怀圣寺平面图

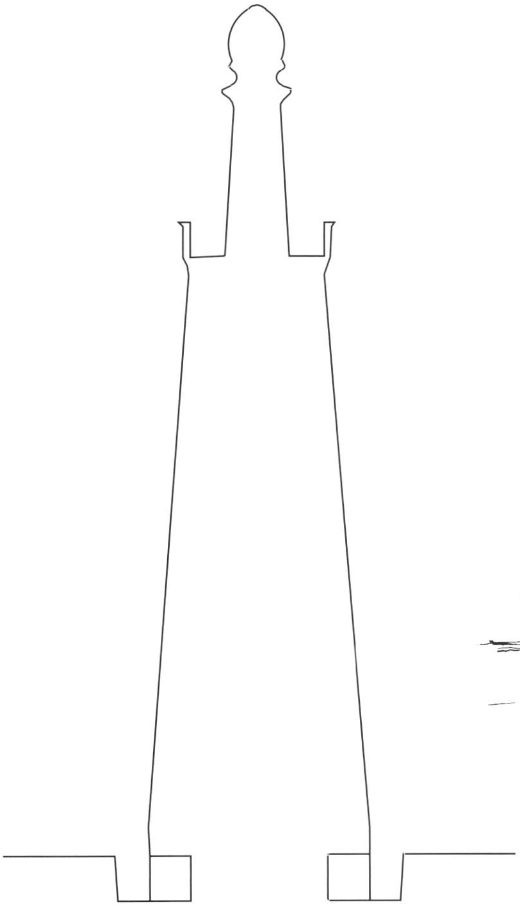

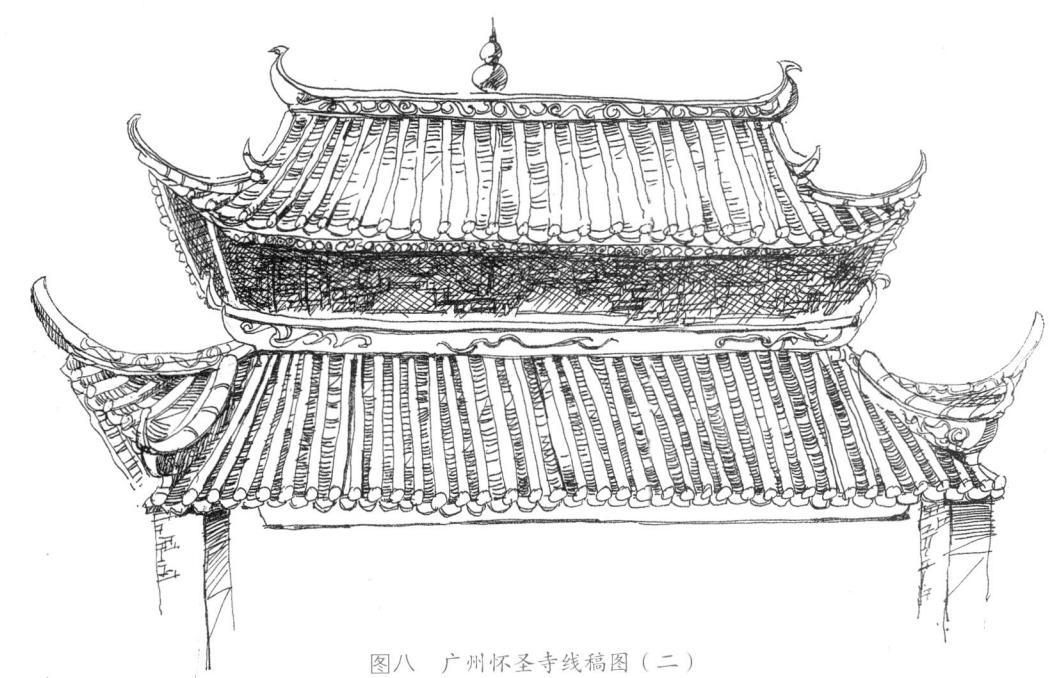

图六　广州怀圣寺光塔剖面图 　　　　　图七　广州怀圣寺线稿图（一）

图八　广州怀圣寺线稿图（二）

杭州凤凰寺

图一　杭州凤凰寺新改建大殿主图

杭州凤凰寺又称"真教寺",位于浙江省杭州市中山中路上,是中国四大清真寺之一,是伊斯兰教节庆的主要活动场所及礼拜中心。该寺占地面积约2600平方米,建筑面积约1370平方米。建于唐代,宋朝时被毁,元代重修,明代时又扩建。该寺因其建筑造型如展翅凤凰而得名。

寺院采用围合式设计,外部围墙采用坚硬高大的石砖为建筑材料。寺内主要建筑物为门厅、礼堂、大殿。大殿是全寺的主体建筑,为元代所建。大殿顶部呈三个攒尖。中间的屋檐层层叠加,两边的单檐有六个角,体现出中西结合的建筑风格。殿宽28.15米,以圆拱状的拱门分隔成三间。殿内可以看见很多色彩艳丽的彩画,为明代的作品,墙砌中设有凹壁,这里装有精湛唯美的木雕,也是明代作品,上面还刻有《古兰经》。殿外墙刷白色墙漆,干净整洁,与内部反差强烈。大殿的后墙上设有四个石制的"经香台"。殿中最珍贵的是用阿拉伯文雕刻的木质"经函",其工艺精湛,刀工流畅优美,据推测可能是明代重修时设置的。凤凰寺内的石刻经台和柱础石也经文物部门鉴定为宋代遗物,具有重要的文物价值。

凤凰寺将伊斯兰教建筑风格与中国建筑风格融为一体,具有回汉建筑特征,雄伟壮观，用地面积较大，规划整齐、排列有序、历史悠久。经历了多次重修，历经风雨的杭州凤凰寺为伊斯兰文化的传播起到了重要的作用。

图片来源

图一　路秉杰，张广林编著.中国伊斯兰教建筑.上海：上海三联书店，2005.

图二　邱玉兰，于振生编著.中国伊斯兰教建筑.北京：中国建筑二业出版社，1992.

图三　洪梅香编著.中国回族民俗集萃.北京：朝华出版社，2012.

图四、图五　杨宗强　制图

图六、图七　游小军　制图

图八、图九　邹萍秀　制图

图二　杭州凤凰寺鸟瞰

图三　杭州凤凰寺照壁

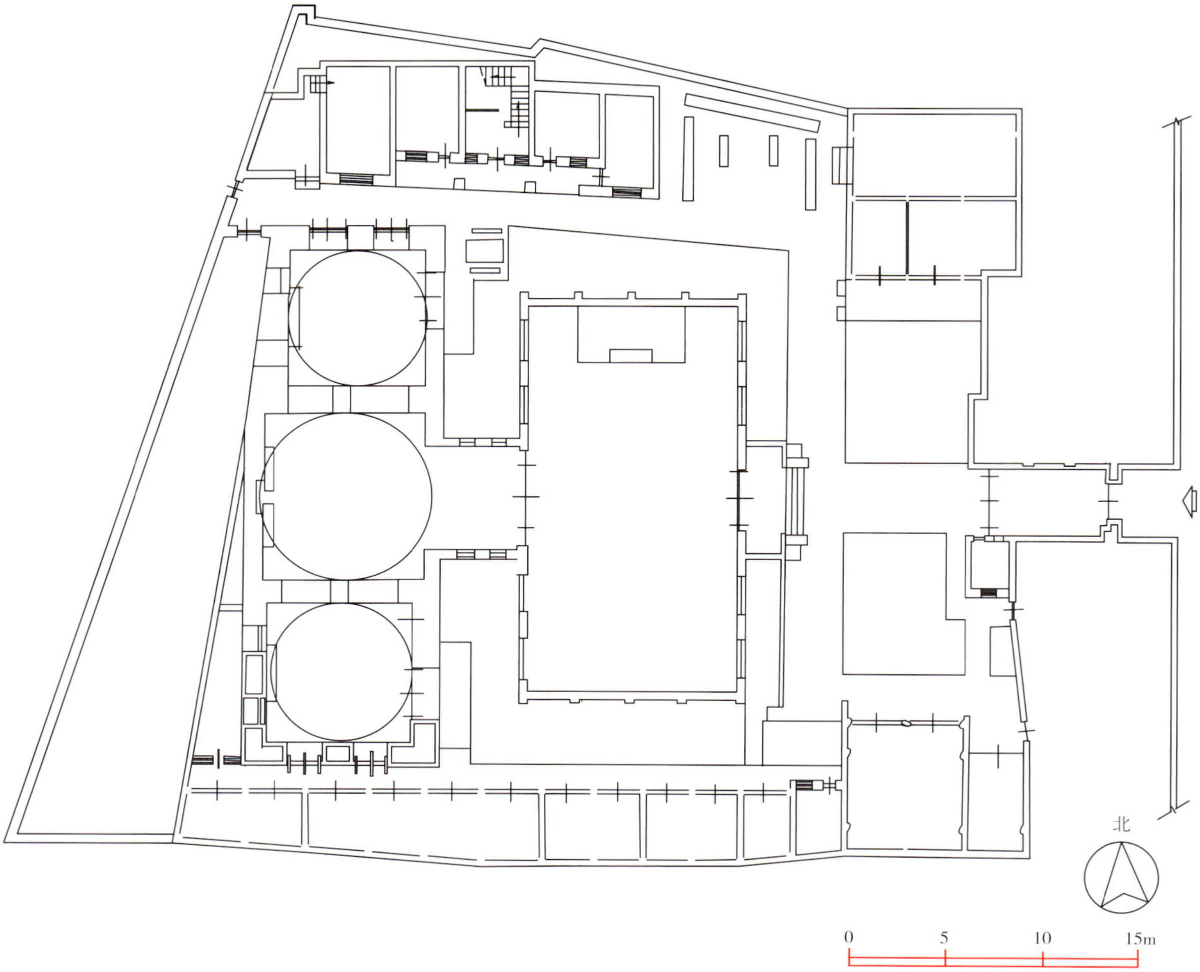

图四 杭州凤凰寺平面图

图五 杭州凤凰寺剖面图

图六 杭州凤凰寺窑殿剖面图

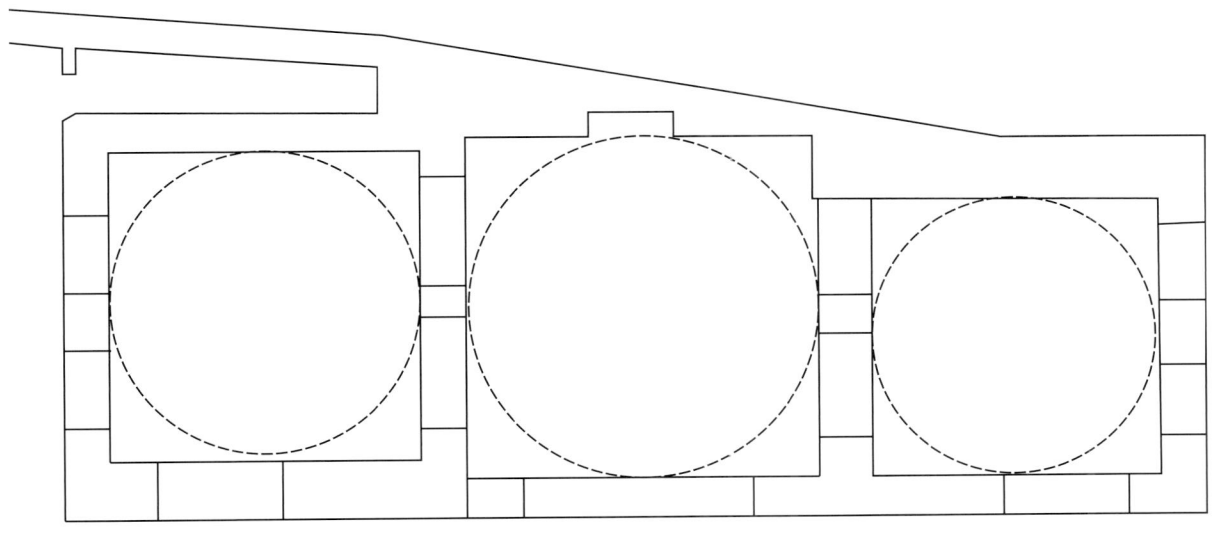

图七 杭州凤凰寺窑殿平面图

图八 杭州凤凰寺手绘图

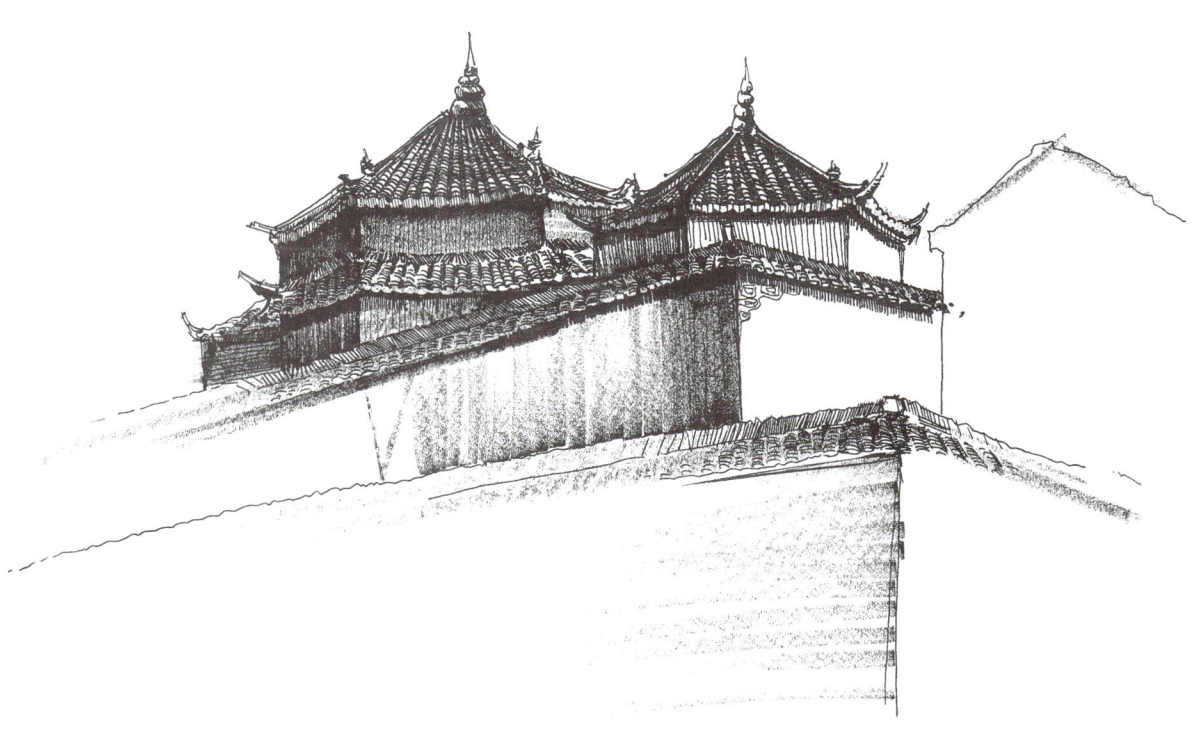

图九 杭州凤凰寺剪影

河南沁阳清真北大寺

图一　河南沁阳清真北大寺主图

　　河南沁阳清真北大寺又称北寺，位于河南省沁阳市内，始建于元代至正年间，后世多次重修。该寺是我国中原地区建筑时代最早、规模最大、保存最完整的伊斯兰建筑群之一，具有较高的历史、科学和艺术价值。2006年，沁阳北大寺被国务院公布为全国重点文物保护单位。

　　该寺坐西朝东，轴线对称布局，三进三段，共占地3100平方米。沁阳北大寺分为男寺和女寺，其中建筑多以男寺为主。共有房屋80多间，其中包括厅、堂、殿、厦与其他的房屋。建筑内还有十多座碑刻，都是明清时存留下来的。该寺的主体建筑有礼拜殿、过厅、南北讲堂、厦殿等。厦殿是一座单檐歇山顶结构的殿堂，它进深二跨，建筑覆面为琉璃瓦，瓦面色彩以孔雀蓝为主。里面斗拱为浮雕形式，雕刻以花卉为主。门厅长三跨，宽一跨，顶部装饰以绿色的琉璃瓦。门厅的四方为讲堂，共有四座。礼拜殿位于门厅后方，由窑殿、客厅、拜殿组成。礼拜殿建筑都是泄水建筑，且由于泄水的功能使建筑构成一个整体，纵向深度达到36米。客厅的屋顶为歇山顶式，屋面也是以琉璃瓦为主。礼拜殿分为前殿和后殿，屋顶均以绿色

图二　河南沁阳清真北大寺后窑殿之屋顶

图三　河南沁阳清真北大寺后窑殿屋顶之瓦饰

图四　河南沁阳清真北大寺大殿内的屏风柱

图五　河南沁阳清真北大寺后窑殿局部

的琉璃瓦覆盖。殿内装饰宏丽，枋、梁、檩都采用比较大的木材，梁都经过了精心的雕刻且画上了精美的彩画，殿内四壁绘有壁画。其次为窑殿，窑殿内共有三室，但室内构件没有木质的。大殿的顶部为十字形的楼阁顶，其下方的各个殿的梁枋交错，其中共有吻兽70多个。枋拱装饰采用三彩的琉璃构件，色彩缤纷、蔚为壮观。

沁阳北大寺建筑是我国伊斯兰建筑的一个代表，具有很高的艺术和历史价值。

图片来源

图一至图六　路秉杰，张广林编著.中国伊斯兰教建筑.上海：上海三联书店，2005.

图七、图八　杨忠强　制图

图九　邹萍秀　制图

图六　河南沁阳清真北大寺大殿内梁架

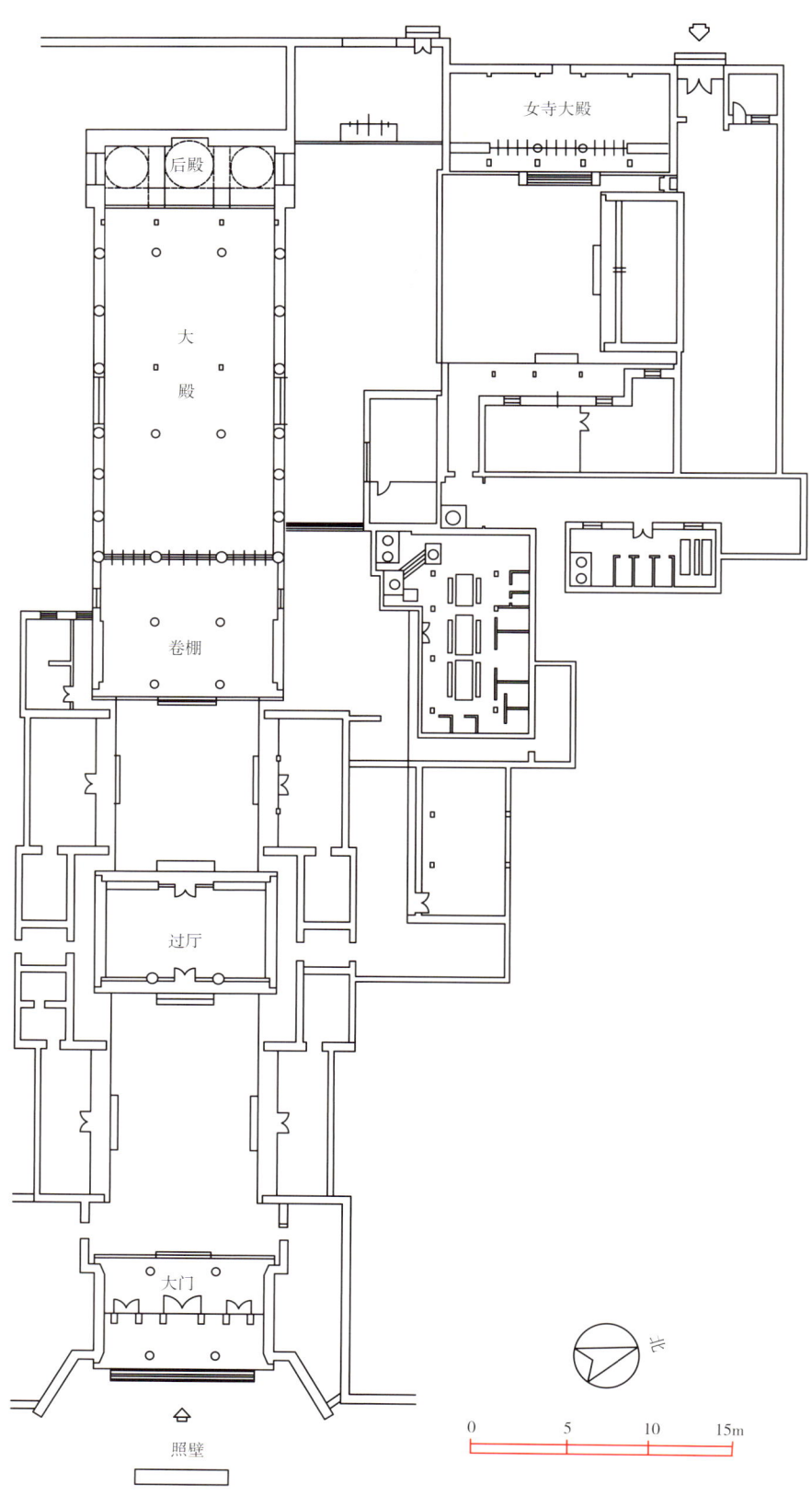

图七　河南沁阳清真北大寺平面图

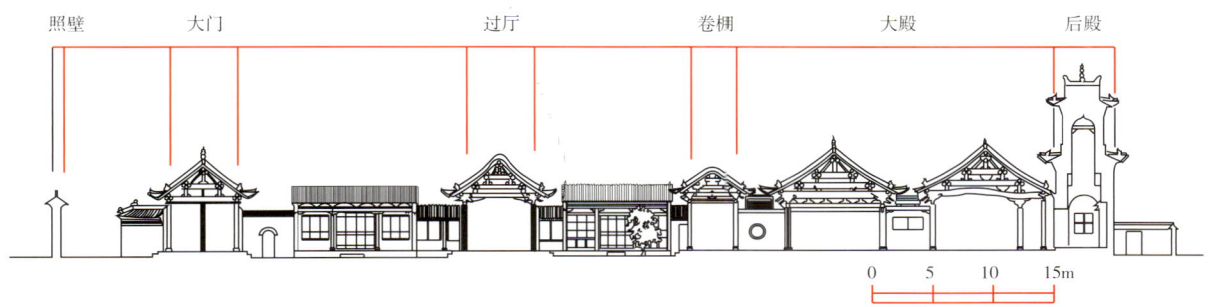

图八 河南沁阳清真北大寺剖面图

图九 河南沁阳清真北大寺礼拜殿手绘图

江苏南京净觉寺

图一　江苏南京净觉寺主图

　　南京净觉寺又名三山街礼拜寺，是一座历史悠久的著名清真寺。净觉寺始建于明朝洪武二十一年（1388），是南京现存最早的清真寺。宣德五年（1430）被火烧毁，后经重修，其后又遭战火毁坏，现存建筑是清朝光绪年间重建的，它的风格、装饰仍保持原貌，只是规模不及当年。它是南京规模最大的清真寺。该寺被列为江苏省文物保护单位。

　　净觉寺的用地面积大约为4000平方米，建筑占地面积约有2000平方米。该寺布局规划有序，院落有四进，内部的主要建筑有望月楼、正殿、后殿、阿訇斋和南北讲堂等。进门穿过一条带有浓厚伊斯兰教特色的走廊之后，最醒目的是一个雕刻精美的砖石牌坊，古老而独具韵味。它三个房檐，每个屋檐四角外挑，呈双叠式层层外翘。牌坊四柱三间，是明代嘉靖年间由世宗皇帝敕建的。穿过牌坊走到里面就是御示亭与新月楼，新月楼现在是南京伊斯兰教协会的办公楼。再往里面走看到的是一个倒座石的望月楼，背朝前作倒座形式，里头有三个楼厅间，在里面设有阿訇室。过了阿訇室，便来到了寺内的小院落，干净整洁，左右两侧分别为南讲堂和北讲堂各三间。南讲堂名"慕贤堂"，北讲堂名"思斋轩"。院落里有一个保留完整的古井，是礼拜时取水用的。院落正前方是"一真殿"与"蝴蝶厅"。二殿左右两侧各有一扇小门通向二进院落，二进院落主体是礼拜大殿，在大殿的上方最引人注目的是刻着"正心诚意"四个字的匾。大殿里陈设规整，内设粉彩香炉与经文。整个大殿金碧辉煌、引人入胜。

南京净觉寺是南京地区伊斯兰教信徒的活动中心。

图片来源
图一至图六　邱珂　摄影
图七　　　杨忠强　制图

图二　江苏南京净觉寺大门

图三　江苏南京净觉寺碑亭

图四　江苏南京净觉寺古井

图五　江苏南京净觉寺一角

图六 江苏南京净觉寺大殿内景

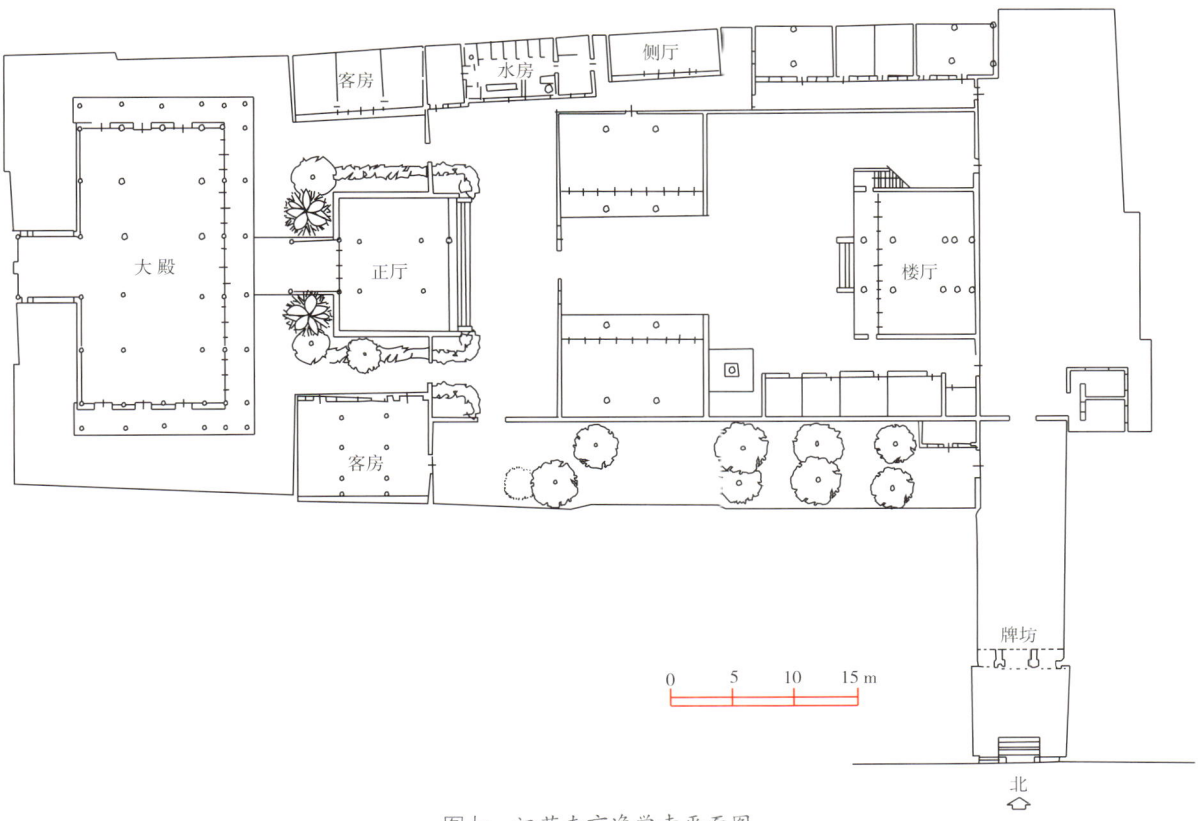

图七 江苏南京净觉寺平面图

松江清真寺

图一　松江清真寺二门楼主图

松江清真寺是上海最早的清真寺，有着近700年的悠久历史。松江清真寺又叫真教寺，最初建于元代，明代三次扩建，清代又重修完善了四次，至今保持元代以及明清时期的风貌。该寺被列为市级文物保护单位。

松江清真寺布局合理整齐，整座寺坐南朝北，门里还有写着"清真寺"三字的中国传统照壁。它的建筑既有阿拉伯风格，又有中国元明清时期建筑的特点。

松江清真寺的主体建筑物有大殿、窑殿、穿廊、南北讲堂和邦克门楼等。邦克门楼与大殿都颇具特色。邦克门楼在寺院的东边，因为是穆斯林礼拜用的，所以又叫宣礼塔。邦克门楼建造于元代，在明代得到重修。作为穆斯林礼拜的塔楼，门上有很多精美的砖雕和经文。西面是古老庄严的礼拜大殿，它是明朝时候修建的，与邦克门楼相对。大殿走廊与大约有8米高的凹殿相接。重檐十字脊，屋檐外角层层外翘，雄伟挺拔，与邦克楼相呼应。礼拜大殿里设有厢房和沐浴室等，以做讲经和会客之用。再往里走能看到南北讲堂，建造于明清时期，是穆斯林讲经说法的地方。男讲堂现在已经成为展厅，展示"松江清真寺与上海伊斯兰教"

图二　松江清真寺二门楼东侧立面

图三　松江清真寺前庭

图四　松江清真寺讲堂

图五　松江清真寺礼拜殿

主题的图文。

松江清真寺是上海最早的清真寺，也是历史的见证，是上海伊斯兰教信徒的活动中心。

图片来源

图一至图五　路秉杰，张广林编著.中国伊斯兰教建筑.上海：上海三联书店，2005.

图六　杨忠强　制图

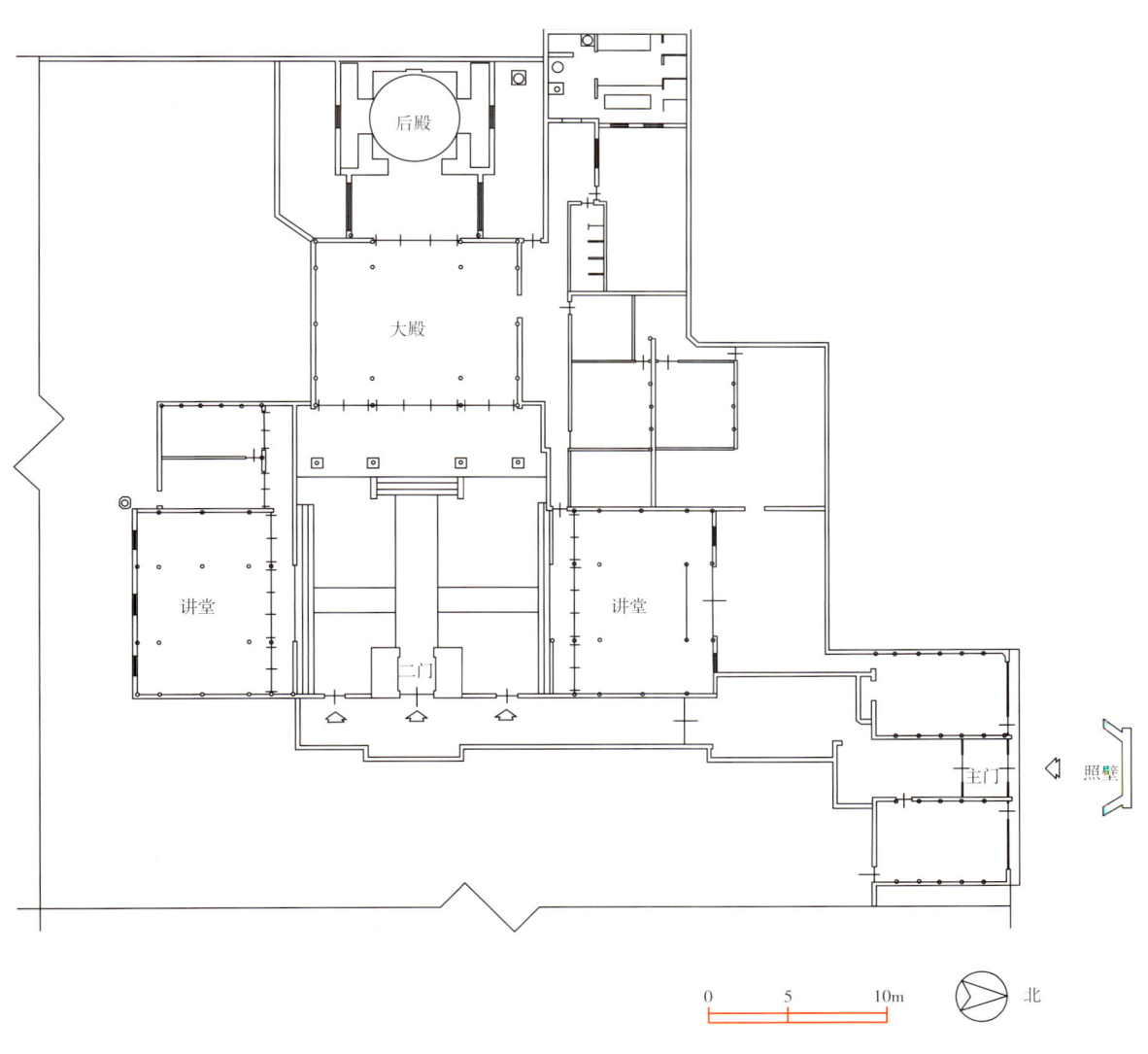

图六　松江清真寺平面图

天津清真南大寺

图一　天津清真南大寺主图

天津清真南大寺坐落于天津市旧城西北角，位于回族聚居区中心，是一座有400多年历史的清真古寺，始建于明代，清朝扩建了两次，一次是在康熙年间，另一次是在嘉庆年间。清真南大寺在唐山大地震时被损坏过，主要建筑都已倒塌，后经政府修复。南大寺占地7.5亩，建筑面积约为2200平方米。康熙年间将礼拜大殿扩建到30多间，后又经连续多次扩建，咸丰年间又用石砖建造了群廊、护台和大约300平方米的大沐浴室。它是明清古典建筑风格与伊斯兰风格相融合的清真寺。

天津清真南大寺是一个古建筑群，布局清晰规整、结构完整紧凑。礼拜大殿为全寺的主体建筑，高大宏伟、气势澎湃，可以容纳近千人。大殿的面积为890平方米，前厦为110平方米，共计1000平方米。整体由四个单体建筑物组合联为一体。建筑采用"勾连搭"式，前厦为卷棚式，接着是两组四面坡式的庑殿顶大殿。在它的南北两边分别是耳房与讲堂，相互衬托。在大门的两边可以看见镶嵌精美的砖墙院、门楼。在大门的外面有一个大照壁，美轮美奂。殿的后方挺立着五个亭式的阁楼，中间阁楼有八个角，每个角都向上外翘，其他的屋檐都是六个角，显而易见的是刻有"望月"与"喧峙"匾的南北两座阁楼。出去之后可以看见五座楼的顶部都设有一个宝顶。在大殿的正脊和垂脊都镶有精美绝伦的雕花，殿里还挂着18个匾额，更显庄严。厅殿四壁的经文、汉文匾额和楹联等都具有较高的文化艺术价值。

天津清真南大寺是一座具有很高历史、

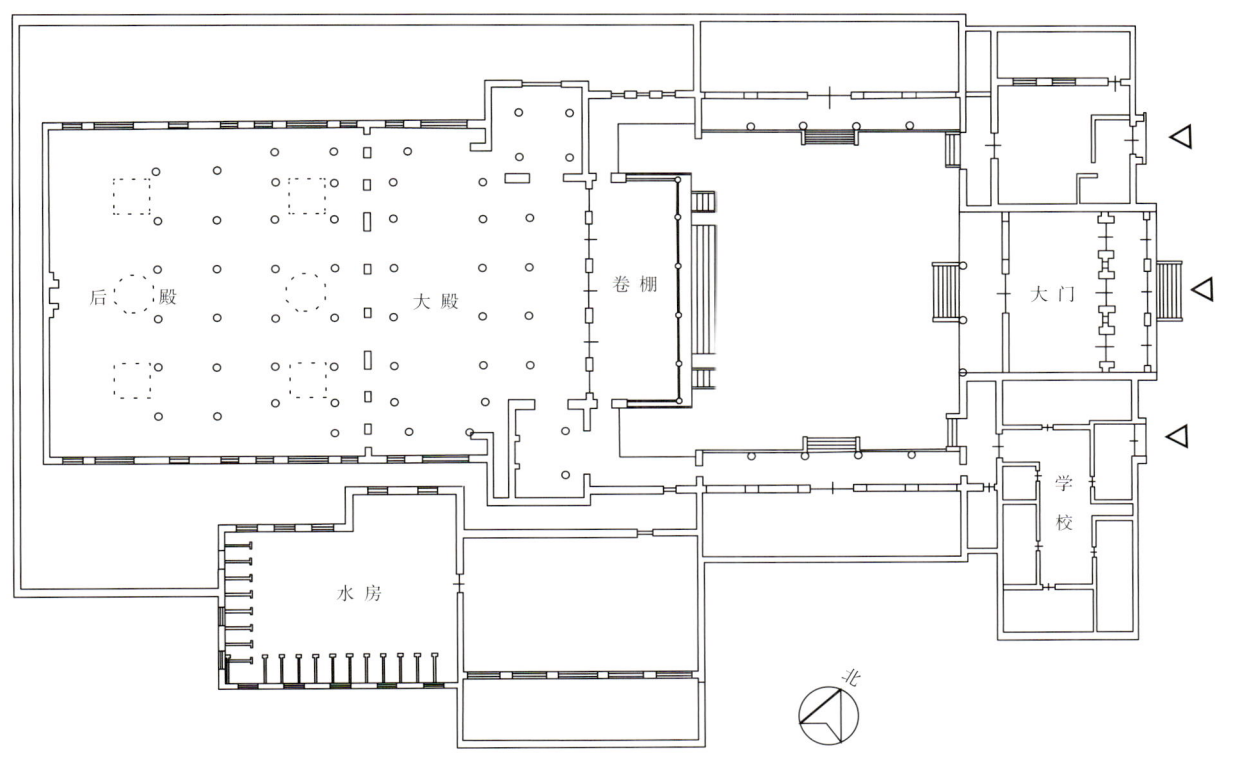

图二　天津清真南大寺平面图

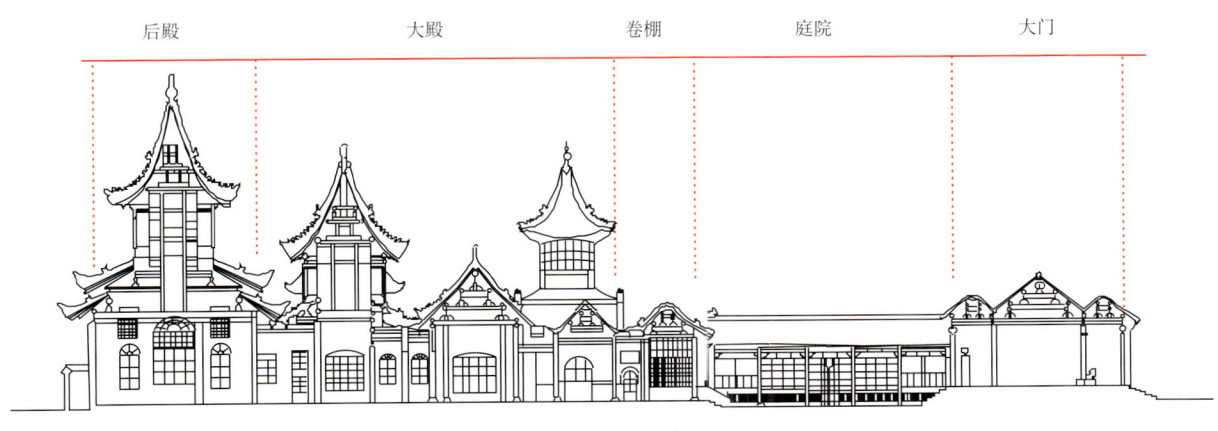

图三　天津清真南大寺总剖面图

图四　天津清真南大寺院内

图五　天津清真南大寺斋房

科学和艺术价值的古代建筑，对于伊斯兰文化的传播与珍贵文物的保存做出了重要贡献。

图二　杨忠强　制图
图三　游小军　制图

图片来源
图一、图四至图七　邹萍秀　摄影

图六　天津清真南大寺剪影

图七　天津清真南大寺石碑

扬州仙鹤寺

图一 扬州仙鹤寺主图

扬州仙鹤寺，又称礼拜寺，是中国伊斯兰教著名清真寺之一。因其造型如仙鹤，故取名为仙鹤寺。该寺初建于宋德祐年间，明清时期又得以重修，是一座有着近千年历史的古寺，远近闻名。

仙鹤寺是伊斯兰建筑风格与中国古典建筑风格的结合体，布局合理有序，紧凑有致，按照仙鹤的造型从头到尾顺序布置。进入大门看到的是对面的照壁，即鹤嘴，大门的门堂被称为鹤头，向北的露天通道为鹤颈，礼拜殿为鹤身，南北两厅房为鹤翅，南北两古井为鹤眼，南北两棵柏树为鹤腿，礼拜殿后的竹林为鹤尾。礼拜殿是院中朝北的一座长楼，是这个寺院的主体，它横向穿过东西面。它抱着两座假山，故称抱山楼，楼下环境优雅、景色宜人。楼上还有一条长廊，可以在此环观寺中景物。院内设有水池，用水隔开房屋，水边是挺立的亭台。还有桂花厅与秋水阁、清漪亭、觅句廊等，布局整齐有序、引人入胜。

仙鹤寺历史悠久且保存完好，是清真寺的杰出代表作，是中国古代人民的智慧结晶。该寺既是伊斯兰教信徒的活动中心，也是省级文物保护单位。

图片来源

图一至图四 路秉杰，张广林编著.中国伊斯兰教建筑.上海：上海三联书店，2005.

图五 杨忠强 制图

图六 游小军 制图

图二 扬州仙鹤寺二门楼

图三 扬州仙鹤寺望月亭

图四 扬州仙鹤寺月洞门

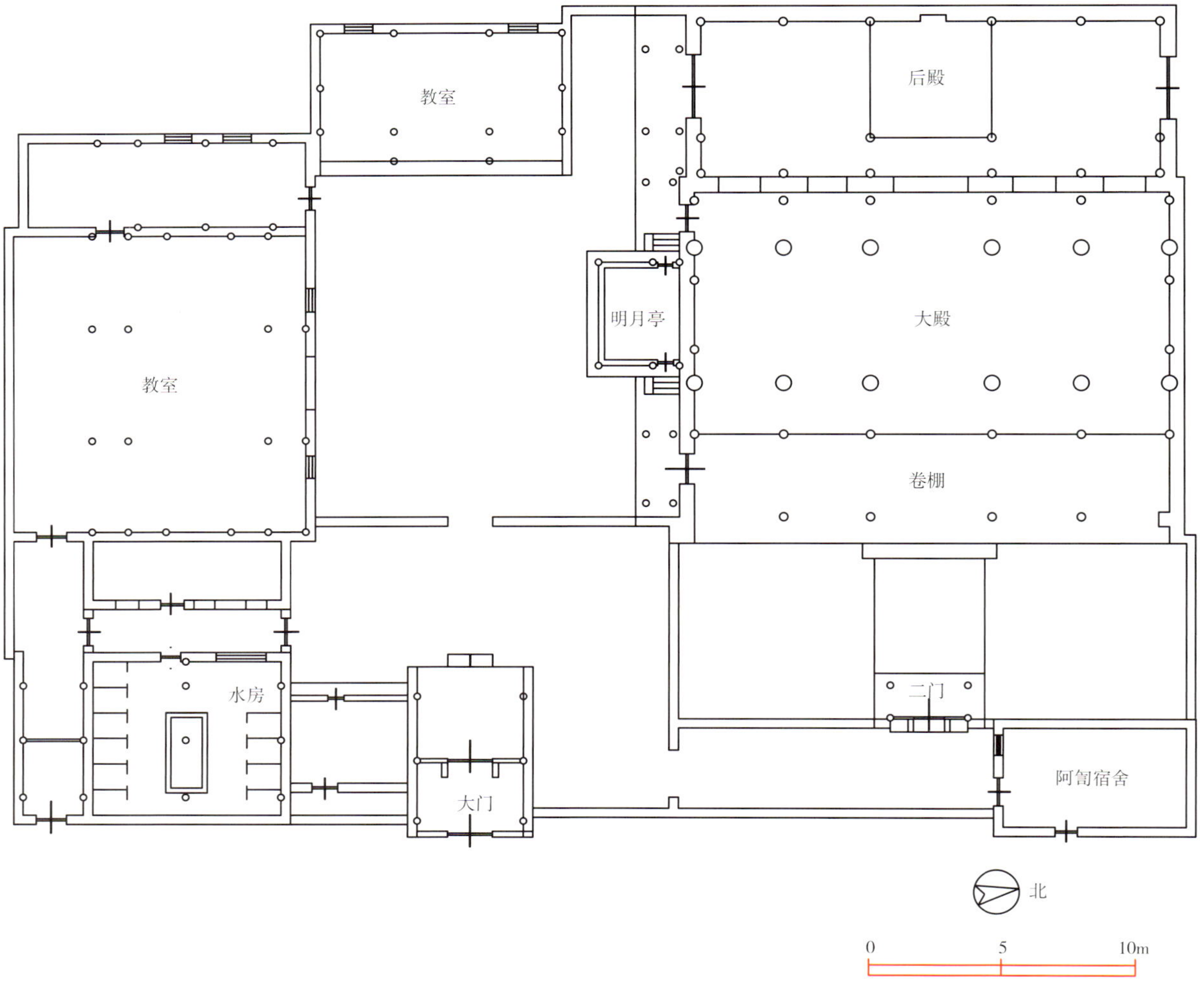

图五 扬州仙鹤寺平面图

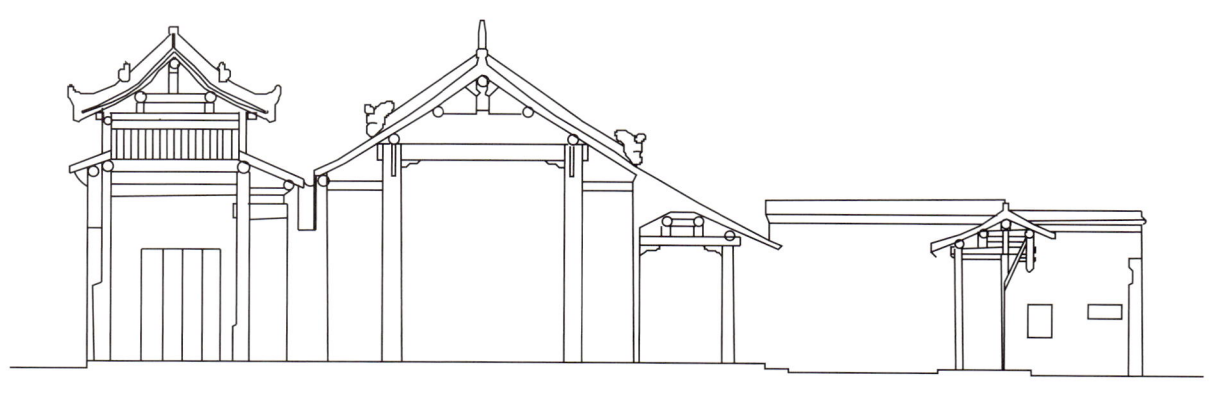

图六 扬州仙鹤寺剖面图

宁夏固原二十里铺拱北

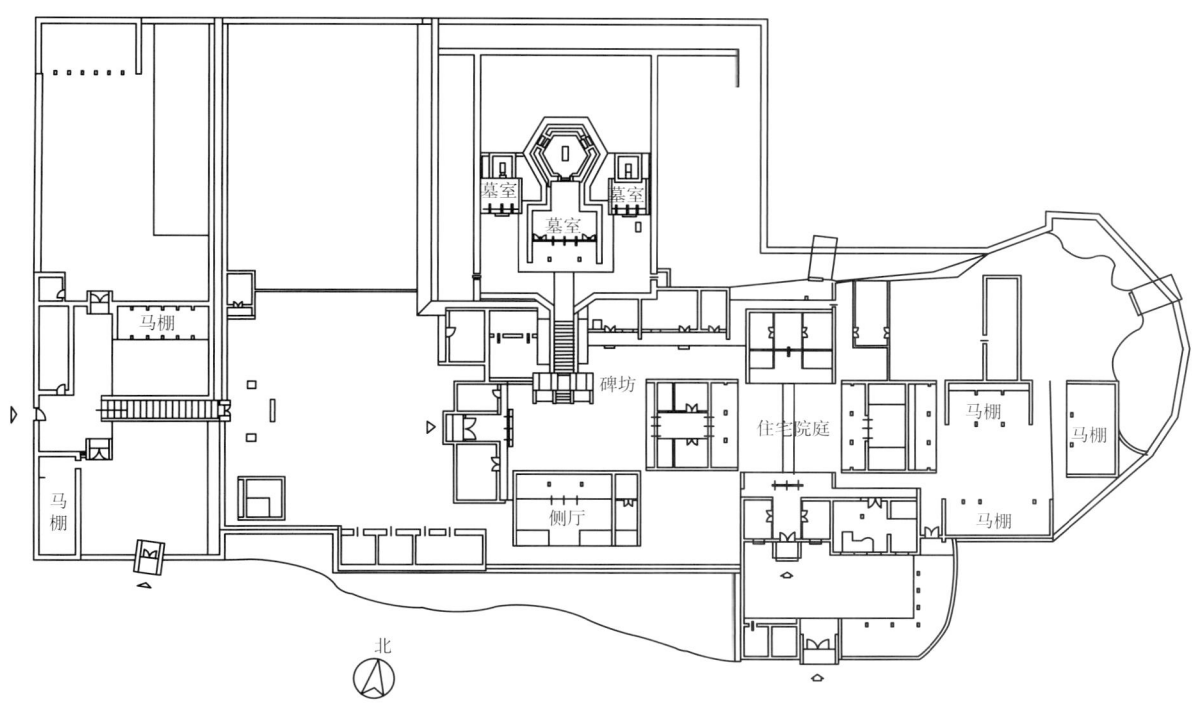

图一　宁夏固原二十里铺拱北主图

宁夏固原二十里铺拱北又叫五原山南古寺拱北，坐落于固原县南郊地区。该寺始建于清康熙年间，历经多次损毁以及重修和扩建，仍保持了当初的风格。穿过银平公路，在宝中铁路的东边，有一条清水河，河的周围种满茂密的树丛。在这幽雅的地方可以看见一座依山挺立的寺院，这就是固原二十里铺拱北。这是一个以伊斯兰建筑风格为基础，融合了中国古典建筑风格的寺院，宏伟壮观、古朴典雅、高大庄重。

拱北建筑布局规整有序，由门厅、院庭、砖坊、内门、墓室和后院组成，在寺内还设有楼、亭、阁、照壁等。院内幽雅宁静，院落种满了松柏，茂盛的植被遮住了院落的四周，显得古朴典雅。整个布局充分表现出伊斯兰风格的特点及中国古典园林的韵味。拱北建立在由磨砖对缝而砌的高台上，在前面可以清楚地看见它的顶部有斗拱，屋檐上有很多装饰物，屋顶外挑攒尖，充分体现出伊斯兰建筑吸收了汉族建筑文化，同时也是回族与汉族人民友好的象征。

图片来源

图一、图二　杨忠强　制图

图三　洪梅香编著.中国回族民俗集萃.北京：朝华出版社，2012.

图四至图六　邹萍秀　制图

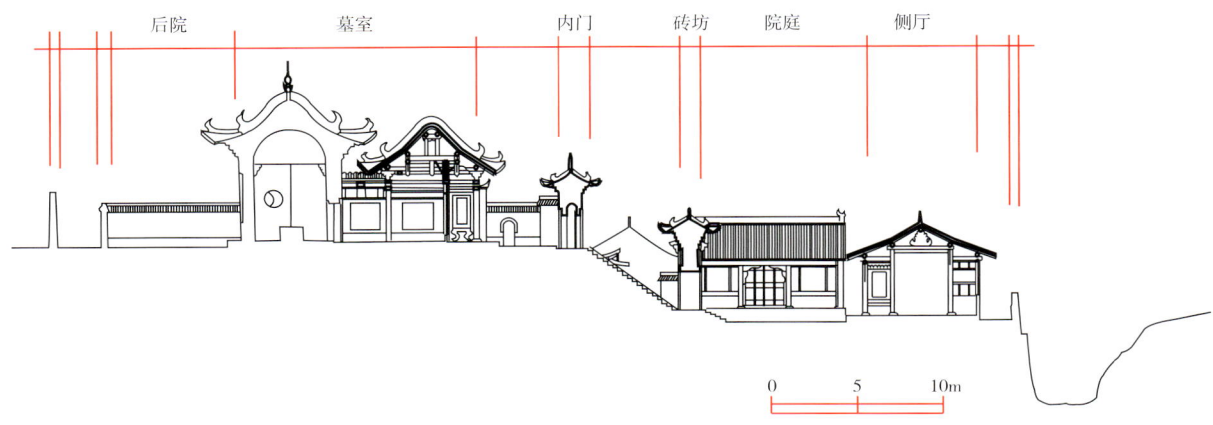

图二　宁夏固原二十里铺拱北剖面图

图三　宁夏固原二十里铺拱北

图四 宁夏固原二十里铺拱北砖坊手绘图

图五 宁夏固原二十里铺拱北砖雕手绘上色图

第一章 回族传统建筑

061

图六　宁夏固原二十里铺拱北手绘上色图

江苏扬州普哈丁墓

图一　江苏扬州普哈丁墓主图

江苏扬州普哈丁墓园位于扬州市古运河东面的岸岗上。普哈丁墓建于南宋，清朝末年重修。

走近普哈丁墓园，可以看见大门门额处题写有"西域先贤普哈丁之墓"。墓园的建筑有寺院和墓域两大部分，其中寺院建筑包括礼拜堂和水房两个区域。走进内部，在门厅的南侧，是清真寺。沿着石阶往前方走是一个四角攒尖顶的门厅。再往里走，就是墓域。而墓域除了葬有普哈丁的墓以外，还有许多其他阿拉伯人的墓，墓碑上均有记录年代的刻文。现在普哈丁墓建筑内还存有先贤们的石墓塔、浮雕等名胜古迹。该墓的建筑样式主要为阿拉伯风格，建筑坐东朝西，呈方形，建筑面积有14平方米，其中亭子的高度为3.5米。普哈丁墓的内部结构为圆拱顶状，外部是古香古色的四角攒顶样式的筒瓦顶。墓四面各有一面砖墙，砖墙的每一面都有一个拱门，而墓就是这个墓亭的中心，墓的上方是一个青石的墓顶，顶的四面都刻着《古兰经》的文字。该墓的东北面种植了一株银杏树，树龄有700多年，形态奇特，是整个墓园的特色风景之一。此外墓园内有一些阿拉伯文墓碑，是我国元代遗留下来的。

图二 江苏扬州普哈丁墓大门

图三 江苏扬州普哈丁墓自小清真寺望二门

图四 江苏扬州普哈丁墓二门

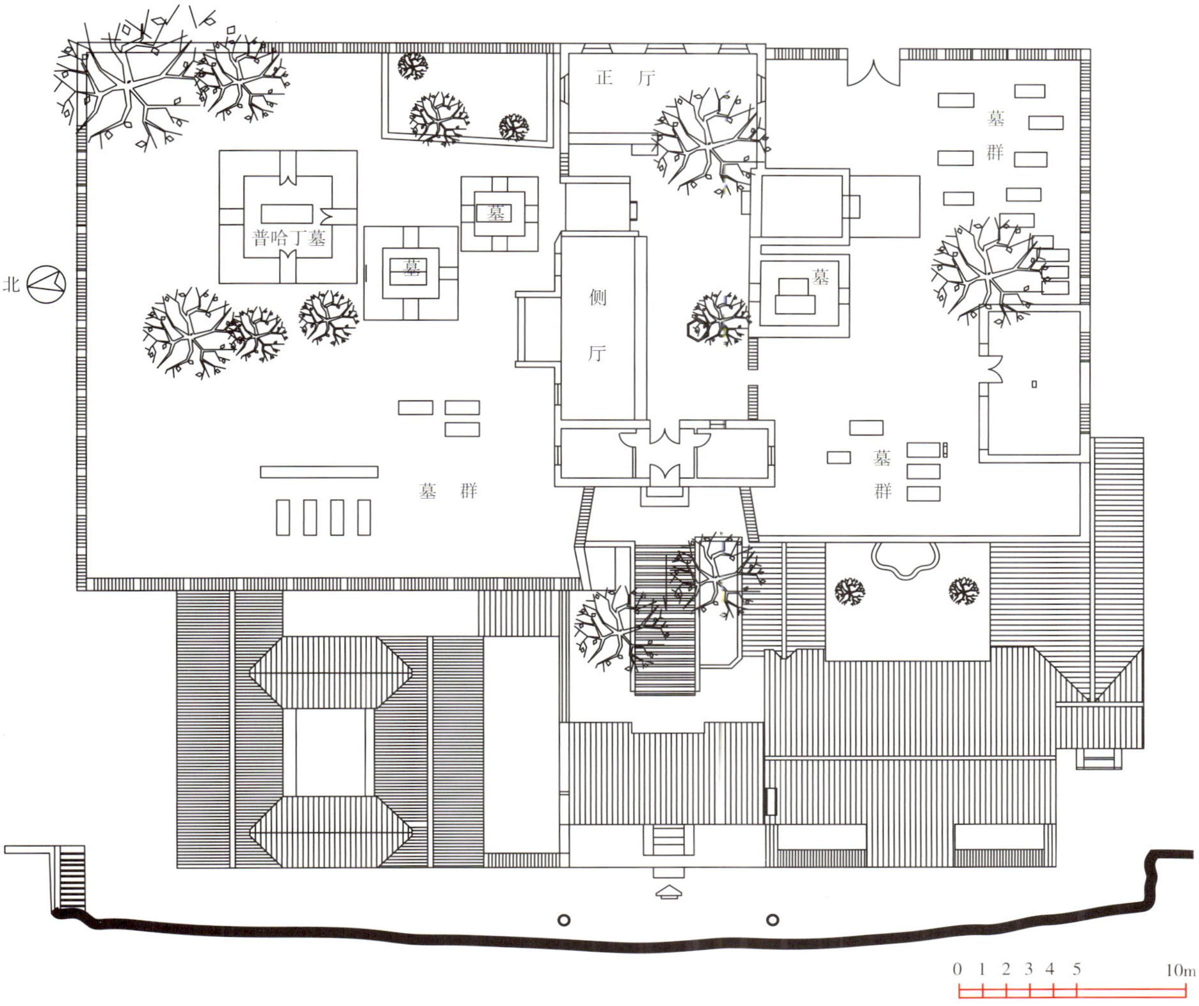

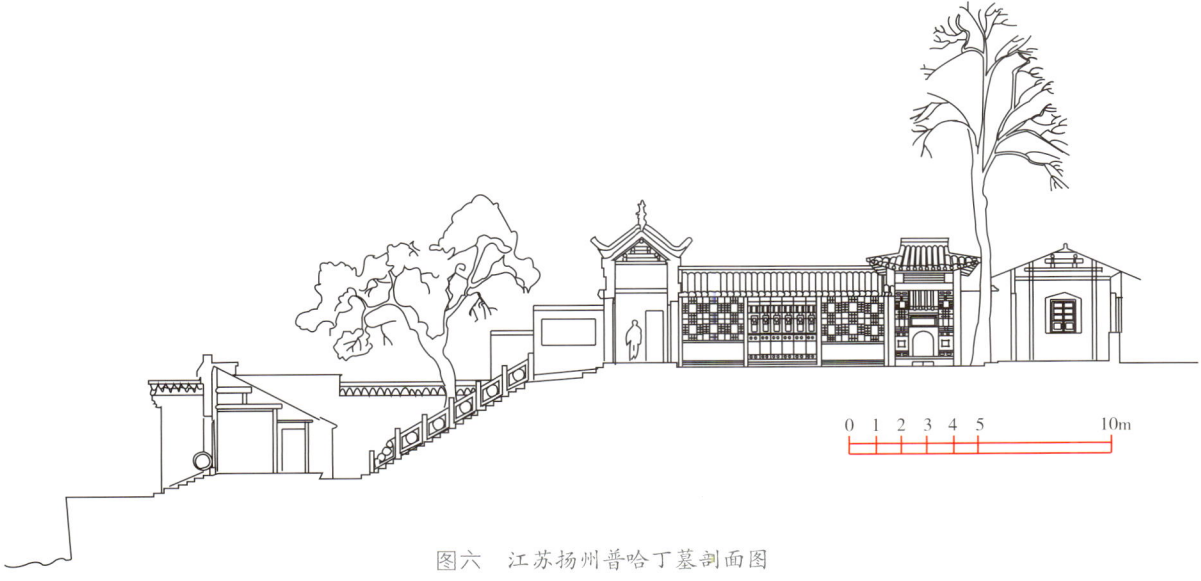

图五　江苏扬州普哈丁墓平面图

图六　江苏扬州普哈丁墓剖面图

普哈丁墓园是我国的重点文物保护单位，在学术界广受重视。

图片来源

图一至图四　路秉杰，张广林编著.中国伊斯兰教建筑.上海：上海三联书店，2005.

图五、图六　杨宗强　制图

图七　邹萍秀　制图

图七　江苏扬州普哈丁墓望月亭上色图

甘肃兰州桥门街清真寺

图一　甘肃兰州桥门街清真寺主图

甘肃兰州桥门街清真寺坐落在甘肃省兰州市中山桥以南的回民聚居区桥门巷内。据传，早在明代时桥门巷（街）即有一座清真寺。该清真寺的历史悠久，坐西朝东，历经多次重建。

桥门街清真寺由跨院、卷棚、大殿、窑殿、沐浴室等建筑物组成。寺门口有一块烫金的"清真寺"牌匾，入口大门为厚重的木枋，重檐飞翘建筑形式，门两侧为精致的砖雕。通过通道，便来到大殿。大殿采用重檐建筑形式。大殿屋顶正中采用绿色琉璃瓦作为材质组成梭形图案，显得非常华美。建筑的上方有精美的雕花柱顶，形状多为莲花状，柱上均雕有精美的纹饰，富丽堂皇。大殿内明亮宽敞，这里可同时容纳1000人做礼拜。窑殿位于大殿的后方，是一座正方形的殿，虽然没有大殿大，但是装潢考究，更显华贵。跨院在大殿的南方，院内共有5间阁楼，均为清真寺的讲经堂。大殿的北侧为一些信房。大殿东南方是供做礼拜的人沐浴的浴室。此外，不可忽视的是栏杆的精美，窑殿、大殿和卷棚的栏杆是中国木建筑部件的精品。

桥门街清真寺采用重檐结构建造而成，体现了该建筑宏伟华丽的特点，在我国古代建筑中较为罕见。该寺为省级文物保护单位。

图片来源
图一、图二　昵图网
图三、图四　邹萍秀　制图

图二　甘肃兰州桥门街清真寺大门

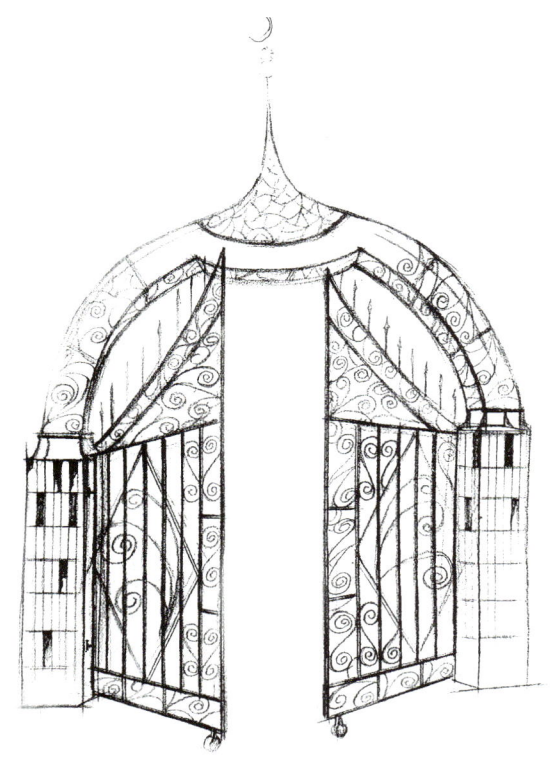

图三　甘肃兰州桥门街清真寺大门手绘上色图

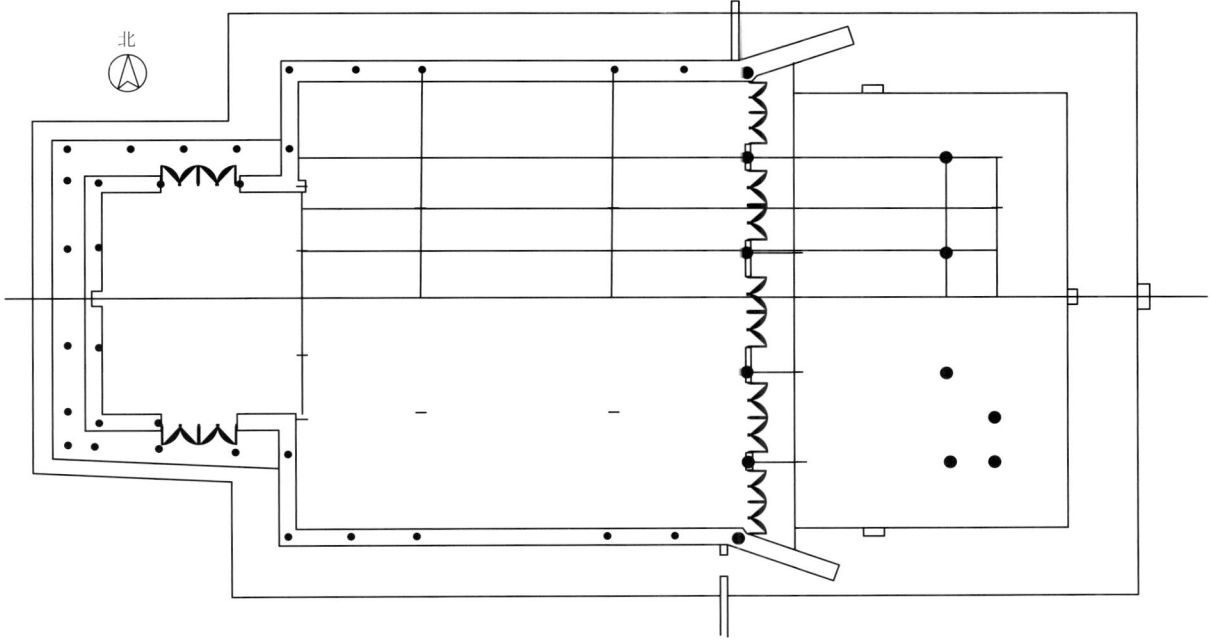

图四　甘肃兰州桥门街清真寺平面图

四川成都皇城清真寺

图一　四川成都皇城清真寺主图

成都皇城清真寺，简称皇城寺，现位于四川成都天府广场西侧，是西南地区一座著名的清真寺。该寺始建于公元16世纪，后来经过多次维修，由于多种原因，占地面积已大大缩减，现为5000多平方米。皇城寺是四川省目前最大的清真寺，也是当地伊斯兰教协会的驻地。

皇城寺正门开阔，"皇城清真寺"牌匾在门正中悬挂着。清真寺内斗门位于寺的左右，门外门内有栅栏和过道，其中有一棵树龄约200年的银杏，树干挺拔，枝叶茂盛。往里走，经过重重拱门、模廊，到达礼拜大殿。礼拜大殿宏伟端庄，建筑面积约380平方米，殿内可同时容纳700人做礼拜。在大殿的南北方有沐浴间，供人们做礼拜前进行沐浴。藏经楼内收藏有大量伊斯兰教典籍。皇城寺内亭、台、楼、阁、殿等内部已有一些比较现代化的应用设施，但整体建筑风貌还是古香古色的。

皇城寺采用中国传统寺庙布局，兼有明清建筑风格和伊斯兰风格，在西南地区具有较大的影响力。

图片来源
图一至图三　昵图网
图四至图七　邹萍秀　制图

图二 四川成都皇城清真寺(一)

图三 四川成都皇城清真寺(二)

第一章 回族传统建筑

图四 四川成都皇城清真寺手绘上色图（一）

图五 四川成都皇城清真寺手绘上色图（二）

图六 四川成都皇城清真寺手绘上色图（三）

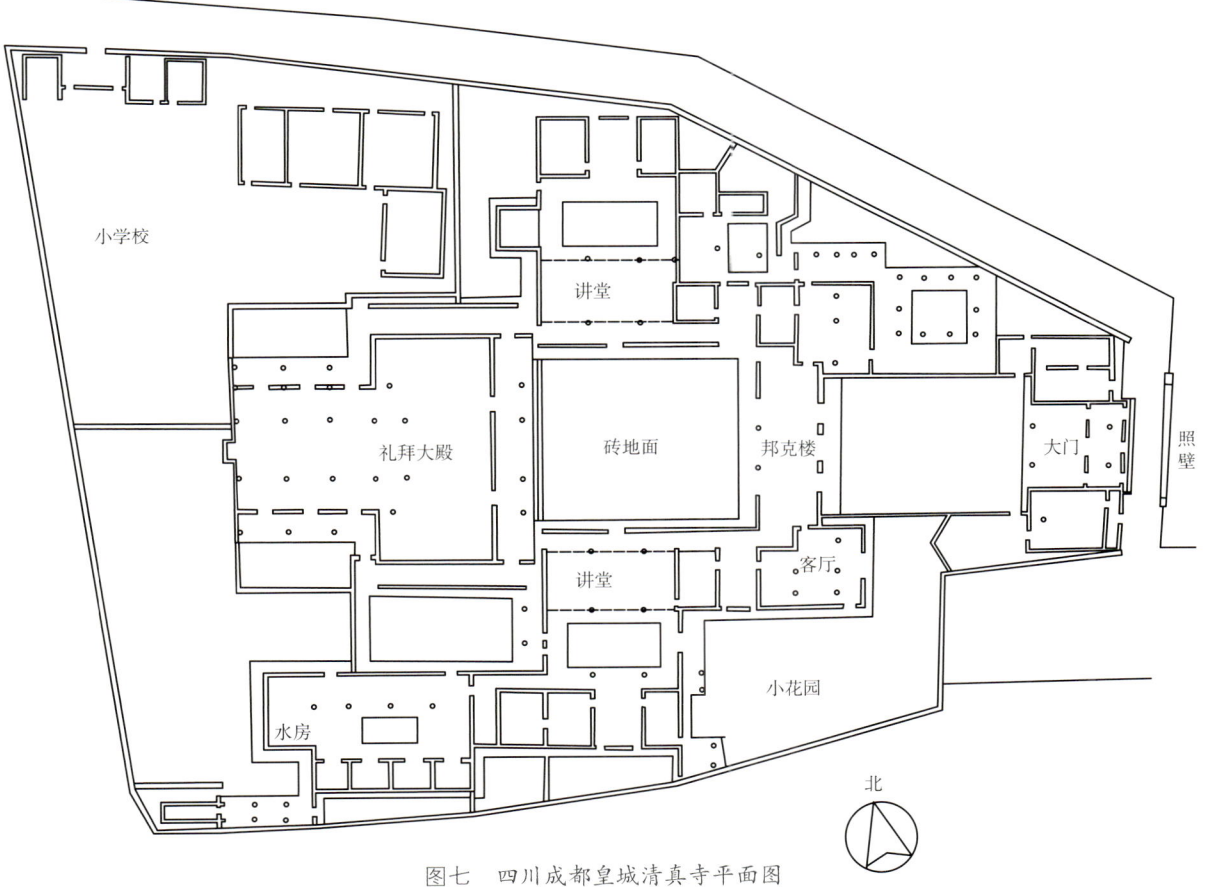

图七 四川成都皇城清真寺平面图

银川南关清真寺

图一 银川南关清真寺主图

银川南关清真寺位于银川老城中，是宁夏回族自治区建筑规模最大的清真寺之一，在当地回族人民心中占有重要的位置。南关清真寺曾遭受多次破坏，于1981年重建。该寺占地面积约10000平方米，其中建筑面积约2000平方米，是一个中国传统建筑风格和伊斯兰风格结合的建筑群。

南关清真寺主殿高26米，共分为两层，第一层是一些较小的礼拜殿、会客厅、沐浴室等；第二层为我们所说的礼拜大殿，可容纳1300人做礼拜。大殿中有四根方柱，均被绿色的瓷砖贴满。在大殿中有一个直径为9.5米的大穹顶，四周有4个小穹顶。这5个穹顶都以绿色为主，装饰以宝瓶。大穹顶上的新月到地面的距离有22米，足见大殿的宏伟。大殿的穹顶与四周的方柱间共有24扇天窗，大殿的南侧和北侧也各有6扇大窗，还有数量不少的大宫灯和玉兰灯。大殿前是邦克楼和长廊，和大殿一起，构成一个宏大、华美的建筑群。

南关清真寺是宁夏回族自治区的特色建筑，也是地标性建筑之一。它不仅是一个宗教的活动场所，还是一个负有盛名的旅游景点。

图片来源

图一、图二 路秉杰，张广林编著.中国伊斯兰教建筑.上海：上海三联书店，2005.

图三至图五 邹萍秀 制图

图二　银川南关清真寺光塔

图三　银川南关清真寺手绘上色图（一）

第一章　回族传统建筑

图四　银川南关清真寺手绘上色图（二）

图五　银川南关清真寺手绘上色图（三）

云南大理东莲花清真寺

图一　云南大理东莲花清真寺主图

云南大理东莲花清真寺位于大理东莲花村，其建筑体现了中阿结合的艺术风格。东莲花村是一个古村落，这里居民全是回族，有着深厚的文化底蕴，民风淳朴。

东莲花清真寺始建于清朝，曾经多次扩建，最近一次是在1987年。该寺布局合理，功能齐全。寺内的建筑结构以土木为主，呈现中国古建筑中雕梁画栋和出阁架斗的传统风格，同时与伊斯兰的美学观融合在一起。礼拜殿是殿宇样式，里面可以同时容纳1000人做礼拜。往里走，是宣礼塔，约12米高，颇为壮观，把清真寺分为东西两院。东莲花清真寺东西方向是一条明显的轴线，依次是清真寺的大门、宣礼楼和朝真殿，而南北方向则通向街心，寺内建筑与民居建筑融合在一起，有一种浑然天成的感觉。

东莲花清真寺是当地回族文化传播的中心。该清真寺将伊斯兰建筑文化和云南大理的传统建筑文化结合在一起，形成独特的风景，就像是一张民族的名片。

图片来源

图一　洪梅香编著.中国回族民俗集萃.北京：朝华出版社，2012.

图二　刘媛　制图

图二　云南大理东莲花清真寺内景手绘上色图

山东济宁清真东大寺

图一　山东济宁清真东大寺主图

　　山东济宁清真东大寺位于山东省济宁市小闸口上河西街。因为寺的门口就是大运河的西岸，所以该清真寺又名为"顺河东大寺"。因其历史久远，建筑年代没有一个统一的说法。

　　济宁清真东大寺体现了中阿建筑理念的结合，整个建筑宏伟壮观、整齐有序，很好地与四周的环境融合在一起。建筑方位为坐西朝东，建筑材料主要以砖木为主。建筑以东西方向为中轴线，布排有大门、牌坊、邦克亭、礼拜大殿、望月楼等，而水房和南北讲堂位于轴线的左右。大门建筑形式为单檐歇山式，木石材质。进入大门，可看见一块汉白玉石料的牌坊，称为"日月坊"。再往前走，是一座邦克亭，亭是重檐式的，顶则为圆形。南北讲堂位于邦克亭的左右，是讲经的地方。礼拜大殿是清真寺的主要建筑，面积有1057平方米。大殿建筑为歇山式，坐落于1.3米高的基台上。进入大殿，40根通天木柱和12根石柱映入眼帘，正是它们撑起了整座大殿。窑殿是一座高30米的三层阁楼。在大殿后面的望月楼则是一座二层阁楼，在斋月期间，信徒们可以登上此楼观赏月光。我们可以发现寺门到大殿，建筑呈节节升高

图二　山东济宁清真东大寺碑亭

图三　山东济宁清真东大寺日月坊

之势，而到后门处则有回落，这种布局合理有序、错落有致，使主体建筑更为突显。

济宁清真东大寺是全国重点文物保护单位，曾被评为模范清真寺。

图片来源
图一至图四　共梅香编著.中国回族民俗集萃.北京：朝华出版社，2012.
图五　刘媛　制图

图四　山东济宁清真东大寺大殿

图五　山东济宁清真东大寺手绘线稿图

福建泉州清净寺

图一　福建泉州清净寺主图

福建泉州清净寺位于福建省泉州市涂门街北侧，原名艾苏哈卜寺，又名圣友寺、清净寺，为我国东南沿海地区四大清真寺之一。该寺是我国现存最早的一处伊斯兰教建筑，为国务院公布的第一批全国重点文物保护单位之一。

该建筑是仿照大马士革伊斯兰教礼拜堂而建成的，整个建筑占地面积约2500平方米，以大门、奉天坛、明善堂等为主要组成部分。门楼由白花岗岩砌成，拱门上端呈尖状，且是穹形顶，共分为三层。门楼顶上是一个望月台，台上围了三面的垛子，别有风格。往里走，是一个宣礼塔，看起来特别高耸，属于伊斯兰建筑风格。接下来就是占地面积约600平方米的奉天坛，据说殿内原有一个大圆顶，格外宏伟壮观，可惜后来由于一次地震而倒塌，到现在都无法恢复。奉天坛后面是小礼拜殿。这个命名为"明善堂"的小礼拜殿为四合院，具有典型的中国传统建筑风格。大殿呈长方形，四壁以花岗岩石砌成。其南墙亦是寺的围墙，向外敞开8个长方形窗。西墙中部呈方形凹入，为"米哈拉布"，砌饰巨大的尖弓宝盖状凹壁，雕刻有阿拉伯文《古兰经》，两侧墙壁布满6个凹状石刻，凹壁之间洞开4扇大窗。

寺内现存有1407年的《敕谕》、1507年的《重立清净寺碑》、1609年的《重修清净寺碑记》等几通古碑。

福建泉州清净寺是一座具有千年历史的古寺，是中阿文化交流的见证。

图片来源
图一至图六　路秉杰，张广林编著.中国伊斯兰教建筑.上海：上海三联书店，2005.
图七　董琪　制图
图八至图十　邹萍秀　制图

图二　福建泉州清净寺大门

图三　福建泉州清净寺大门楼内穹窿拱饰

图四　福建泉州清净寺大门藻井

图五　福建泉州清净寺奉天坛

图六　福建泉州清净寺遗迹内东侧门口

图七　福建泉州清净寺大门手绘上色图

第一章　回族传统建筑

085

图八　福建泉州清净寺手绘上色图

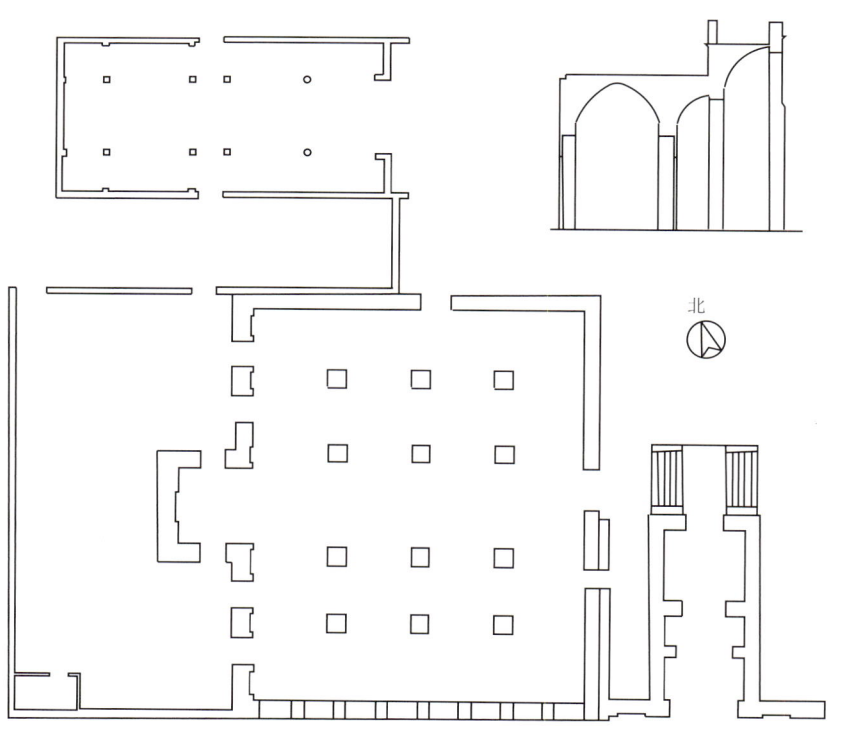

图九　福建泉州清净寺平面图

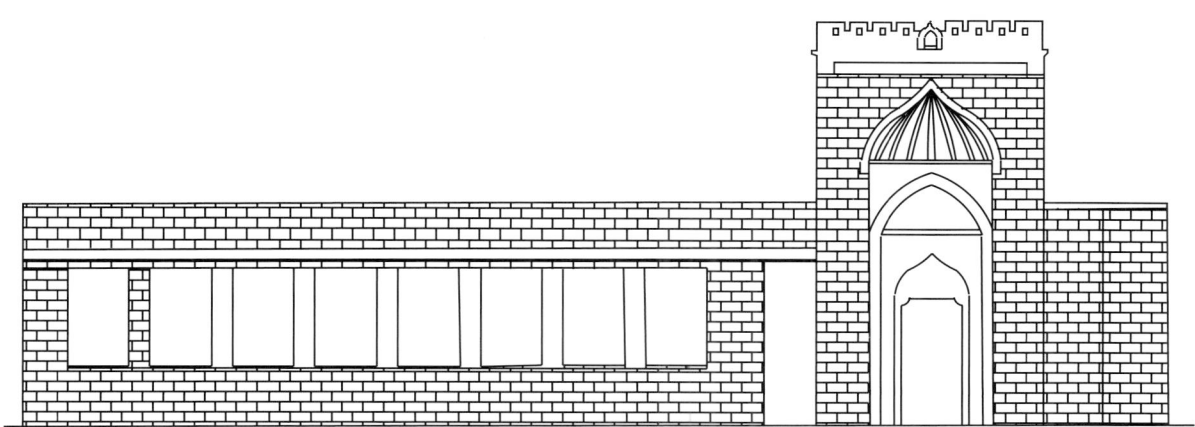

图十　福建泉州清净寺大门立面图

河北沧州泊头清真寺

图一 河北沧州泊头清真寺主图

河北沧州泊头清真寺位于沧州市泊头市清真街南端。始建于明永乐二年（1404），明嘉靖、万历年间重修，特别是在崇祯年间进行了扩建，清嘉庆、咸丰、光绪年间及民国时期均有不同程度的修缮。该寺坐西朝东，建筑面积2919.78平方米。

寺内院落分为前庭、中庭和大殿。前庭院正面是一座高约20米的二层望月楼，灰墙红柱、石雕斗拱、攒尖绿顶、飞檐高翘。楼内下为阁，上为厅，四周环绕栏杆，顶部有木质透雕裙腰板、垂花柱，木作精致。楼两侧各有便门一个，各建筑为重檐顶，相互辉映、富丽堂皇。中庭院两侧南北陪殿各六间，正面则为三四米高的彩画透雕三屏门花殿阁，出檐深度大。大殿庭院两边各有汉白玉石桥通向南北讲堂，南讲堂为阿文小学，北讲堂为阿文大学。北讲堂东侧有北跨院，设有沐浴室、烧水间十六间。礼拜大殿由前抱厦、前殿、中殿和后窑殿四部分组成，南北宽29米，东西长55米，呈凸形，面积为1159平方米。大殿建筑分前文后武。前厦与前殿较高，中殿较低，后窑殿则以六角攒尖顶拔起，使之有所起伏。内部巨柱方梁，落架高大，且木质咬合，悬梁吊柱，雕花刻

图二　河北沧州泊头清真寺大殿

图三　河北沧州泊头清真寺大殿山花梁架

楼。后窑殿呈方形，墙壁饰有砖雕、花池。窑殿上起六角亭子，正中悬下一木雕莲花垂柱，六边扶栏，全部透雕彩画。大殿地面为800多块柏木长方板铺就，可容1200多人做礼拜。后窑殿是全寺最高点，站在这里，寺院周围的风景一览无余。

规模宏大的礼拜大殿顶部飞檐四出、角亭对立。全寺楼台殿阁，成垂一线，重重院落相套，横向配以门道、石桥，具独特的风格和建筑价值，是中华民族的宝贵遗产。泊头清真寺无论是占地面积、建筑规模，还是历史年代、艺术价值，在整个华北地区来说，都堪称清真第一寺。

图片来源
图一至图五　路秉杰，张广林编著.中国伊斯兰教建筑.上海：上海三联书店，2005.
图六　杨宗强　制图
图七、图八　邹萍秀　制图

图四　河北沧州泊头清真寺望月楼

图五　河北沧州泊头清真寺后窑殿藻井

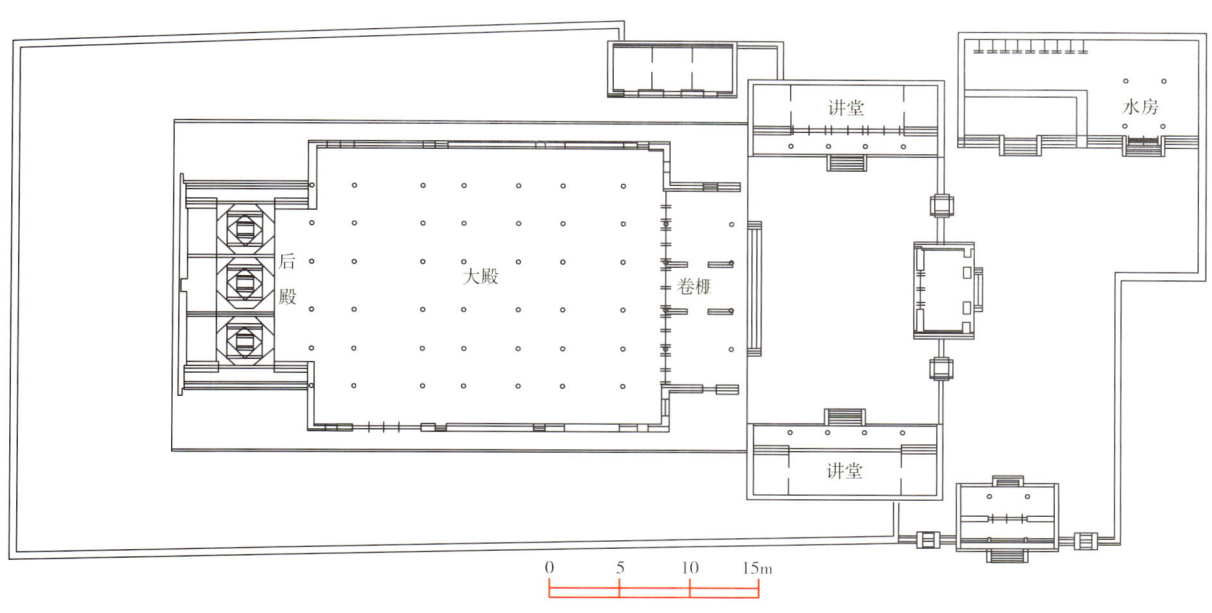

图六　河北沧州泊头清真寺平面图

图七　河北沧州泊头清真寺汉白玉石桥手绘图

图八　河北沧州泊头清真寺石雕飞檐手绘图

云南大理回族民居

图一 云南大理回族民居主图

云南大理回族民居是云南地区回族文化的体现。由于受到汉族文化的影响，这里的回族民居与汉族民居在建筑结构方式和装修等方面都有一些相似。

回族民居讲究一些礼仪和忌讳。比如，回族建房时，会注意民居的朝向。在回族家庭老人的住房里，是不可能看到有人的雕塑或者图画的。回族民居里西面的房间一般是长辈老人居住，而室内布局也充分体现着"以西为贵"的理念。

云南回族民居总体布局是围合内向性的，民居的建筑空间感强，其层高、围墙、

图二 云南大理回族民居

柱廊的建筑处理手法使得建筑与建筑之间呈现一种相互呼应又延伸的感觉。民居建筑从平面图来看一般为长方形，内部包括正厅、耳房、天井等，一般称为"三方四合院"。回族人民的共同特点是比较注重有一个干净和优美的环境，所以他们的居住场所都会比较整洁。

大理的回族民居建筑也是云南一处独特的风景线，在这里我们可以感受到不同的文化碰撞所产生的火花，这是中华民族文化融合发展的结果。

图片来源

图一、图二　洪梅香编著.中国回族民俗集萃.北京：朝华出版社，2012.

图三、图四　董琪　制图

图三　云南大理回族民居手绘上色图（一）

图四　云南大理回族民居手绘上色图（二）

西北回族民居·窑洞

图一　西北回族民居·窑洞主图

民居是人类有意识地建造与创造出来满足每个家庭生活基本居住需求的建筑物。民居的风格深受风俗文化的影响。不同民族都有其各自的文化特点，不同地区在地形、气候上也有很大的差异，正因如此，才造出了风格不同的民居建筑。

回族是我国分布范围最广的少数民族，其在选宅上注重地势是否平坦，阳光是否充足，用水是否方便干净等。他们的建筑自成院落。回族人喜欢与本族人共同居住，从而形成了回族建筑群。

民居的建造因地制宜，在我国西北地区的回族民居与其他地方的大不相同。西北地区中陕西、宁夏等地位于黄土高原上，植被稀少，缺少树木，加之经济原因，决定了回族人民修建窑洞来作为住宅。窑洞分为箍窑和崖窑。

箍窑是一种用土与黄草泥建筑而成的窑洞，建造技术要求较高。首先要打好窑墩子（一般长5米，宽0.7米，高1.4米，数量比窑洞孔数多一个）；其次打好土坯，即选好一块平整的石板，在石板上置放土坯模子，在模子里填土（黄土、黑黏土最好），用脚踩实，再用杵子夯实。打好窑墩子和土坯，就

第一章　回族传统建筑

要请"掌楦子"的师傅来箍窑。师傅把窑楦子架在窑墩子上，把土坯一块一块用黄草稀泥涂抹着砌起来，最后依窑楦子箍成拱形，细加打磨即告成功。箍窑非常坚硬，耐久性好，可以居住几十年甚至百年之久。箍窑的采光也非常好，冬暖夏凉适宜久居。箍窑虽然比其他民居坚固，但每隔三五年需要在窑的外部涂抹细泥。直到现在，这种窑洞仍然能在陕西南部山区回族聚居的村落中见到。

宁夏回族的窑洞住宅，多为开敞式靠崖窑，以靠崖辟出墙面、天然土顶上起拱为特征，跨度为3至4米，进深5米。洞口多以土坯起墙抹泥留孔，以为门窗。因经济条件所限，少有洞口青砖起券、立面墙覆以青砖的窑洞。窑洞内盘炕起灶。也有平地下沉式窑院（地坑院），窑院多为斜坡式入口，进入窑院处，辟有券式门孔，设有双片门扇。窑院内东、西、北崖墙上开孔打窑，面南的窑洞多为三孔，中间为堂屋，两侧为卧室，窑洞之间有两米左右的拱顶通道。

窑洞以土建成，与我国福建的土围楼在材质上相同，但有着自己的风格。窑洞在以前有很多，但随着时代与社会经济的发展，部分的窑洞民居已经且正被现代建筑替代，但窑洞是我国劳动人民智慧的产物，现在仍有人喜欢居住。

图片来源

图一、图二　洪梅香编著.中国回族民俗集萃.北京：朝华出版社，2012.

图三　邹萍秀　制图

图二　西北回族民居中的箍窑

图三　西北回族民居·窑洞手绘上色图

西北回族民居·庄院

图一　西北回族民居·庄院主图

一个民族的传统民居与其经济、文化、思想、信仰等密不可分。西北回族民居由于在宗教信仰、历史因素、社会环境方面受到回族的一些影响，除了符合居住基础条件，也体现了回族人民在生活、艺术上的审美倾向和情感价值。

庄院是西北回族民居典型的建筑形式之一，其样式可以分为平房和高房子。

平房：平房以屋顶分类，有平顶房、一面坡覆瓦后墙起脊、两面坡挂瓦中间起脊、两面坡挂瓦距后墙一尺起脊等。山区中多为坡顶房，川区则基本为平顶房，少有两面坡顶房，几乎没有一面坡顶房。宁夏城乡回族民居，尤其是川区的回族民居，多为版筑夯土或土坯或青砖起墙的出檐平屋顶造型。宁夏地区干旱少雨，尤其在宁夏北部川区，每年降水量平均仅为180~200毫升，所以其地民居在四面起墙覆以屋顶时，无须起坡起脊以泻雨水，而是使用最经济的办法，在屋顶架以梁椽，覆以芦席，平铺黄泥，稍有其坡，使屋顶平坦如砥，是谓"平顶房"。单坡覆瓦房多为宁夏南部山区的回族民居，多有土坯砌墙、单坡挂瓦的单坡覆瓦房。在空间布局上，单坡房往往居厢房或下房的位置，少有用作堂屋。两面坡起脊挂瓦房在中国坡屋顶建筑方面历史悠久，坡顶起凸脊，坡面铺设梁、桁、椽，覆草、抹泥。这种夯土版筑或土坯砌筑墙体、坡顶覆以草泥的两面坡土层，在清晚期被宁夏南部山区回汉人民广泛使用，民国时期才缓慢地退出了民居建筑的历史舞台。草泥坡顶被覆瓦坡面所取代，而夯土版筑或土坯砌筑的墙体，仍然顽强地延续了下来。

高房子：在山区回族民居中，院落往往在东北墙开门。一字形或曲尺形布局的房屋东山墙下，有贮藏草料、农具的券洞，上面有半间大的"高房子"建筑。一般高于正房一米。靠墙筑有土台阶，以便上下。山区地势空旷，院外墙前，有草垛、打麦场或鸡窝、小羊圈之设。临院门一侧建筑"高房子"，可居高临下，便于看护场院、望远瞭哨。"高房子"内，筑有小土炕，开在临门一侧的窗户下。平时，高房子里还可以贮放小农具、日常用具、粮食籽种、干果蔬菜之类的杂物，类似农家用的"小库房"。

西北回族人民建房时，无论是选择土木、砖瓦、木质结构，从不盲从奢华，而是追求一种朴素、简单且实用的建筑风格。

西北回族民居无论是住房的平面布置、整体设计、装饰风格都受到了伊斯兰教的影响，体现的是一份对宗教文化的认同感，同时也包含着回族人民的审美情感。他们把修建一所满意的房屋作为自己的一份事业。

图片来源
图一至图四 洪梅香编著.中国回族民俗集萃.北京：朝华出版社，2012.
图五 董琪 制图

图二 西北回族民居·庄院内景

图三　西北回族民居整体环境图

图四　西北回族民居·庄院中的高房子

图五　西北回族民居细节图

第二章 回族传统服饰

回族男士节日礼服

图一　回族男士节日礼服主图

　　巍山县是云南西部重要的回民聚居地，当地保持原生的回族风貌。"穿衣"仪式是对回族伊斯兰教经堂学校学生毕业仪式的称谓，即授予阿訇资格。本案例是云南巍山县回族的"穿衣"礼服，采于云南民族博物馆民族服饰与制作工艺展厅。此服饰多为"穿衣"仪式中的男士穿着，长度至膝盖，腰围及底部衣襟为直筒状宽松型，适合庆典时的传统动作与节目表演。礼服长约143厘米，宽约50厘米，两袖总长约170厘米。

　　回族服饰讲究整齐、简约与舒适。男士不着奇装异服，在衣、冠颜色上以黑、白、绿为主，在举行阿訇"穿衣"仪式时一般穿绿衣。在服饰的襟边、口袋处用针眼扎明线，保持衣服的边沿平整熨帖，展现服装的形态美。胸口处为刺绣团圆富贵花案的吉祥寓意纹样，色泽金黄，搭配节日喜悦的情绪与烘托热烈的气氛。领口处的圆形小盘扣，雅致且富有装饰性；袖口的金丝抽线绣有吉祥线型，绣工的细密、针脚的匀称搭配墨绿色，更衬托金色纹案的华丽。

回族男士节日礼服在回族人民的眼中是身份与地位的象征，传承着回族的文化内涵与宗教信仰。该礼服不论在裁制、纹案或配色中都凝聚着回族人民的智慧和审美，是适应回族信仰、地域、情趣的成功服饰案例。

图片来源
图一至图六　姚惠婧　制图

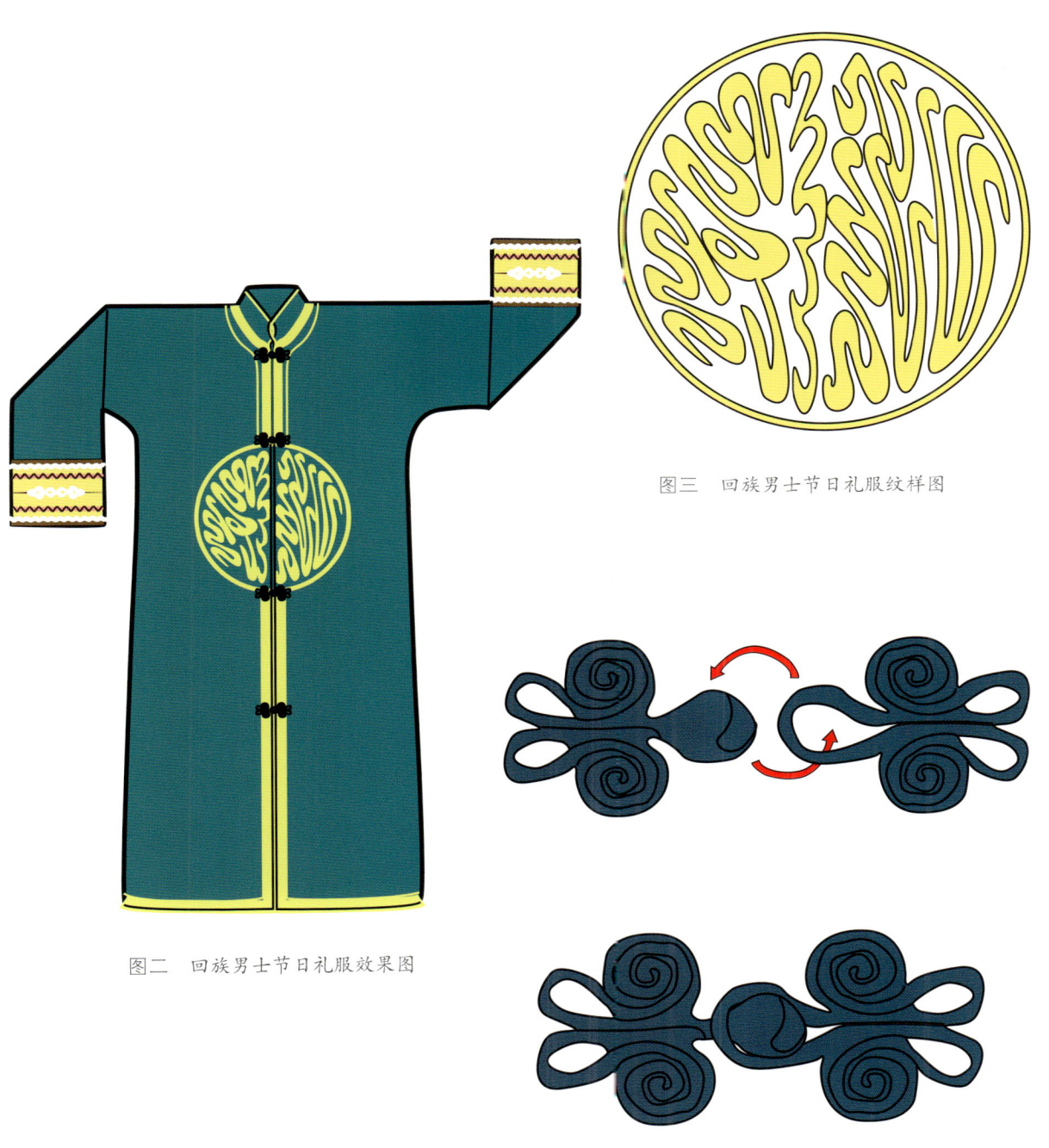

图二　回族男士节日礼服效果图

图三　回族男士节日礼服纹样图

图四　回族男士节日礼服盘扣示意图

第二章　回族传统服饰

图五 回族男士节日礼服平铺效果图

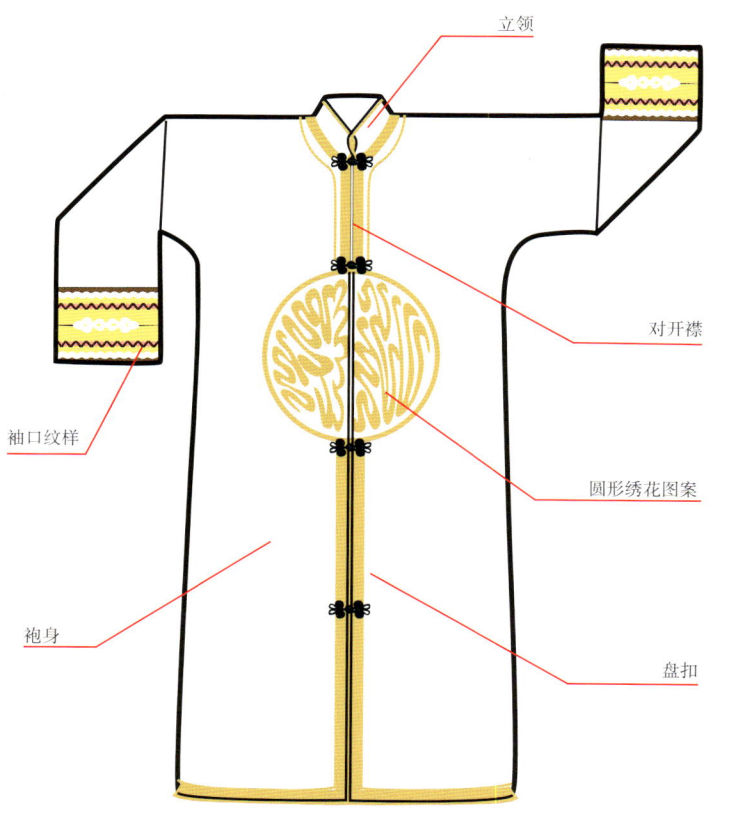

图六 回族男士节日礼服结构名称图

回族女式节日礼服

图一　回族女式节日礼服主图

回族女式节日礼服是回族女子在节日时的主要穿着。本案例的服饰是宁夏回族妇女服饰，是2003年中国国家博物馆中国非物质文化遗产展览展品。这套节日礼服是由盖头、外套、内衫、裤子四个部件组成的套装。以白色为主，在其外用淡紫色的纱织外套衬托。上衣全长80厘米，两袖全长120厘米，裤长75厘米，腰宽39厘米。白盖头和淡紫色纱织外套是这套衣服的特别之处，也是回族女子服饰的重要组成部分。这套礼服简约、大方，又增加了服饰整体的精致度，在朴素中带着淡雅。

回族妇女一般蓄发、挽髻或编辫，再顶一块白盖头，也叫搭盖头（也有使用其他颜色，如黑色和浅色等单一颜色或花色），在其周围缝上小巧的银饰。白色、紫色和银色之间的搭配交相辉映，显得非常美丽。回族女士在节日时所穿着的礼服用料十分考

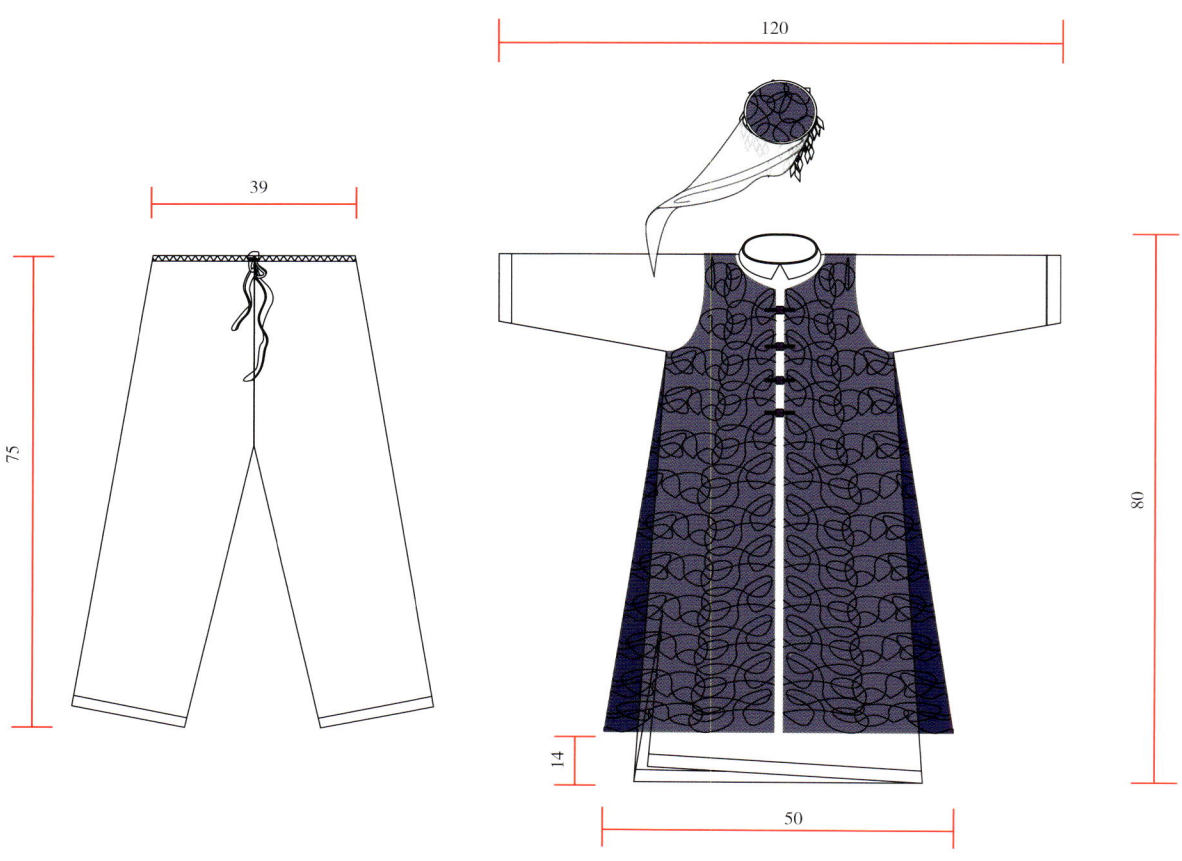

图二 回族女式节日礼服尺寸图（单位：cm）

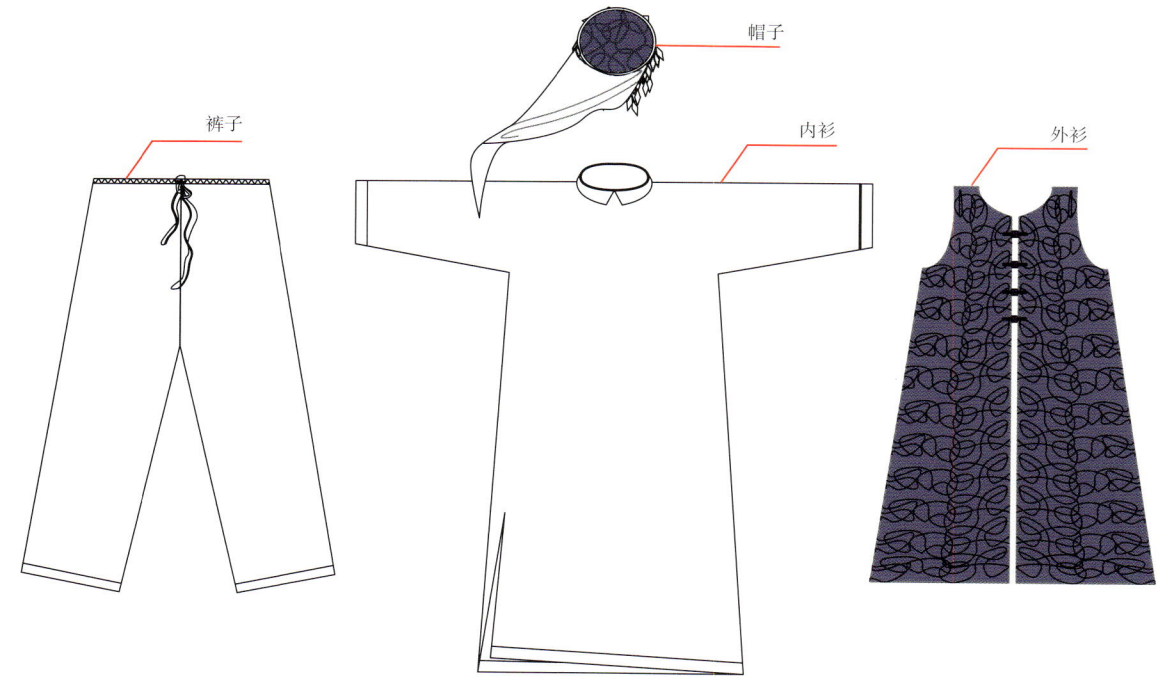

图三 回族女式节日礼服结构名称图

究，其外套会使用纱布或乔其纱制作。外套上再缝制纹样，穿着效果轻盈美丽。这套回族服饰颇具传统特色，内衫为白色，象征着圣洁、无瑕，领口采用翻领，一字扣开合方便，下摆有分式开口，淡紫色的外套与内部的白色内衫搭配得体。

回族服饰中对浅色服饰织物的运用非常得体和考究，体现了纯洁和优雅的气质，与回族人民的生活方式与宗教信仰是分不开的。随着时代的发展，回族礼服也有了改进，采用了一些现代花草和秀丽图案以及现代缝制工艺。

图片来源
图一至图五　虞正韬　制图

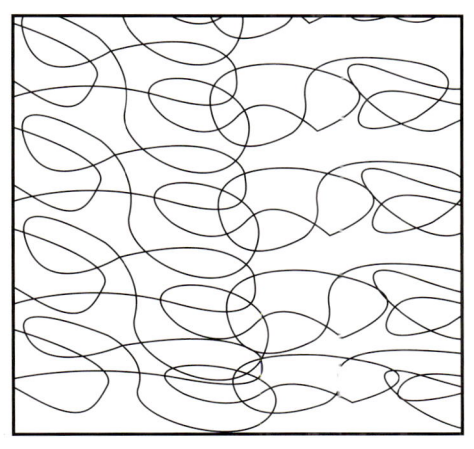

图四　回族女式节日礼服纹样图

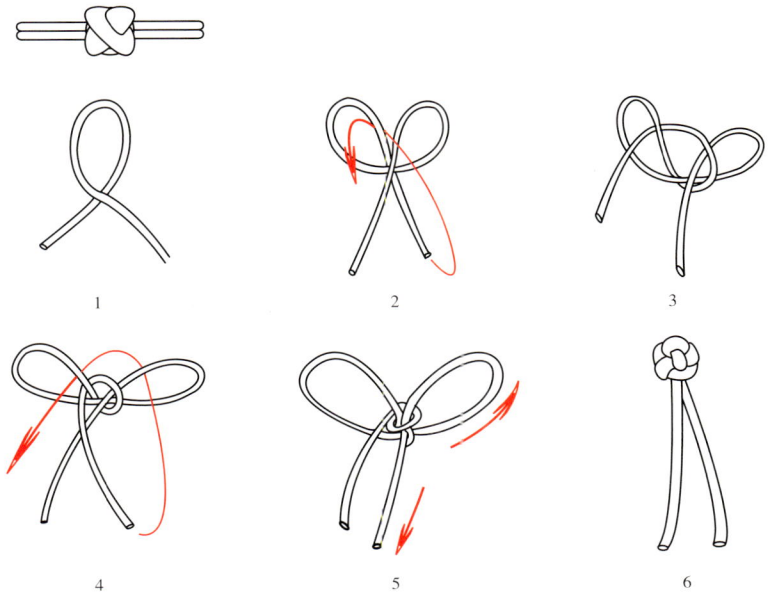

图五　回族女式节日礼服布扣制作工艺图

回族女式老人服装

图一　回族女式老人服装主图

回族服饰讲究整齐美观、简朴舒适，不穿过于华丽的服饰，一般老年人多穿着黑、蓝、灰等颜色。本案例展示的蓝色大襟长上衣和黑色大裆裤是回族老人的传统服饰，采自海南省博物馆。服装样式比较简约、宽松、舒适，在穿着时扎裤腿。其上衣长65厘米，宽50厘米，两袖长155厘米，裤长75厘米，腰宽35厘米。

本案例的"大襟长上衣"样式简约，立领，女装都是扣子朝右边扣，纽子是自己用布料制作而成的，既有实用性又有装饰性。领口、襟边和袖口上都用黑色布料绲边和镶色，与下装的大裆裤形成了色调上的呼应。年轻妇女和少女更喜欢在衣服的前胸绣制各种图纹饰样，色彩艳丽，具有鲜明的民族特色。大裆裤是回族男女传统的裤式，可分为单裤、夹裤、棉裤与皮裤。本案例展示的是棉布大裆裤，裤腰与裤腿的颜色不同，裤腰是浅色布料，裤腿是黑色布料。在缝制时，先把两条裤腿对接好，再用一块细长的白布接在两条裤腿对接的上端，用布裤带系在腰部，下面用裹腿带子绑裤腿和裤口。

此案例展示了回族老人日常的服饰穿着，是民族服饰设计中的典型案例。老人服装的款式虽然比较简约，但回族人民运用高超的手工技艺增加了其多样性和美观性。

图片来源

图一至图五　虞正韬　制图

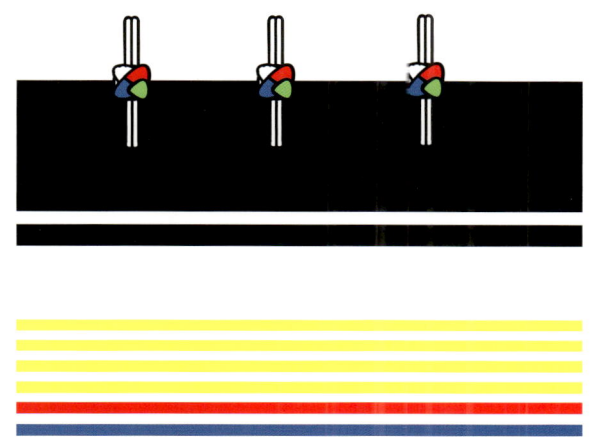

图二　回族女式老人服装纹样图

滚嵌镶工艺（用于大襟领和摆处）

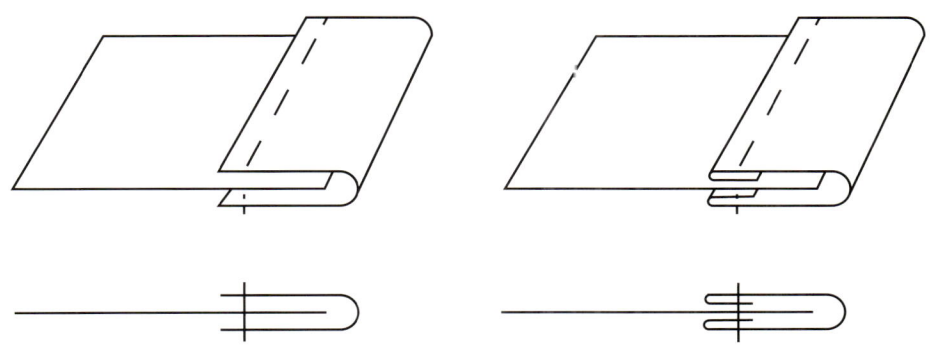

图三　回族女式老人服装工艺图

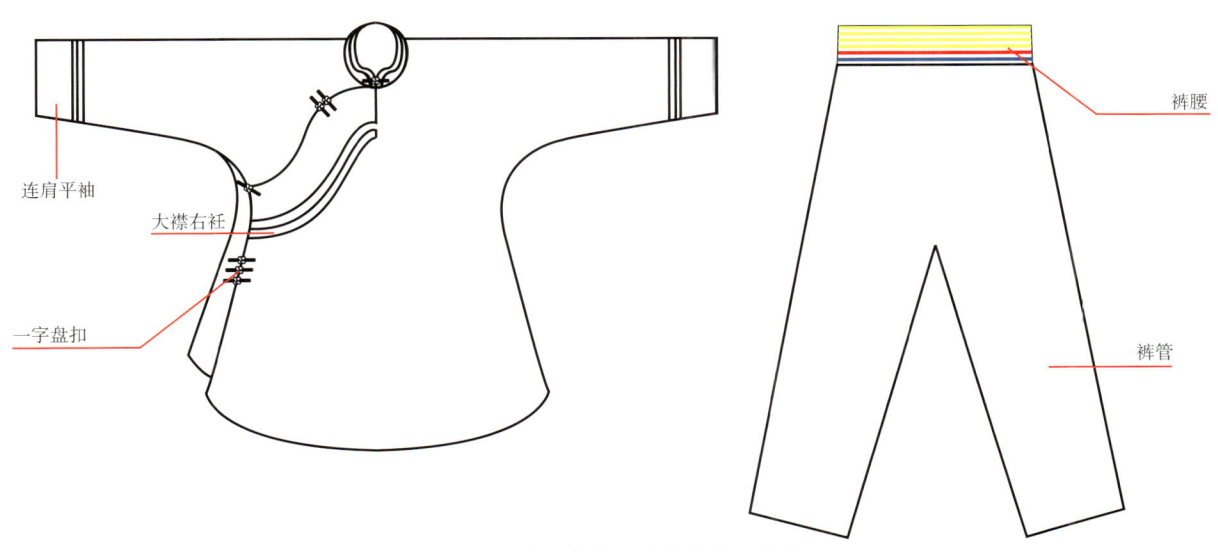

图四　回族女式老人服装结构名称图

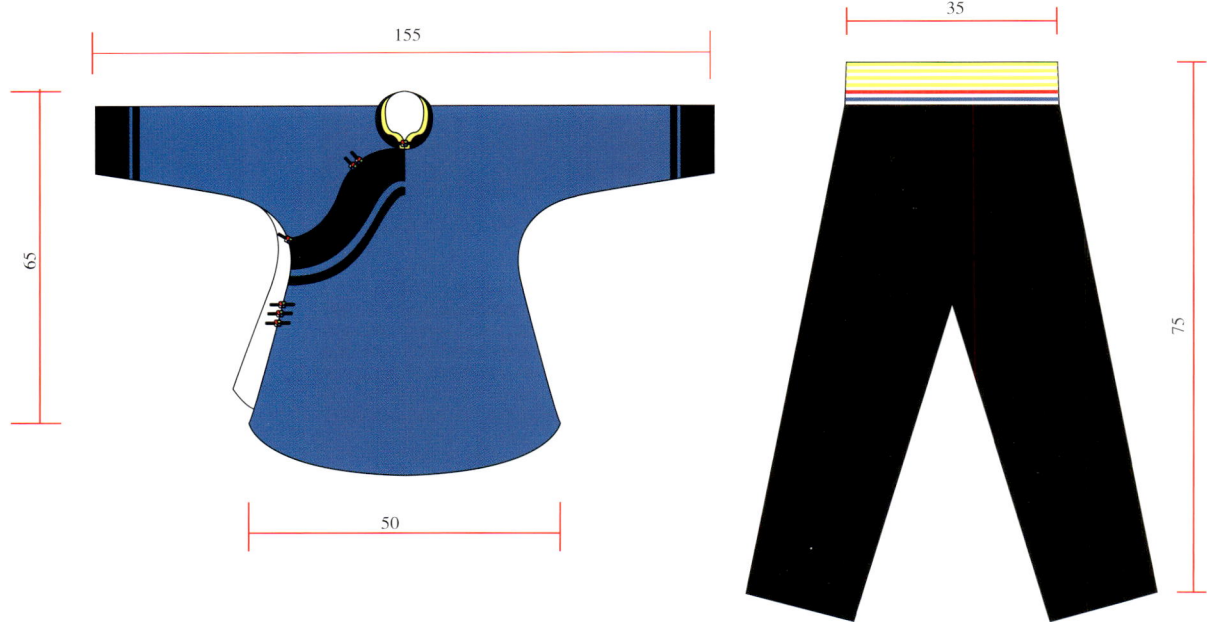

图五　回族女式老人服装尺寸图（单位：cm）

回族平金绣童装

图一　回族平金绣童装主图

　　回族服饰根据年龄可以分为幼儿服饰、成年服饰和老人服饰。本案例介绍的是宁夏的回族平金绣男童装，采自云南民族博物馆民族服饰艺术展厅。回族男孩的童装，设计一般修饰性较强，有的衣服用花布剪裁，衣服的袖口和膝盖处也喜欢绣花，有的用碎布块对起来给孩子做坎肩。这套平金绣童装是回族男孩日常的穿着。平金绣的帽子和黑色坎肩是这套衣服的特别之处，也是回族男童服饰的重要组成部分。在表现回族服饰简朴、大方的同时，又增加了服饰整体的精美度，在朴素中透露出华美明丽和活泼可爱。其内衬马褂衣长76厘米，宽45厘米，背心长50厘米，帽子直径18厘米，裤长75厘米，腰宽40厘米。

　　回族男孩日常生活中，佩戴无檐小白

帽，身穿雪白双襟衬衫，并在外面套上一件适体的棉质黑色坎肩，黑白对比鲜明，给人感觉清新、干净、利索。在黑色坎肩的襟边、袋口处用针扎出明线，使衣服各边沿平挺工整，体现了服装造型的线条美。本案例的回族童装黑色坎肩是用平金绣的方法绣上几何纹样，纹样虚实结合有度，体现了伊斯兰风格。平金绣是条纹绣的一种，是用金线在绣面上盘出图案，绣制花卉和水浪等花样，绣品光亮、平匀齐整，具有富丽的装饰效果。平金绣是用金线、丝线两种线按纹样从外缘逐步向内铺扎而成，金线为铺线，丝线为钉线。绣时针线距离要均匀、整齐，金线要拉紧，金线色彩可与刺绣物体色彩相适应，亦可用纯色。黑色的帽子上用金线绣上精致的花纹，与黑色坎肩在整体色调上相互呼应。绣工精细、针脚匀称，金色的平金绣纹样在黑色的棉布上显得更加华丽。

这套平金绣童装是回族幼儿服饰的典型案例。回族服饰是其宗教文化的重要体现形式，承载着回族人民对美好事物的寄托。

图片来源

图一　云南民族博物馆

图二至图五　虞正韬　制图

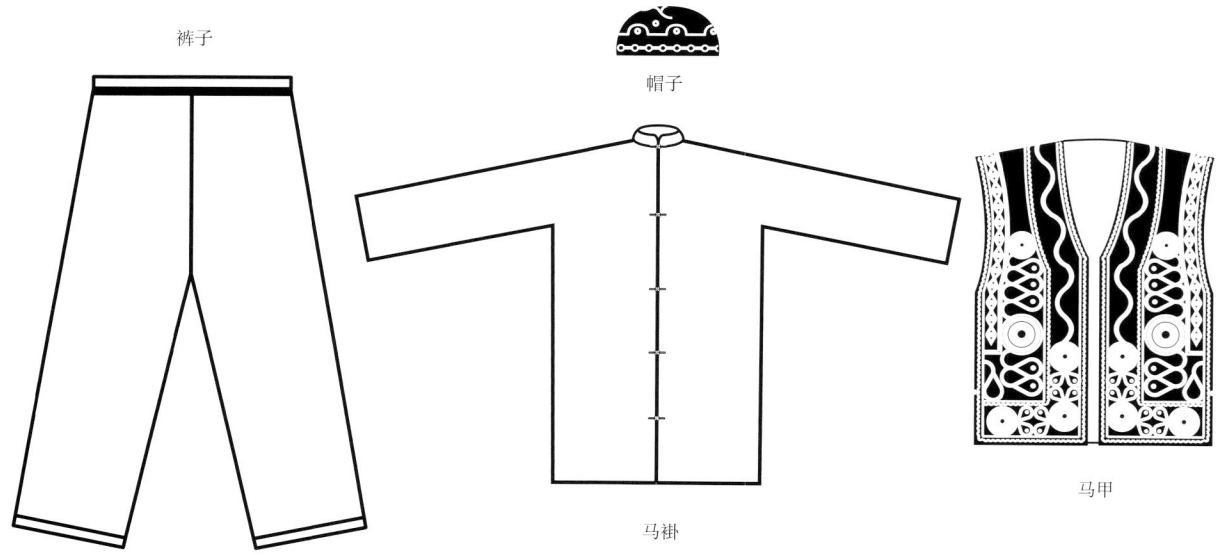

图二　回族平金绣童装名称图

图三　回族平金绣童装纹样图

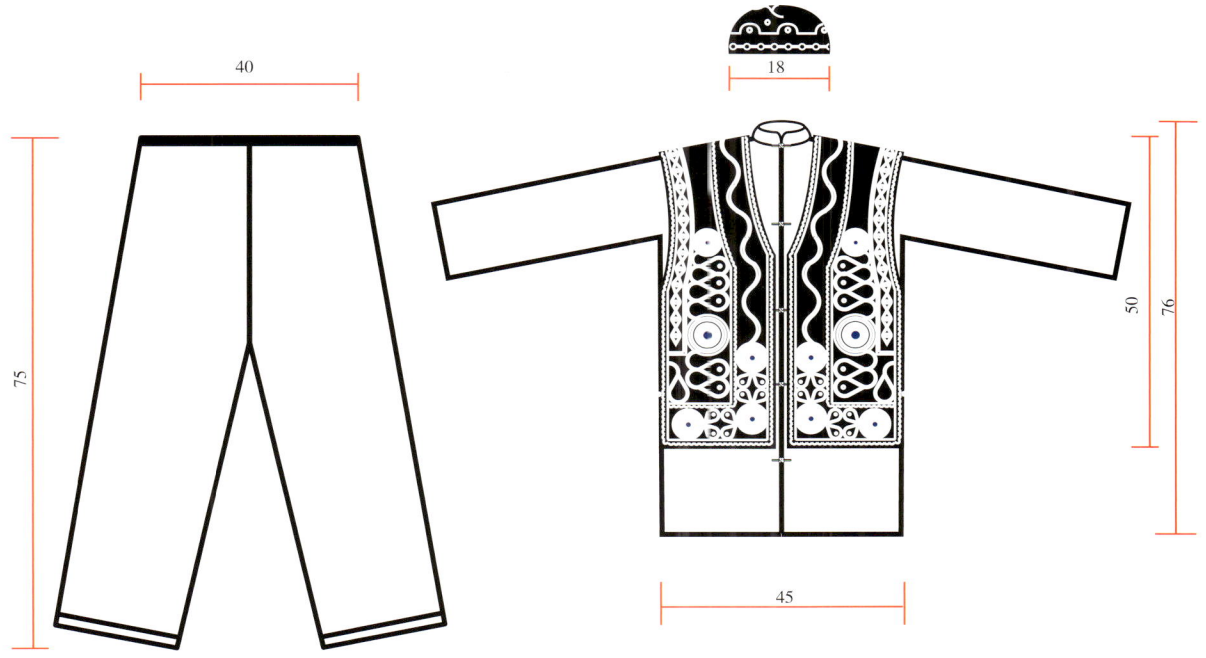

图四 回族平金绣童装尺寸图（单位：cm）

图五 回族平金绣其他绣花欣赏图

第二章 回族传统服饰

回族长褂

图一　回族长褂主图

　　回族男子不衣艳色，不着异冠；爱美但不以奇为美，在衣、冠颜色上以白、绿、黑色为主。这种特点与回族的来源和宗教信仰有一定的联系。本案例为回族长褂，采自云南民族博物馆民族服饰艺术展厅。长褂，阿拉伯语音译为"准白"，意即"袍子""长大衣"，是回族满拉、阿訇和老人喜爱的服装。准白一般选用黑、白、灰等颜色的棉布、化纤料或毛料制作，有单、夹、棉、皮四种。其款式近似现代的长大衣，领子一般都是制服领口。本案例衣长160厘米，两袖长170厘米。

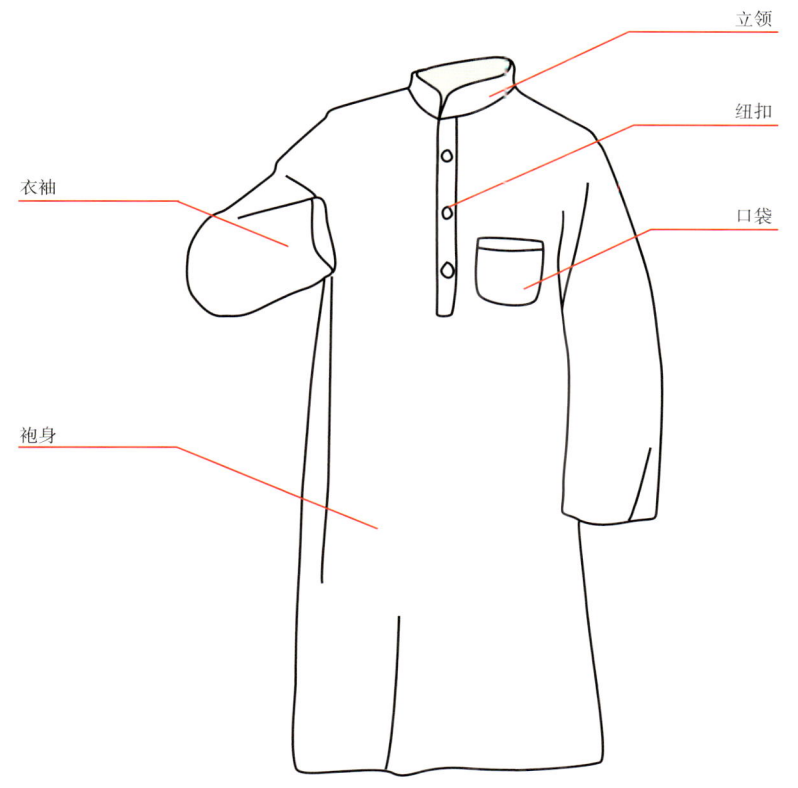

图二　回族长褂结构名称图

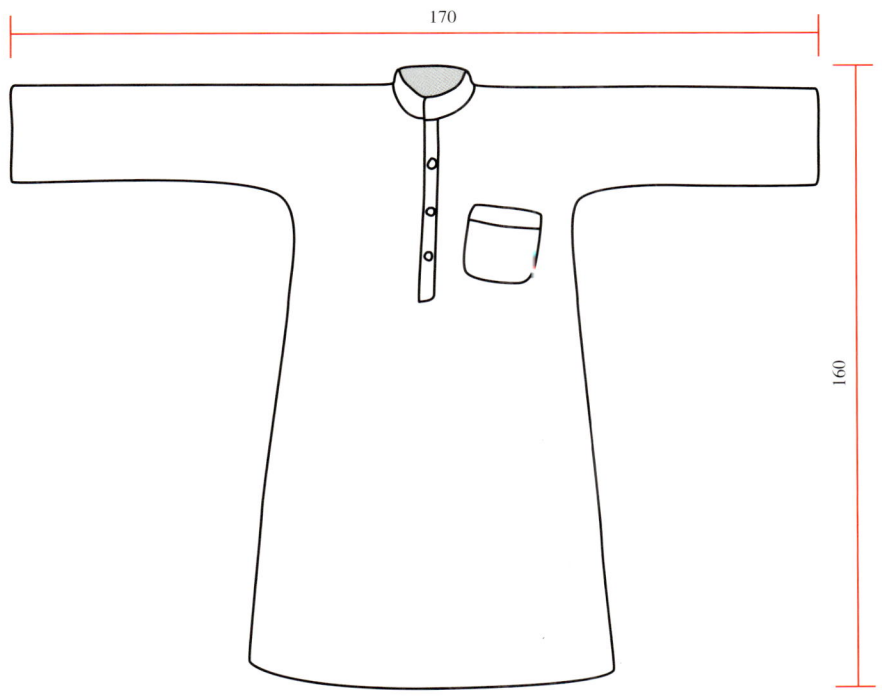

图三　回族长褂尺寸图（单位：cm）

回族男人礼拜大多穿白颜色长衫，根据经训和法制，礼拜应当穿长衣，后面遮盖臀部；长衫和裤腿都不宜高于脚踝骨。礼拜的衣服必须干净，不许有污渍，也不许散发怪味。衣服颜色应清淡，最佳是白色，避免鲜艳夺目的色彩和夸张的花样。

图片来源
图一　云南民族博物馆
图二、图三　许梦露　制图
图四　庄泓　制图

回族　　　　　　　　　　　藏族

图四　回族和藏族长衫（袍）对比图

藏回婚礼服饰

图一 藏回婚礼服饰主图

本案例为青海省卡力冈地区藏回女性现代婚礼服饰,收藏于宁夏回族研究院。藏回就是指信奉伊斯兰教的藏族地区回民,他们讲藏语方言,生产方式和生活方式依然保持着许多回族风格。卡力冈藏回是青海回族的一支,聚居于青海化隆回族自治县的卡力冈地区,共有16000余人。本案例衣长160厘米,宽40厘米。

这件藏回婚纱由中国传统的绛红色、青色和大红色三种颜色组成。婚纱上绣着美丽的红牡丹。牡丹又叫"富贵花",取其富丽堂皇之态,是雍容华贵与繁华昌盛的象征。藏回服饰(装扮)的最基本特征是长袖、大襟、右衽、长裙、长靴、编发、金银珠玉饰品等。藏回服饰发展的纵向差异不大,基调变化亦小。藏回服饰的形制与质地较大程度地取决于藏回人民所处生态环境和在此基础上形成的生产、生活方式。关于藏回服饰现存最早的实物资料是昌都卡若遗址出土的少量装饰品，有片饰簪、璜、珠，项饰，牌饰，贝饰等，反映了距今四五千年前的青藏高原土著居民已有了较高的审美情趣，不仅有了缝织衣物的骨针，还出现了需一定审美意识方能创造出的璜、珠等。

藏回婚纱精美绝伦、设计巧妙，颜色搭配富丽多彩。藏回婚纱是藏回人民智慧的结晶，体现藏回人民热爱生活的精神面貌。藏回婚纱对现代婚纱设计起到借鉴作用，甚至引领了现代婚纱设计的一种新潮流。

图片来源
图一　　宁夏回族研究院
图二至图四　许梦露　制图

图二　藏回婚礼服饰尺寸图（单位：cm）

图三　藏回婚礼服饰结构名称图

图四　藏回婚礼服饰纹饰图

白回女士服饰

图一　白回女士服饰主图

　　白回人民一直保持着本民族鲜明的传统特色。本案例服饰为白回女士现代服饰，收藏于宁夏回族研究院。其内衬衣长60厘米，两袖长160厘米，裙长80厘米，裙摆宽160厘米。白回是生活在白族地区的回族穆斯林，是一个兼有明显伊斯兰文化和白回文化特色的族群。主要特征为：口操白语，一些妇女身着白族式的服饰，居住白回式的民居，保持着伊斯兰教信仰。白回族群主要分布在大理、洱源、剑川三个市县，其人口约5000人。

　　该白回服饰由头帕、上衣、领褂、围腰、长裤五个部分组成，上衣多用白色、嫩黄、湖蓝或浅绿色，外套黑色或红色领褂。

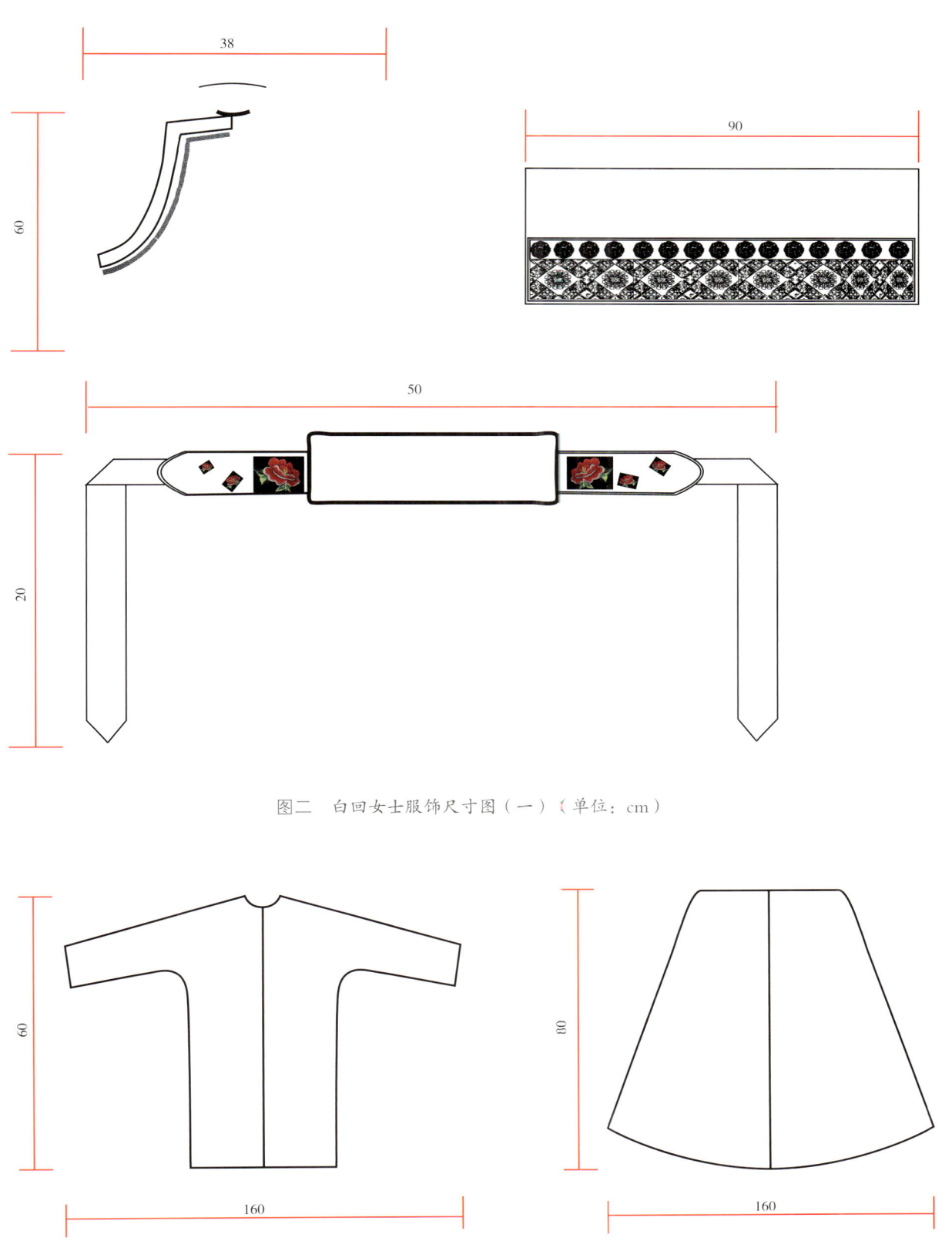

图二 白回女士服饰尺寸图（一）（单位：cm）

图三 白回女士服饰尺寸图（二）（单位：cm）

白回服饰最明显的特征，是色彩对比明快而映衬协调，挑绣精美，有镶边花饰，朴实大方。白回服饰因为年龄的不同而有些变化。少女、少妇通常穿白色、水红、粉蓝的无领大襟衣或衬衣，外罩红色、浅蓝色领褂（领褂有不同材质的）；老年妇女穿黑、蓝色的居多。妇女从老到少腰上绑有长长的腰带，再系上四方围腰。一般少女喜短围腰，单层，白、绿色，镶花边，绣福寿花、万字花、石榴花、蝴蝶花等图案。中老年妇女围腰长过膝，双层，色彩偏冷。妇女围腰上还有一条绣花飘带，两端是两片双面绣花。由此可见本案例是回族成年（老年）妇女的传统服饰，头围深蓝色绣花头帕，上着浅蓝色上衣，外套深红色领褂，领褂上花纹别致端庄，盘扣小巧精致；下着深蓝色过膝围腰，整体给人以稳重之感。

白回服饰颜色丰富多彩，绣花精细，有着浓厚的民族特色。头帕和围腰个性鲜明，现代与传统文化的结合，突显出白回人民的创造智慧和能力。

图片来源
　　图一至图五　许梦露　制图

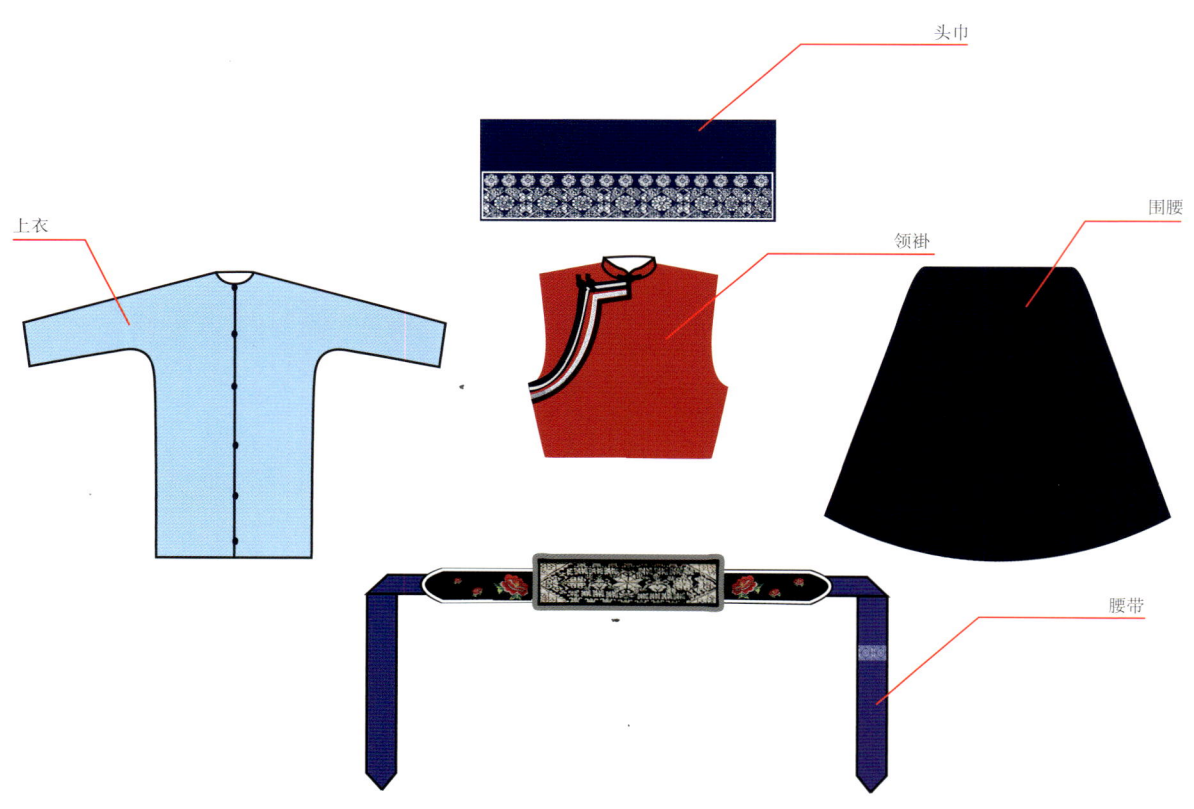

图四　白回女士服饰名称图

图五　白回女士服饰纹饰图

回族礼拜帽

图一　回族礼拜帽主图

本案例回族礼拜帽采自海南省博物馆。礼拜帽也被称为"号帽"，通常为男士佩戴，在全国各回族聚居区广泛流行。礼拜帽是一种以白、黑色为主的无檐小圆帽。白色帽在春夏季戴用，用棉布或白线制作。黑色帽在秋冬季戴用，用呢绒或毛线制成。礼拜帽是最具代表性的回族服饰，一般帽檐直径19厘米，高8厘米，帽码为58码。

回族人民做礼拜时，前额和鼻尖必须着地，戴着无檐的帽子行动比较方便，这是礼拜帽无檐的缘故。白色帽一般是用的确良、涤卡、棉布等制作，也有用白棉线钩制而成；黑色帽多用平绒、棉粘毛毡、华达呢等材料制作，也有用毛线钩织而成。礼拜帽还有灰、蓝、绿、红等颜色，根据不同的场合和季节佩戴有所不同，结婚时为了表示喜庆，新郎基本都佩戴红色帽子。《固原州志》中描述道："阿訇，由各庄公送四角尖顶冠，长领袍，尚绿色；而回民寻常帽式，则多用白色者。"从记载上我们可以得知，阿訇多戴绿色帽，大多数回民则戴白帽。

佩戴礼拜帽已经逐渐成为回族人民的生活习惯，并成为独特的民族符号，丰富了我国多民族国家的文化内涵。

图片来源
图一　海南省博物馆
图二至图七　姚惠婧　制图

图二 回族礼拜帽线描效果图

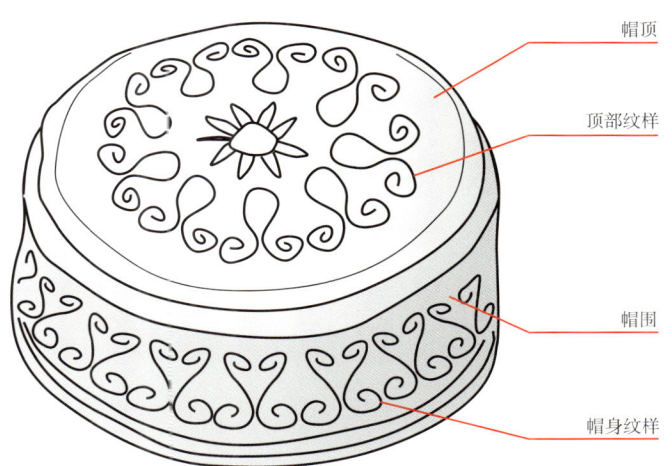

图三 回族礼拜帽结构名称图

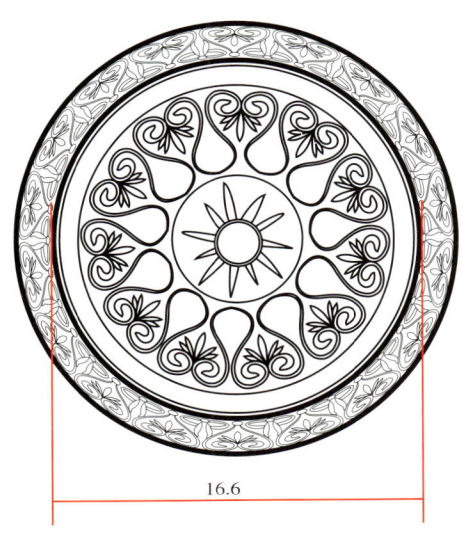

图四 回族礼拜帽尺寸图（单位：cm）

图五 回族礼拜帽纹样图

图六 回族礼拜帽开片图

图七　回族礼拜帽骨式图

回族阿訇穿衣帽

图一　回族阿訇穿衣帽主图

回族伊斯兰教经堂学校学生的毕业仪式称为"穿衣"，即挂幛仪式，它是授予阿訇资格的仪式。"穿衣"仪式当天，穿衣者会穿上自己家庭缝制的阿拉伯式的绿衣长袍，加戴一顶象征清真寺圆顶的帽子（即六瓣帽），并缠以白色头布。本案例的阿訇穿衣帽采自海南博物馆。阿訇穿衣帽的佩戴十分讲究，必须在小净后准备礼拜或出席庄严神圣的场合才能佩戴，平时是不允许戴的。帽子的颜色一般为白色或者黑色。本案例帽直径为18厘米，高为23厘米。

本案例的这款六瓣帽别具特色，帽顶是由六个等腰三角形拼接缝合而成的，顶部用黑色布带挽成一个小结，形似古代服装的纽扣。这款帽子是白色和黑色棉布拼接组合而成的，帽子上方用黑布缝制成黑色纹样并用金线描边，使六瓣帽显得更为精致，彰显了佩戴者的尊贵地位。白色的六瓣帽通常是直接使用白布缝制，黑色的六瓣帽则需要在里面增加一个内衬。

强烈的民族认同感融合在六瓣帽造型的审美情感中，信教民众把阿訇穿衣帽当成民族的一种瑰宝、文化以及传统来继承并发扬光大。

图片来源
图一　海南省博物馆
图二至图六　姚惠婧　制图

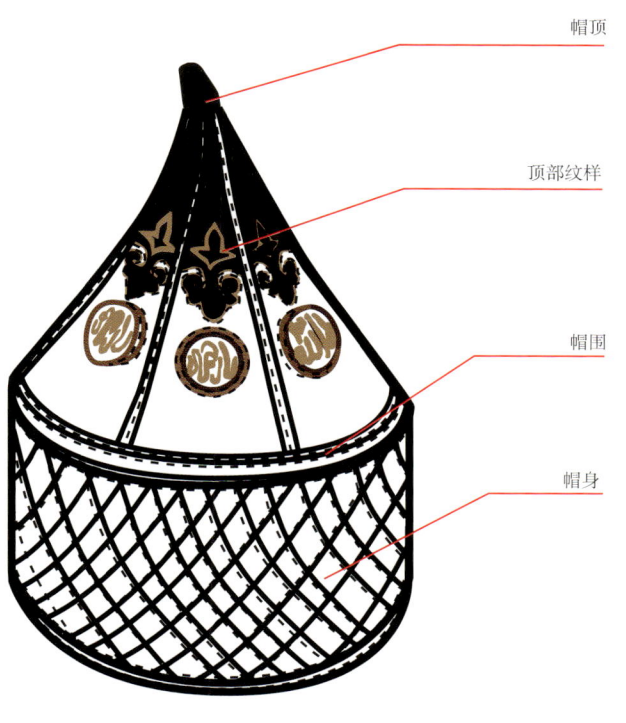

图二 回族阿訇穿衣帽结构名称图

图三 回族阿訇穿衣帽尺寸图（单位：cm）

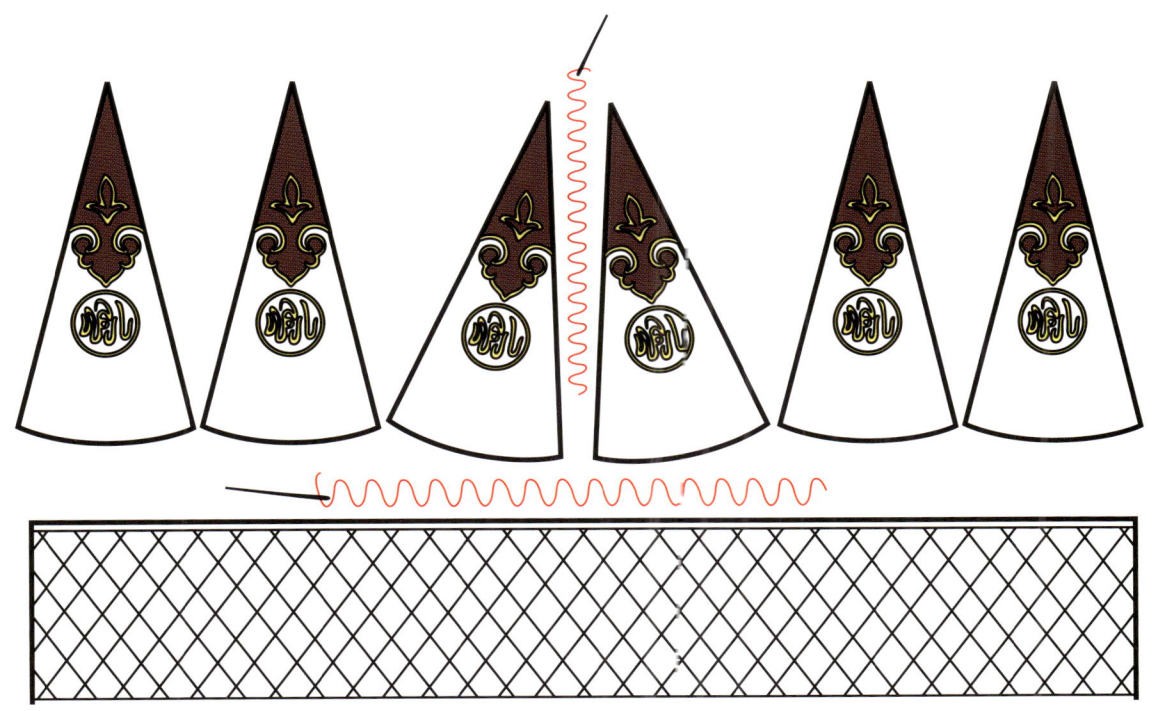

图四 回族阿訇穿衣帽缝合示意图

第二章 回族传统服饰

图五　回族阿訇穿衣帽开片示意图

图六　回族阿訇穿衣帽走线分析图

回族六角号帽

图一　回族六角号帽主图

　　号帽，是指回族男子戴的无檐小白帽，号帽的形状因教派不同、地区不同而有所区别，有五角帽、六角帽、八角帽等。本案例为六角号帽，民国物件，高17厘米，直径16.5厘米，采自宁夏博物馆。本案例是用白色丝绸制作，整体设计灵感来自阿拉伯礼拜殿的拱圆形屋顶；帽檐从2/3高处攒聚6个等边三角形，下部帽身是用一长条丝布围成六边形，帽子顶端有一个红色的盘扣纽；帽顶、帽檐用黑线绣出阿拉伯文。

　　六角号帽从颜色上看，通常有白、灰、蓝、绿、红、黑等颜色，有的是纯色，也有很多带伊斯兰风格花边或星月图案、阿拉伯文字的，回族人民根据季节和场合的不同选戴号帽。一般春夏秋季戴白色帽最多，冬季戴灰色或黑色。最寻常的还是白色帽，结婚的新郎多戴红色帽，以示喜庆。六角号帽一般用的确良（涤纶）、涤卡、棉布等布料制作，也有用白棉线钩制的。黑色帽多是用平绒、棉粘毛毡、华达呢等材料制作，用毛线钩织也可。此外还有用牛羊皮革制作的帽子，也很受人欢迎。

图片来源
图一　宁夏博物馆
图二、图三　许梦露　制图

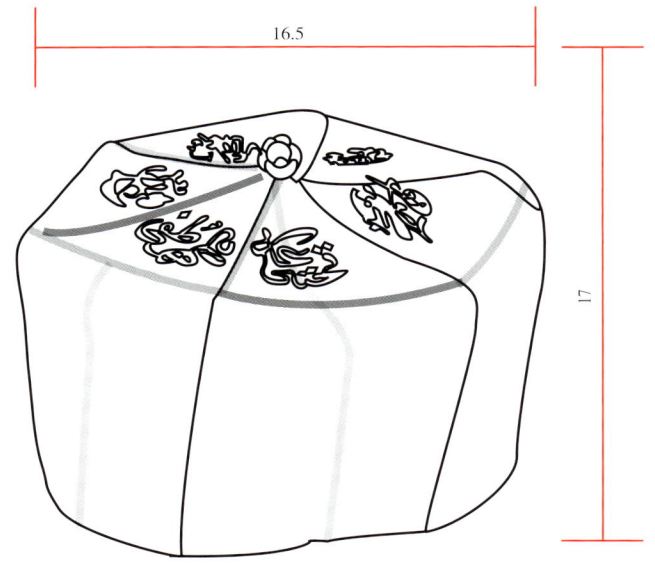

图二　回族六角号帽尺寸图（单位：cm）

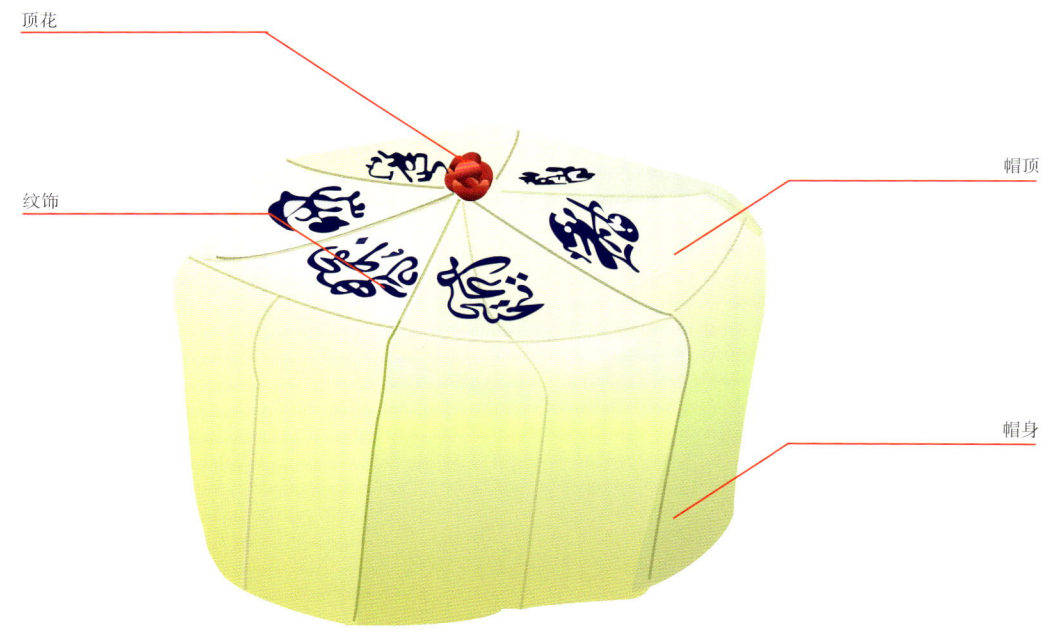

图三　回族六角号帽结构名称图

回族男士绣花口袋

图一　回族男士绣花口袋主图

回族刺绣从历史中走来，有着深厚的传统文化底韵，有着独特的艺术语言和表现手法。本案例中的男士绣花口袋采自宁夏博物馆，绣面长23.5厘米，宽12.5厘米。

回族的刺绣富有想象力和艺术魅力，妇女在刺绣作品上很注意变化装饰，给人以整体和谐的美感。她们撷取大自然中各种不同的植物，构成自己想象中的花草树木，枝与叶、花与蔓和谐统一，有点像汉族刺绣图案中的"百花百果一棵树"的创作方法。本案例所绣的是一个桃子与枝干树叶的造型，桃子采用了套色绣法，造型生动、颜色丰富。她们以一支细小的绣花针为武器，尽情挥洒着灵性和创意，形成了平针、插针、掺针等多种针法，创造出了盘绣、挂绣、拉绣等绣法。在图案内容选择上她们既保留着延续千载的寓意吉祥、美满、健康的古老传统，表达着对美好生活的祈愿和祝福，又不断从生活、大自然中寻找着灵感，反映着时代的审美趋势。除了绣自然界的生物外，她们还喜欢绣字。绣完字，一般还用传统的阿拉伯几何图形或云纹样绣上花边，挂在墙上。

回族刺绣历史悠久、图案精美，具有鲜明的民族特色和较高的工艺水平，深受广大群众和收藏者的喜爱。

图片来源
图一　宁夏博物馆
图二至图五　许梦露　制图

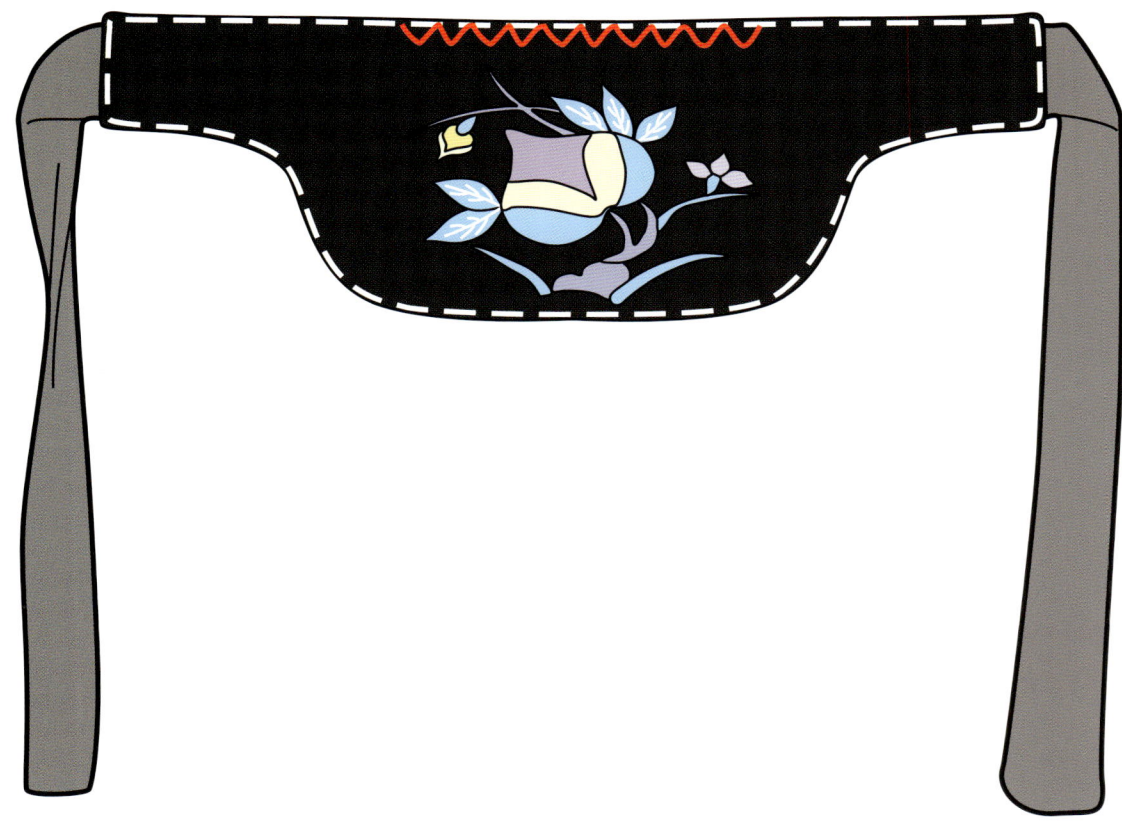

图二　回族男士绣花口袋整体效果图

图三　回族男士绣花口袋绣花图案

图四 回族男士绣花口袋尺寸图（单位：cm）

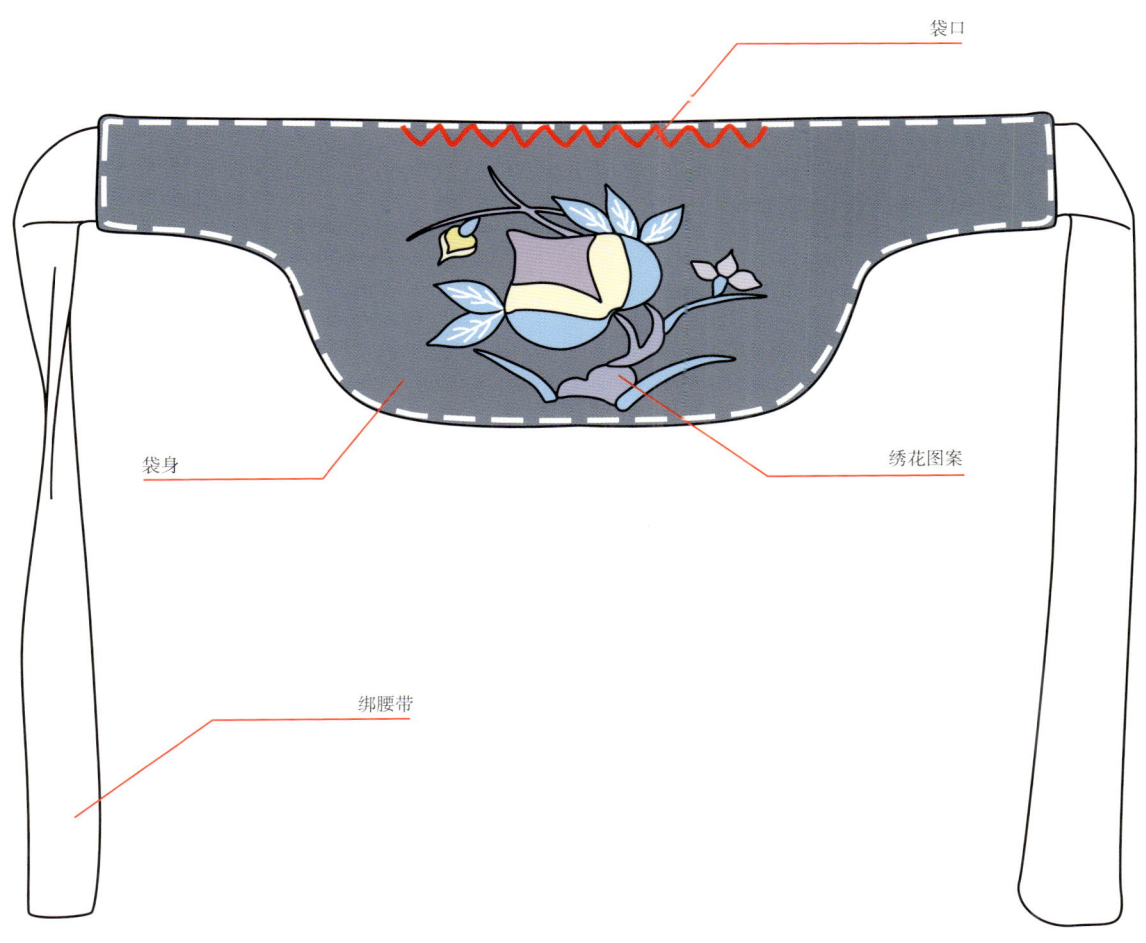

图五 回族男士绣花口袋结构名称图

回族儿童服饰

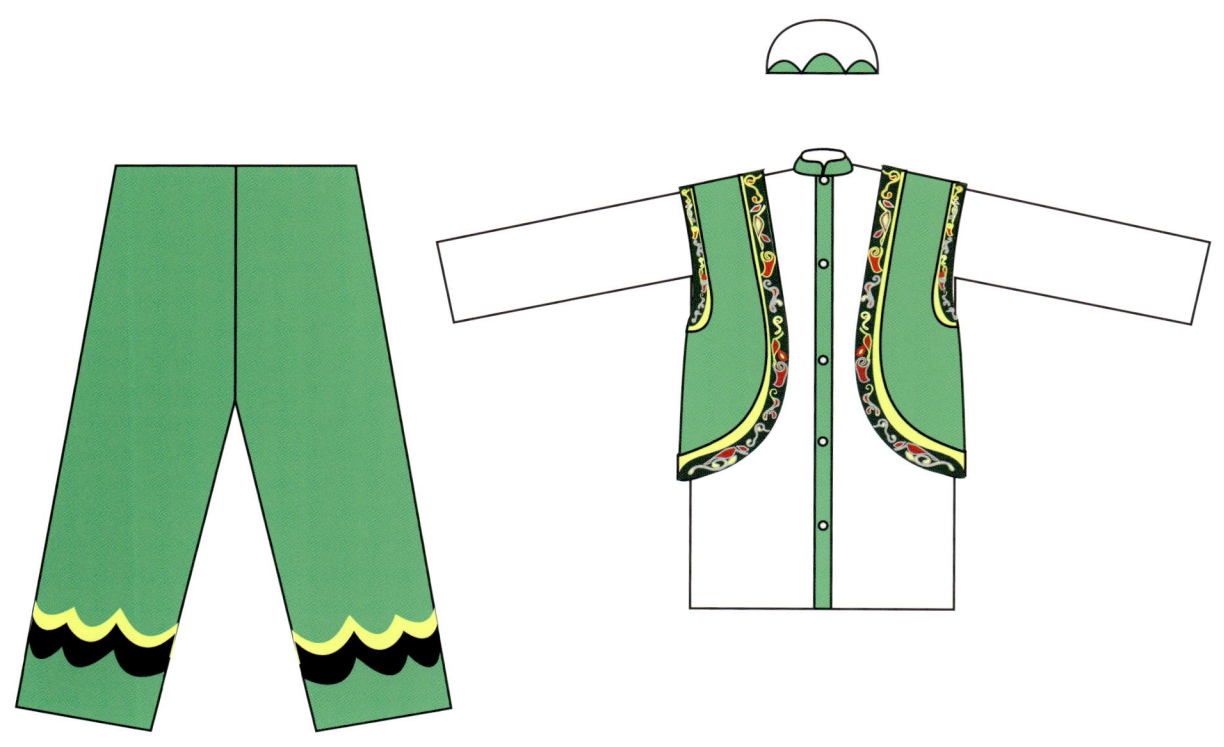

图一　回族儿童服饰主图

本案例采自《中国回族民俗集萃》，其由坎肩、衬衣、裤子、帽子组成，其中衬衣衣长75厘米，两袖长100厘米，帽子直径为11厘米，裤子腰宽40厘米，长75厘米。

本案例是典型的回族儿童服饰。儿童头戴绿白相间的圆帽，花纹简单质朴。上着长的白衬衣和坎肩，坎肩上花纹丰富多彩；下着绿色宽松长裤。整体服饰以绿色为主，象征着生命力与活力，体现了孩子蓬勃的朝气。

图片来源

图一　洪梅香编著.中国回族民俗集萃.北京：朝华出版社，2012.

图二、图三　许梦露　制图

图二　回族儿童服饰尺寸图（单位：cm）

图三　回族儿童服饰名称图

回族女子贴绣肚兜

图一　回族女子贴绣肚兜主图

回族刺绣大约发展于清代，主要出现在生活（家居）装饰绣品、婚礼装饰绣品和宗教绣品当中，其中婚礼装饰绣品别具特色。本案例为红底"长寿富贵"纹样的贴绣肚兜，采自宁夏博物馆。回族妇女的肚兜分为两种款式：一种是用蓝色布料缝制，四周用蓝色线条缭边，上端缀有吊带，可套于头上，中段两边缀布条系于腰间，起着保护胸腹部上衣清洁的作用。另一种主要是用于装饰，款式与前面所描述大体一致，但是用料更为讲究，做工精细，中部绣有吉祥纹样，四周镶有贴边，色彩鲜艳夺目；肚兜的上端吊带为珍珠链或绸带，中间固定用的绳带为丝绸缎带。这种肚兜多为节日或者参加新婚喜宴时回族年轻妇女特有的装饰。

本案例的纹样上方两侧是两只蝴蝶，中间为美丽的花朵，寓意着亲情永固、子孙昌盛；中间的纹样是一棵桃树，寓意着多寿；下方的纹样是牡丹花，是传统的吉祥图案，寓意富贵，也象征着美好、光明和幸福。心灵手巧的回族女性把对家人的爱、牵挂、期盼、祝愿，一针一线地绣在了坎肩、肚兜、鞋垫等上面。

从本案例可以看出，回族刺绣具有实用性和审美性，与其所处的文化环境有密切关系，既体现了传统民族文化，同时也吸取了与其相邻民族的服饰文化并进行再创作，形成自己所特有的服饰特点。

图片来源
图一至图五　姚惠婧　制图

图二　回族女子贴绣肚兜平铺效果图

图三　回族女子贴绣肚兜单元图案

第二章　回族传统服饰

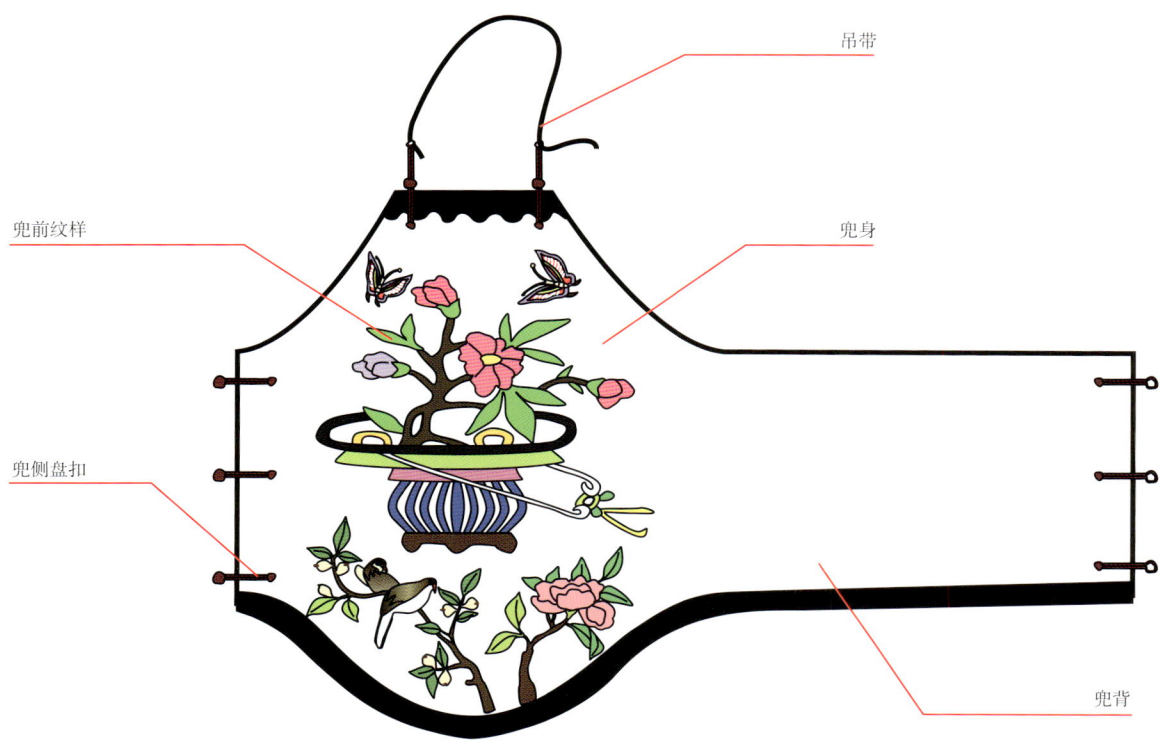

图四 回族女子贴绣肚兜名称图

图五 回族女子贴绣肚兜正反面效果图

回族新娘耳环

图一　回族新娘耳环主图

回族是一个善于经商的民族，这种天赋为回族妇女佩戴金银首饰带来了便利的条件。正如顾炎武说："宋时（番）商户巨富，服饰皆金珠罗绮，器皿皆用金银器皿。"从过去到现在，回族妇女佩戴珠宝首饰者占了已婚妇女中的绝大多数。

回族妇女的首饰，主要有发钗、发卡、插花、耳环、耳坠、项链、手镯等。这些饰品，有纯金、银、珠、玉质料的，也有包金、镶银、嵌珠玉混合质料的，用料精细、造型美观，具有独特的回族工艺特色。本案例展示的是一对纯银的新娘耳坠，是新娘在出嫁的时候佩戴的首饰之一，采自海南省博物馆，耳坠长5.5厘米，宽2.5厘米。上方是牡丹花纹样，寓意着富贵吉祥，牡丹花纹样上左右对称地挂上了小型吊坠，遵循了形式美法则中的对称原则；耳环下方的上部是花朵的纹样，大方优雅，而内部是外圆内方的铜钱纹样，也寓意着富贵。回族老人通过新娘耳环将对新婚夫妇的美好祝福送到他们身边。

回族妇女特别喜爱佩戴耳环、耳坠，除了把它们当作一种装饰外，还认为在扎耳垂时，会刺激眼部穴位，能使人眼睛明亮。回族有句谚语："要想眼睛亮，耳垂闪金光。"在耳环和耳坠中，回族妇女对佩戴黄金质地的最为讲究，认为黄金象征着富丽、高贵。

回族妇女日常可以佩戴金银首饰，但是她们大多数只有在订婚和结婚时，才能得到男方家赠送的作为聘礼之一的首饰，这是回族民俗服饰文化的重要组成部分。本案例的新娘耳环对回族民俗服饰文化进行了较好的诠释。

图片来源
图一　海南省博物馆
图二至图五　虞正韬　制图

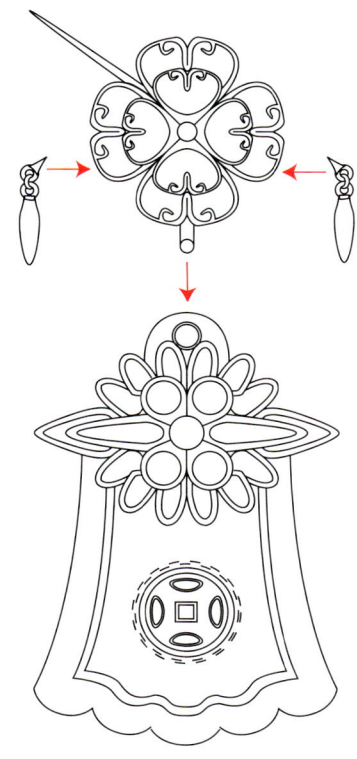

图二　回族新娘耳环分解图

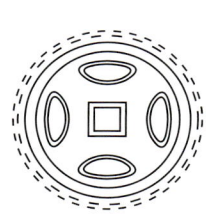  

图三　回族新娘耳环纹样图

图四 回族新娘耳环尺寸图（单位：cm）

图五 回族新娘耳环效果图

回族押银戒指

图一　回族押银戒指主图

本案例为两枚清代回族押银戒指，收藏于宁夏博物馆。一枚正方形，边长1.6厘米，另一枚为花形，直径1.6厘米。戒面上刻有阿拉伯文，环上有花纹。

人类首饰的历史可追溯到史前，伴随着石器工具的创造而逐渐产生。其演化、发展和社会形态、经济基础、生活习俗、艺术思潮诸因素紧密相连。到了清代，在继承吸收古今中外多重文化营养的基础上，其金银首饰工艺得到了充分的发展，造型做工趋于精致艳丽，富有宫廷气息。清代回族押银戒指既有清代金银首饰富丽华美的特点，又有回族民族文化浑厚简约的风格。

清代回族押银戒指的设计简洁大气，造型美观，充分体现了民族特点和时代特征。

图片来源
图一　宁夏博物馆
图二、图三　苏远亮　制图

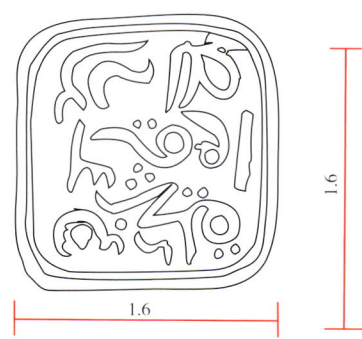 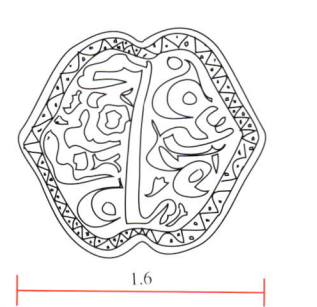 

图二　回族押银戒指尺寸图（单位：cm）

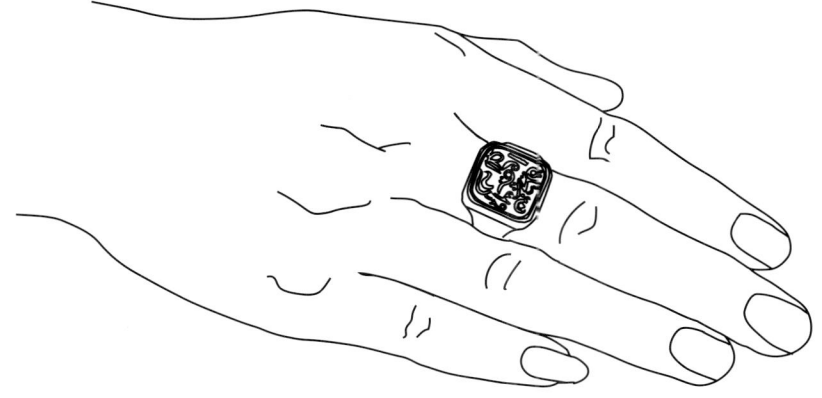

图三　回族押银戒指使用效果图

回族银铃耳环

图一　回族银铃耳环主图

本案例中的银铃耳环，收藏于宁夏博物馆。耳环造型简单大方，长5.4厘米，由弯钩、花苞银片、银链、挂铃几部分组成。

回族妇女从小就有扎耳朵眼、带耳环的习俗。旧时，回族女孩四五岁时多用针扎孔，随即用线穿上，时常拉动以避免耳朵眼再度长合。到14岁左右佩戴耳环。她们非常喜欢戴耳环，尤其喜欢带纯金耳环，并且终身佩戴。在过去，回族妇女戴的耳环有的是家中老人比如祖母或母亲传给的，有的是婆婆送给儿媳妇的，并且婆婆送的又往往是临终前的遗物，所以做儿媳的要更加珍惜和终身佩戴了。回族姑娘佩戴的耳环，通常一只坠一个银铃，少数一只坠配两个银铃，以轻便、秀气为宜，行走时，铃声叮当，清脆悦耳。银铃耳环是先将银毛坯搓成银条，弯成弯钩，然后与花苞银片焊接在一起，再把毛坯打成薄银片，接着用工具在银片上砸出花型，再与弯钩焊接在一起，最后由银链连接起来。回族民众认为眼部穴位在耳垂中央，戴耳环可以起到明目的效果。回族有句顺口溜说："姑娘眼睛亮，耳环子挂两旁。"就是指耳环除了装饰以外，还能使人心明眼亮。

本案例的银铃耳环设计精巧，造型简洁质朴，铃声清脆悦耳，即满足了回族妇女爱美的心理，又体现了自身民族的特色。

图片来源
图一　宁夏博物馆
图二、图三　宋姣　制图
图四　祝燕琴　宋姣　制图

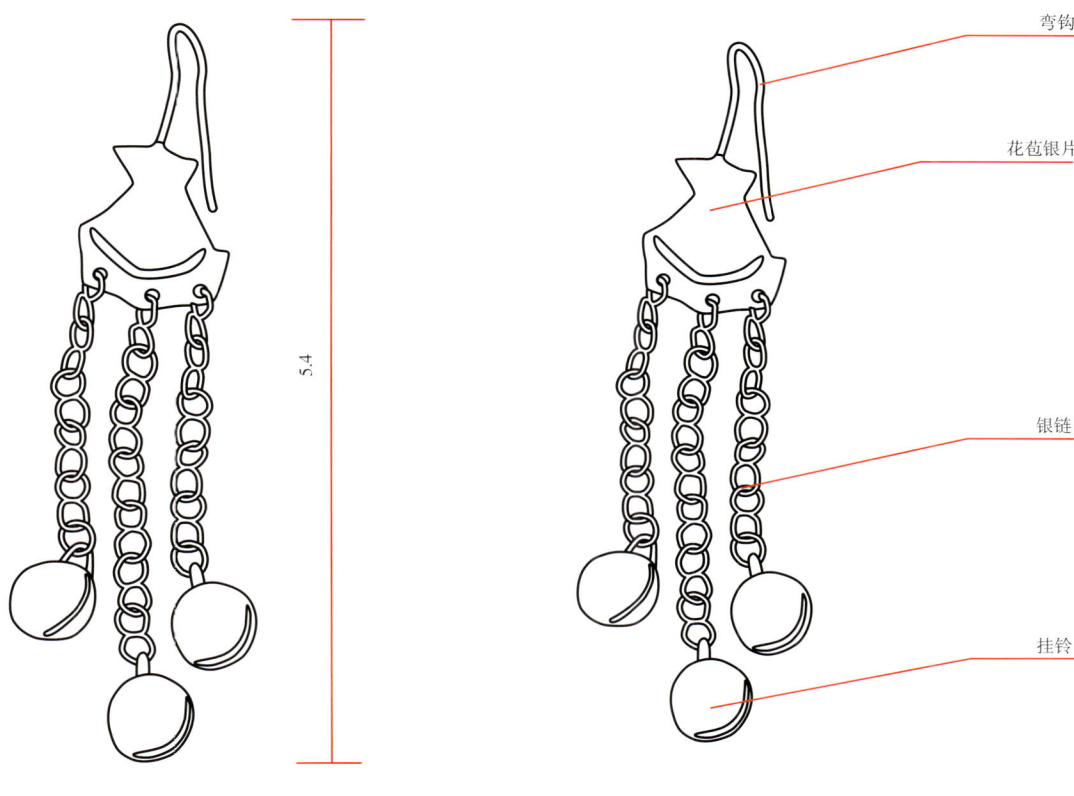

图二 回族银铃耳环尺寸图（单位：cm）　　　　图三 回族银铃耳环结构名称图

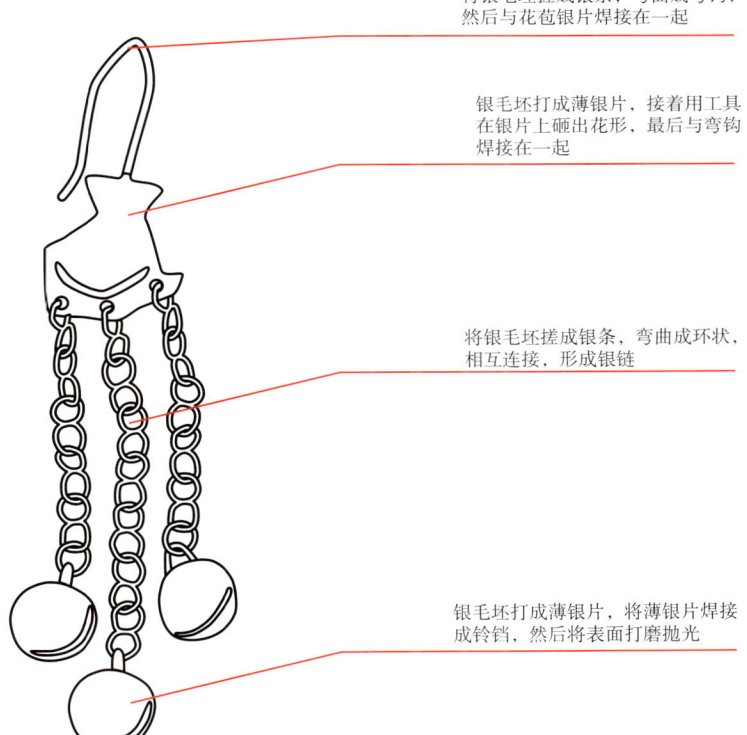

图四 回族银铃耳环制作工艺图

第二章 回族传统服饰

147

回族嵌珠花簪子

图一　回族嵌珠花簪子主图

本案例民国回族嵌珠花簪子，采自宁夏博物馆，有三种，其中两种长13.3厘米，另一种长11.3厘米。此类簪子多以铜、银两种材质为主，采用拔丝工艺和镶嵌工艺，将玛瑙和玉石固定，制作出各种花卉类型，色彩艳丽、工艺精美，是回族妇女十分喜爱的配饰。

簪，是用来绾住头发的一种发具。中国的古簪有着非常深厚的文化底蕴，已经有4000多年的历史了，中国出土的殷商时期文物中就有发簪。回族发簪大多由簪头和簪干两部分组成，簪干细长，尖端呈针形。簪头有宝花、蝴蝶、蜻蜓、如意、蟋蟀、蝈蝈、喜鹊、麻雀等动植物图案。这些动植物均用银块或银丝制作或编结而成，上面还镶嵌着珠宝、涂抹着珐琅和金汁等。

发簪使用时应先把头发梳起来，用手抓紧。然后把头发按顺时针方向，往右边拧，尽量拧得紧一点，拧成一个圈的样子，最后发尾向下，把发簪从右往左穿入头发，挑起一部分头发，再穿出来。最后发簪向上，越过之前拧的圆圈上方，在最左上角的时候，将发簪转向下方，再插进头发里面。发簪转个弯再插入头发，从上到下，从左到右穿出头发。这样发簪就佩戴结束了。

本案例中的发簪制作精致、图纹精细、形态逼真、美观实用、简单大方，民族特点十分突出。

图片来源
图一至图三　虞洁琼　制图

图二　回族嵌珠花簪子上色图

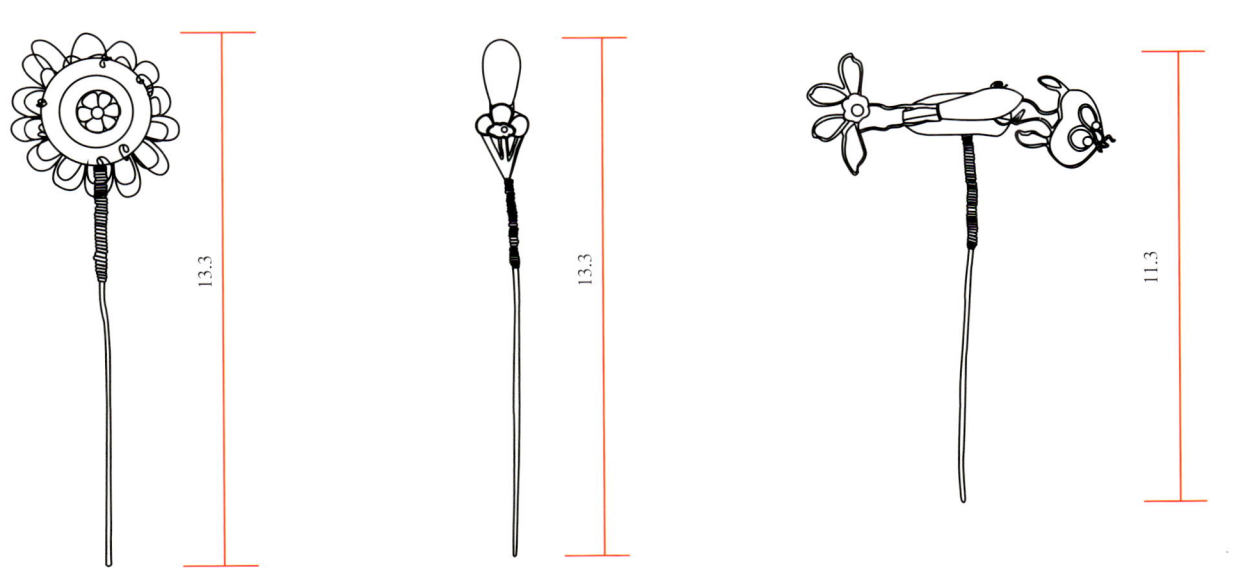

图三　回族嵌珠花簪子尺寸图（单位：cm）

回族项链

图一　回族项链主图

本案例为紫红色石质扁形珠项链，元代物品，现收藏于宁夏银川永宁县中华回乡文化园中国回族博物馆。中间有一大颗扁形主体珠，直径3厘米，主体珠两边各有15颗直径为1厘米的扁形珠。

项链是回族妇女喜爱的首饰，一般在重要场合佩戴。历史上，由阿拉伯、波斯（今伊朗）等地来中国经商的穆斯林善于经营珠宝和金银首饰，经济条件也好，所以，他们的妻子、女儿也都佩戴首饰。这一点早在宋代就有记载。

回族少女和媳妇很喜欢在衣服上嵌线、镶色、绲边、绣花，而且喜欢佩戴各式金银手镯、耳环、戒指。本案例中的项链设计简单大方，充分体现了民族特点。

图片来源
图一　永宁县中华回乡文化园中国回族博物馆
图二、图三　虞正韬　制图

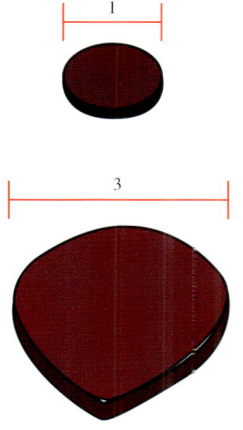

图二　回族项链扁形珠尺寸图（单位：cm）

图三　回族项链结构名称图

回族绣花布耳套

图一　回族绣花布耳套主图

本案例绣花布耳套，采自中国国家博物馆。耳套长12厘米，宽10厘米，外形呈桃心状，美观实用。

耳套是回族男子的重要服饰，是专为成年男子和老年男子缝制的，有防寒、保暖的作用，是冬季通用的头饰。回族的耳套有鲜明的特色，其一，材料。耳套多为布料缝制，但也有少数使用羊、兔等性情温顺动物的皮毛质料。其二，工艺技法。耳套的外面都绣有美丽的花的图案；如果裁制耳套的材料为毛皮料，则要选择毛长绒厚的上等毛皮质料。其三，造型。耳套的外型像桃子或者说像心，既美观又实用。

本案例的绣花布耳套，通体呈桃形，黑底棉布，表面绣有五彩的花叶和蝴蝶图案，镶竖条五彩边，整体色彩艳丽、做工精细，体现了鲜明的民族特色。

图片来源
图一　中国国家博物馆
图二至图四　宋　姣　祝燕琴　制图

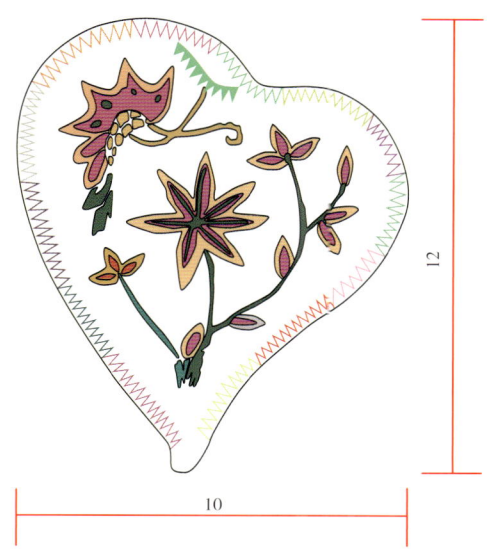

图二　回族绣花布耳套尺寸图（单位：cm）

耳套外层布

耳套花纹

耳套内层布

图三　回族绣花布耳套解析图

图四　回族绣花布耳套花纹图

第二章　回族传统服饰

153

回族套装牙签

图一　回族套装牙签主图

　　本案例回族套装牙签，采自宁夏博物馆"塞上回韵"展厅，长约33厘米。牙签为一套。其中一件由一些银链子将上方较大的纹饰物和下方几根不同造型的牙签连接起来，左右两侧各有一个银铃铛，使用时铃声叮当，清脆悦耳，可以使人神清气爽。另外两件中一件连接着一条小鱼，有着年年有余的吉祥含义。另一件连接着一个蝴蝶，蝴蝶本身也是吉祥之物。牙签设计新颖、造型美观，且每件银饰品上都有吉祥寓意，堪称"图必有意，意必吉祥"。牙签小巧玲珑，便于携带，不仅是用来剔牙，还有重要的装饰作用。回族民众酷爱装饰，他们的银饰品的种类、造型、图案各具特色，呈现出不同的寓意和讲究，文化内涵十分丰富。一件小小的头簪、发钗、挂件常常就是一件信物，承载着人生美好的回忆和永久的纪念。

　　本案例中的套装牙签设计新颖、精巧，做工精细，且造型美观、简洁大方，还有着吉祥的寓意，富有民族特色。

图片来源
图一　宁夏博物馆
图二、图三　殷均仕　制图

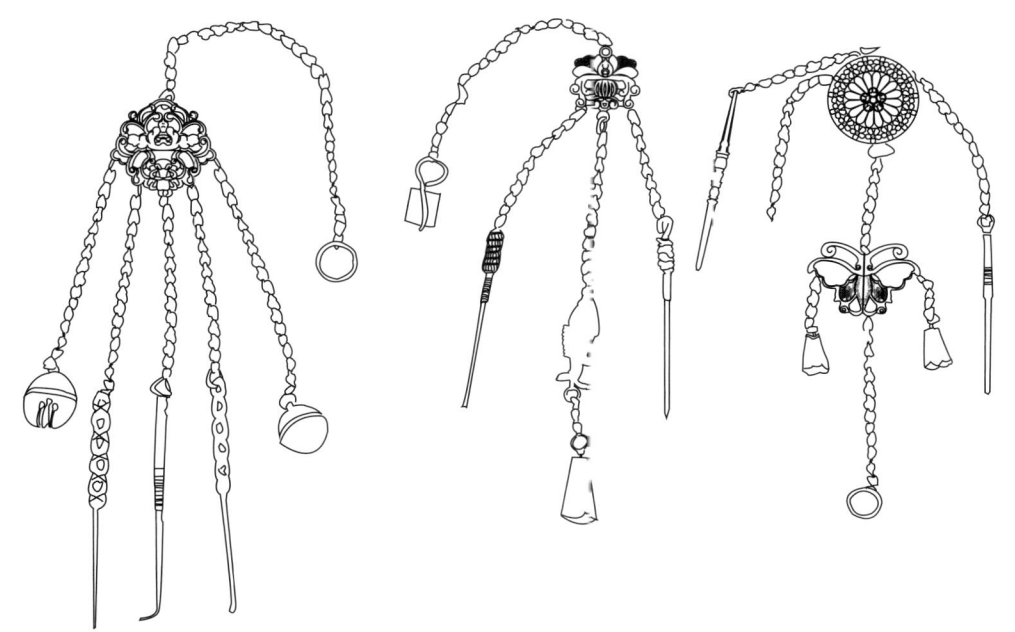

图二　回族套装牙签线描图

图三　回族套装牙签装饰图

第二章　回族传统服饰

回族镶珠八棱首饰盒

图一　回族镶珠八棱首饰盒主图

本案例回族镶珠八棱首饰盒为明代物品，采自宁夏银川永宁县中华回乡文化园中国回族博物馆。首饰盒由上下盖组成，由锁扣连接，整体高4.6厘米，直径9.5厘米。

回族先民有戴耳环、头花、项链、手镯、戒指等首饰的习惯。该首饰盒为木质，造型为八棱形。盒盖上面中间有一颗大宝石，为暗红色，盒盖四周有四颗小宝石，两颗墨绿色，两颗暗红色。小宝石之间以金属片分隔，使首饰盒看起来更加美观。与此相呼应，下盖也装饰有菱形的金属片。首饰盒用来给回族女子放首饰用，上盖易打开，关上时用锁扣和连接轴扣上。

回族妇女的金银首饰，既是装饰品，也是个人的私房财产，一般会精心保管，不用时放进首饰袋或首饰盒内可以避免碰伤。当有子女成家时，母亲往往将首饰盒作为贵重礼品送给女儿或儿媳使用，如此代代相传，成为传家宝。正是由于回族妇女如此珍爱首饰，所以存放首饰的首饰盒也非常重要，不仅有存放首饰的功能，而且衬托和体现了首饰的价值，需要精心设计制作。

本案例首饰盒设计新颖、造型美观、做工精细，整体显得既精致又美观。

图片来源
图一　永宁县中华回乡文化园中国回族博物馆
图二至图四　祝燕琴　制图
图五　宋姣　制图

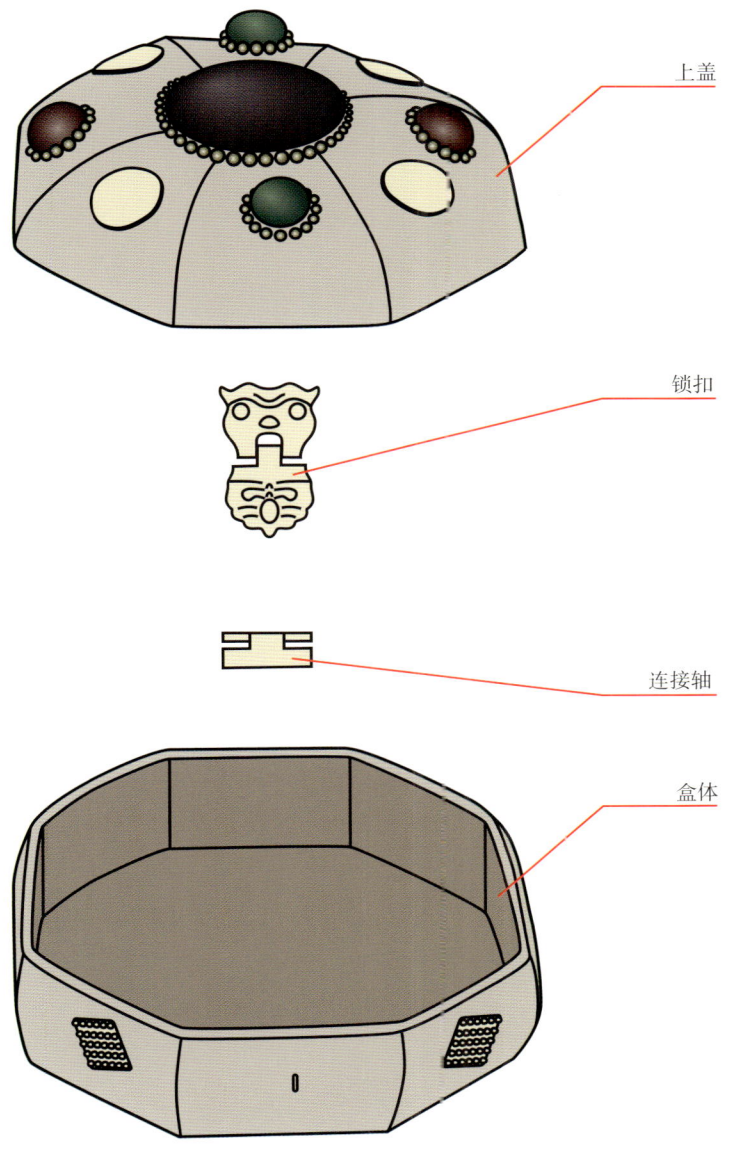

图二 回族镶珠八棱首饰盒解析图

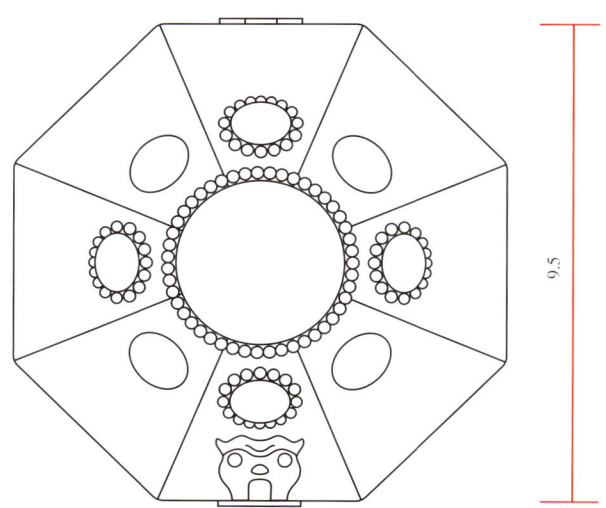

图三　回族镶珠八棱首饰盒尺寸图（单位：cm）

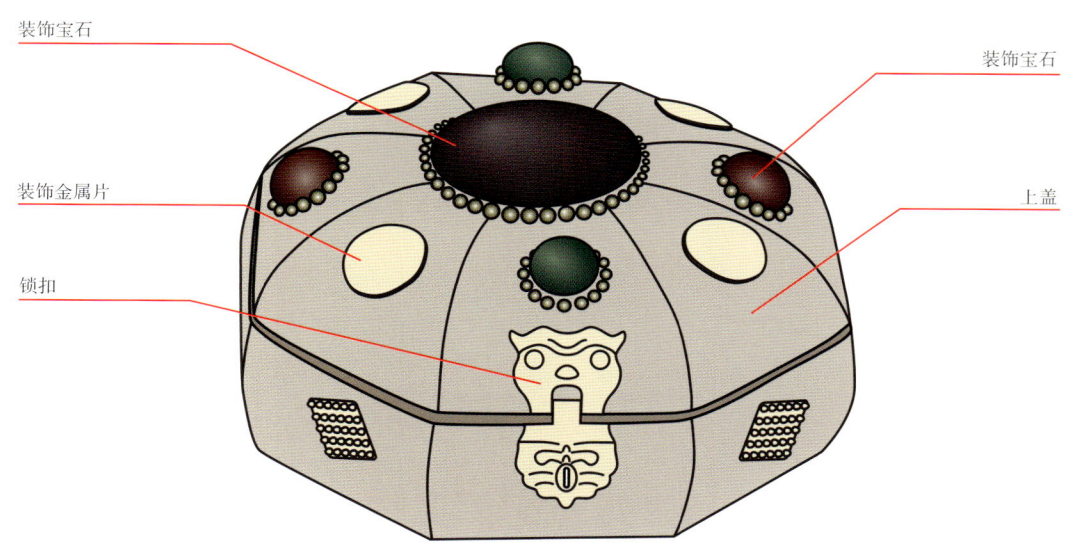

图四　回族镶珠八棱首饰盒结构名称图

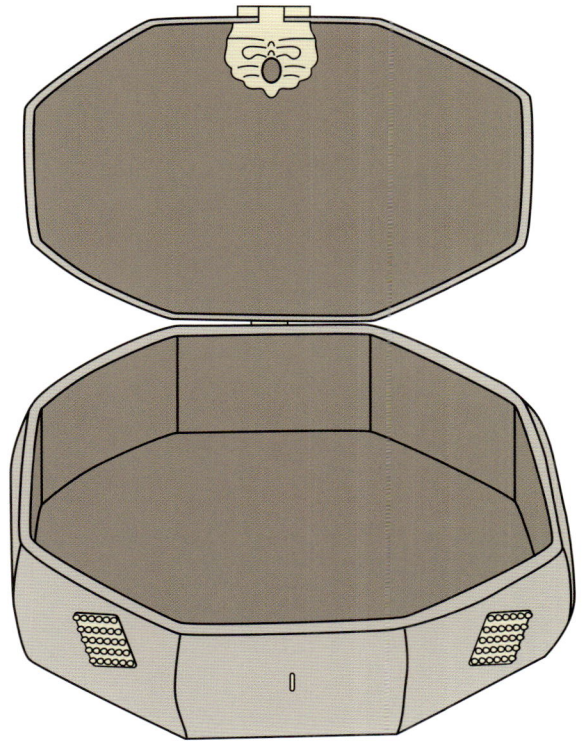

图五　回族镶珠八棱首饰盒使用示意图

回族阿拉伯文景泰蓝胭脂盒

图一　回族阿拉伯文景泰蓝胭脂盒主图

本案例阿拉伯文景泰蓝胭脂盒采自宁夏博物馆"盛世回乡"展厅。胭脂盒高7.6厘米，直径9.1厘米，为清代景泰蓝工艺品。到清代后，景泰蓝的制作工艺扩展到了很多日用品上，使得很多日用品兼具观赏性。这款景泰蓝胭脂盒既有实用性，又具有很强的观赏价值。所用材料为铜，文字和花纹四周为铜丝镶嵌，其间以各色珐琅涂成，再用高火烧结即成。盒体结构为柱形，分为盒体和盒盖两部分，空间设计合理，简洁实用，易于开合，手感舒适。

盒盖表面正中位置饰以阿拉伯文，根据文字笔画的特点进行夸张变化，以适应填充圆形表面，更好地体现出装饰意味。在文字外围有图案环绕一周，单体图案类似回字纹，亦跟商周青铜器上的一种饕餮纹相近，单体图案围绕盒面圆周形成二方连续图样，色彩变化有序。各个单体图案间以红色圆点分隔。文字配合装饰图案，安排紧凑却使人感觉简洁明丽，很好地体现出了民族特色。盒体、盒盖色彩由粉红色、橘红色、中黄色等暖色系与石青、钴蓝、灰紫蓝色等冷色系搭配，色度非常饱满，体现出浓郁的民族气息。由于该胭脂盒是景泰蓝制品，所用的铜胎亦体现出材料本身的质感和色彩。阿拉伯文胭脂盒这类景泰蓝工艺品在清代中期以前大都供应宫廷，在回族集聚区域如宁夏回族自治区，流传使用较多的为民国时期产品。

本案例胭脂盒尺寸较小，美观实用、简洁大气、特色鲜明。

图片来源
图一　宁夏博物馆
图二至图四　张雪　制图

图二　回族阿拉伯文景泰蓝胭脂盒上色图

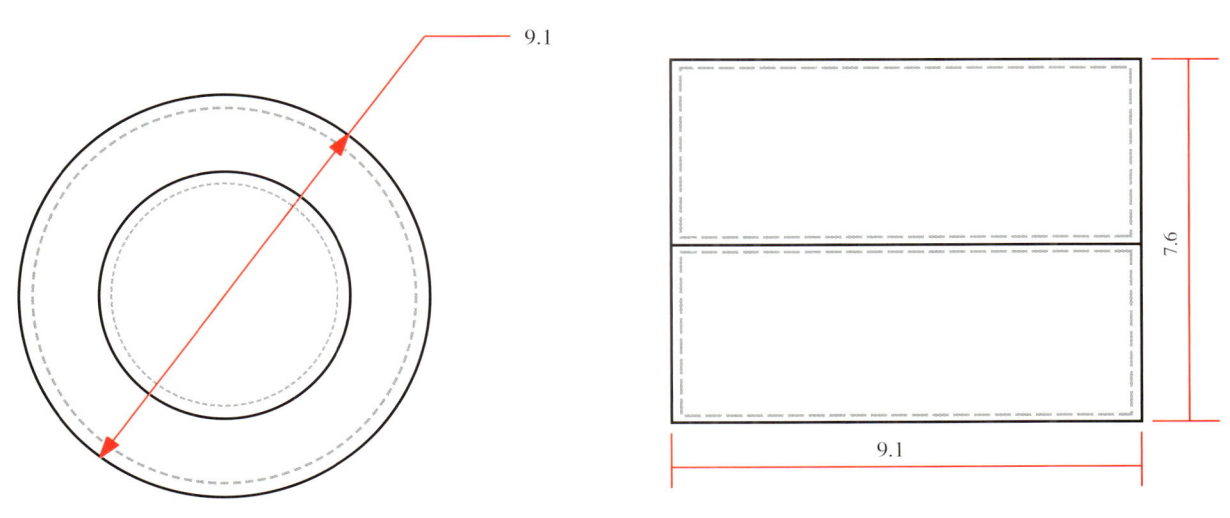

图三　回族阿拉伯文景泰蓝胭脂盒尺寸图（单位：cm）

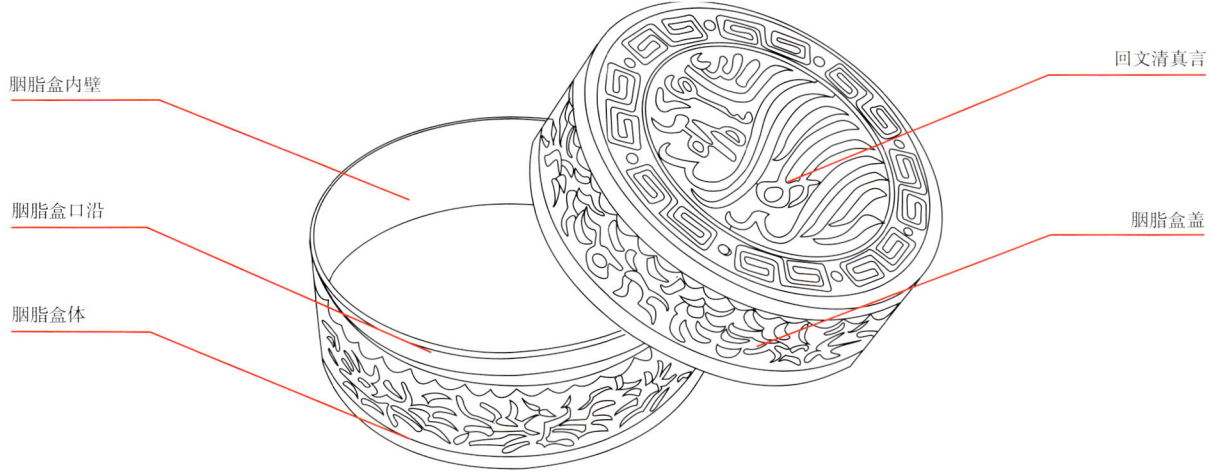

图四 回族阿拉伯文景泰蓝胭脂盒结构名称图

第三章 回族传统餐饮

兰州拉面

图一　兰州拉面主图

兰州拉面是兰州著名的风味小吃，传说起源于唐代。它以"汤镜者清，肉烂者香，面细者精"的独特风味和"一清二白三红四绿"的悦目色彩，赢得了广泛好评。1999年，兰州牛肉拉面和北京全聚德烤鸭、天津狗不理包子被国家确定为中式三大快餐试点推广品种。其制作的五大步骤——选料、和面、醒面、溜面和拉面，都巧妙地运用了所含成分的物理性能，即面筋蛋白质的延伸性和弹性。

选面一般要选择新鲜的高筋面粉，只有新鲜的、蛋白质含量高的面粉，才能为拉面的制作成功提供保障。和面时要放入适量的水和蓬灰，因为二者能提高面团中面筋的生成率和质量；和面时，讲究"三遍水，三遍灰，九九八十一遍揉"。蓬灰是戈壁滩所产的蓬草烧制出来的碱性物质，加进面里，不仅使面具有了一种特殊的香味，而且使拉出来的面条爽滑透黄、筋道有劲。醒面就是将和好的面团放置一段时间（一般冬天不能低于30分钟，夏天稍短些），其目的也是促进面筋的生成。放置还可以使没有充分吸收水分的蛋白质有充分的吸水时间，以提高面筋的生成和质量。溜面则是将醒好的面团反复捣、揉、抻、摔后，再抓住面团两端，在案板上摔打。拉面是一手绝活，拉面时将溜好的柱状面团放在案板上，撒上清油（以防止面条之间的粘连），手握两端，两臂用匀力加速向外抻拉，然后对折，两头同时放在一只手的指缝内（一般是左手），另一只手的中指朝下勾住另一端,手心上翻,使面条形成绞索状,同时两手往两边抻拉。面条拉长后,再把右手勾住的一端套在左手指上,右手继续勾住另一端抻拉。抻拉时速度要快,用力要均匀,如此反复,每次对折称为一扣。

目前兰州拉面驰名海内外,经营品种日益丰富,品牌形象显著提升,呈现出区域饮食特色与现代餐饮产业相融合的发展趋势,这是民族饮食良好发展的案例。

图片来源
 图一 邱珂 摄影
 图二至图六 姚惠婧 制图

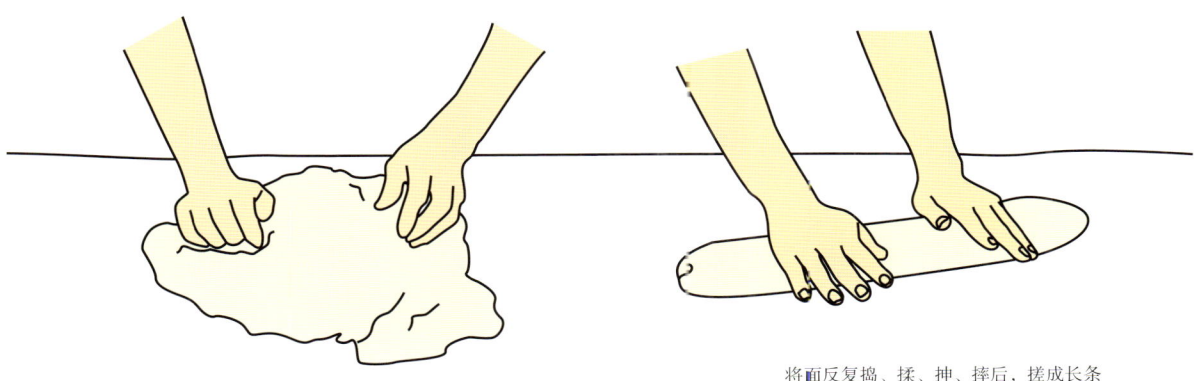

将面反复捣、揉、抻、摔后,搓成长条

图二 兰州拉面制作过程——反复揉搓面团示意图

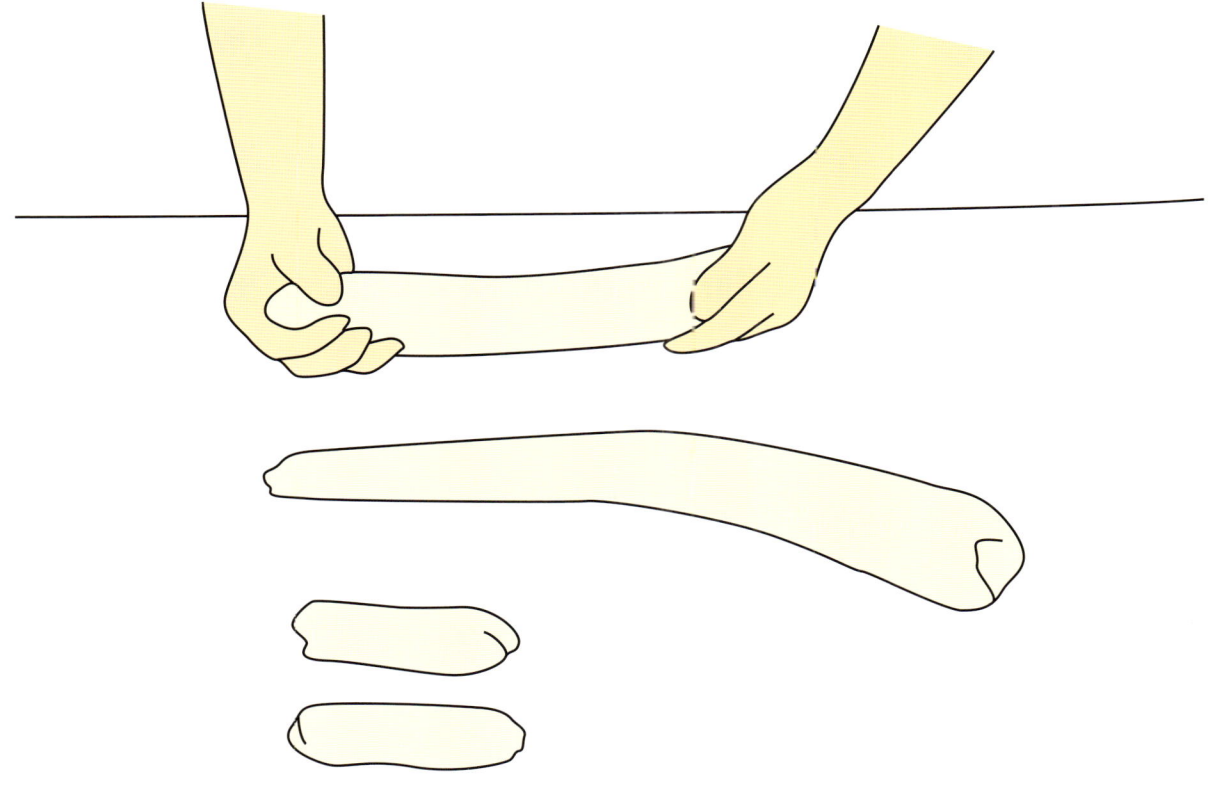

图三 兰州拉面制作过程——拉长面团示意图

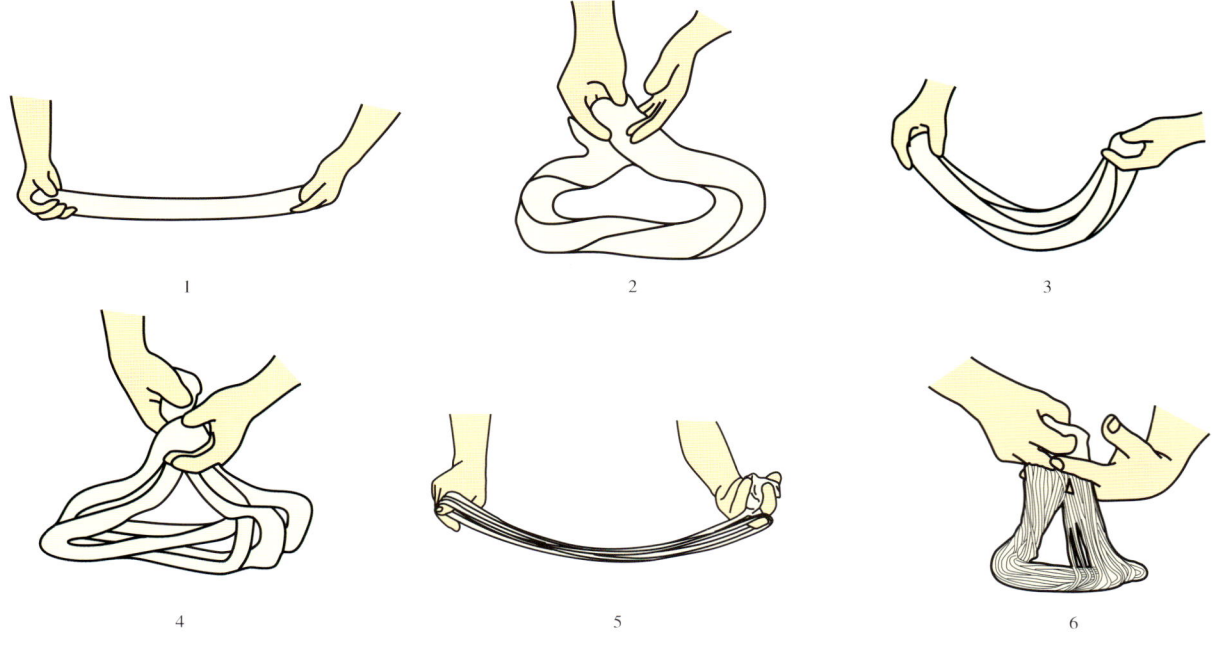

图四　兰州拉面制作过程——拉面示意图

图五　兰州拉面下锅示意图

图六　兰州拉面配料示意图

回族八宝茶

图一　回族八宝茶主图

　　八宝茶，也称"三泡茶"、盖碗茶，是居住在丝绸之路上的回民的待客饮料。八宝茶产生于甘肃省及宁夏回族自治区，早在唐代《外台秘要》中就有代茶饮方，清代时，八宝茶得到较大发展，广为流行，上自皇宫，下至民间，都常用八宝茶养生保健、祛病强身。

　　根据不同配料，一般有红糖砖茶、白糖清茶、冰糖窝窝茶等几种。民间流传八宝茶的配方有很多种，八宝茶其实不是传统意义上的茶，所需要的茶叶并不多，也没有固定的配茶模式。说是八宝，有些人只用四种材料，有些人不只用八种材料；有些人喜欢放入枸杞，有些人不喜欢放入枸杞。无论怎么搭配，符合自己的口味就行，所谓八宝，不过就是一个好意头。本案例中选取了菊花、冰糖、红枣、茶叶（绿茶）、莲心、金银花、胖大海、枸杞这种流传比较广的配方。

　　回族人讲究沏茶，认为用雪水和泉水沏茶最佳。若来客人时，当着客人的面，将碗盖揭开，用开水烫一下碗，放入糖、茶及其他原料，然后注入开水，盖上盖子，双手捧递，一则表示对客人的尊敬，二则表示这盅茶不是别人喝过的剩茶。除待客外，还用于自己的日常保健。一般根据季节的不同和自己的身体状况调配出不同的茶料。夏季多饮茉莉花茶、绿茶，冬季多饮陕青茶。驱寒暖胃饮红糖砖茶，消积化食饮白糖清茶，清热泄火饮冰糖窝窝茶，提神补气、明目益思、强身健胃、延年益寿饮八宝茶。喝八宝茶时，先用托盘托起茶碗，再用盖子轻轻"刮"几下，然后把盖子盖得有点倾斜度，用嘴吸着喝。不能拿掉盖子用嘴去吹漂浮在上面的茶料；不能连续吞饮，要一口一口地慢饮。当喝完一盅还想要喝时，碗底要留一点茶水，不能全部喝干。

八宝茶不仅体现了回族人民热情好客的民风，也体现了中华茶文化的博大精深。

图片来源

图一　汤繁稀　制图
图二、图三　张明　制图
图四　李雪松　制图
图五　庄泓　制图

图二　回族八宝茶线描图

图三　回族八宝茶材料图

图四 回族八宝茶剖析图

图五 回族八宝茶饮用情境图

回族馓子

图一　回族馓子主图

馓子古称"环饼""寒具",据史书记载始于北朝,距今已有1400多年历史。《名义考》有云:"绳而食之,曰环饼,又曰寒具,即今馓子。"

馓子是一种古老的油炸面食。在宁夏各地,每逢开斋节、古尔邦节等传统民族节日以及婚礼大事时,回族妇女便各显身手,做出各种各样的馓子来衬托节日的氛围,招待客人,馈赠亲友。这时家家户户的餐桌上,都有一盘黄澄澄的油馓子。馓子的做法相对比较简单,主要原料有面粉、鸡蛋、食盐和植物油。首先将鸡蛋和盐放入面粉中加水和面,和好面后盖上湿布饧20分钟左右。然后在面和案子上各抹一层油,把面搓成筷子粗细的长条,将面条的一头夹在左手虎口处,用右手捋住面条,将其缠在左手上数圈后,再用筷子撑在面圈的两头,撑拉面条,做成馓子坯,最后下入油锅。下锅时间不宜太长,见热后将馓子坯两端和中间分别炸一会儿,再折叠成"U"形,然后抽出筷子定型,炸至金黄色即可捞出。出锅晾干后的馓子色泽黄亮、酥脆香甜。当客人到来时,主人问候过后,便会掰下一束油馓子递给客人以示热情。

宁夏等地的馓子不仅股条细匀、香酥甜脆,而且金黄亮润、轻巧美观,是回族民众欢度节日不可缺少的食品。

图片来源
图一　邱珂　制图
图二至图六　姚惠婧　制图

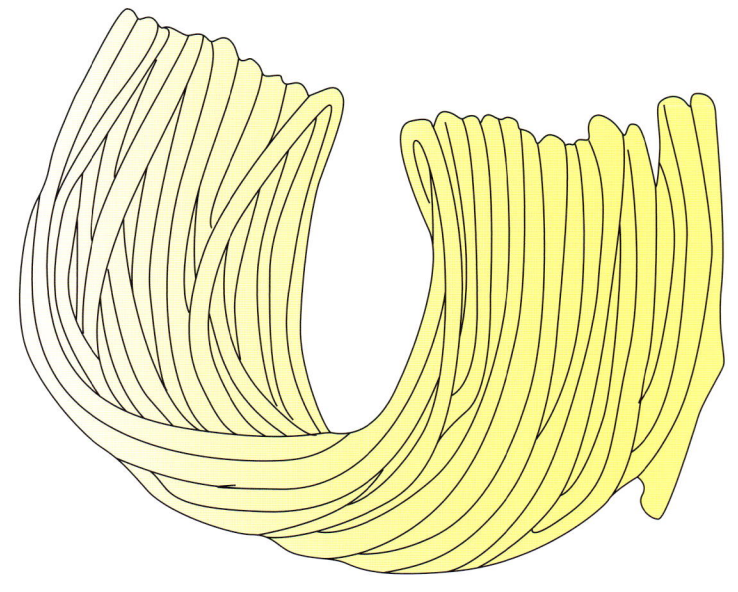

图二 回族馓子线稿图

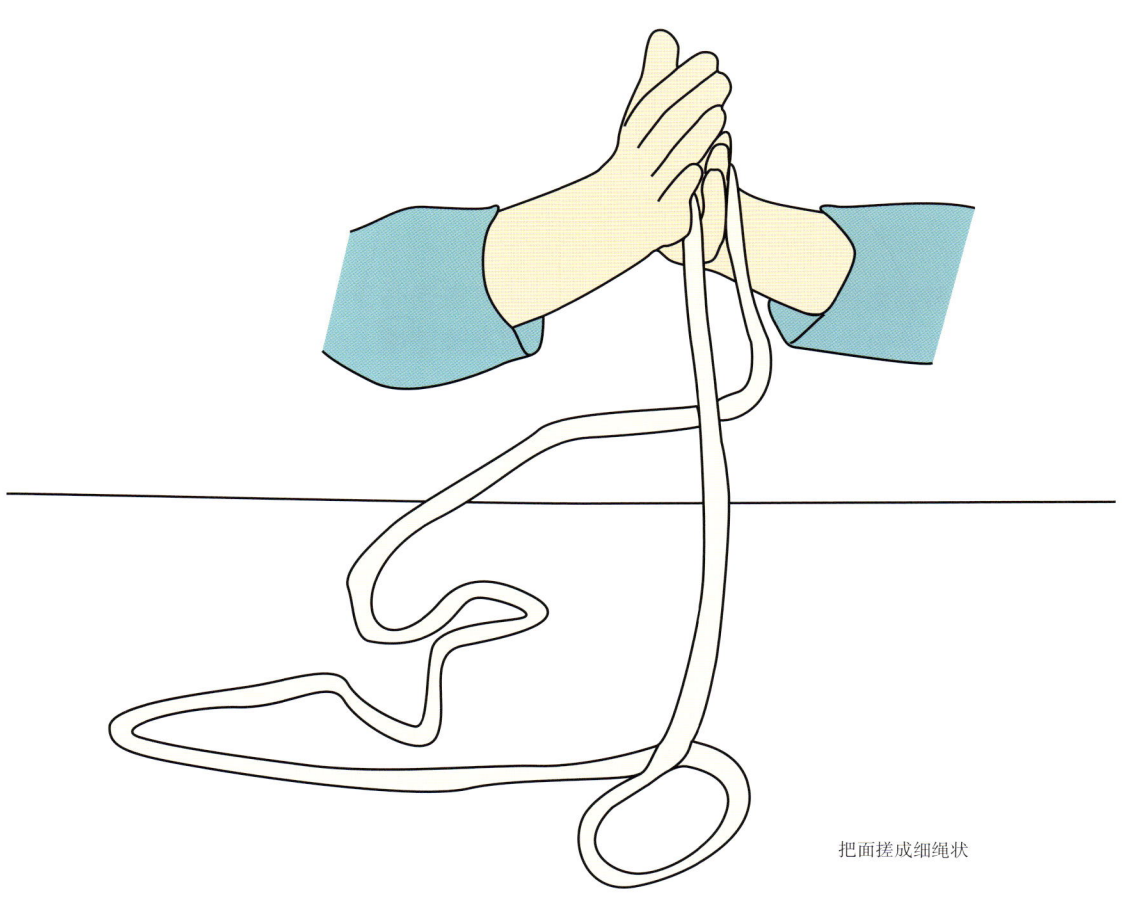

把面搓成细绳状

图三 回族馓子制作过程——搓面示意图

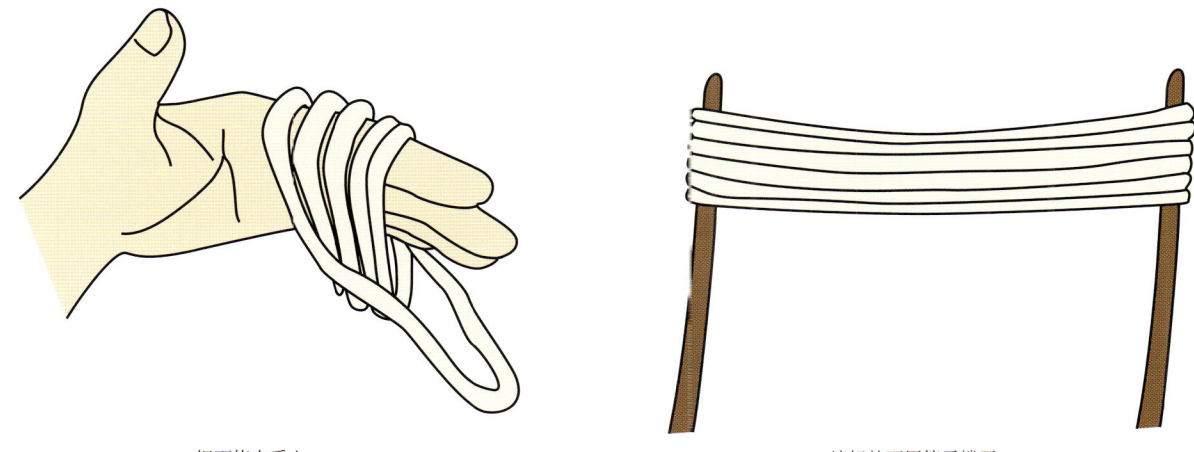

把面绕在手上　　　　　　　　　　　缠好的面用筷子撑开

图四　回族馓子坯制作示意图

图五　回族馓子油炸示意图

图六　回族馓子油炸成型图

回族焜锅馍馍

图一 回族焜锅馍馍主图

焜锅馍馍，又称"烤馍"，是青海馍馍中比较有特色的一种，也是回族的独特风味面食。焜锅馍馍呈圆团状或花卷状，一般一个焜锅馍馍的直径为15~20厘米。

青海是多个民族居住之地，其中回族人口较多，主要分布在青海的东部和东北部地区。青海人通常把馒头称为"馍馍"。馍馍的种类很多，如花卷、油香、油饼等。相传焜锅馍馍在北宋末年至西夏建国时期就开始在回族先民当中制作，到元朝时已经在民间盛行。焜锅馍馍的来源与回族野外牧羊生活有关。牧民每次出去都要十几天才回来，其间饮食上需要携带锅碗米面等食材，十分不方便。一次偶然的机会，一位老人发现了两个铜罐，一大一小套在一起，既能做饭又能盛水，就收了起来，在一次做完饭后将剩面放到铜罐里，再要用时面已发酵，当时想做成馍馍，可又没有蒸笼，于是就将大小铜罐扣在一起，拾了一堆柴准备烧，又怕火太大了馍馍会烤焦，于是等虚火着完后在炭灰中烤，结果烤熟的馍馍外脆内软，十分可口。从此，烤馍也就一直流传了下来。如今，回族民间都使用专门的焜锅来制作烤馍，焜锅为金属材质，有铜、铁、铝的，形状一般为圆柱形。焜锅馍馍的制作过程较为简单，将发酵好的面揉成面团，有时也加入鸡蛋和牛奶，再将面团擀成饼状，卷进菜油，抹上红曲、姜黄、香豆粉等民间食用色素，卷成长卷，切成小块面卷并卷成花卷，或揉成和焜锅大小相同的圆柱状，手工制出花纹图案，再放入焜锅中，将焜锅埋在炭灰或麦草灰中，用慢火恒温烧烤，半个小时后即可出锅。花卷一般放四个进去，出锅后会膨胀成一个，这样出来的烤馍花样比较丰富。

出锅后的馍馍外皮颜色呈金黄色，绽放如花、香味扑鼻、味道可口。焜锅馍馍制作简单，省时省事，携带方便，松脆经吃，可长时间储存，不仅是回族人民的日常佳味，也是他们逢年过节走亲访友时常带的传统礼品。

图片来源
图一　邱珂　制图
图二至图四　姚惠婧　制图

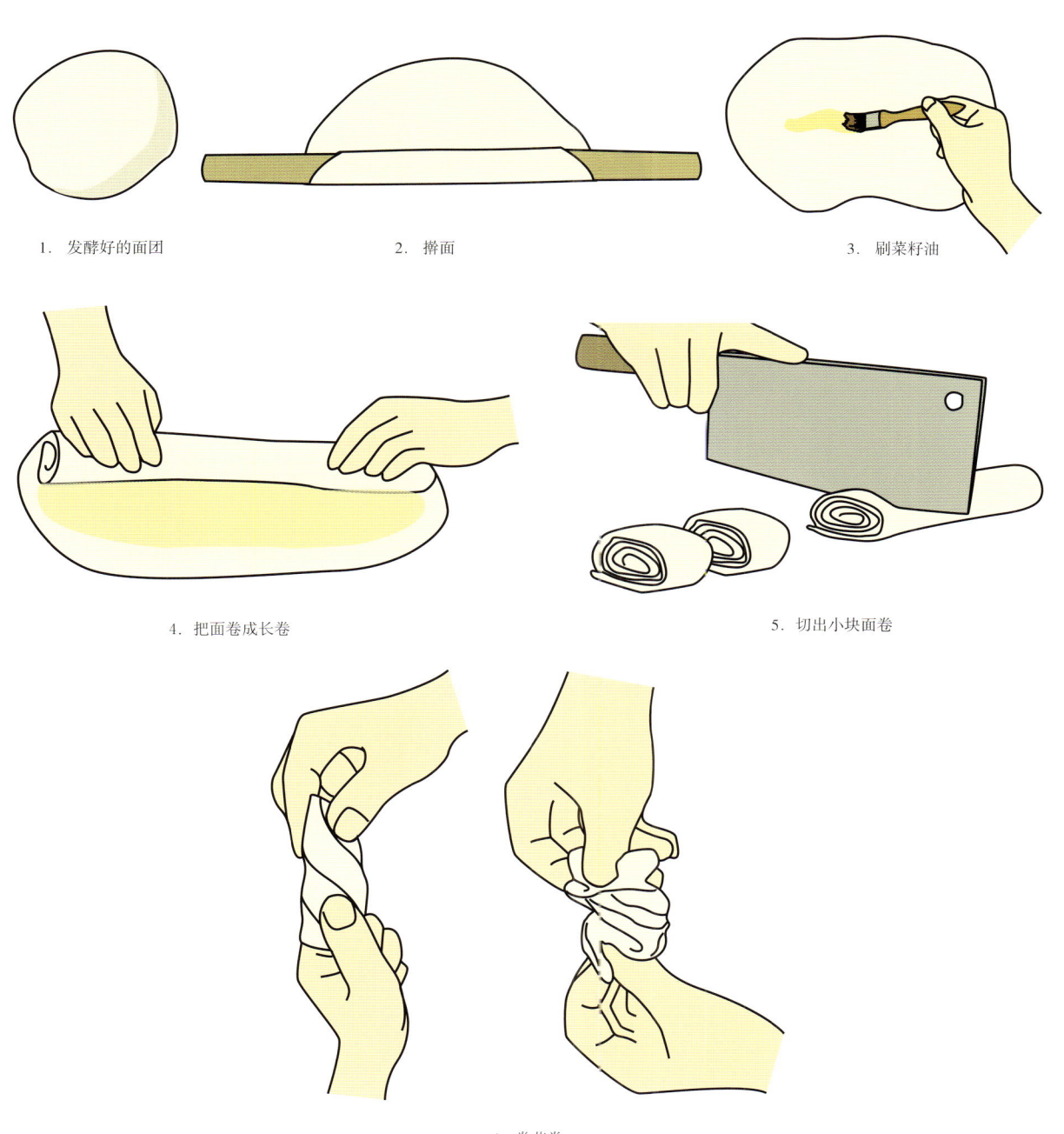

图二　回族焜锅馍馍制作过程图（一）

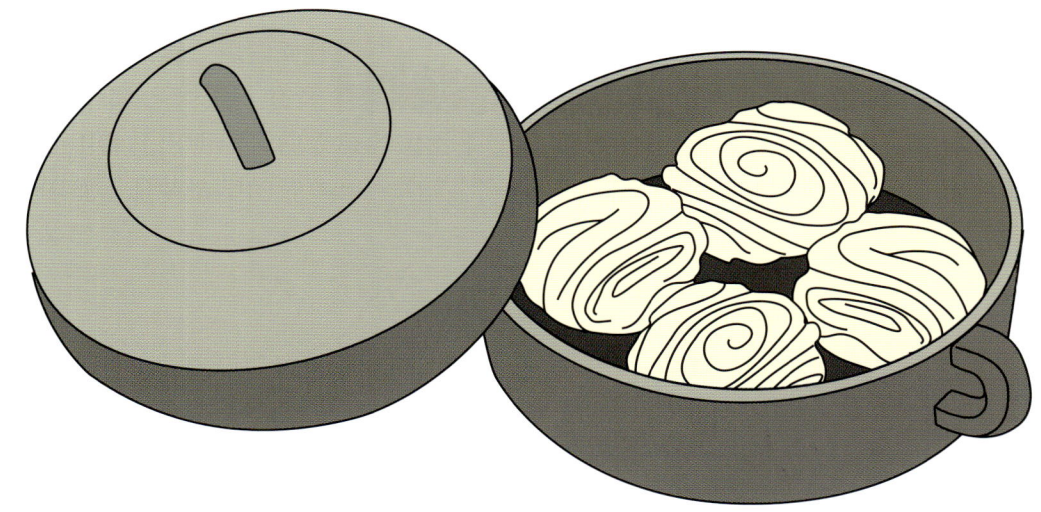

7. 放入锅中

木炭

8. 用木炭烤

图三 回族焜锅馍馍制作过程图（二）

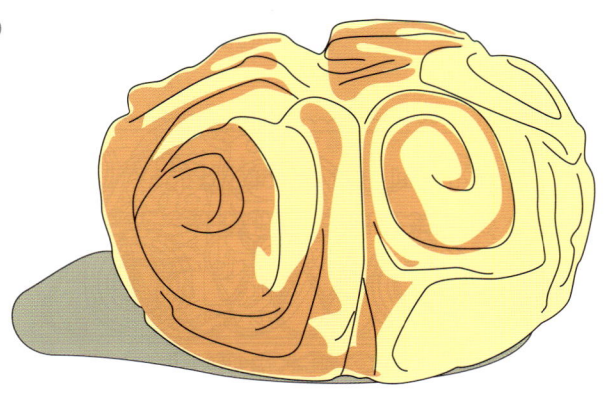

图四 回族焜锅馍馍成型图

回族焜锅

图一　回族焜锅主图

　　本案例为焜锅，采自宁夏博物馆"盛世回乡"展厅，是回族人民制作焜锅馍馍时所用到的锅具。由锅和支架两部分组成。通高24厘米，其中锅高10厘米，直径18.7厘米；支架高14厘米，直径为20厘米。

　　回族民间的焜锅有铜制、铁制和铝制的，形状有方形的，也有圆形的。本案例烤馍锅为黄铜材质，支架为铁材质。锅体与锅盖相扣，盖面凸起呈现覆盆形，盖顶中间焊接一条宽扁桥形提手，盖面和盖壁刻有叶瓣形纹样。锅体为钵体，锅底为平底，锅两侧各有一宽扁把手，素面无纹。支架为圆环形，下焊三个铁条长足。使用焜锅时，将卷好的馍馍放入焜锅中，扣合锅盖后，埋在用麦草为燃料的灶膛或炕洞内的草木炭灰里，用慢火恒温烧烤而成。焜锅壁较厚，传热缓慢，麦草和炭灰火力均匀，热度适中，半个小时左右即可出锅。烤制出来的馍馍外脆里软、香甜可口，且保存时间较长。焜锅的使用起源于北宋末至西夏时期，起初只是用两个一大一小的铜罐来烤制馍馍，后来随着烤馍的盛行，人们也开始逐渐研究专门用来烤馍的器具，最终产生了焜锅，并将一些独特的回族纹样刻在锅盖锅壁上以示其民族特征。

古代回族民众的野外畜牧业生活决定了其饮食器具的便携性，焜锅的产生为回民在野外畜牧途中进食起到了重要作用，省去了同时携带锅碗面粉等食材器具的不便。焜锅作为典型的回族餐饮用具，在制作回族饮食的同时也传扬着其民族传统文化特色。

图片来源
图一　宁夏博物馆
图二至图六　姚惠婧　制图

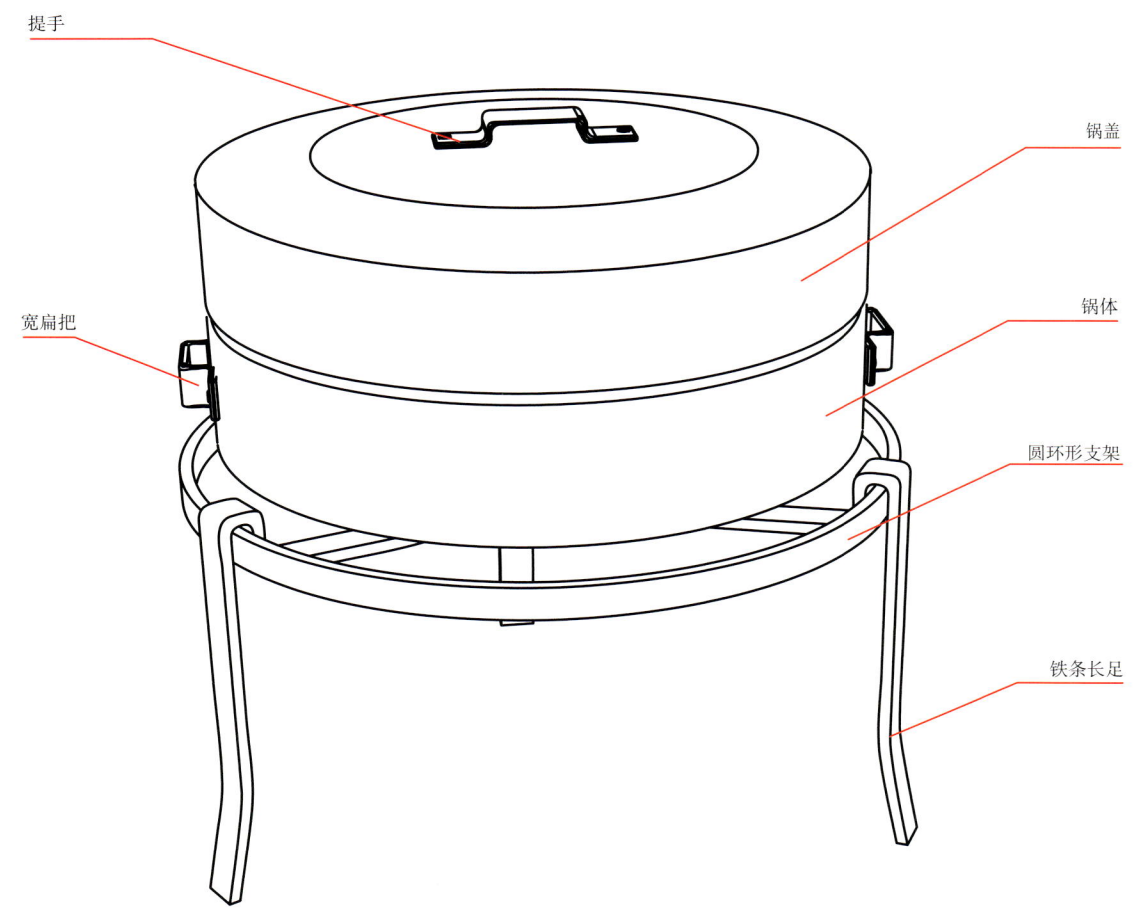

图二　回族焜锅结构名称图

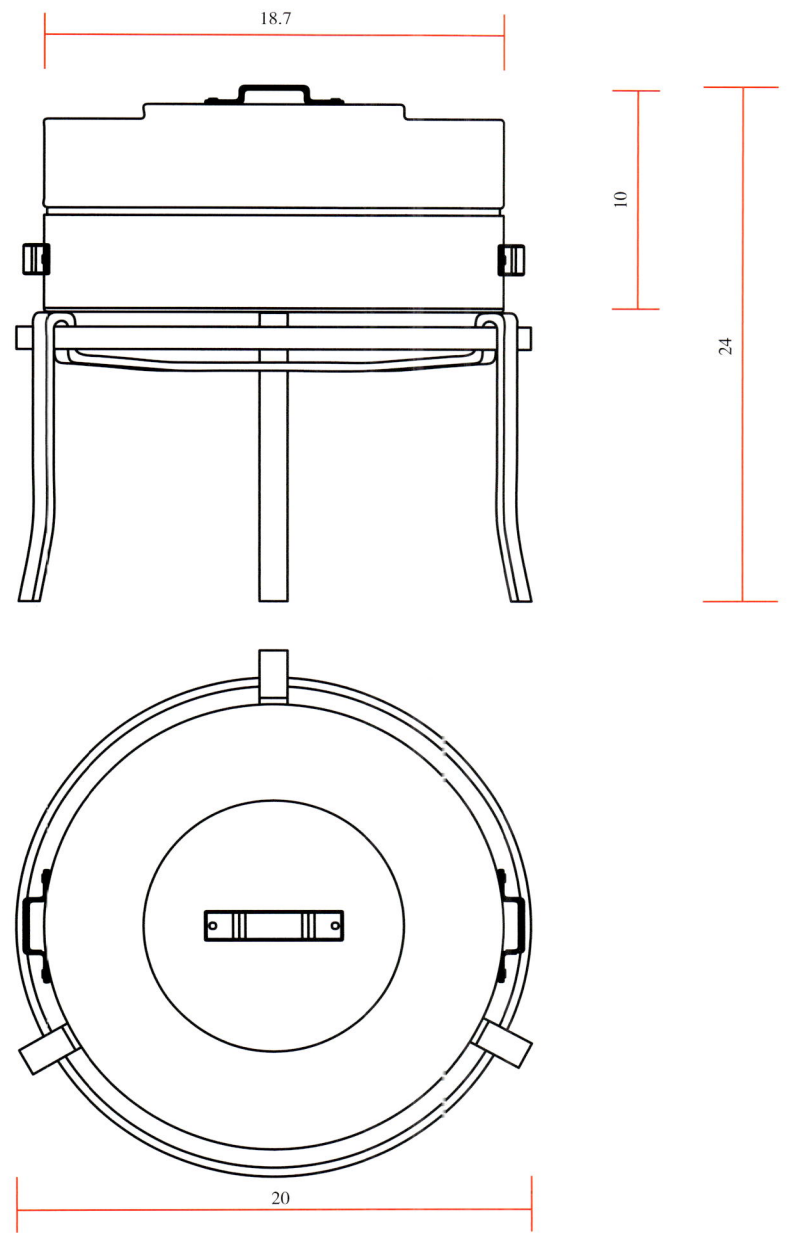

图三 回族焜锅尺寸图（单位：cm）

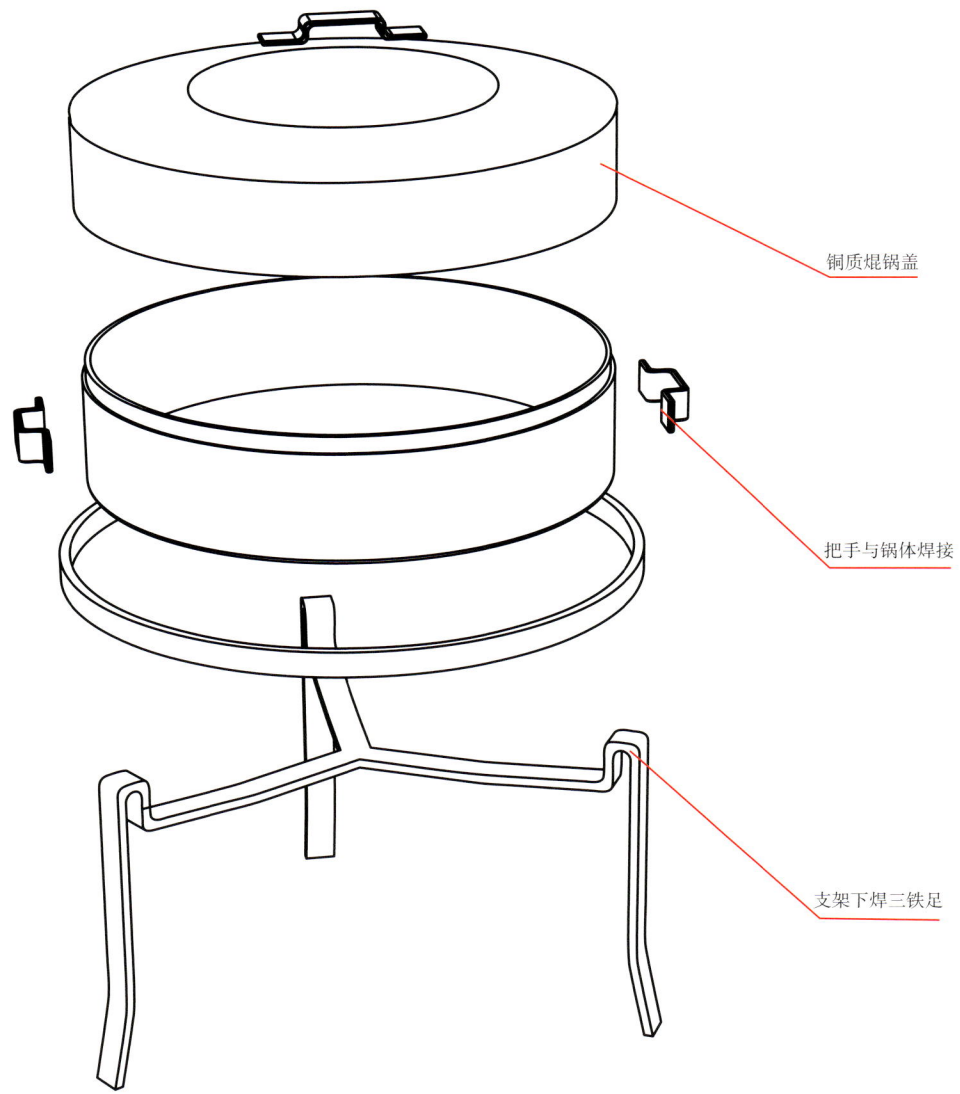

图四　回族焜锅解析图

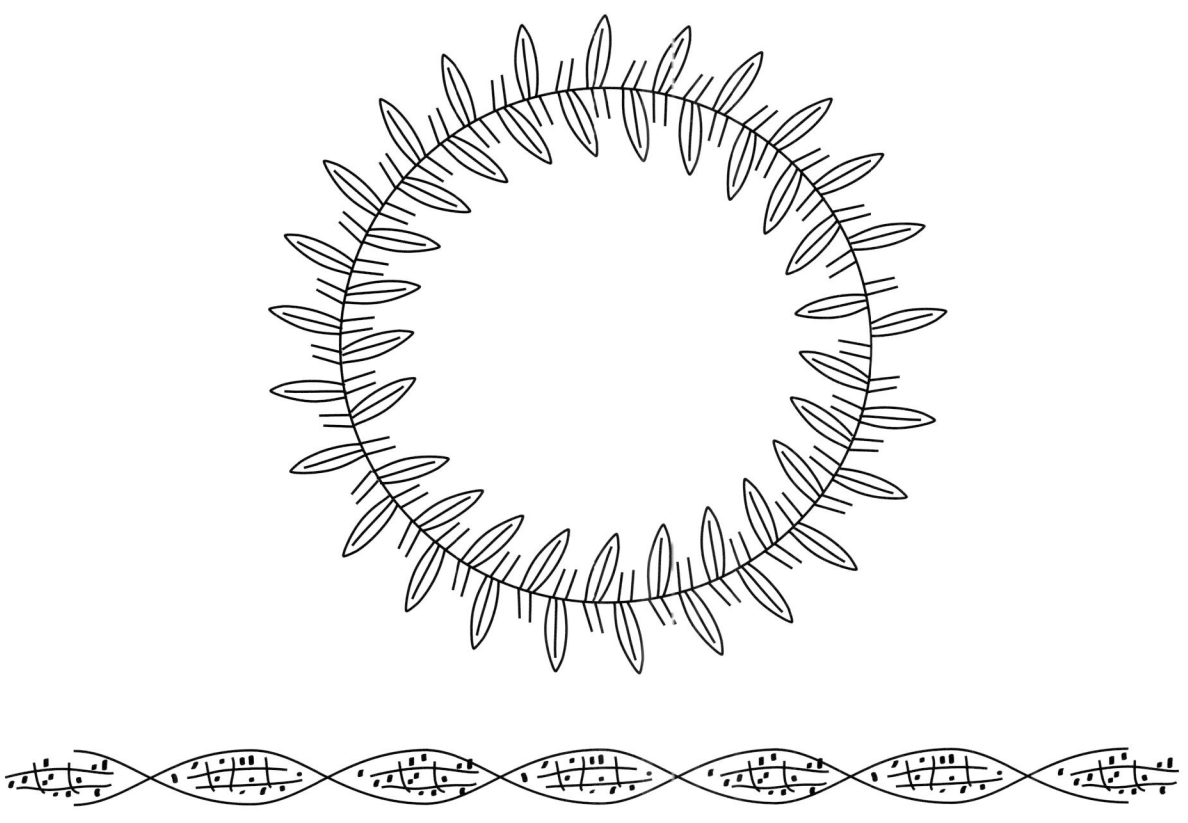

图五　回族焜锅纹样图

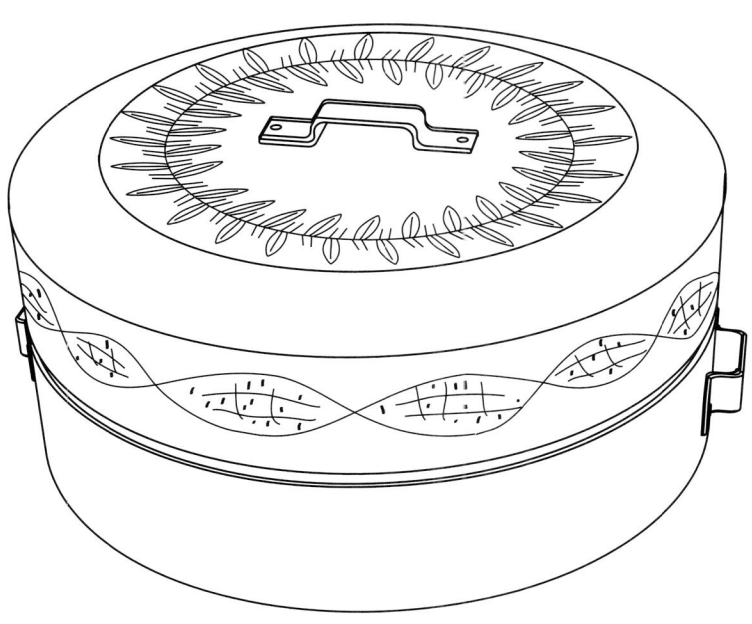

图六　回族焜锅纹样效果图

回族陶壶

图一　回族陶壶主图

本案例回族陶壶，现代物品，现藏于宁夏博物馆。陶壶高13.5厘米，壶底直径18厘米。盘口、束颈、宽折肩、直腹、大平底、短细流、扁条状弧形把，通体黑褐釉，把上饰瓦棱纹。

在人类长期使用并至今无法替代的器物中，陶瓷器大概是获得广泛认可的一种。而在所有形状的陶瓷器中，壶——这种有着优美轮廓线的容器，也许最能体现人类初始的、高雅的审美观念。从壶具诞生的那天起，匠人犹如受到神的示谕，将黏土与水混和后，通过盘筑、贴塑、捏塑、模制、慢轮修整、快轮修整等诸多技法，使手里的器物达到了实用与审美的双重成熟。

陶壶的制造工艺属于泥条盘制法。泥条盘制法是陶艺成型技法中最方便、造型表现力最强的一种，可以制作出其他任何成型方法所能做出的作品，如圆形、方形、异形乃至雕塑，等等。用泥条盘制法制作陶艺，一方面是泥条可以自由地弯曲与变化，方便制作一些比较复杂的、不太规整的、较随意的陶塑，再者就是它能够保留泥条在盘筑时留下来的手工痕迹和一道道盘旋的纹理，当然也可以修整得不留痕迹。

回族陶壶的发明，体现了回族人民对盛物器皿制作的精益求精，也体现了他们对生活的高质量追求。今天我们仍然在使用并愿意视作生活伴侣的壶具，与五千多年前的壶，在外形上几乎没有太多的区别。从某种意义上说，壶的平衡与饱满，壶的流畅与稳重，就是人类对自身的形象要求。

图片来源
图一　宁夏博物馆
图二至图四　张雪　制图

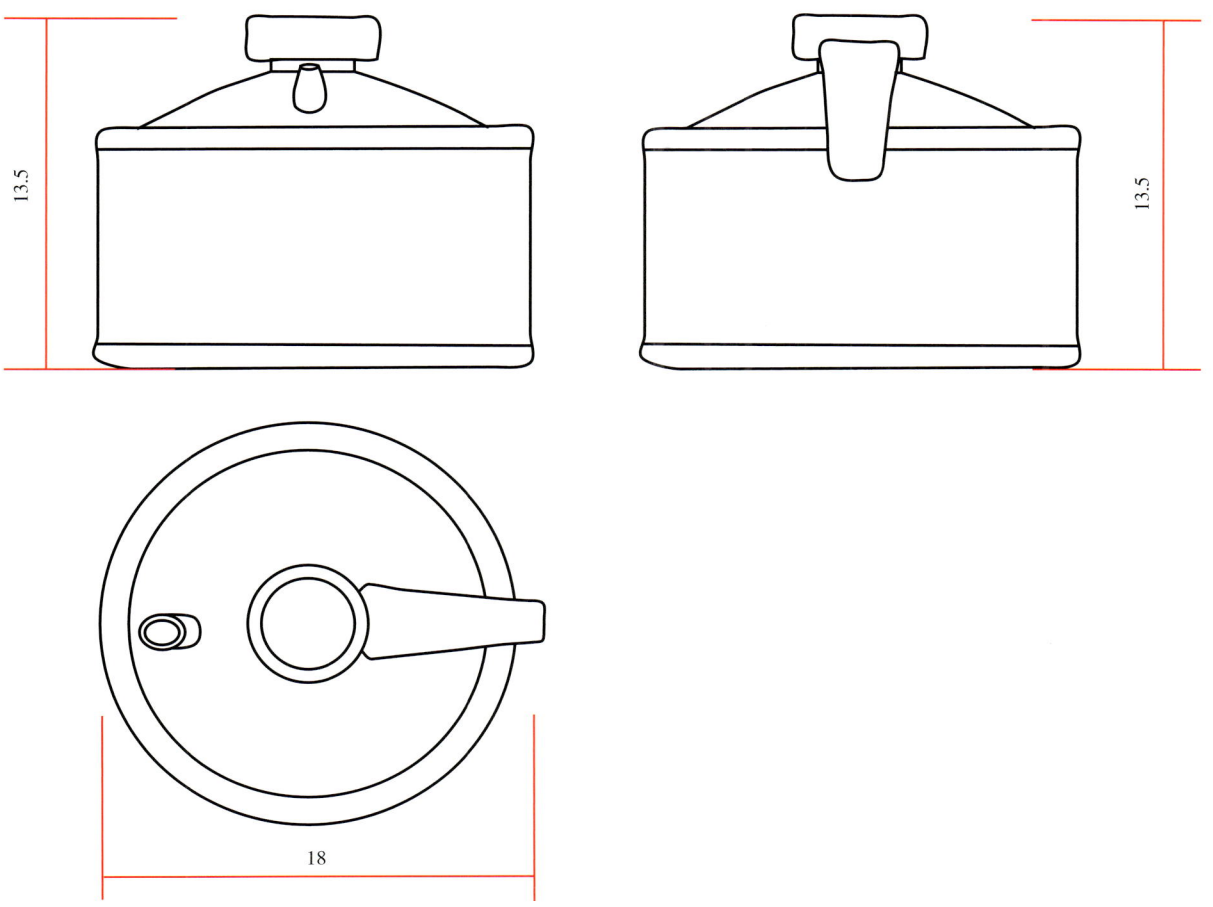

图二　回族陶壶三视、尺寸图（单位：cm）

图三　回族陶壶结构名称图

图四　回族陶壶使用情境图

回族汤瓶

图一　回族汤瓶主图

　　汤壶，古时称唐壶、唐瓶壶，又称汤瓶壶等。汤壶材质多样，以前回族人多用铜制、铝制、铁制、瓷制、木制的，而现代多为塑料制品。汤瓶的形状类似茶壶，一般高约30厘米，瓶体为圆柱形或圆台形，顶部有圆形开口方便注水。瓶口有一个与之相配的盖子。一侧有手柄，另一侧是出水口，壶嘴弯曲高翘，平放时滴水不淌。

　　本案例采自宁夏银川永宁县中华回乡文化园中国回族博物馆。汤瓶的造型很精美，凝聚了回族人民的智慧。回族艺人利用仿生学原理和曲线、弧度、平面等不同形式相结合，创造出了许多精美的汤瓶造型。如汤瓶的壶嘴就是仿丹顶鹤的前半身，壶腹使用球体、圆台（圆锥）等几何形体，壶把便于人们手提，壶盖设计成球形，有些汤瓶还会加上一个小壶座，盛水的时候不容易倒。汤瓶的材质有很多种，古代多以木料或竹料制作，现代的品种很多，有铜汤瓶、瓷汤瓶、轻铁汤瓶、塑料汤瓶、砂泥汤瓶、铝汤瓶和锡铁汤瓶，等等。经过长期发展，汤瓶制作行业出现了专门的手工艺人，长年制作，祖辈相传，创作出了大量造型优美、风格独特的新产品。

图片来源
图一　永宁县中华回乡文化园中国回族博物馆
图二至图四　张雪　制图

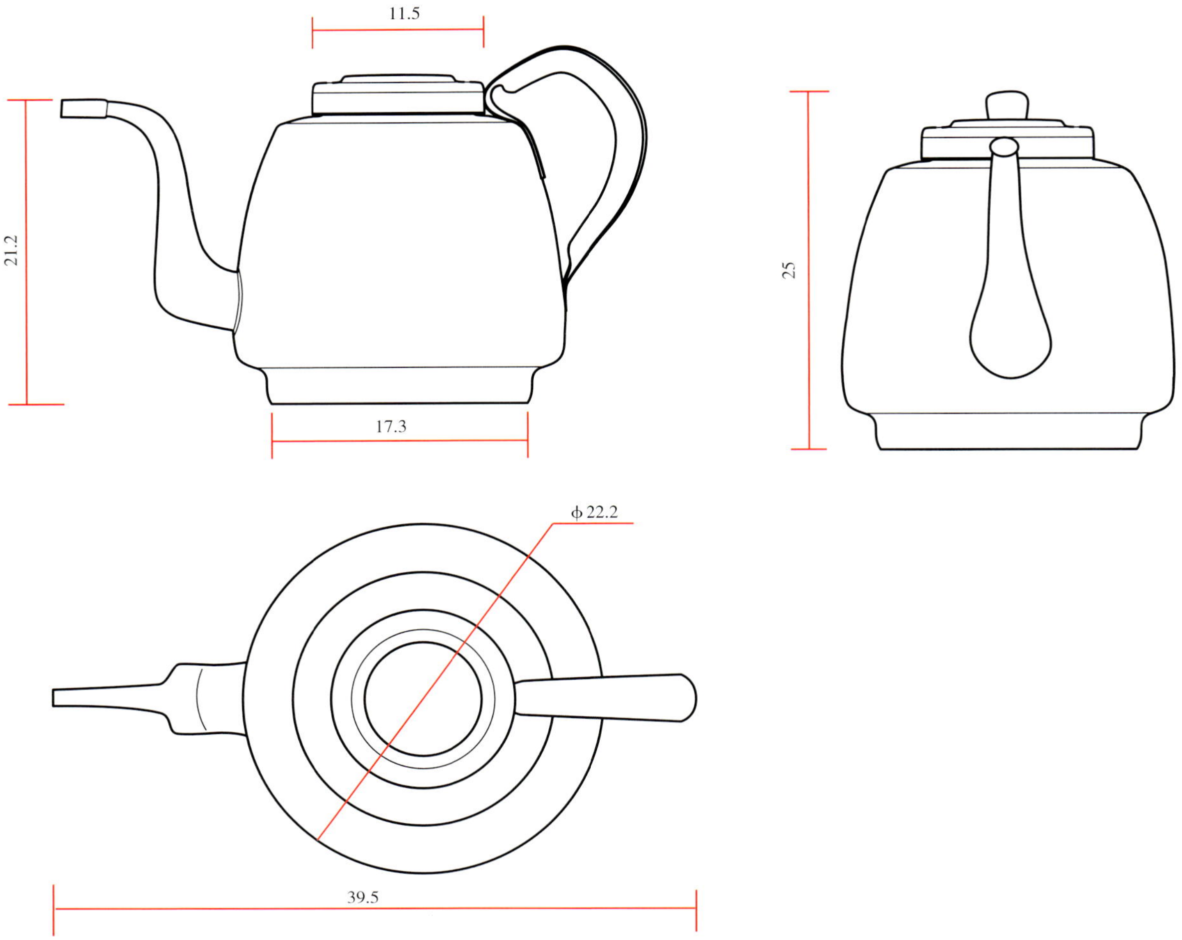

图二　回族汤瓶三视、尺寸图（单位：cm）

图三　回族汤瓶结构名称图

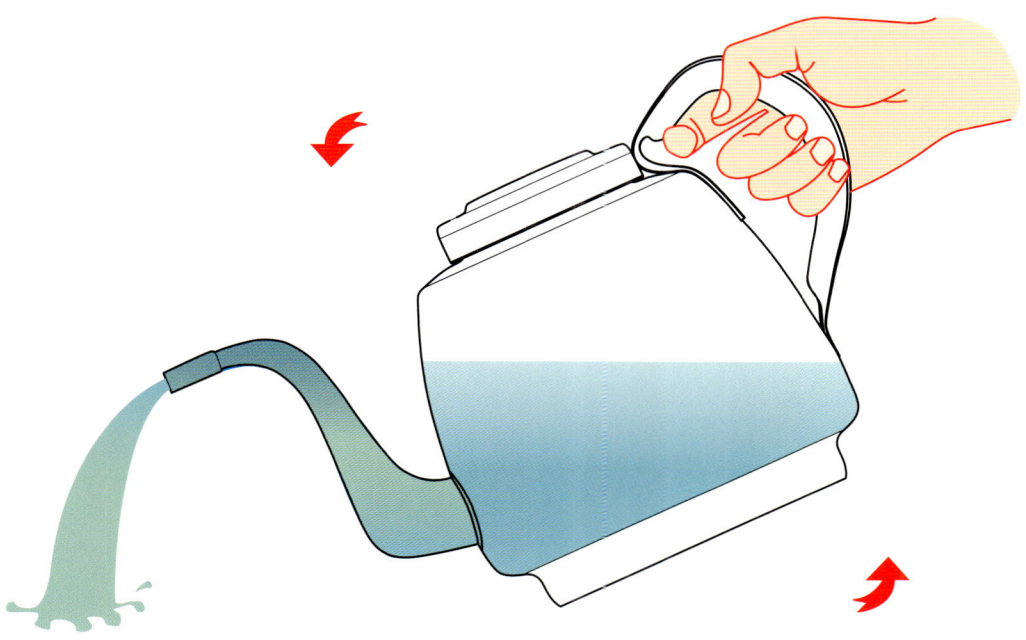

图四　回族汤瓶操作示意图

回族木制羊骨嘴汤壶

图一　回族木制羊骨嘴汤壶主图

　　本案例回族木制羊骨嘴汤壶，采自北京宣南文化博物馆，由牛街清真寺捐赠。其状如茶壶，壶体呈八边形，壶顶有盖，不洁之物不易进去，方便又卫生。一侧有手柄，另一侧为羊骨制成的壶嘴，壶嘴斜向上翘起。汤壶的整体造型设计具有很好的使用功能：壶体上小下大，在放置时具有很好的稳定性；壶口设计巧妙，斜向上高翘，平放时滴水不淌，倾倒时水流如注；壶盖设计考究，其造型酷似伊斯兰建筑中的弧形穹顶，为壶盖向上延伸出了一定空间，保证了汤壶使用时水的顺畅流出；汤壶手柄位置较一般茶壶手柄位置更高，倒水时较为省力，且汤壶可倾斜角度更大，便于将壶内的水全部倒出；手柄与壶体的空隙较大，增加了使用时手的灵活度。此外，壶嘴的设计充分体现了回族人民节约的理念，壶嘴较小，水流很细，利于节约用水，也反映了回族人民追求细水长流的精神理念。

图片来源
图一　北京宣南文化博物馆
图二至图四　邱珂　制图

图二　回族木制羊骨嘴汤壶开盖图

图三　回族木制羊骨嘴汤壶解析图

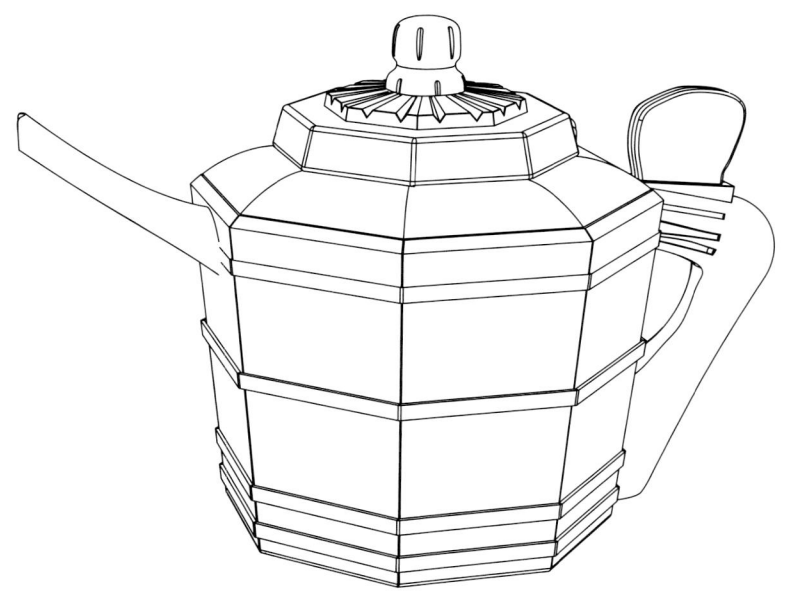

图四 回族木制羊骨嘴汤壶线描图

回族带火门铜壶

图一 回族带火门铜壶主图

本案例回族带火门铜壶，又称火壶，形似温酒壶。现收藏于宁夏银川永宁县中华回乡文化园中国回族博物馆。在回族人民日常生活中，火壶是必不可少的东西，不论家里经济条件怎么样，每家每户都会有火壶。因为回族人民烧水不用锅，而是用火壶。

在清代，回族带火门铜壶一般都是金属制造，例如铜、铁、银等，颜色有绿色、黄色、白色等。一般带火门铜壶一侧有柄，便于手提；另一侧有壶嘴，弯曲高翘，是出水的地方。壶身较长，中间鼓起，肚腹比较大，两头收紧，平放着的时候不滴水，倾身倒水的时候水流如注。壶身、壶嘴和壶把是分别铸造而成，然后焊接起来，还保持着纯粹的手工艺特点。火壶的结构设计也很巧妙，形似火锅，分内外两层，内层放燃烧物，外层放水，壶身下方开了个口便于炭灰或木灰的清理。使用时，在内层中放入木炭，并通过木炭的多少与盖子给予氧气的多少来控制火的大小；外层中则注入水。

带火门铜壶是回族人民不断摸索、创造的产物，结合了许多设计元素，把火锅与水壶样式、功能进行了融合创新，并且沿用至今。这是一个成功的设计案例，有着长久的生命力，其创新、实用、美观的造物设计理念值得当代设计师学习和借鉴。

图片来源
图一 永宁县中华回乡文化园中国回族博物馆
图二至图五 张明 制图

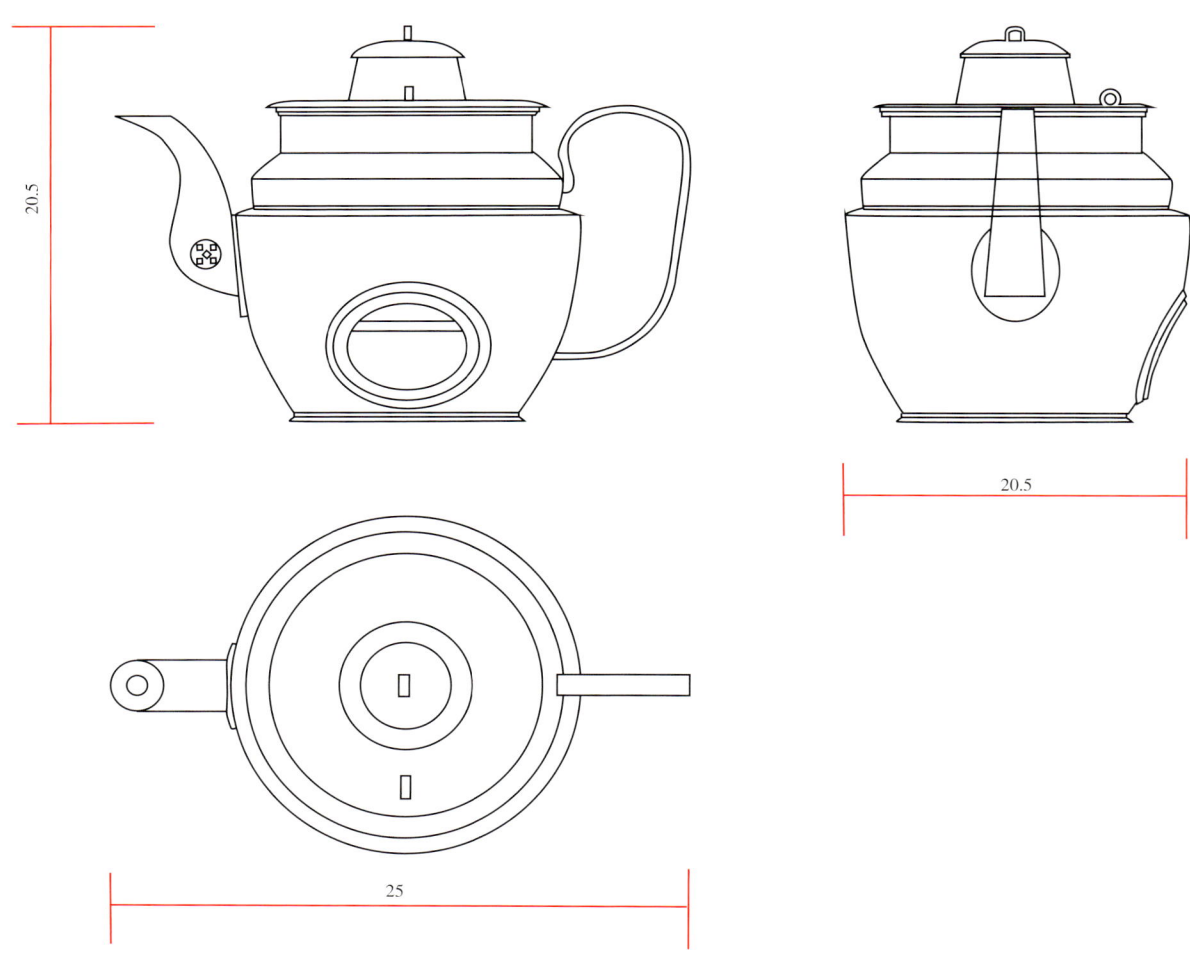

图二　回族带火门铜壶三视、尺寸图（单位：cm）

图三　回族带火门铜壶解析图

图四　回族带火门铜壶剖面图

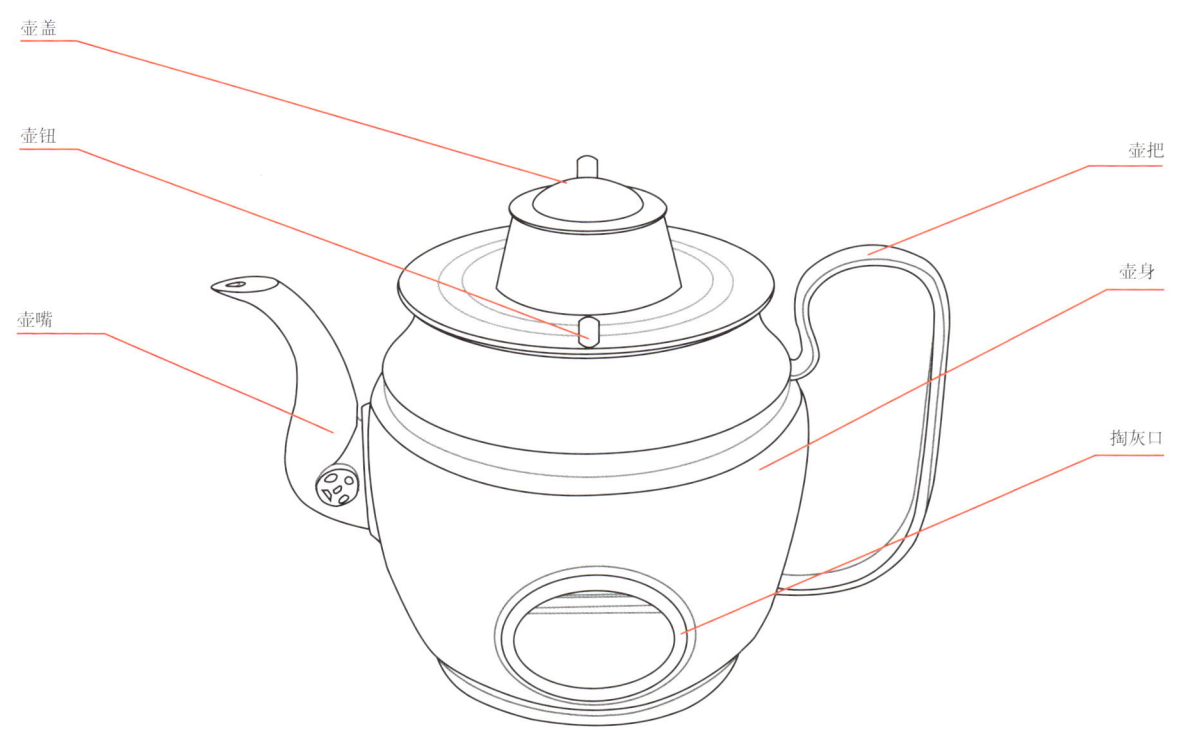

图五　回族带火门铜壶结构名称图

回族带角鎏银壶

图一　回族带角鎏银壶主图

本案例的回族带角鎏银壶，属清代文物，现收藏于宁夏银川永宁县中华回乡文化园中国回族博物馆。由于年代已久，鎏银壶与空气中的硫产生化学反应变成了黑色。整个鎏银壶造型简洁，没有过多的装饰，壶高29厘米，壶底直径12厘米，是日常生活中使用非常普遍的一件器皿，用来给汤瓶添水。

带角鎏银壶是在铜壶表面镀银的器皿，壶身以竹节为原型，壶身的纹理借鉴了毛竹上的纹理，如同从毛竹上截取下来的一段竹节，带有一丝自然的气息。鎏银壶的三角形壶嘴的设计是为了将壶中的水更顺畅地倒入汤瓶中，月牙形的壶顶恰到好处地防止壶中的水溢出。汤瓶是回族人民常用的生活器皿，作为给汤瓶添水用的器皿，带角水壶自然在生活中也不可或缺，本案例中的带角鎏银壶便是带角水壶中的一种。

带角鎏银壶的设计体现了回族人民的智慧和审美。

图片来源
图一　永宁县中华回乡文化园中国回族博物馆
图二、图四、图六　陈炳灿　制图
图三　李雪松　制图
图五　张明　制图

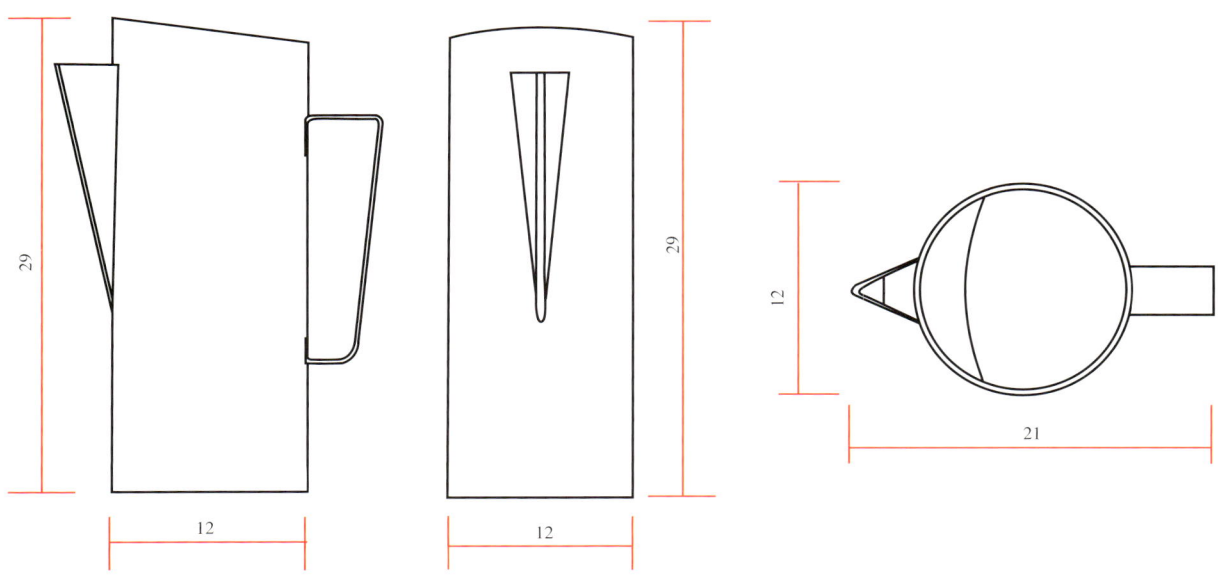

图二　回族带角錾银壶三视、尺寸图（单位：cm）

图三　回族带角錾银壶剖面图

图四 回族带角鋈银壶结构名称图

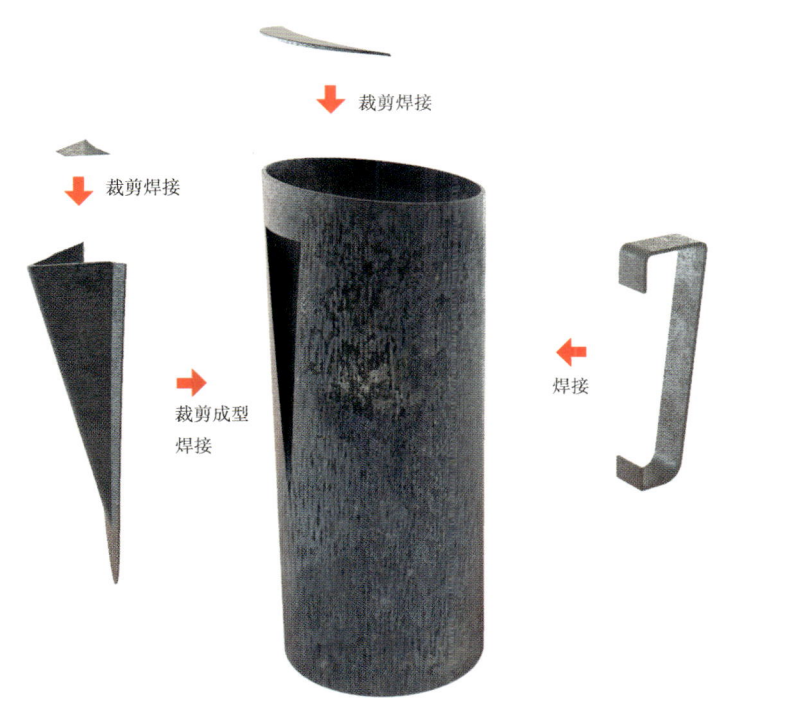

图五 回族带角鋈银壶制作工艺分析图

图六　回族带角鎏银壶使用示意图

回族阿拉伯文铜方壶

图一　回族阿拉伯文铜方壶主图

本案例回族阿拉伯文铜方壶是民国物品，现藏于广西民族博物馆。

阿拉伯文铜方壶造型简明、优雅，壶身宽9厘米，高12厘米。壶嘴宽大，方便倾倒。壶的腹部呈方形，装饰简单的阿拉伯文字样，壶腹一侧开有圆形掏灰口。壶把无图案，相对壶体较大。四足为乳钉足，对称分布，相互应合。盖顶采用突出样式，设计成圆形，上有两颗凸珠，烟孔处于盖顶中央位置。

该阿拉伯文铜方壶采用焊接法，造型简明清当，体现了民国时期青铜铸造工艺的特点。到民国时期，青铜器皿的铸造在民间已很普及，技术水平较高。

图片来源
图一　广西民族博物馆
图二至图六　张明　制图

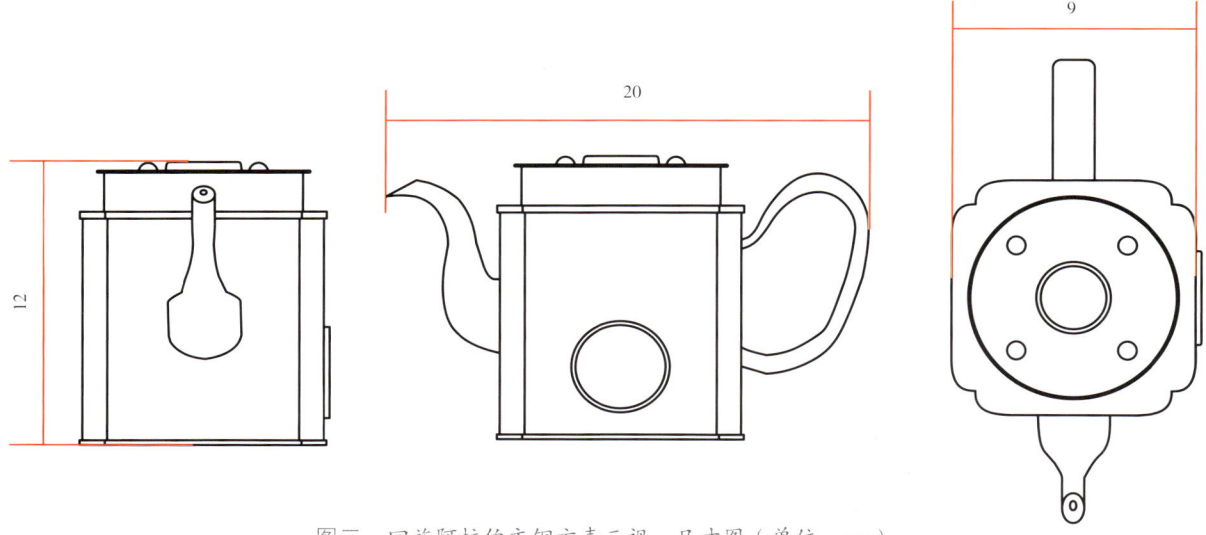

图二　回族阿拉伯文铜方壶三视、尺寸图（单位：cm）

图三　回族阿拉伯文铜方壶解析图

图四 回族阿拉伯文铜方壶文字图案

图五 回族阿拉伯文铜方壶剖面图

图六　回族阿拉伯文铜方壶使用示意图

回族铜茶杯

图一　回族铜茶杯主图

铜茶杯是一种流行于宁夏回族自治区的日常饮茶器具，由盖钮、盖子、包边处、弧形把手、杯身组成。案例中的铜茶杯高13.2厘米，盖子直径6.8厘米，底座直径7.5厘米。现收藏于宁夏银川永宁县中华回乡文化园中国回族博物馆。

案例中的铜茶杯上口小，下边底座宽，中间圆鼓。杯口处套有一圈精致的锯齿状的花边。盖子上端雕刻有卷草纹样。该铜茶杯的制作步骤：首先是浇铸，即按顺序制模、制范、浇注；待杯身成型后，用铆钉穿过弧形把手两端，将其跟杯身铆在一起，接着就是把包边处套在杯口处，然后把杯口给捶钝捶圆滑，接着在盖上雕刻卷草纹样。最后就是运用刻刀、锤子进行修整、打磨、抛光。

该茶杯的制作无论从大的方面还是小的细节都考虑得十分周全。比如杯口处的圆滑边缘可避免喝茶时被刮伤，同时可以卡住包边处，让包边不会轻易脱落。弧形把手用实心的铜打造而成，具有较强的承受能力，在拿起杯子时起到很好的支撑作用。

回族人的日常手工艺制品在制造工艺与纹样雕刻上都十分成熟，这在很多生活器具上已充分体现了出来。而这款极具回族特色的茶具无论在制作工艺、形态比例、人机工程学等方面都做得十分到位。这给当今的设计增添了更多的创新思路和设计灵感。

图片来源
图一　永宁县中华回乡文化园中国回族博物馆
图二至图五　张明　制图

图二 回族铜茶杯三视、尺寸图（单位：cm）

图三 回族铜茶杯解析图

图四　回族铜茶杯结构名称图

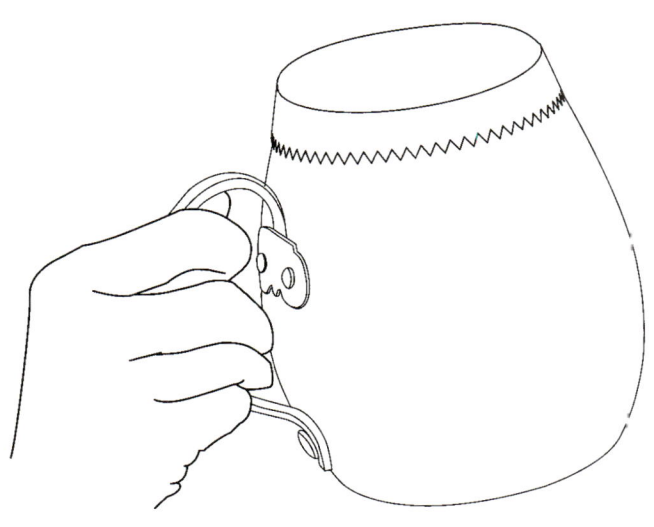

图五　回族铜茶杯使用示意图

第三章　回族传统餐饮

205

回族银盖铜托青花瓷茶碗

图一　回族银盖铜托青花瓷茶碗主图（一）

回族茶碗俗称为"盖碗"，又称"三才碗""三才杯"，俗称"三炮台"，是广泛流行于西北地区的一种茶具，制作玲珑小巧，由茶盖、茶碗、茶船子（茶托）三部分组成，寓意为"天盖之，茶盖；地载之，茶船；人育之，茶碗"，暗含天地人和之意，其得名亦因其构造特点而来。回民茶具，一般都是银和铜制作的，形式多样、别具一格，茶具特色及其所饮用茶，构成了宁夏回族茶文化的一大特色。

本案例回族银盖铜托青花瓷茶碗为清代物品，现藏于宁夏银川永宁县中华回乡文化园中国回族博物馆。该茶具是典型的回民日常茶用具，既有盖碗茶的一般特点，更有回族的民族特色。就其构造材质而言，其茶托为铜质，茶碗为青花瓷，茶盖则为银质，体现了回族既保持传统又善于吸收其他文化的用材特点。该茶具制作工艺精美，茶托为莲花状，大气且实用，中间突出的圆状圈环是为和茶碗相连接所用。茶碗则为一件山水青花瓷，瓷器色泽明亮、画工精美、寓意深远。茶盖更是凝聚回族特色的精美工艺品，其主要工艺为錾花和镂空，茶盖錾花工艺线条优美、栩栩如生，茶盖中间镂空成一花状，用以茶水透气，茶盖顶端为塔状盖钮。整个茶盖设计精美，是该茶具的精华所在。

图二 回族银盖铜托青花瓷茶碗主图（二）

图三 回族银盖铜托青花瓷茶碗解析图

图四 回族银盖铜托青花瓷茶碗结构名称图

该茶具整体工艺精良、特色鲜明，融美观、实用于一体，有较高的历史文化价值和艺术价值。

图片来源

图一　永宁县中华回乡文化园中国回族博物馆

图二至图七　汤繁稀　制图

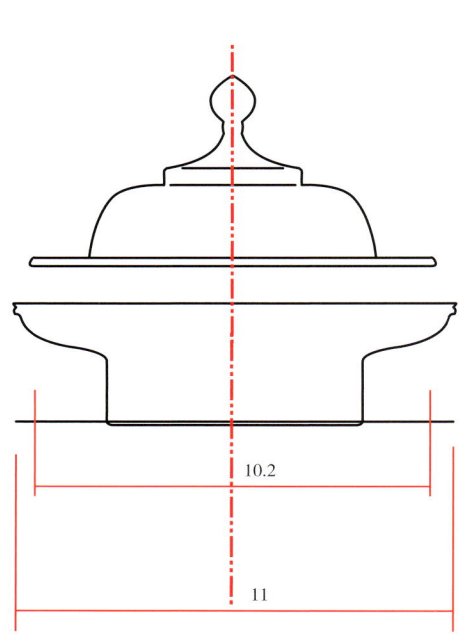
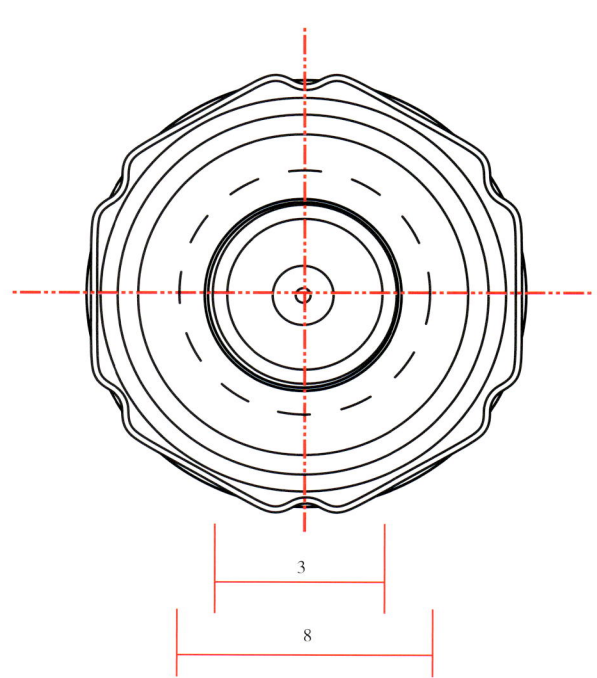

图五　回族银盖铜托青花瓷茶碗视角、尺寸图（单位：cm）

图六　回族银盖铜托青花瓷茶碗纹样图

图七　回族银盖铜托青花瓷茶碗使用示意图

回族竹节铜水舀

图一　回族竹节铜水舀主图

此案例中的竹节铜水舀，是回族人民取水的一件器皿。竹节铜水舀与一般的水舀不同，是根据西北干旱少雨、水源离居住地较远的自然地理环境所设计的便于携带的大容量水舀。

竹节铜水舀的外形是根据竹笋的形状设计的，手把由三片叶形的黄铜片焊接而成，手把与舀身由铆钉、铜片组成的固定轴连接，可左右转动，方便携带、存放。水舀的进水口为弧形，造型柔和优美，与铜制的材质相对应，体现出一种刚中带柔的美感。舀身围绕了五圈铜条，在增加水舀的坚固性的同时也起到了一种装饰作用，而且有了铜条圈的阻碍能更容易地拿起装满水的水舀。水舀进水口的包边铜条也使得较为轻薄的进水口不易被水的重量压变形，更为牢固。水舀的内部还有一块铜片，通过铆钉与舀身外部的铜片相固定，使得水舀不会因为所盛水的重量导致舀身变形、水舀把手与舀身脱离，从而增加了水舀的使用寿命。

本案例中的竹节铜水舀现收藏于宁夏银川永宁县中华回乡文化园中国回族博物馆。这款水舀的设计造型体现出西北回族人民的造物智慧，是完全适合本民族居住地特殊地理、气候条件的精彩的创意设计。

图片来源
图一　永宁县中华回乡文化园中国回族博物馆
图二至图五　邓奔　制图

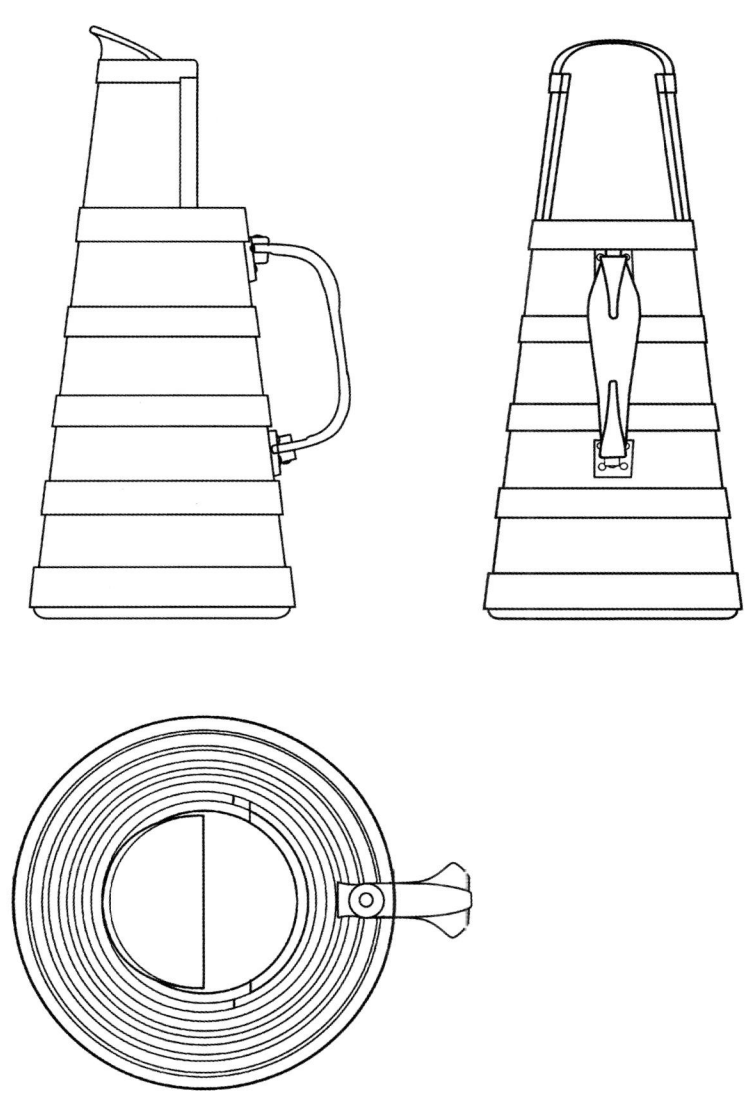

图二　回族竹节铜水舀三视图

图三 回族竹节铜水舀解析图

图四 回族竹节铜水舀剖面图

图五 回族竹节铜水舀使用示意图

回族铜壶

图一 回族铜壶主图

此案例的回族铜壶,产于近代,收藏于宁夏博物馆。铜壶是以青铜为基本原料加工制成的,有较强的硬度,不易破碎,便于长期的保存。它的形状因时代的不同而变化比较大,有些壶是扁圆形,大腹、贯耳圈足;有些壶是圆形长颈,大腹有盖,两旁有耳,作兽头衔环;还有些壶是鼓腹长颈,肩上有两个伏兽。

此件铜壶高13.5厘米,宽16厘米,壶身宽12厘米,壶嘴长7厘米。整件铜壶是由壶盖、壶嘴、壶身、漏网、底座、提梁枕、壶把等部件组成。盛水的主体部分呈鼓状圆方形,两边的提梁在壶身上方呈虹状,壶身还有提梁枕,壶身里面嵌入的漏网上设计有规则的小孔,使得倒茶时茶叶不随着茶水从壶嘴一并流出。整个铜壶实用性强,造型美观大方、古朴典雅。

人们在使用这件铜壶时,只需把茶叶洗干净,放入漏网中,然后打开壶盖,将漏网嵌入壶身,再用沸腾的开水冲泡,最后盖上壶盖,耐心地等待几分钟,茶就泡好了。因为有漏网的设计,茶叶不易从小孔进出,非常方便。这件铜壶的设计造型体现出西北回族人民的造物智慧。

图片来源
图一　宁夏博物馆
图二、图三　汤繁稀　制图
图四　庄泓　制图
图五　胡浩然　制图

图二 回族铜壶开盖图

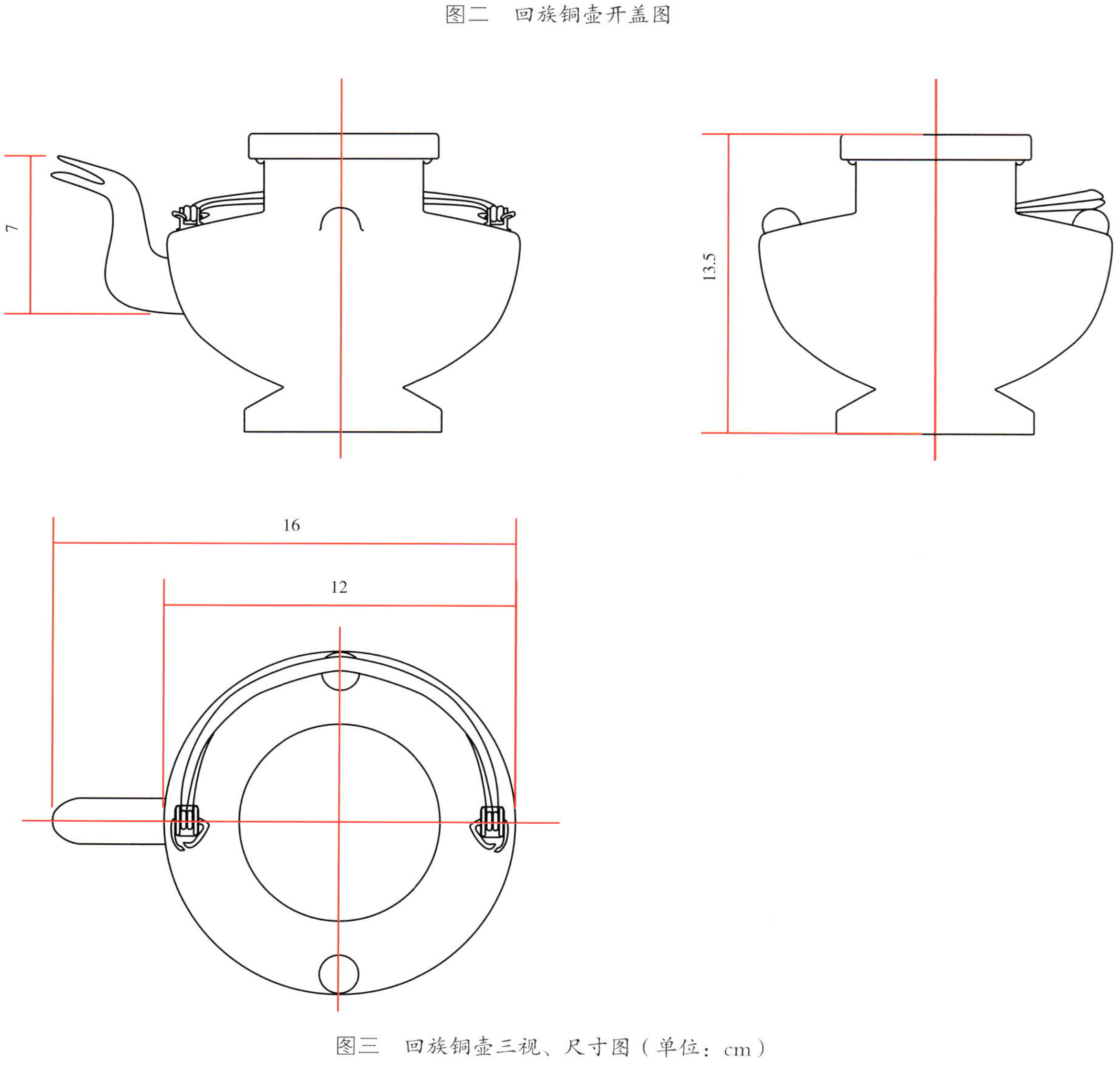

图三 回族铜壶三视、尺寸图（单位：cm）

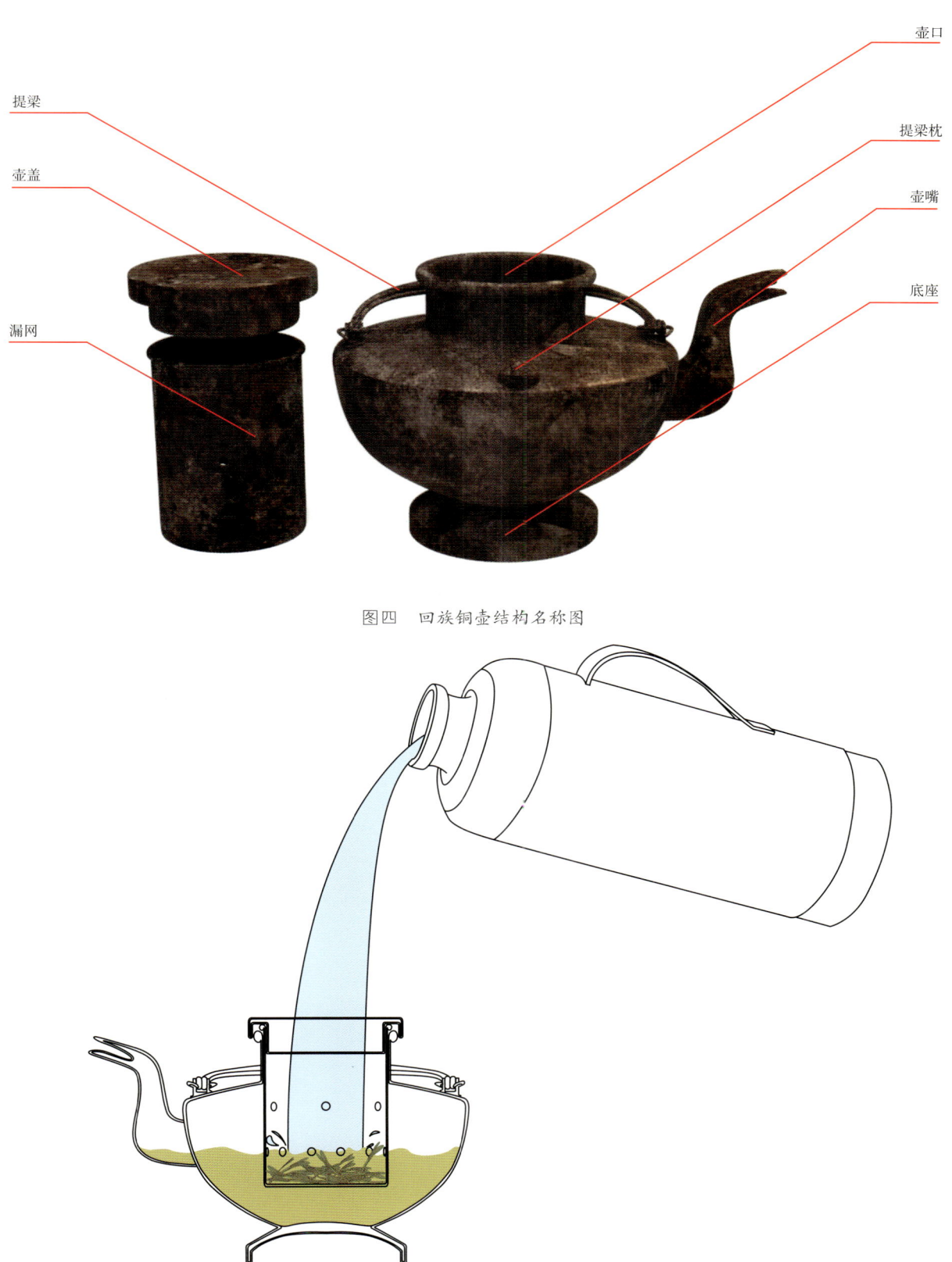

图四 回族铜壶结构名称图

图五 回族铜壶使用示意图

第三章 回族传统餐饮

回族铜火锅

图一　回族铜火锅主图

　　该案例为铜火锅，是回族人民的日常烹饪器具，近现代物品，现收藏于宁夏博物馆。

　　铜制火锅在我国已有几千年历史，是深受全国各民族喜爱的传统烹饪器具。用铜制造的生活用品具有质坚耐用、无毒、传热快等优点，并具美观华丽之特点。它广泛用于家庭、餐馆，可以烧煮、加热、保温各种食品。本案例中的火锅的热源主要来自木炭。使用木炭具有火力强、加热快和保温时间长等优点。锅底有一块炭灰漏板，可以将烧尽的炭灰从锅底掏灰口扒出，便于木炭的放入及铜火锅的清洁。铜火锅的很多元素都是历代沿袭下来的，所以它至今仍然保持着一种质朴和自然的风格，富有历史感。

　　火锅不仅是一种烹饪器具，还是让亲朋好友聚集在一起的媒介，给大家提供了更多的交流机会，加强了彼此间的感情。

图片来源
图一　宁夏博物馆
图二至图四　张明　制图
图五　邓奔　制图

图二　回族铜火锅解析图

图三　回族铜火锅剖面图

图四　回族铜火锅结构名称图

图五　回族铜火锅使用示意图

回族色釉纹盖碗

图一　回族色釉纹盖碗主图

本案例中的回族色釉纹盖碗产于民国时期，为西北地区广泛使用的日用茶具，现藏于广西民族博物馆。其通高10厘米，口径11厘米，底径3.2厘米，托高3厘米，托高口径11.2厘米，托高底径4.2厘米。由细陶瓷烧制而成。

回族色釉纹盖碗造型与我们日常见到的盖碗造型相似，同样是由碗盖、碗身及碗托组成。碗盖形如斗笠，碗身为敞口，碗托较浅，碗壁较薄。碗型整体线条柔和圆润，反映出回族人民"和""善"的处事原则。色釉纹盖碗一般分为红釉彩绘阿拉伯文盖碗和绿釉彩绘阿拉伯文盖碗，分别由铁与铜做着色剂烧制而成，并在陶瓷表面绘有装饰纹案。回族盖碗的装饰纹样较其造型及质料更具民族特色：盖碗外壁、碗托及碗盖以红釉或绿釉为底，绘有五彩花卉、星、月等图案，图案一般以西番莲或串枝花纹等为衬托，再加上绘制在碗盖、碗壁及碗托边沿处的黑彩阿拉伯文，形成特色鲜明的回族纹案；碗身内底绘有牡丹花纹，内壁绘有祈福的汉字纹样。从整体装饰纹样来看，古朴高雅、美观大方。

回族盖碗具有强烈的民族特色，其造型、质料及装饰纹样都有其独特的风格。现如今，回族人民喝盖碗茶不仅是延续古老习

图二 回族色釉纹盖碗色彩对比图

图三 回族色釉纹盖碗线描图

图四 回族色釉纹盖碗上色图

图五 回族色釉纹盖碗视角、尺寸图（单位：cm）

图六　回族色釉纹盖碗纹样图

图七　回族色釉纹盖碗结构名称图

俗，更已成为回族人民的待客礼节，有"客人远至，盖碗先上"的说法。盖碗茶文化良好的传承亦得到其他民族的认可，它不仅是回族人民的生活习俗，也成为中国茶文化中不可缺少的一部分。

图片来源

图一　广西民族博物馆

图二至图八　张雪　制图

图八　回族色釉纹盖碗使用示意图

回族青花瓷碗

图一　回族青花瓷碗主图

本案例的回族青花瓷碗，口径为20厘米，高8厘米，底圈足径7.5厘米，是回族人民的日常用具。

该瓷碗胎质如玉，造型设计浑然一体，蓝中透紫，绘制的纹样大方得体，以花草为主。

在众多瓷种中，青花瓷无疑是瓷中极品。这种白底蓝花的瓷器，其美学内涵出自中国传统水墨画，是对中国陶瓷所代表的文化价值最好的体现。

图片来源
图一　永宁县中华回乡文化园中国回族博物馆
图二至图四　虞正韬　制图

图二　回族青花瓷碗线稿图

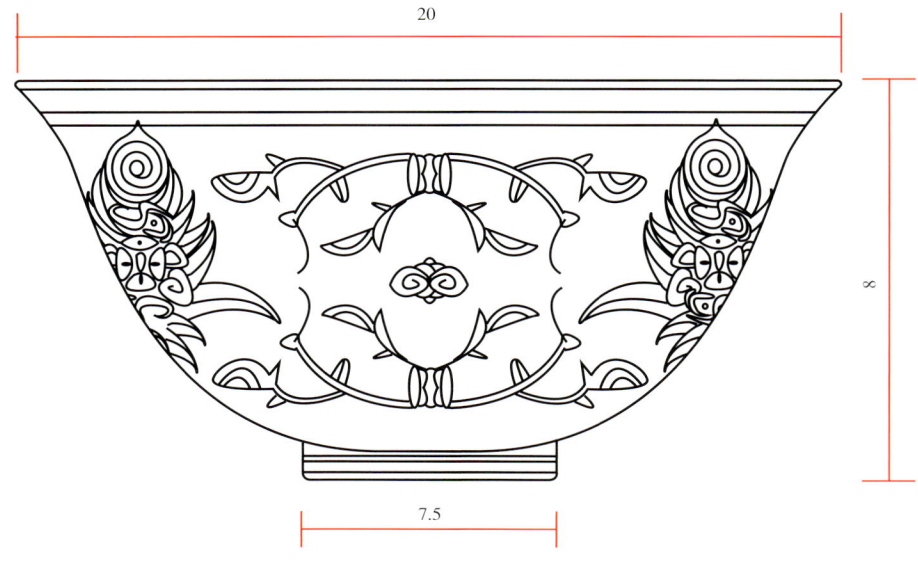

图三　回族青花瓷碗尺寸图（单位：cm）

图四　回族青花瓷碗纹样图

回族铜茶壶

图一　回族铜茶壶主图

该案例为回族铜茶壶，民国时期物品，是回族人民常用的一种熬茶器具，其高19厘米，连把宽21厘米，口径19.5厘米，腹径16.5厘米。现收藏于宁夏博物馆。

该茶壶造型为直口，宽扁单把，深曲腹，肩部外壁刻有植物、花卉纹饰，大平底。宁夏南部地区多见，用以熬罐罐茶。罐罐茶是流行于宁夏南部地区的一种饮茶方式，一般在坑边放置一小火炉，以金属质地的罐熬制砖茶，煮沸后倒入小茶盅饮用。这种茶以罐小茶浓为好，茶水呈黑色，味苦，回族老人在晨礼之后就早点熬饮之，有暖身健胃、提神消食的作用。只要有人到回族人家做客，热情的主人都会首先端上一碗热腾腾的酽茶。回族人民很讲究茶具，不少回族家庭都备有成套的各式各样的茶具。过去煮茶或沏茶所用的壶，一般都是用银和铜制作的，有长嘴铜茶壶、银鸭壶、铜火壶等，形式多样、别具一格。现在沏茶一般都用瓷壶、盖碗或带盖瓷杯，煮茶多用锡铁壶，夏天讲究用紫砂壶。

茶是回族人民饮食生活的重要组成部分，既是回族的日常饮料，又是设席待客的必备饮品。

回族铜茶壶和其他回族器具一样，其造型、纹饰、材质均具有鲜明的民族特色。

图片来源
图一　宁夏博物馆
图二至图五　殷均仕　制图

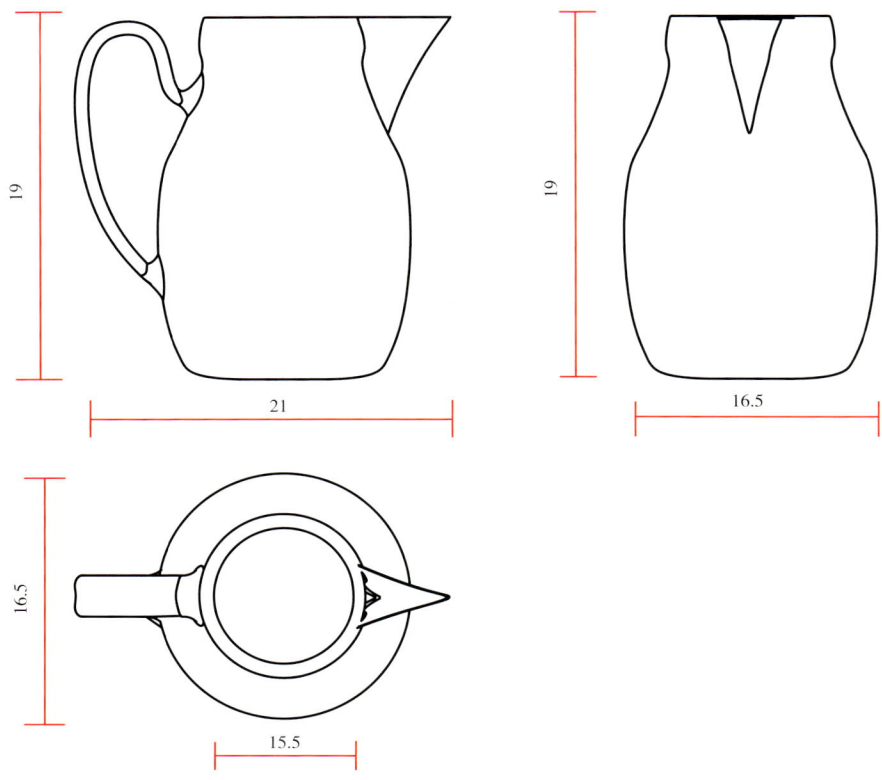

图二 回族铜茶壶三视、尺寸图（单位：cm）

图三 回族铜茶壶结构名称图

图四　回族铜茶壶纹样图

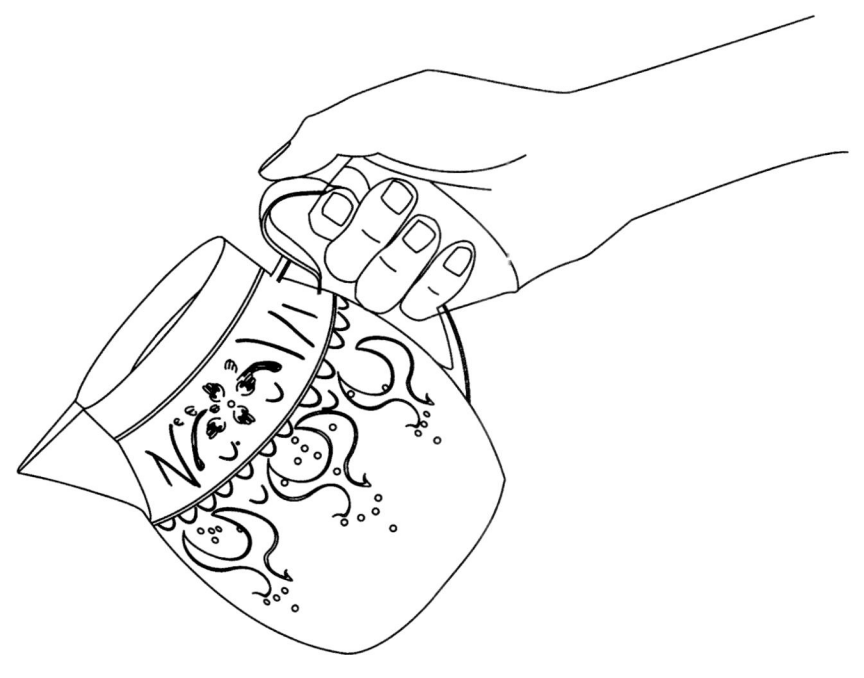

图五　回族铜茶壶使用示意图

回族银筷

图一　回族银筷主图

此案例为回族银筷，民国时期物品，长25.6厘米。回族日常饮食用品，圆柱形，顶粗末细。上半部分錾刻花卉纹饰，顶端用银链相串。此银筷为洪维宗先生捐赠，系其家传之物。现藏于宁夏博物馆。

在民间，银器能验毒的说法广为流传。古人所指的毒，主要是指剧毒砒霜，即三氧化二砷，古代生产技术落后，砒霜里都伴有少量的硫和硫化物，其所含的硫和硫化物与银器接触，就可起化学作用，使银器表面产生一层黑色的"硫银"。到了现代，生产砒霜的技术比古代要先进很多，提炼很纯净，不再伴有硫和硫化物，银的金属化学性质很稳定，在通常的条件下并不与砒霜起反应。可见，古人用银器验毒是受到历史与科学限制的缘故。有的物品不含毒，但却含有许多硫，银器插进去也会变黑，相反，有些是很毒的物品，却不含硫，比如毒草、亚硝酸盐、农药等，银器与它们接触，也不会出现变黑反应。因此，银器并不能用来作为验毒的工具。

银虽不能验毒，然而却能消毒。每升水中只要含有五千万分之一毫克的银离子，便可使水中大部分细菌致死，其机理是：银在水中可形成带正电荷的离子，能吸附水中的细菌，并逐步进入细菌体内，使细菌失去代谢能力而死亡。所以，用银做碗、筷使用于日常生活中仍是大有好处的。

图片来源
图一　宁夏博物馆
图二至图五　肖巧妮　制图

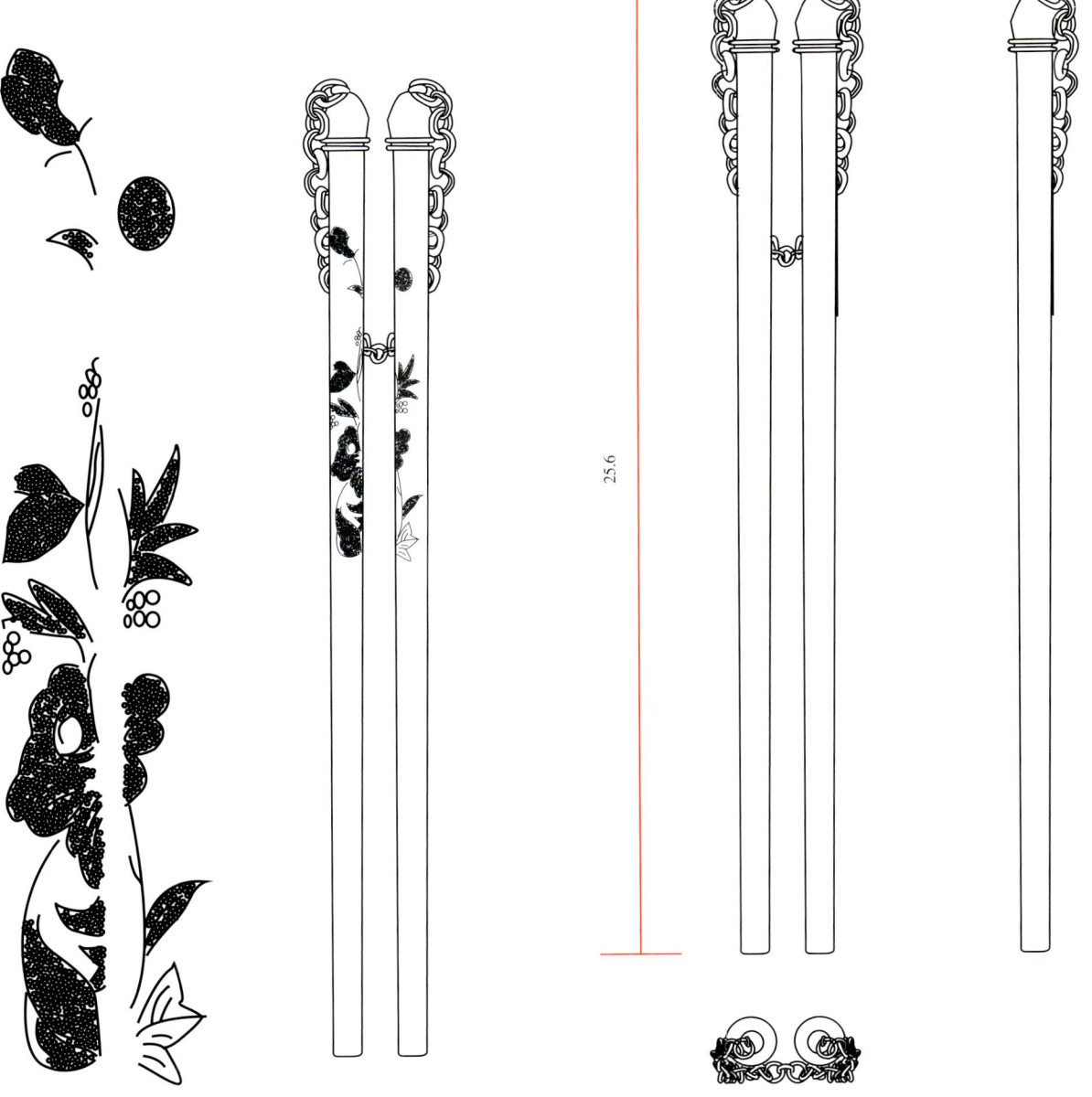

图二　回族银筷纹样图　　图三　回族银筷线描图　　图四　回族银筷视角、尺寸图（单位：cm）

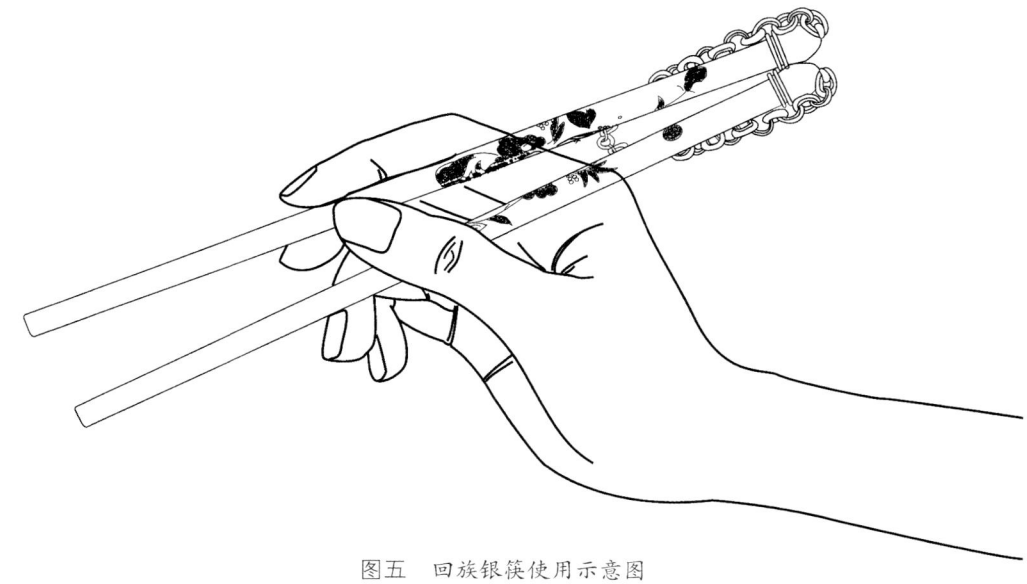

图五 回族银筷使用示意图

回族带盖黄铜杯

图一　回族带盖黄铜杯主图

　　本案例为回族带盖黄铜杯，高度是25厘米，口径9厘米，出自清代，现存于宁夏银川永宁县中华回乡文化园中国回族博物馆。

　　黄铜杯是日用饮具，基本器型大多是直口或敞口，口沿直径与杯高近乎相等；有平底、圈足或高足。考古资料表明，最早的杯始见于新石器时代。无论是仰韶文化、龙山文化还是河姆渡文化遗址中都有陶制杯的存在。这一时期杯型最为奇特多样：带耳的有单耳或双耳杯；带足的多为锥形、三足杯、觚形杯、高柄杯等。

　　我国战国至汉代出现了原始青瓷杯，其中汉代的椭圆形、浅腹、长沿旁有扁耳的杯最具代表性。隋代杯多是直口、饼底的青釉小杯。唐代的三彩釉陶杯和纹胎陶杯最有特色，当时还流行盘与数只小杯组合成套的饮具。宋元时期的杯多直口、浅腹、圈足或高足，高足底为喇叭状。宋杯多以釉色取胜，有名的如龙泉窑及官、哥、汝、钧各窑。其中磁州窑釉下黑彩装饰颇为鲜明。元杯胎骨厚重，杯内心常印有小花草为饰。明清时其制杯最为精致，其胎轻薄、其釉温润、其彩

图二　回族带盖黄铜杯结构名称图

艳丽、其型多样。明代有著名的永乐压手杯、成化斗彩高足杯、鸡缸杯等，中早期多见高足杯。清代杯多直口、深腹，腹部有把或无把，还有带盖或无盖的分别，装饰手法丰富多样，有青花、五彩、粉彩及各种单色釉。

该案例无论从铸造还是工艺设计等方面无不体现了回族人民的智慧和特色。

图片来源

图一　永宁县中华回乡文化园中国回族博物馆

图二至图五　温芳　制图

图三　回族带盖黄铜杯线描图

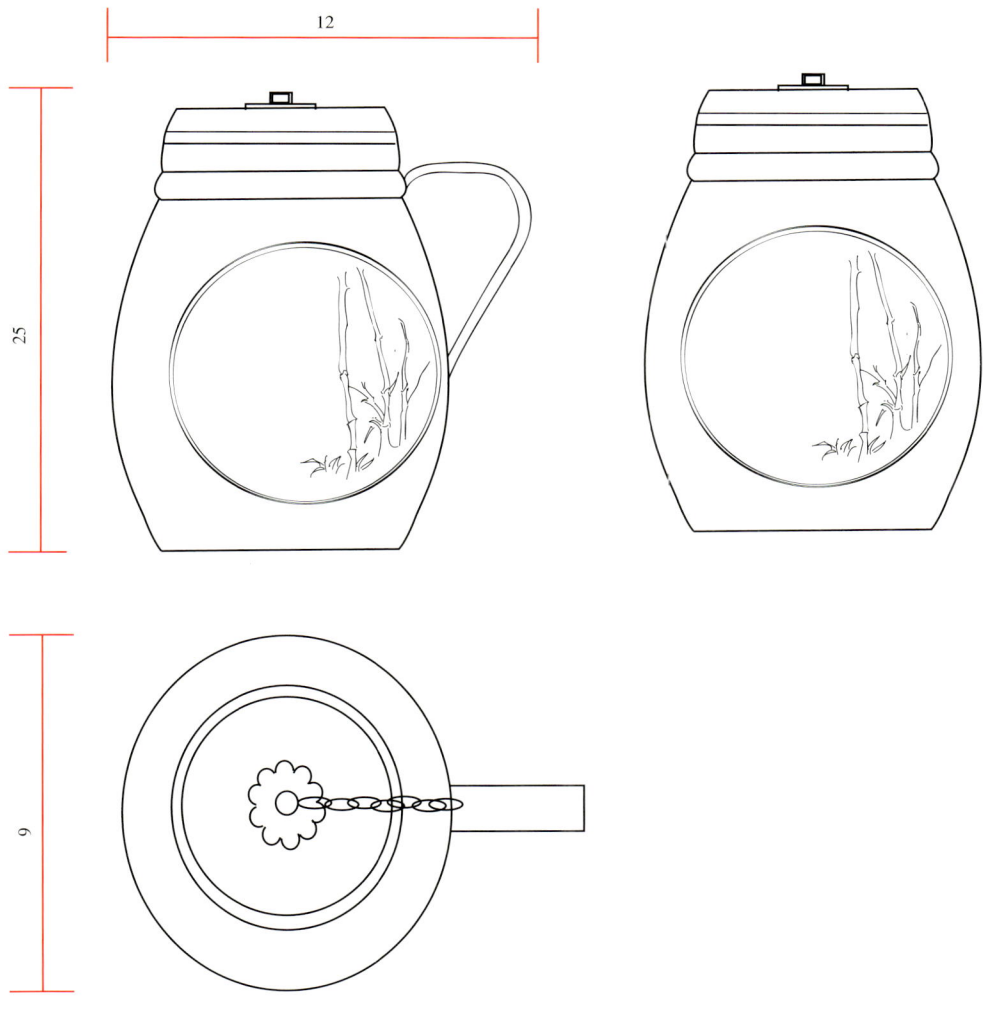

图四 回族带盖黄铜杯三视、尺寸图(单位:cm)

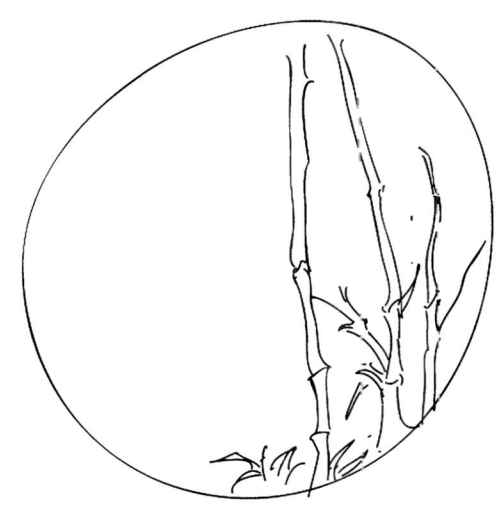

图五 回族带盖黄铜杯纹样图

回族錾花银碟

图一　回族錾花银碟主图

本案例錾花银碟，高2厘米，口径8.5厘米，底径5.2厘米。一组四件，均为敞口、浅腹、平底、矮圈足。为民国物品，现藏于宁夏博物馆。

在中国，錾花工艺可追溯到商代，经春秋战国的发展，到唐代，已经成为一种具有民族特色、工艺非常精湛的传统艺术。唐朝被公认为是中国艺术史上的一个伟大时期，而錾花工艺就是艺术之林中的奇葩。錾花工艺在清朝最初是为官员錾顶座，当时专门从事錾花的叫"顶戴铺"，到了民国，改叫"錾花局"，在众多的金、银、铜、锡等金属器皿以及饰件上面錾刻各种文字和图案。我国目前使用錾花工艺较多的主要集中于少数民族地区，以云南、西藏、内蒙古和新疆最多。錾刻是錾花主要工艺，即用各种形状的小錾子在金、银器上錾刻以线为主的花纹，底面常用錾鱼子底纹加以糙化。镂空工艺也是一种錾刻技法，要錾掉设计中不需要的部分，形成透空的纹样（称镂空或透雕）。錾刻技术产生出丰富多彩的艺术效果，在金银器物经过了锤揲技术处理之后，錾刻一直作为细部加工手段，运用在器物的表面刻画上，贴金、包金器物的纹样部分也采用此法。錾花另一种工艺是敲凸和敲凹法，可在器物表里同时錾刻，使花纹凹凸呈浮雕状。在做浮雕时，先在金属背面勾勒出图案线条，之后在其表面涂上一层特制的软胶，用钝头的錾子先将图案的大致轮廓勾出，敲击出浮凸感，然后在背面上一层硬胶，选用较尖的錾子进行细部美化。此银碟内底錾刻花卉纹，通体构思奇妙、雕刻细腻、制作精巧，是民国时期回族殷实之家的日常用品。

图片来源
图一　宁夏博物馆
图二至图四　殷均仕　制图

图二　回族錾花银碟视角、尺寸图（单位：cm）

图三　回族錾花银碟线描图

图四　回族錾花银碟纹饰图

回族錾花铜缸

图一　回族錾花铜缸主图

本案例为回族錾花铜缸,高25厘米,内口径16厘米,外口径17厘米。

该錾花铜缸由缸体和提把两部分组成,缸体经过铸造敲打而成,最后和提把组装成铜缸。铸造和装饰都具有独特的风采,铜缸体上錾有梅花浮雕,是我国传统手工艺百花中的一枝奇葩。錾刻工艺的操作,是在设计好图案后,按照一定的工艺流程,以特制的工具和特定的技法,在金属板上加工出千变万化的浮雕图案。

完成一件精美的錾刻工艺品需要十多道工艺流程,凝聚着设计者的匠心和技术工人的高超手艺。这一传统工艺在工艺美术领域受到越来越多设计师的喜爱。

图片来源
图一　永宁县中华回乡文化园中国回族博物馆
图二至图五　肖巧妮　制图

图二　回族錾花铜缸剖面图

图三　回族錾花铜缸线描图

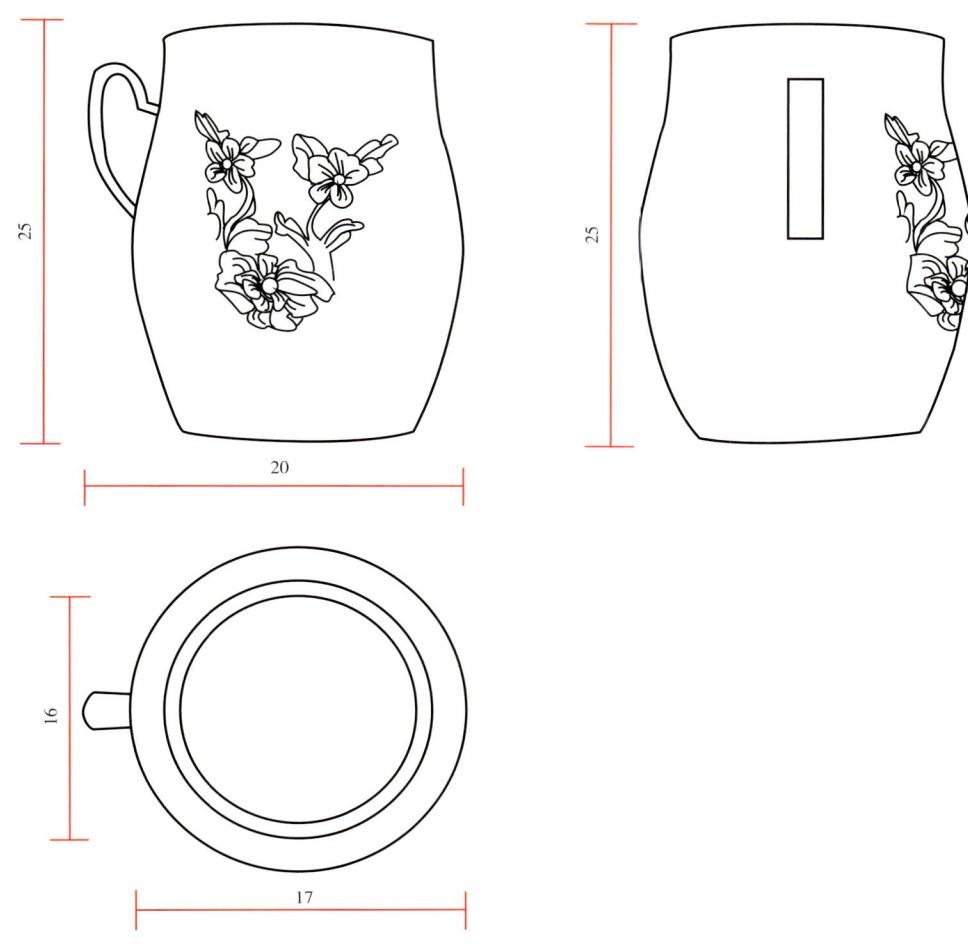

图四 回族錾花铜缸三视、尺寸图（单位：cm）

图五 回族錾花铜缸使用示意图

第三章 回族传统餐饮

回族青花阿拉伯文折沿盘

图一　回族青花阿拉伯文折沿盘主图

本案例回族青花阿拉伯文折沿盘口径41厘米，足径26厘米，足高1厘米，沿宽3.8厘米，高8厘米。宽板沿口、浅腹、底下凹、胎质细白、釉色莹润；宽板沿口施绘卷草纹一周，并有四方波斯文，盘心是结合双线分割的花卉图案，中心有一方波斯文。盘底有"大明正德年制"书款。

元代青花瓷工艺得到了创新与发展，主要受到了元代多样性的文化来源的影响。钴蓝运用于陶器的装饰由来已久，作为瓷器的装饰，首先为景德镇窑工们所创造。工匠们使用进口青料，采用与吸收他国的造型、装饰进行生产，形成了青花瓷新鲜的面貌。

图片来源
图一　宁夏博物馆
图二至图六　王欣欣　制图

图二 回族青花阿拉伯文折沿盘线描图

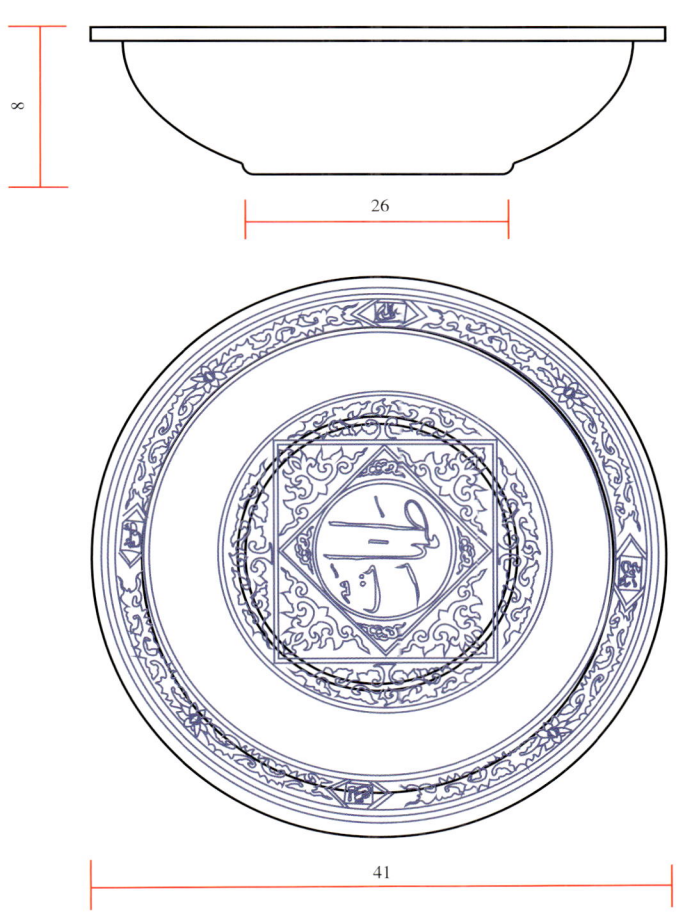

图三 回族青花阿拉伯文折沿盘视角、尺寸图（单位：cm）

图四　回族青花阿拉伯文折沿盘纹饰图

图五　回族青花阿拉伯文折沿盘使用示意图

图六 回族青花阿拉伯文折沿盘对比图

回族木刻点心模具

图一　回族木刻点心模具主图

回族人民的饮食向来十分讲究，点心是必不可少的食品之一。他们在制作各类点心时，为了将食物的形状制作得更加规整美观，制作了各类规格、形状的点心模具。案例中介绍的几款点心模具为木质，生产于现代，采自宁夏博物馆。

回族点心模具一般为硬木雕刻而成，模具的外形大体分为圆、椭圆、正方及长方形四种，有些带手柄，有些则没有，模具中心的点心图案所刻多为花草、动物及星月。案例中介绍的几组点心模具颇具代表性，可用来制作各类具有回族食俗特色的糕点。模具中心凹刻不同的形状，内深2厘米。人们在制作糕点时，可直接将食材填充进模具里，点心的形状即可自然形成。底部为具有象征意义的各类纹样，多用象征吉祥如意、富贵平安等寓意的图案；内壁刻有锯齿状边缘。工匠用隐隔雕刻手法，雕刻后打磨光滑。用这种模具制作的糕点，可直接食用。

回族人民的一日三餐中，早餐较为简单，年轻人多食用点心烧饼等食物，上了年纪的人较为讲究，要泡上一盅盖碗茶，配着点心一起食用。除此之外，点心还作为亲友间相互赠送的礼品，尤其在回族婚姻中，男方同媒人一起到女方家中说亲时，两包红糖、一袋香茶、一斤点心，成为回族传统婚姻习俗中必不可少的"开口礼"。

回族点心用料讲究、做工精致、花样繁多、味道可口、极具特色，点心模具的形状可谓千姿百态，极大地丰富了我国点心及其制作工具的品种。

图片来源
图一　宁夏博物馆
图二至图五　张雪　制图

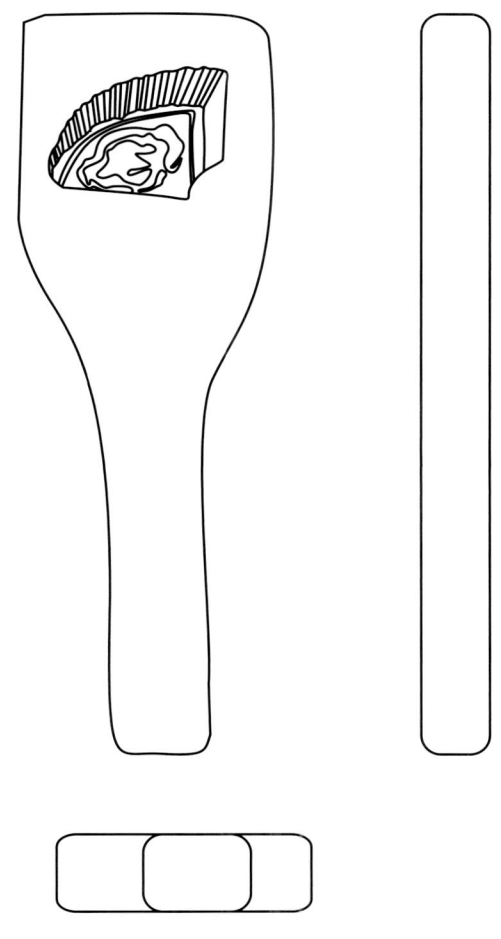

图二 回族木刻点心模具三视图

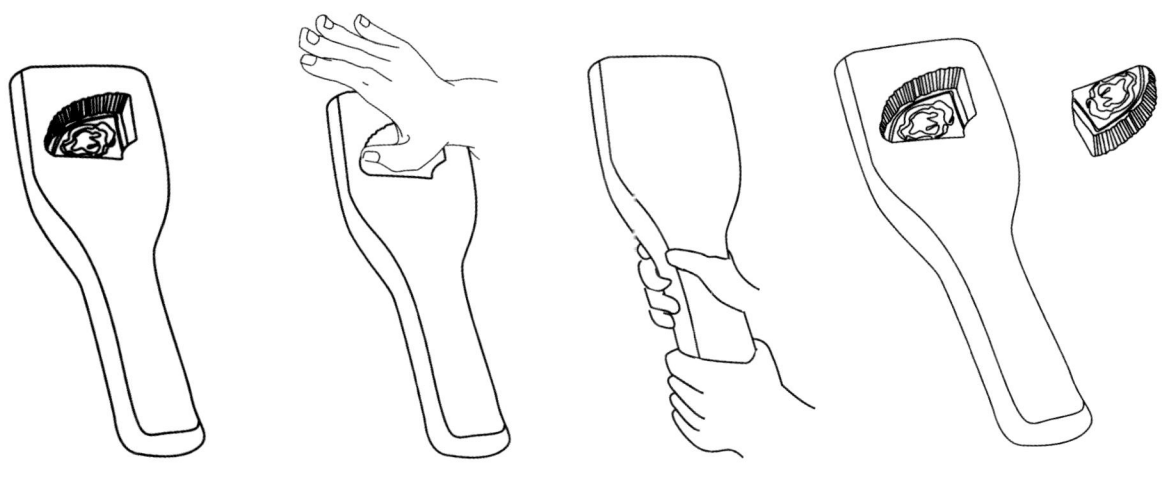

图三 回族木刻点心模具制作月饼过程图

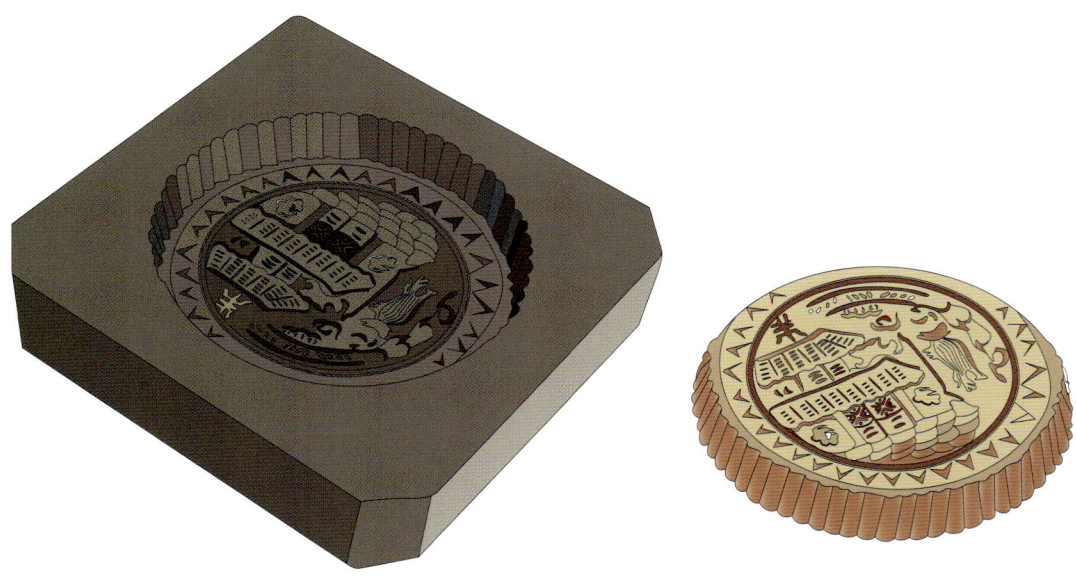

图四 回族木刻点心模具及制作出的月饼

图五 回族木刻点心模具对比图

第四章
回族传统生活用具

回族炕桌

图一　回族炕桌主图

本案例为回族长方形木炕桌，民国物品，长44厘米，宽31厘米，高25.5厘米。收藏于广西民族博物馆。炕桌是床榻上使用的一种矮形家具，是一种近似方形的长方桌。炕桌从宋代至今一直延续使用，是由唐代"燕几"改变而来。炕桌的造型富于变化，是主人平时进食、读书写字时的常用家具，来客时通常将炕桌摆在炕上，再请客人坐于炕上，以盖碗茶、馓子、油香款待客人。

此桌为长方形，桌面为木材整板，以攒边打槽装板的方式制成，避免了气候变化产生的收缩问题。木板在装入四框时，并没有被挤紧，因此为木板的膨胀留下了余地。这种做法在木作家具中极为广泛。束腰为齐头的方式避免了对足部和牙条造型的破坏。牙条以45度斜肩拍合于三角型的榫舌，并和束腰以直榫拍合。四平足和牙条平齐，使造型更加完整。

桌沿几乎完美光滑的线型，给使用者带来了极强的触感。素面无纹的束腰体现了明代家具秀丽实用的淳朴气质。直牙条上面刻着浮雕云纹和洼膛肚的造型使其有番韵味。足部刻着拐型纹样及生动的水纹，厚重选材使其具有非常稳定、浑厚的气势。

图片来源
图一　广西民族博物馆
图二至图九　陈炳灿　制图

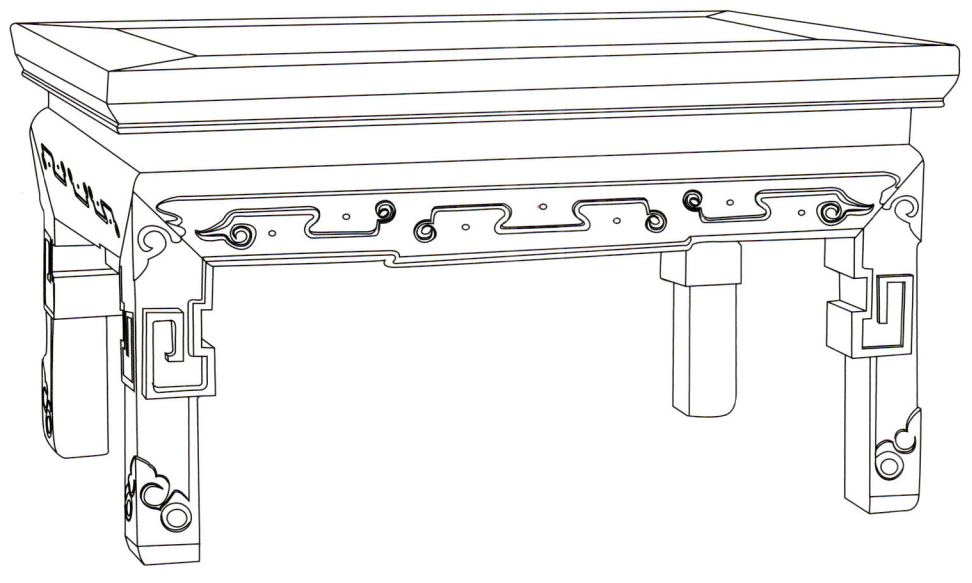

图二　回族炕桌线描图

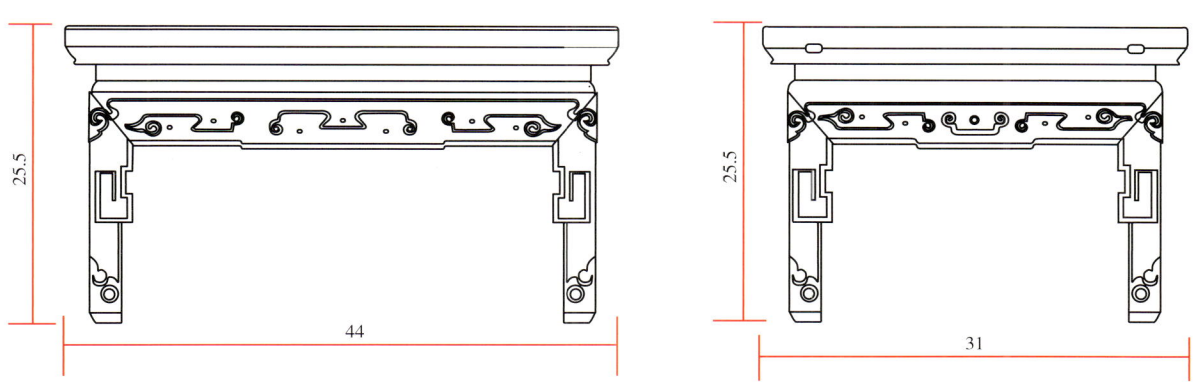

图三　回族炕桌三视、尺寸图（单位：cm）

图四 回族炕桌结构名称图

图五 回族炕桌结构分析图

图六　回族炕桌解析图

图七　回族炕桌足部细节图

图八　回族炕桌足部连接图

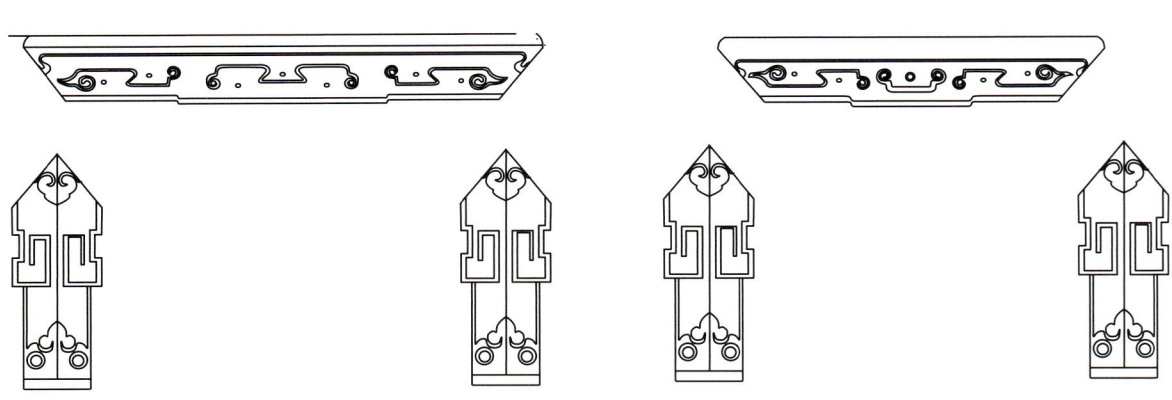

图九　回族炕桌纹饰图

回族红漆龙纹木箱

图一 回族红漆龙纹木箱主图

本案例回族红漆龙纹木箱，收藏于宁夏博物馆，是近代回族人民常用的家具之一，大多安放在卧室之中或者直接放在炕头边用来盛放衣物，如今已被视为民间文物。

红漆龙纹木箱高度与人席地（炕）而坐时身高相差无几，上部有一扁平抽屉，空间相对较小，用来存放小件物品。抽屉表面中心位置配有铜环拉扣，便于打开抽屉。下部有一个双开门柜子，内部用木板隔断，分为上下两层，空间约为抽屉的两倍。两柜门也都装有与抽屉处一样的铜环拉扣，箱子表面的纹饰造型优美、栩栩如生。抽屉上以描金漆技艺饰有二龙戏珠图样，两条龙呈水平对称状，龙首相对，口衔龙珠，生动活泼。柜门左右各饰龙凤，有祥云环绕其间，寓意龙凤呈祥、吉祥安康。箱体两侧面也都饰有牡丹图样，造型端庄典雅、雍容华贵，象征富贵平安、家庭幸福。不仅如此，就连箱子横梁和四周边框上也有各式精美卷草纹饰装点，令人心旷神怡。此木箱造型小巧别致，遍体朱红、纹饰优美，是回族家具中的精品。红漆龙纹木箱值得称道的还有它的上漆工艺。在上漆前需要把木材充分打磨光滑并清理干净，顺着木头纹理一条一条地均匀涂抹油漆。上完漆后开始贴金、描金，精细描画，体现了回族人民对生活的讲究。

透过小小的木箱，我们看到的不光是回族人民娴熟的制作工艺，还有他们对生活的热爱和坚定的人生信仰。他们用自己的聪明才智为生活带来便利和美的享受，也许这就是设计永恒不变的真理。

图片来源
　图一　宁夏博物馆
　图二至图六　汤繁稀　制图

图二　回族红漆龙纹木箱三视图

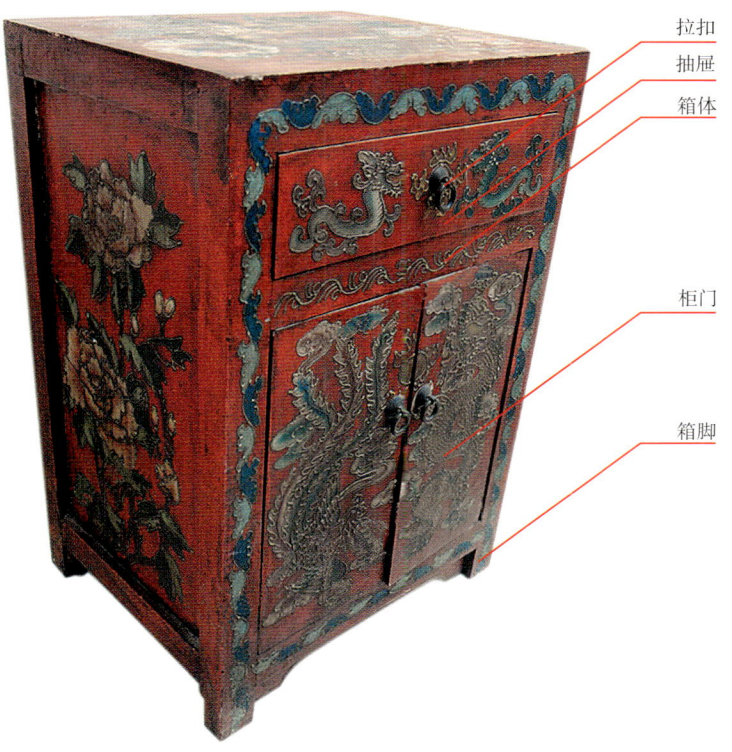

图三　回族红漆龙纹木箱结构名称图

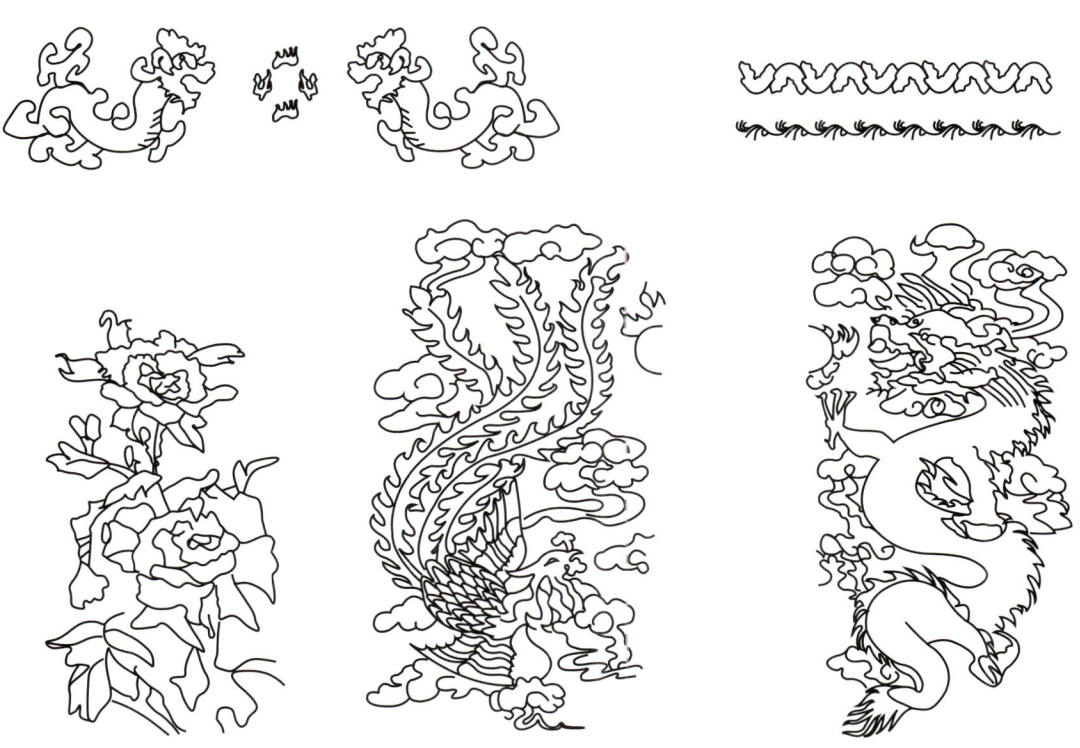

图四　回族红漆龙纹木箱纹饰图

第四章　回族传统生活用具

255

图五　回族红漆龙纹木箱打开图

图六　回族红漆龙纹木箱解析图

回族喜字螺钿梳妆匣

图一 回族喜字螺钿梳妆匣主图

本案例为回族喜字螺钿梳妆匣，长19.5厘米，宽15厘米，高11厘米，为民国时期的生活物品，又称"镜匣""镜奁""镜支儿""梳头匣子"等，采自宁夏博物馆。所用材质多为硬木所制，间或也有樟木、楠木制品，造型四方，是回族妇女常用之物。

该物件通体为长方形，内部分两层，上层是长方形的玻璃镜，下层是一个小抽屉，表面饰以黑漆，用螺钿拼成花卉及"喜"字图案，两侧各有一半月形铜把手，四角箍有铜包角；箱体上主要是用镂雕和錾刻两种工艺，刻着镂空的花鸟或吉祥图案。此物件显然为女子婚嫁所用，小巧、便携、喜气。这种梳妆匣现在存世量尚大，从大量实物看，无不精致美观。结构上也可谓争奇斗巧，各运匠心：有的多屉多镜，上盖打开，支起一镜，面板抽出，板背又是一镜，可双镜前后对照；有的屉形各异，多者有四五具之多；有的前脸不是面板，而是两扇10厘米左右的厚门，打开，每扇门体上各置小屉二只；有的匣体开窗，镶理石、玉石；有的所用铜饰件造型生动，铜合页或蝶状、或蝠状，錾出花纹，铜包角镂空，屉钮多缀铜花篮、果什等。梳妆匣的结构，因其用途是容纳化妆用品，故基本都是单元组合，同时化妆主人的阶层身份及化妆的复杂程度决定了单元数量的多寡。

回族喜字螺钿梳妆匣有着鲜明的民族文

化特征，有着突出的艺术鉴赏价值，是回族妇女的心爱之物，同时也备受中外游客的喜爱，成为珍贵的工艺藏品和礼仪馈赠品。

图片来源
图一　宁夏博物馆
图二至图五　汤丹丹　制图

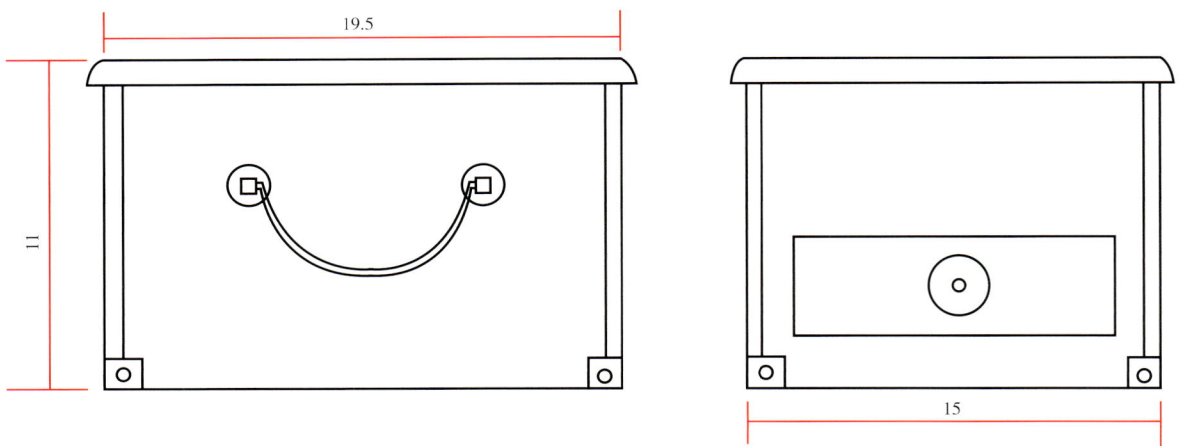

图二　回族喜字螺钿梳妆匣视角、尺寸图（单位：cm）

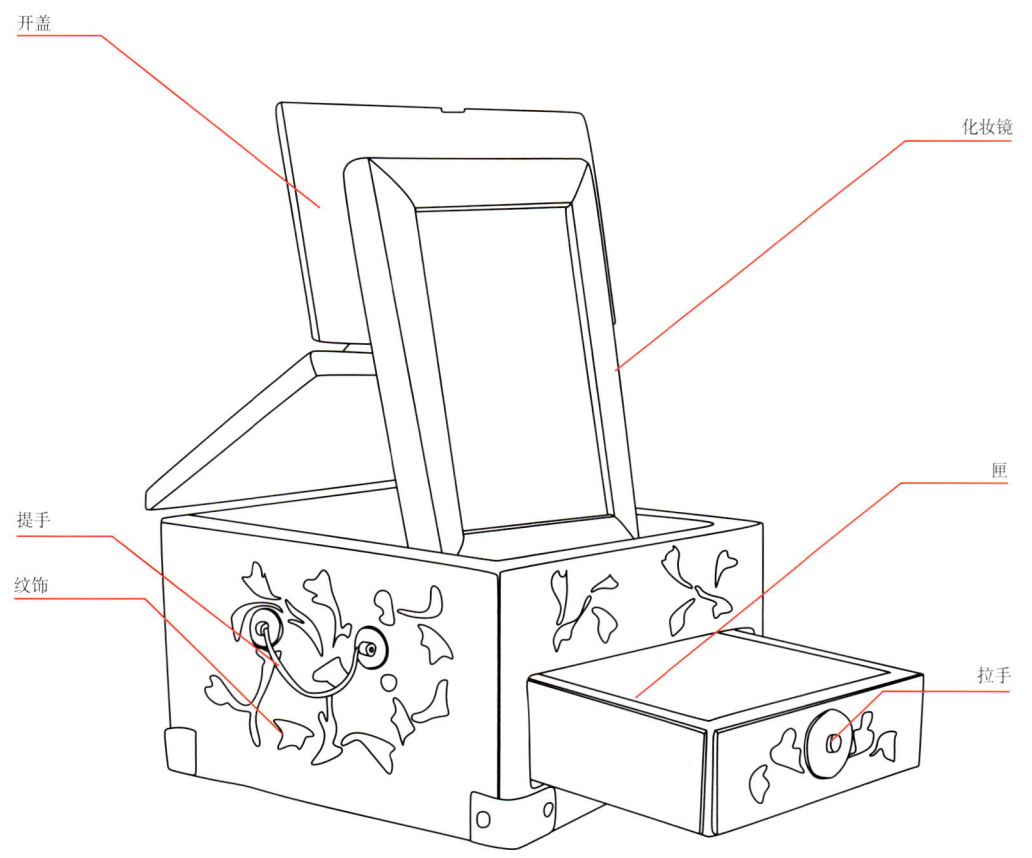

图三　回族喜字螺钿梳妆匣结构名称图

图四　回族喜字螺钿梳妆匣线描图

图五　回族喜字螺钿梳妆匣打开图

回族银熏炉

图一　回族银熏炉主图

熏香的历史在我国由来已久，汉代著名的博山炉就是人们为熏香而设计的。熏香炉也叫香熏或者香炉，是古时用来熏香和取暖的炉子。本案例回族银熏炉为民国时期的物品，现藏于广西博物馆。

该银熏炉高33厘米，外直径20厘米；炉身分上、中、下三节，用子母口套接。上节如盖罐，侈口、矮束颈、圆肩、鼓腹，底中空为子口，腹饰一周云雷纹为底的夔龙纹。盖如圆饼，盖钮为小象驮瓶，寓意"太平有象"，象为圆雕，极具神彩，背搭折枝花卉披毯，毯上置瓶。中节如鼓，贯通上下，器壁镂空成花果状，便于出烟。下节如圆鼎，子母口，直领出台，宽肩、扁鼓腹、寰底、三蹄形足，足与腹部铆接，上端如兽头，下端如兽爪。双耳为翘尾飞凤状。

银熏炉材料为银，铸炉工序非常复杂和精细，先要造模、炼银、注灌、冷却等；还有加工部分的打磨、银刻等。熏香能够营造浪漫的氛围，让人感受到温暖，缓解紧张的情绪。

银熏炉设计非常美观，不管是当时还是现代都有很高的使用价值和审美价值。

图片来源

图一　广西博物馆

图二至图五　汤丹丹　制图

图二　回族银熏炉线描图

图三　回族银熏炉尺寸图（单位：cm）

第四章　回族传统生活用具

图四 回族银熏炉细节图

图五 回族银熏炉使用情境图

回族铜炭火盆

图一　回族铜炭火盆主图

本案例是回族的铜炭火盆，民国物品，现藏于宁夏博物馆。其形如铜钹，宽边、卷沿、浅直腹、圆底。高8.5厘米，直径38.4厘米。

寒风凛冽、大雪纷飞的冬日里，在温暖的屋中围着炉火而坐，沏上一壶香茗，或独自读书，或与三两好友闲聊，是一件十分惬意的事。在如今暖气、空调广泛使用以前，我国北方冬季多使用煤炉、火炕取暖，以煤和薪柴为燃料；而南方冬季一般用炭火盆取暖，燃料多为木炭。我国古代很早就开始使用炭火盆取暖，当时称为"燎炉"，最早出现于春秋中期。火盆基本上都用铜材制作，有黄铜、红铜、紫铜、白铜之分。形如大盘，直径约有二尺，底大口浅，将炭火直接置入铜盆中，通过其燃烧释放热量达到取暖

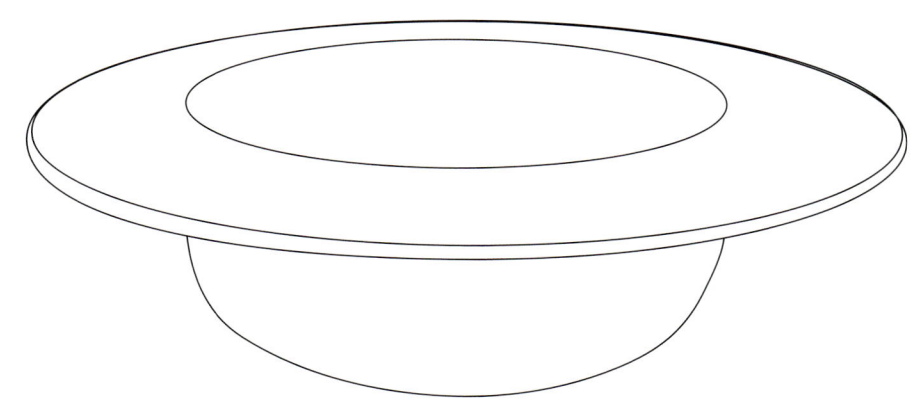

图二　回族铜炭火盆线描图

的目的。有的家庭将火盆放在地上取暖,有的则在桌中间挖出圆孔或方孔,将火盆嵌进去,放在炕上取暖。

面对恶劣的自然环境,我们的祖先用智慧和实践制造了形形色色的取暖器,顺利度过寒冬。取暖器也成为人类生活不可或缺的一部分,它的发展见证了人类社会的进步。

图片来源
  图一 宁夏博物馆
  图二、图三 王欣欣 制图

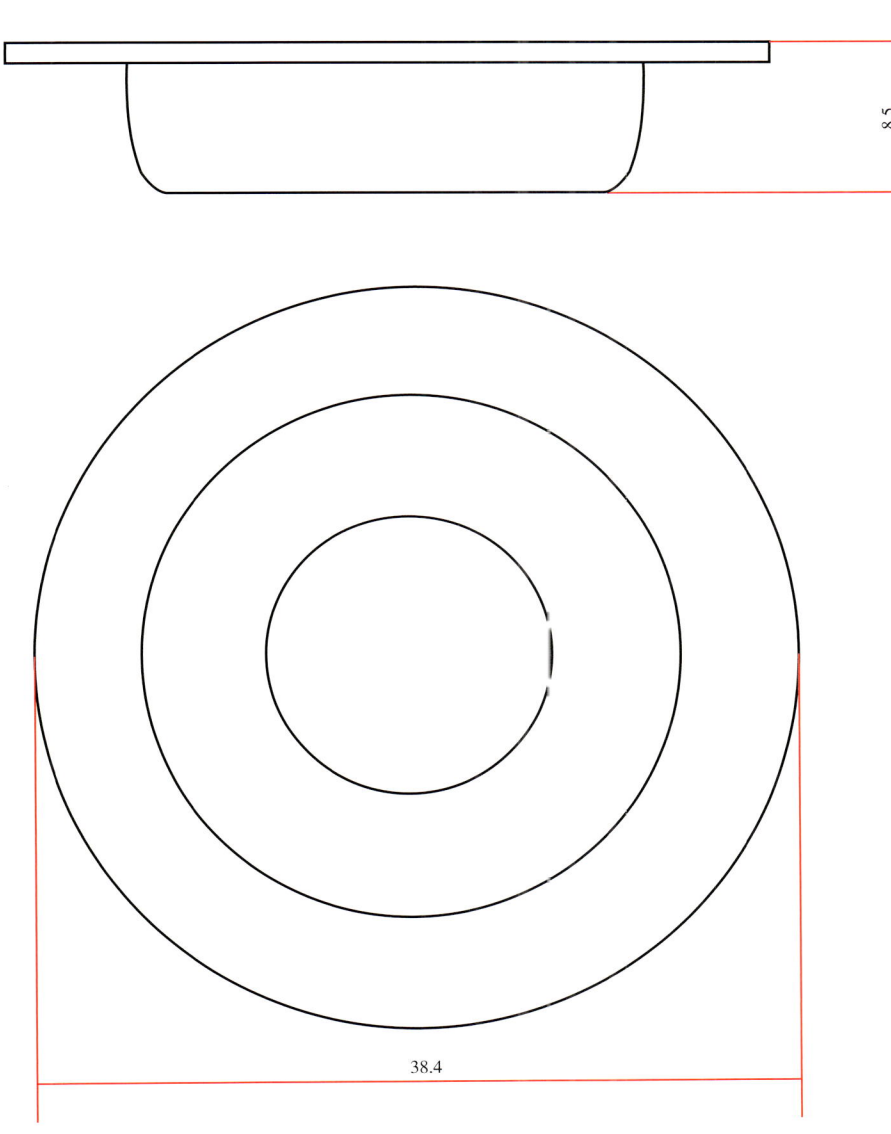

图三 回族铜炭火盆视角、尺寸图(单位:cm)

回族铜暖足瓶

图一　回族铜暖足瓶主图

本案例回族铜暖足瓶，高13厘米，腹径25厘米，出自民国时期，现藏于青海博物馆。其腹圆，边扁平。瓶把如一轮弯月，古典精致。瓶嘴直口，较小，水不易洒出。腹部圆润，有一种浑厚大气之感。

铜暖足瓶又称"汤婆子"，是家用取暖用具，将其灌满热水后放置被窝内可以起暖足作用。有铜、铁、锡、陶瓷等多种热传导较强的材质，一般为南瓜形状，小口，盖子内有屉子，防止渗漏。灌足水的暖足瓶旋好螺帽，再塞到一个相似大小的布袋中放在被窝里，这样晚上睡觉便十分暖和，也可用布匹包裹后放在手上保暖，防止手被冻伤。宋时已有。又称"锡夫人""汤媪""脚婆"。黄庭坚《戏咏暖足瓶》诗："千钱买脚婆，夜夜睡到明。"明瞿佑《汤婆》诗："布衾纸帐风雪夜，始信温柔别有乡。"

铜暖足瓶体现了人民丰富的创造力，后来的热水袋、暖手壶等都是在其基础上进行改良设计的。

图片来源
图一　青海博物馆
图二至图四　汤繁稀　制图

图二 回族铜暖足瓶开盖图

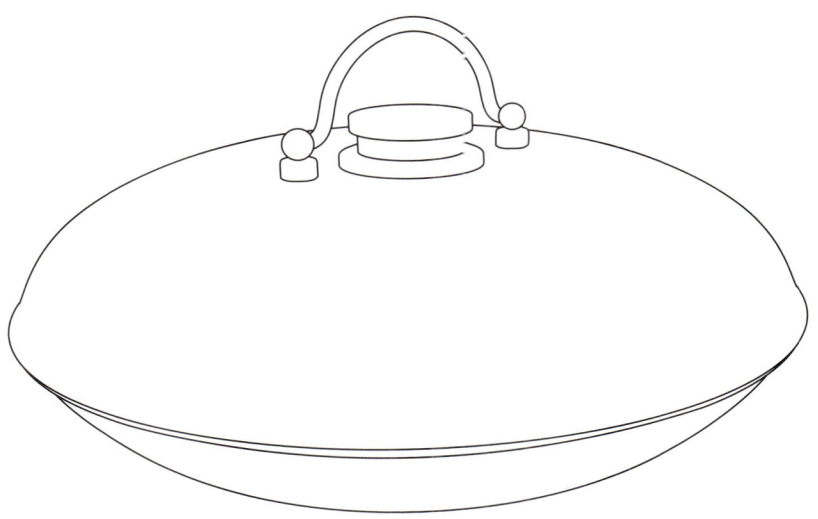

图三 回族铜暖足瓶线描图

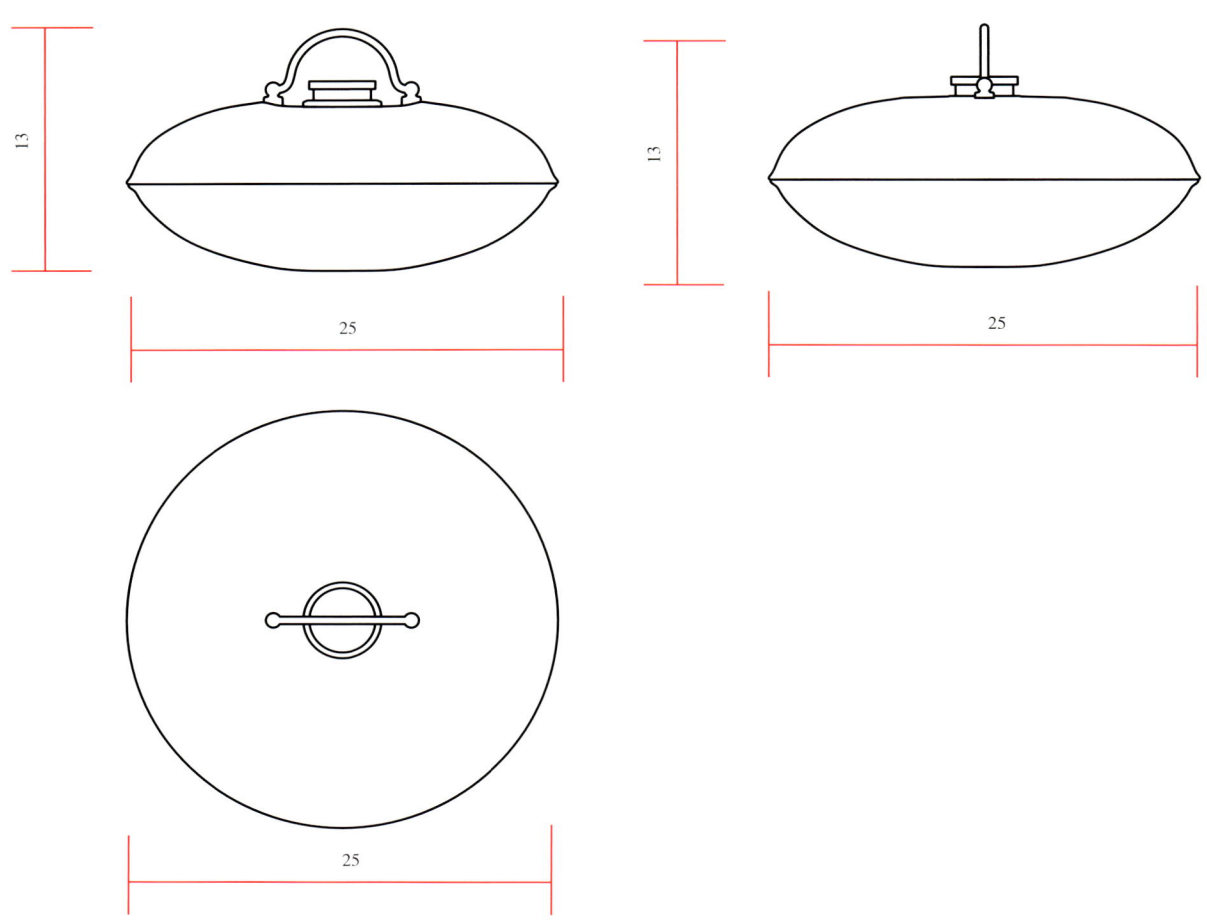

图四　回族铜暖足瓶三视、尺寸图（单位：cm）

回族铜汤瓶

图一　回族铜汤瓶主图

本案例回族铜汤瓶，民国物品，现藏于宁夏博物馆。此瓶身长腹大，颈长如瓶，故又称"唐瓶壶"，简称"唐瓶"。壶体高30厘米，壶把高15厘米，腹径25厘米。古时，汤瓶壶多以木料制作，近代多用铜片铁皮制作。从20世纪70年代起，汤瓶多以生铝铸造并附有花纹。

在瓶肩处，有一个凸钉，可以让壶把靠在上面。既方便拿放，又能起到隔热的作用，充分体现了回族人民的智慧。

铜汤瓶是一个成功的设计案例，更适应穆斯林沐浴时的需要，同时，通过回族工匠们的美化加工，还具有丰富的艺术审美作用和特殊的精神含义。

图片来源
图一　宁夏博物馆
图二至图四　张灿彬　制图

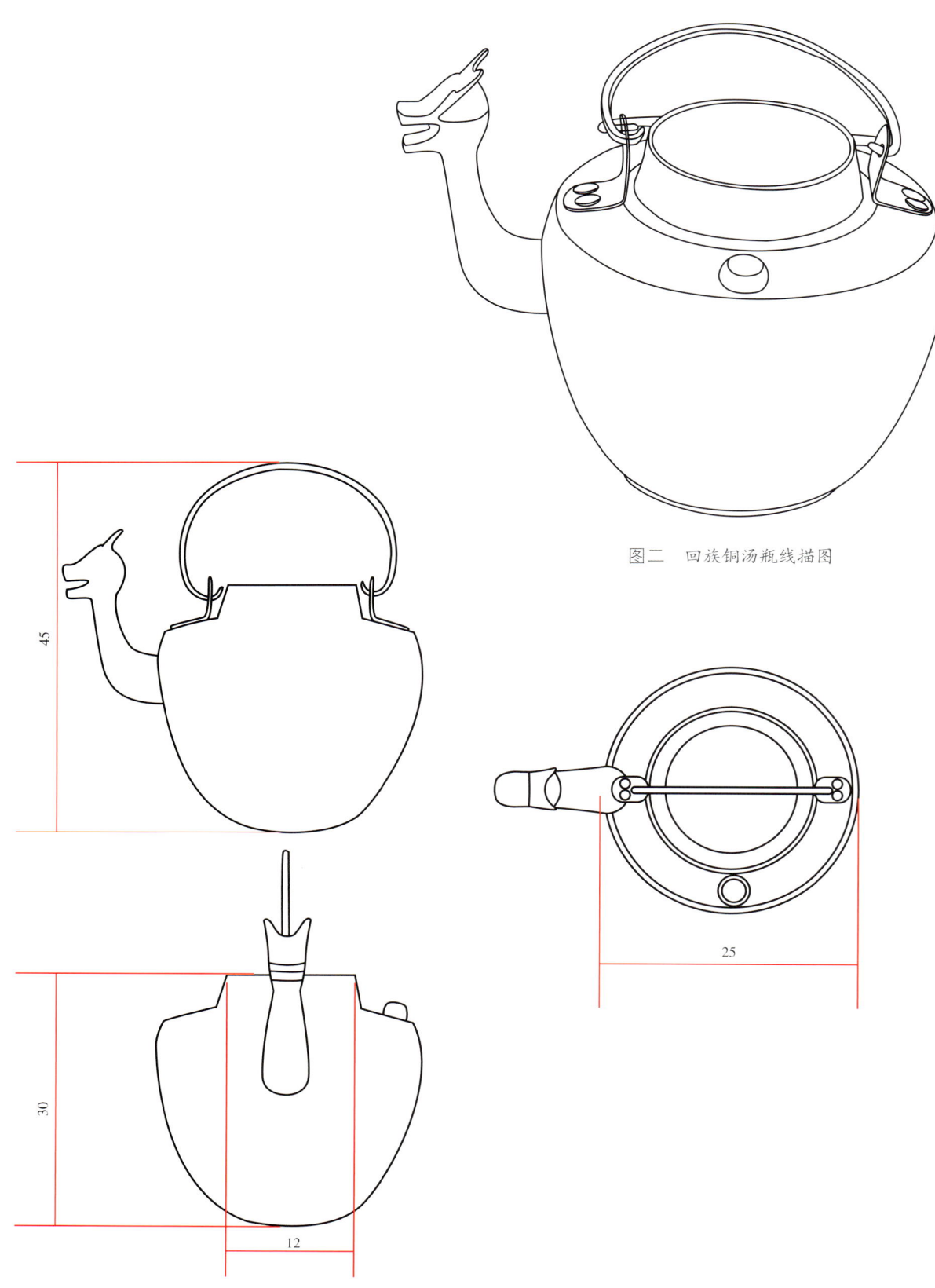

图二 回族铜汤瓶线描图

图三 回族铜汤瓶三视、尺寸图（单位：cm）

图四　回族铜汤瓶结构名称图

回族铜暖手炉

图一　回族铜暖手炉主图

铜暖手炉又称"袖炉""手熏""火笼"。本案例回族铜暖手炉现藏于昌吉博物馆,是近代宫廷乃至民间普遍使用的掌中取暖工具。该手炉由黄铜制成,为正方形,高5厘米,长、宽7.2厘米。顶盖运用镂雕工艺,刻画几何形纹饰,里面放火炭或尚有余热的灶灰。上部刻有"福""禄""贵""寿"四字,意在祝福,也从侧面反映了当时人们对于生活的一种热爱。

据专家考证,手炉是从火盆使用中演变过来的。到了唐代,人们开始用铜制手炉,至今已有一千多年的历史。当时的手炉器型以"筥篣之属为之",小型的可放在袖子里"熏衣灸火"。其造型多姿多样,有圆形、方形、长方形、椭圆形、六角形、八角形、瓜棱形、梅花形、海棠形……另外,工匠们将炉底分别设计成平底、凹底、奶足底、荸荠底等,并且在手炉提把上也做了艺术设计,如弧形柄、花纹柄、花篮柄、折角柄、竹节柄,等等。通过刻画几何形纹饰、吉祥纹饰等表达人们对生活的热爱、希望、追求等。如"福禄寿""和合二仙""竹报平安""喜上眉梢""鲤鱼跳龙门"等图案手炉。在明清时,手炉制作达到了高峰,我们从存世的实物、史料及文字、书画作品中,不时可以寻觅到佐证,从而对中国手工业日用小五金的发展有了一个深刻的了解。

手炉运用镂雕和錾刻两种工艺,在炉盖上刻有镂空的花鸟、文字图案,在炉身上雕刻人物、花鸟、山水等纹饰,达到了实用性和艺术性的统一。

图片来源
图一　昌吉博物馆
图二至图五　殷均仕　制图

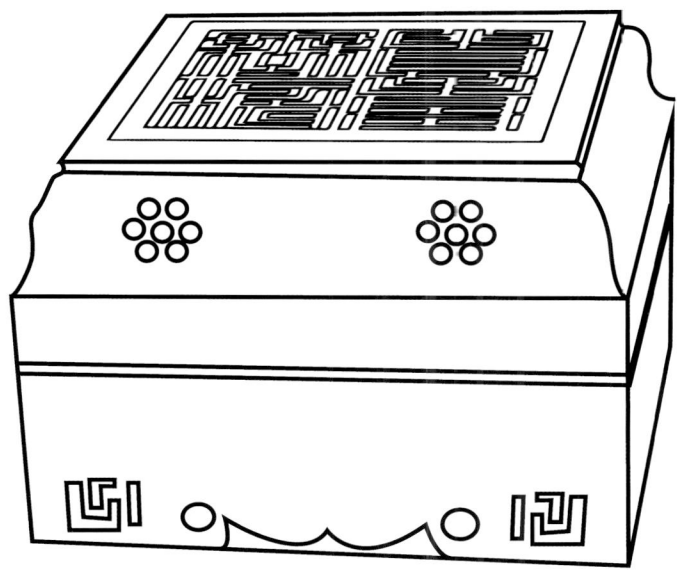

图二　回族铜暖手炉线描图

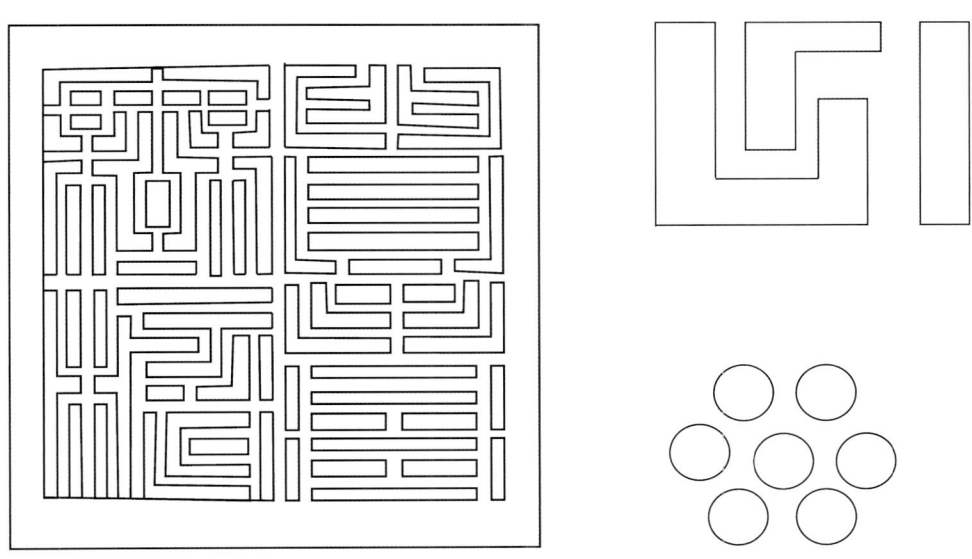

图三　回族铜暖手炉雕刻图案

第四章　回族传统生活用具

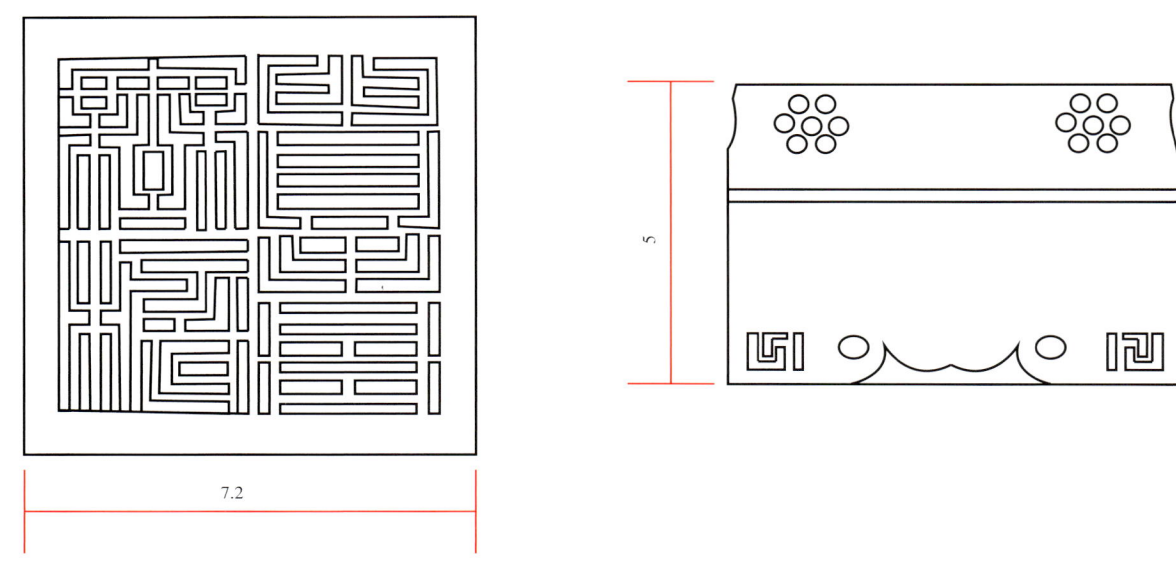

图四　回族铜暖手炉尺寸图（单位：cm）

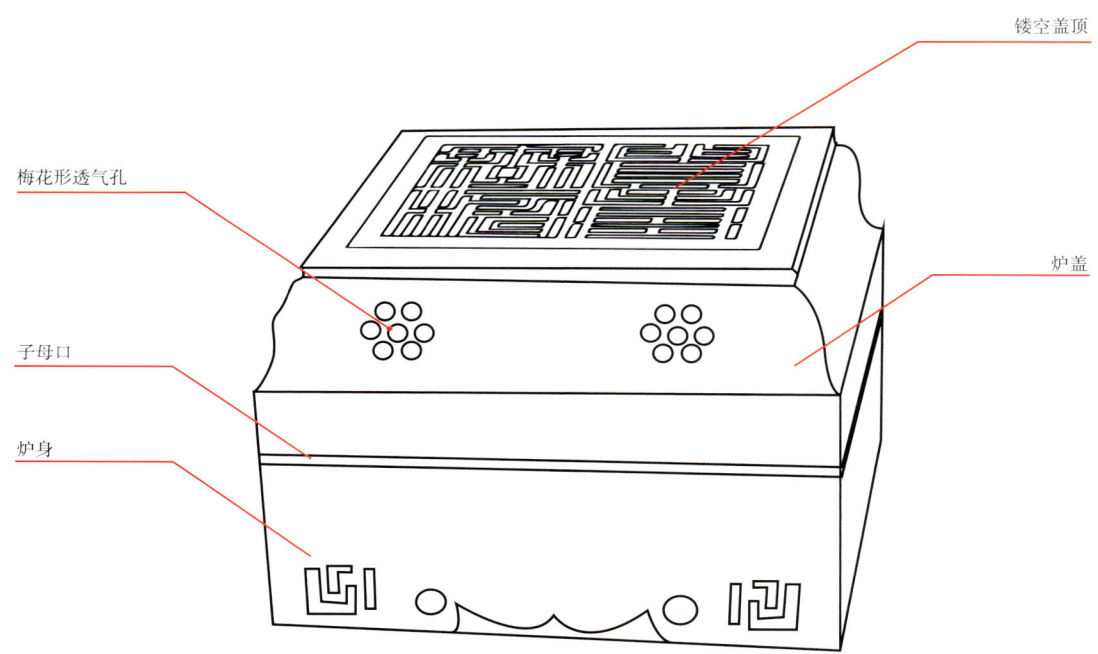

图五　回族铜暖手炉结构名称图

回族景泰蓝三足香炉

图一　回族景泰蓝三足香炉主图

本案例回族景泰蓝三足香炉，为清代文物，高11厘米，口径13.9厘米，为阿拉伯蓝釉作底的铜胎金属器，现藏于宁夏博物馆。

该物件平方唇、敞口、鼓腹、矮颈、三乳足，外腹壁、外底、足部施珐琅彩，胎壁连施缠枝菊花纹，平口沿与溜肩施如意纹，三足利用了力学原理，使得香炉的摆放更加稳定，腹中刻有阿拉伯文，表达了美好的祈愿和祝福。炉身的雕刻纹饰大气精美、图样多变、色彩艳丽。

香炉整体造型精巧别致、大方美观，极具文化气息。炉中还摆放了一个配套的阿拉伯文石炉拨，长19厘米，方便清除香灰时使用。炉拨尾端手柄的雕饰花纹和三足香炉相互呼应、相得益彰。景泰蓝工艺在元代从中亚传入内地，明代逐渐风行，尤以景泰年间出现了较多的以阿拉伯蓝釉作底的铜胎金属器，故名景泰蓝。景泰蓝装饰艺术主要是抽象花卉图案，特征鲜明。回族景泰蓝器物多样，有瓶、炉、盒等。一般都有阿拉伯文开光，装饰图案以植物纹为主，口沿和底座也有饰几何纹的。

景泰蓝三足香炉淳朴浓厚的民族气质，深刻反映了伊斯兰文化与中国本土文化的碰撞与融合，映射了中国古代的景泰蓝工艺的进一步发展。

图片来源
图一　宁夏博物馆
图二至图五　林志兵　制图

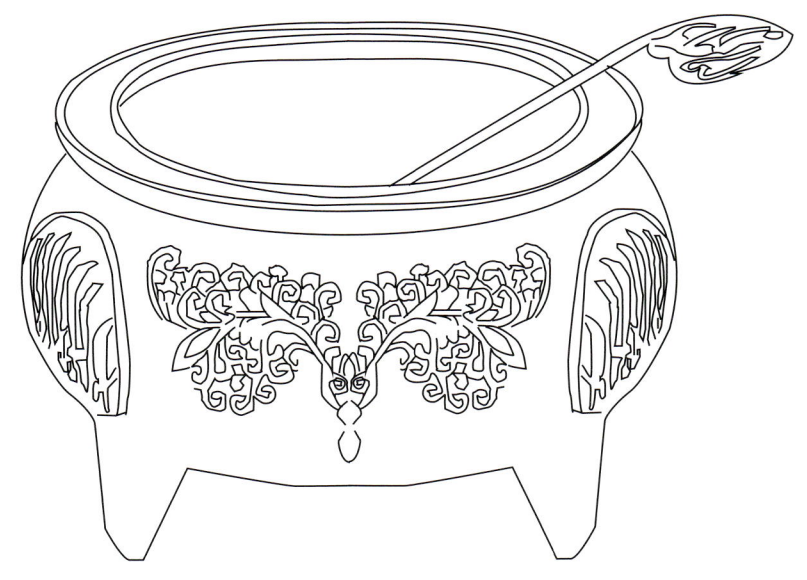

图二 回族景泰蓝三足香炉线描图

图三 回族景泰蓝三足香炉纹饰图

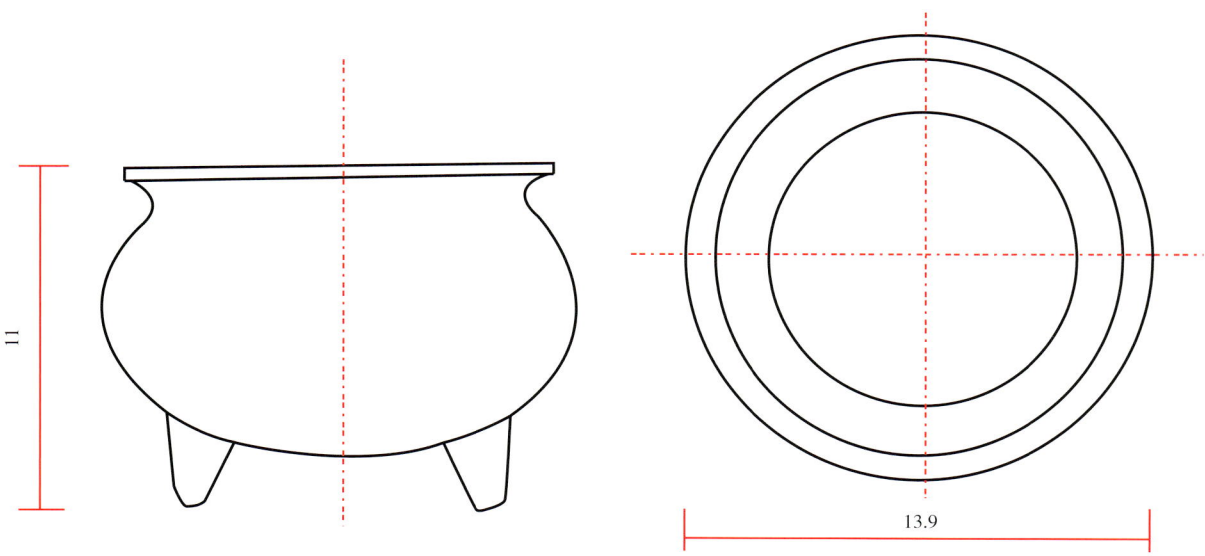

图四 回族景泰蓝三足香炉尺寸图（单位：cm）

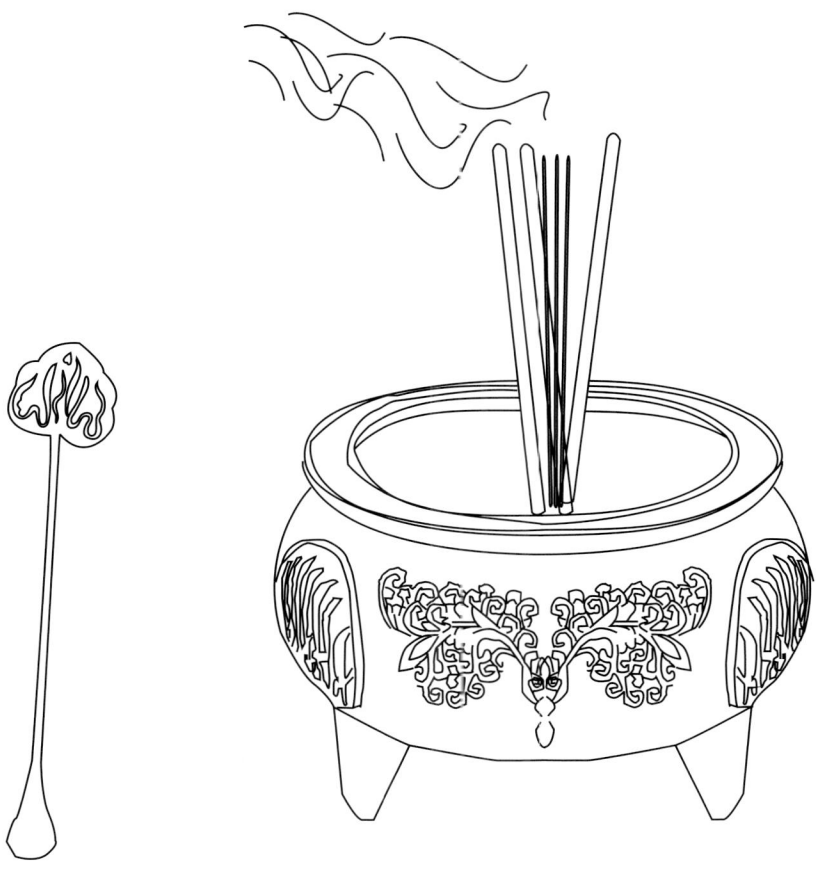

图五　回族景泰蓝三足香炉使用情境图

回族狮钮盖铜熏炉

图一 回族狮钮盖铜熏炉主图

本案例回族狮钮盖铜熏炉，为明代文物，通高40厘米，口径19.5厘米，重7.03千克，炉身直口、直腹、圆筒形，钮盖为雕镂狮兽，下有三只狮兽蹄形矮足，腹部中间两面各刻有阿拉伯文。现藏于甘肃省张家川回族自治县博物馆。

狮钮盖铜熏炉由青铜制作而成，主要用于熏衣、消除疲劳以及驱散蚊虫等。使用时打开铜钮盖，将选择好的适当香型的香精滴入炉内容器，同时加入少许的水，再将蜡烛放入炉膛中点燃即可。

古代有焚香之俗，唐代尤甚，除用于佛教礼仪，世俗生活中也颇盛行，尤为贵族喜爱，在庭院、内宅、公堂等处都设熏炉焚香，芳香袭人。回族狮钮盖铜熏炉造型独特，具有强烈的民族特色。

图片来源
图一 张家川回族自治县博物馆
图二至图四 陈炳灿 制图

图二　回族狮钮盖铜熏炉纹理图

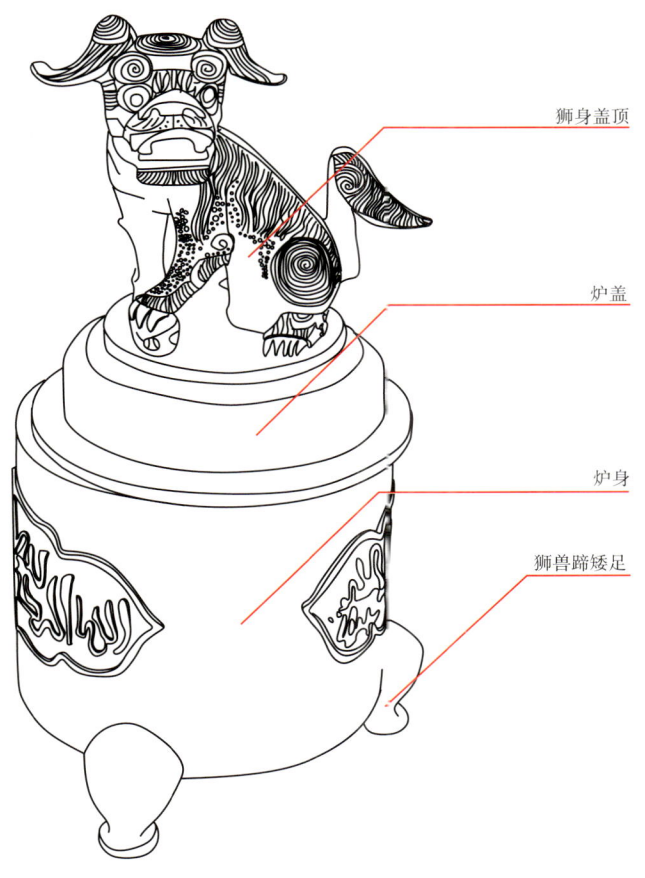

图三　回族狮钮盖铜熏炉结构名称图

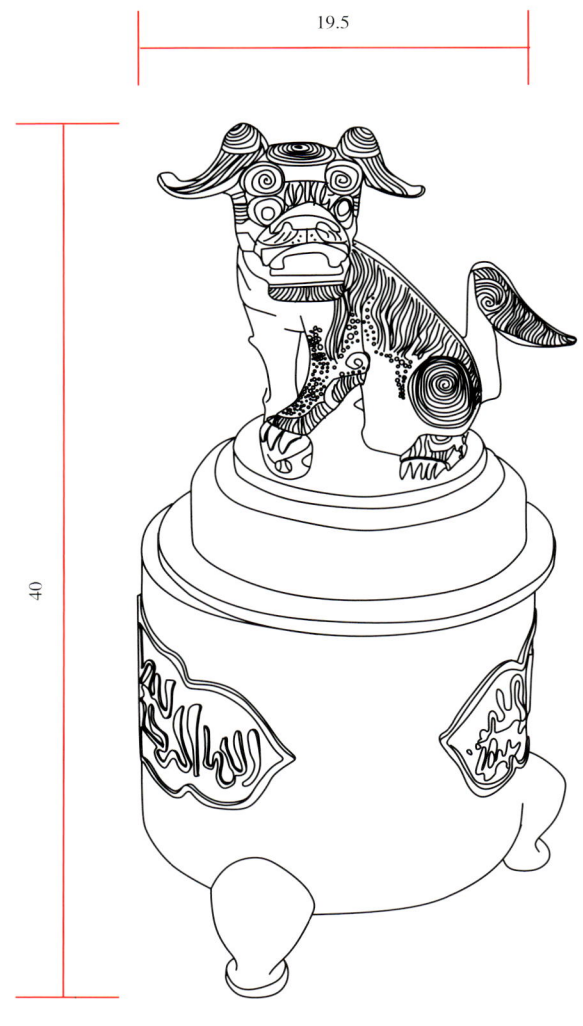

图四 回族狮钮盖铜熏炉尺寸图（单位：cm）

回族盛物褡裢皮囊

图一 回族盛物褡裢皮囊主图

本案例回族盛物褡裢皮囊，产于公元15世纪，现藏于宁夏银川永宁县中华回乡文化园中国回族博物馆。

褡裢又称"搭膊"，原型是民间出门时搭在肩上的长形行囊，两端为口袋，中间开口并用宽布相连，可以搭放在肩上或者牲口的背上。后经过演变，成为回族先民远行时盛放随身物品、食物和水的皮囊。整个形状像水滴，上面窄的部分是盛放口，绳子绑结搭扣封口，可以挂在腰间或者放在骆驼背上。整个袋子由动物皮革手工缝合制成，皮囊正面装饰有用皮条裁剪成的花纹，具有吉祥意义。"番商胡贾"骑着骆驼、驾着海船从阿拉伯、波斯地区一路东行，驼背上的褡裢皮囊盛着甘甜的清水。他们手持"阿文錾花银秤斗"边走边做生意，给中土大地带来了新鲜的文化和事物，这也引起了当时文人骚客的关注，"夜听驼铃识路赊，波斯老贾渡流沙"，"无数铃声摇过碛，应驮白练到安西"等诗句记录了回族先民初入中土的情景。

盛物褡裢皮囊的出现体现了回族人民的智慧，其在挎包制作的发展历史上扮演了重要角色。

图片来源
图一 永宁县中华回乡文化园中国回族博物馆
图二 汤繁稀 制图

图二　回族盛物褡裢皮囊上色图

回族铜盆

图一　回族铜盆主图

　　本案例回族铜盆是民国时期物品，盆高8厘米，盆口内直径31.5厘米，外直径36.5厘米，盆沿与盆腹之间的过渡面宽度2.5厘米，是回族人民家用的铜盆，现藏于宁夏博物馆。

　　该案例盘口、宽折沿、深腹、平底，盆沿与盆腹之间有一圈过渡的平面；形状类似于英国的绅士帽；盆沿及底部刻有阿拉伯文字样。该器皿常用于平时生活中的洗漱或者厨房里清理瓜果蔬菜等。回族为彰显民族信仰与文化品味，将崇信真主的信念引入传统器具的生产铸造中。回族器皿的造型及装饰图案具有鲜明的伊斯兰文化特征。纹饰以抽象为主，器物的美术装饰主要是几何纹、植物纹和阿拉伯文书法。

　　回族工匠在采矿、冶炼以及铸造、锻造方面已形成了比较完整的工艺过程。但是随着时代的变迁，回族民间的一些手工技艺已相继失传，一些家用器具都由新产品取而代之，不得不说这是时代的遗憾，也使我们更加珍惜这些流传下来的民族艺术的结晶。

图片来源
图一　宁夏博物馆
图二、图三　肖巧妮　制图

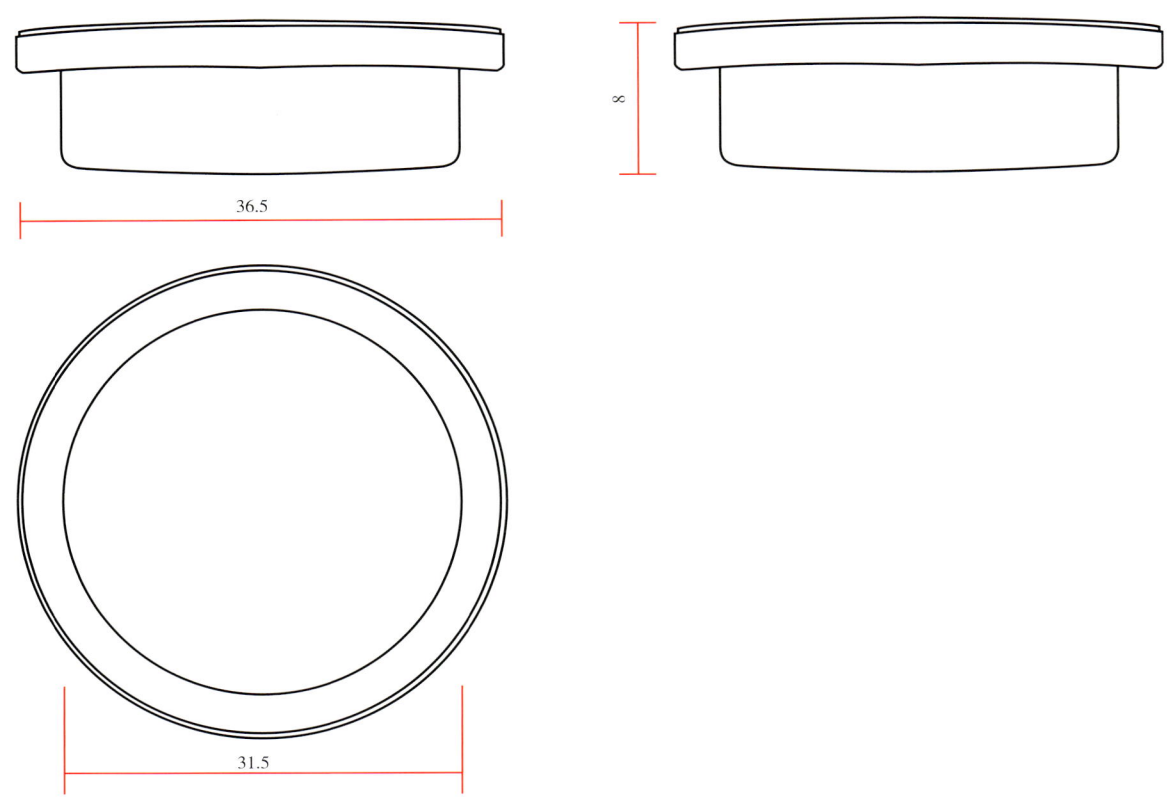

图二　回族铜盆三视、尺寸图（单位：cm）

图三　回族铜盆使用示意图

回族铜盆

图一　回族铜盆主图

该案例为辽代回族铜盆，口径57厘米，底径32厘米，高19.5厘米。内蒙古通辽市奈曼旗青龙山镇辽陈国公主墓出土。现收藏于内蒙古博物院。

该铜盆敞口，深腹斜收，平底。外壁素面，内壁刻有一圈以珍珠为底的阿拉伯文，造型有着明显的西亚风格。盆体分上下两部分，上部盆体是接水处，下部是存水的地方，底部是圈足。盆体上下间的中心有一个直径20厘米的圆盖。这件铜盆除圈足外，皆分内外两层，外层通体錾刻镂空，盆面有近百个镂空的小洞，洗手时污水可由小洞流入存水的地方。多采用锻打、錾刻、铆接等工艺打造。在传统婚礼中，铜盆是必不可少的物件，通常新娘的嫁妆里就会有铜盆和鞋，意指同谐白首。"盆"是口大底小的器皿，和口大腹小的"盋"有相同之处，即二者的最大直径都在口子上；不同之处是"盆"的深度很小，而"盋"有较大深度。

回族工匠们在创造的过程中充分发挥了艺术想象力，将民族艺术风格和手工艺水平巧妙地结合起来，展示了丰富的创造能力。

图片来源
图一　内蒙古博物院
图二至图五　肖巧妮　制图

图二　回族铜盆剖面图

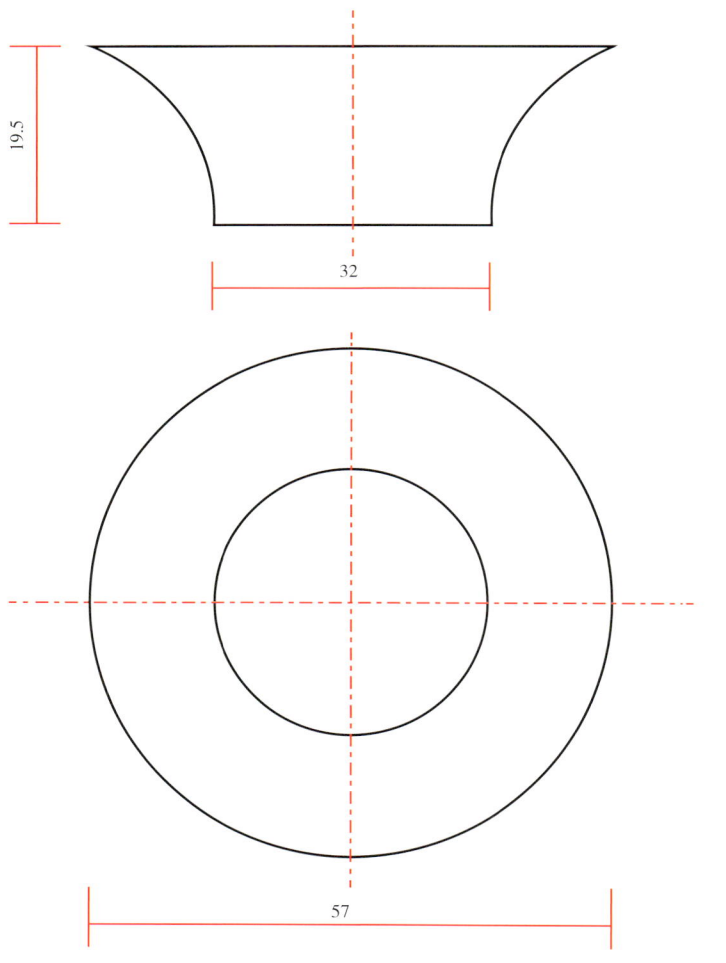

图三　回族铜盆尺寸图（单位：cm）

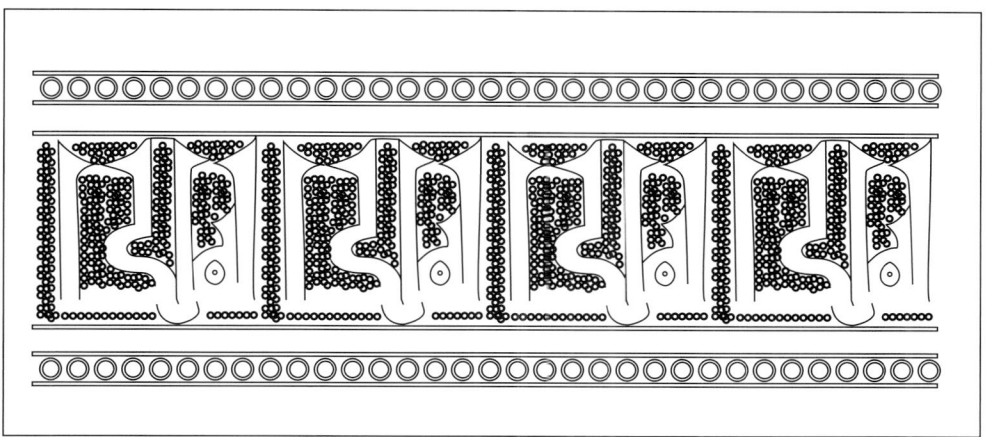

图四　回族铜盆细节图

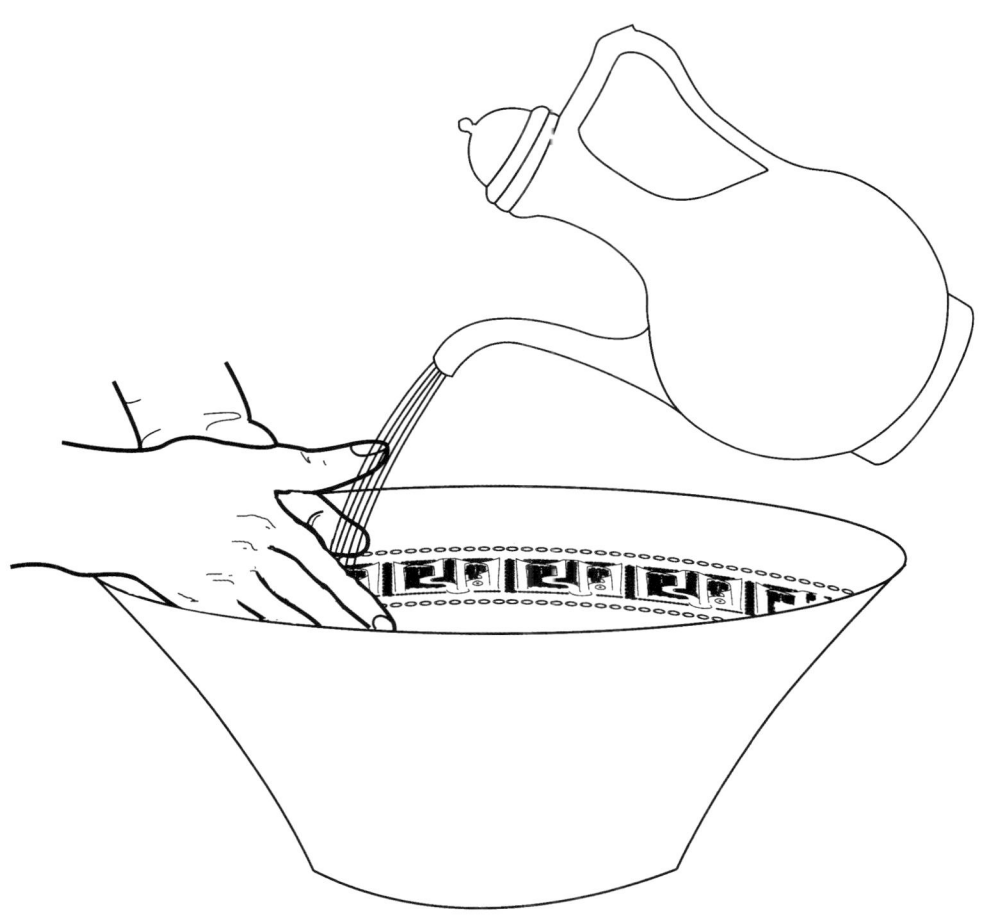

图五　回族铜盆使用示意图

回族灯架

图一　回族灯架主图

本案例回族灯架，现收藏于宁夏银川永宁县中华回乡文化园中国回族博物馆。高35.5厘米，直径10厘米。灯架是一种带有尖钉或空穴，以托住一支蜡烛的无饰或带饰的器具，分两种：一种是挑杆式，一种是屏座式。挑杆式用以挂灯，屏座式用以坐灯。本案例属于屏座式，制作于近代。

整个灯架由三部分组成：底座、灯杆、十字形灯台，中间以一根原木做灯杆，用两片做好造型的木片做成"十"字形的灯台支架，支架平台有用来放置蜡烛的凹槽，其中一片木片与灯杆是一体的，底座是一个中等高度的圈足，与灯杆焊接在一起；烛插整体是由圆筒中焊接了一个伸出的接蜡的小圆形台面组成，烛插筒底部直径小于灯台支架平台凹槽直径，这样就可以卡住蜡烛不使其移动。通过观察发现：灯架与灯杆是铸造的，底座与烛插是通过敲打使其成型，后期再经过打磨以及做造型焊接成的。

从装饰的角度来说，支架平台外圈上伸出一圈小三角形来装饰这个烛插，用抽象的手法生动地表现出火焰向上燃烧时的感觉，而整体灯架也是以火焰为元素来作为装饰的，整个灯架像一颗树的造型，也像一个火把。艺术家把具象的火抽象为一些相对较简单的图案，以供人们来思考与品味，这也是他们具有民族特色的图像处理方式，值得当代设计师学习与研究。

图片来源

图一　永宁县中华回乡文化园中国回族博物馆

图二、图三　张明　制图

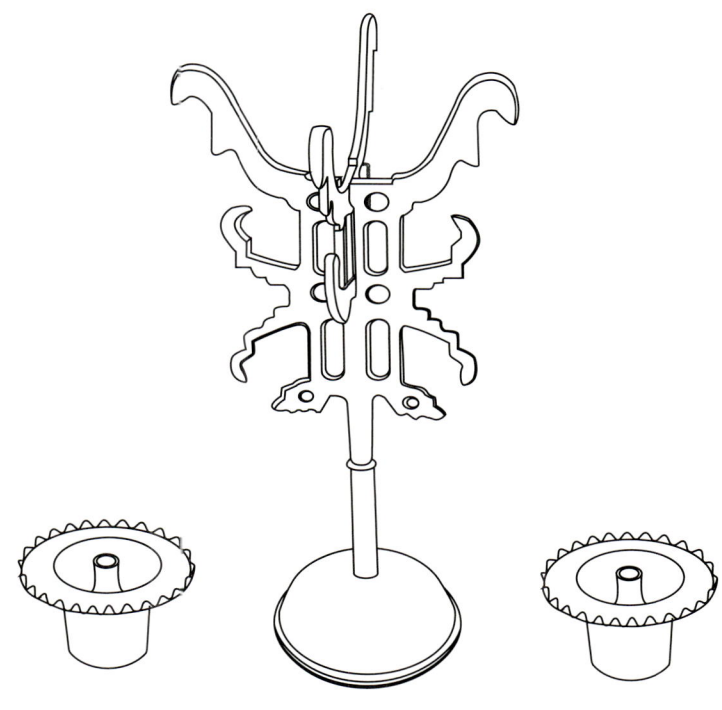

图二　回族灯架线描图

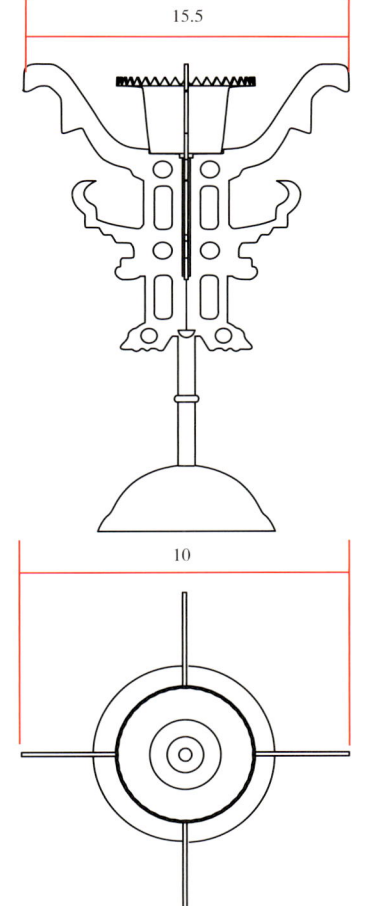

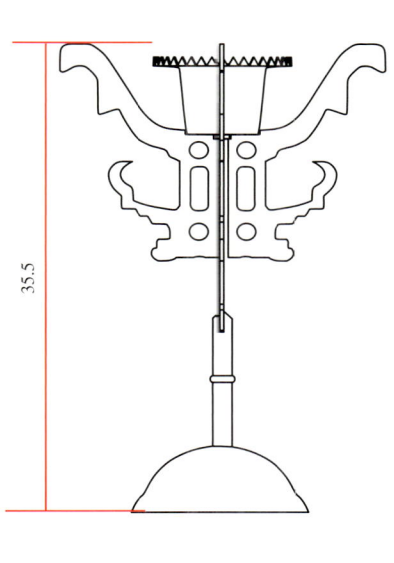

图三　回族灯架三视、尺寸图（单位：cm）

回族砖枕

图一　回族砖枕主图

砖枕是回族人民睡觉使用的一件日常生活用具。本案例回族砖枕属于民国时期的文物，现收藏于宁夏博物馆。砖枕高12.5厘米，宽24.5厘米，厚9.8厘米。

砖枕是一整块的石头手工雕刻打磨而成的，属于硬质枕。砖枕借鉴了船的外形，整体扁平，枕面向内微凹，中间的弧度使人的后脑能更为舒适地枕放，枕身前面刻有阿拉伯文。砖枕里面是空的，可以盛放一些决明子、白菊花、晚蚕砂之类的中草药材，上面有透气孔，相当于现在的药枕。砖枕又硬又凉，能起到冷敷和降低头温、调节和改善血液循环的作用。人睡眠时头部在砖枕上转动，对有关穴位起到良好的按摩作用。

回族砖枕是回族人民通过自己的智慧与才能设计出的养生用品，表现出回族人民对养生之道的注重。

图片来源
图一　宁夏博物馆
图二至图六　张明　制图

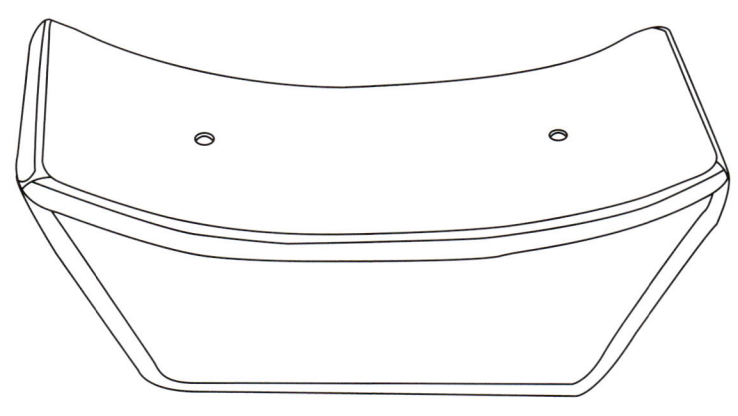

图二　回族砖枕线描图

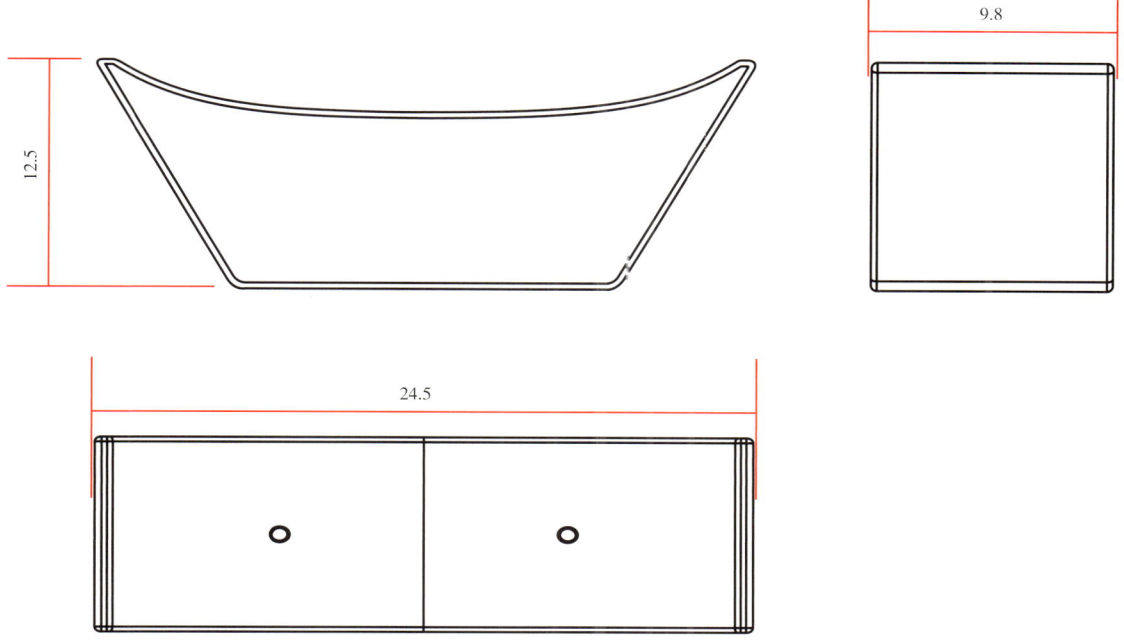

图三　回族砖枕三视、尺寸图（单位：cm）

图四　回族砖枕剖面图

图五　回族砖枕结构名称图

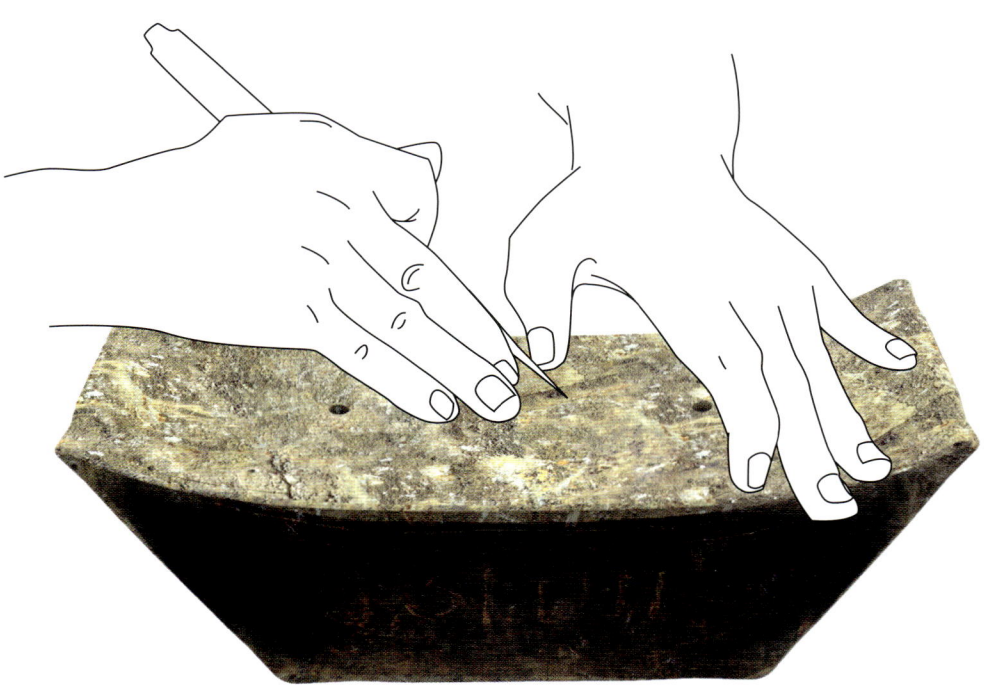

图六　回族砖枕工艺制作示意图

回族绣花枕套

图一　回族绣花枕套主图

回族刺绣风格独特、样式精美，一直以来深受人们喜爱。在回族聚居区，特别是山区，视刺绣为一种吉祥的艺术情趣。回族姑娘们常常以刺绣比聪明、争巧手、看本事。本案例采自宁夏博物馆，为民国时期所制绣花枕套，黑布为底，用五色花线绣多种植物的根、茎、叶、花。构图疏朗、色彩淡雅。其长35厘米，宽27厘米。

回族的每个姑娘或媳妇，一般都有一个刺绣用的小包袱，平时注意购置各种刺绣针、剎针和花丝线。每当走乡串户的货郎担来到山乡村头时，妇女们争相选购五颜六色的花线。到农闲时，她们便互相串门，三个一伙、五个一群地坐在一起，拿出绣花绷，忙起刺绣活计。回族妇女的刺绣都有自己的巧妙构思和飞针走线的"套路"，姑娘和媳妇们坐在一起，取长补短，互相竞争，越绣越美，越绣花样越多，真可谓百花齐放、多姿多彩。鞋头、袜底、鞋垫、坎肩、经挂、裹肚、香包、缠腰、枕顶、枕套、帽沿、耳套、荷包、围裙、盖头、褥面等用品上刺绣着各种花纹和图案。

刺绣花草图案和几何图形，是回族妇女的绝技。她们以一支细小的绣花针为武器，尽情挥洒着灵性和创意，展示着丰富的针法和绣法。一枝一蔓、一花一鸟处处体现着她们的审美情趣和独到感受，一针一线代表着她们纯真情感世界的心路历程。

图片来源
图一　宁夏博物馆
图二至图四　许梦露　制图

图二　回族绣花枕套线描图

图三　回族绣花枕套结构名称图

图四　回族绣花枕套纹饰图

回族錾花银秤斗

图一　回族錾花银秤斗主图

本案例为刻有阿拉伯文的船形錾花银秤斗，由秤身和秤链组成，银质表面刻有精美的花纹，用作称量，产自14世纪。现藏于宁夏银川永宁县中华回乡文化园中国回族博物馆。

该物件是回族先民做生意称量用的器具，是杆秤的一部分。杆秤由秤杆、秤砣、秤斗三个部分组成，其重心在支点外端。称重时根据被称物的轻重，使砣与砣绳在秤杆上移动以保持平衡。根据平衡时砣绳所对应的秤杆上的星点，即可读出被称物的质量示值。该物件造型为敞口船型，银质表面，刻有阿拉伯文及精美的花纹，加上精细的秤链，无不表明回族人民高超的制造工艺。日常生活中一般用来称量散装物，其自身与秤杆分离，收纳与取用都十分方便，平时也可以挂置墙上。

杆秤是中国独立发明的根据杠杆原理制造出来以方便人们精确称取物品的传统衡器，在中国应用了数千年，至今仍在使用，其社会价值可以说是无处不在，映射出中国古代劳动人民在数学与物理上的智慧，具有悠久的历史价值。

图片来源
图一　永宁县中华回乡文化园中国回族博物馆
图二、图三　庄泓　制图

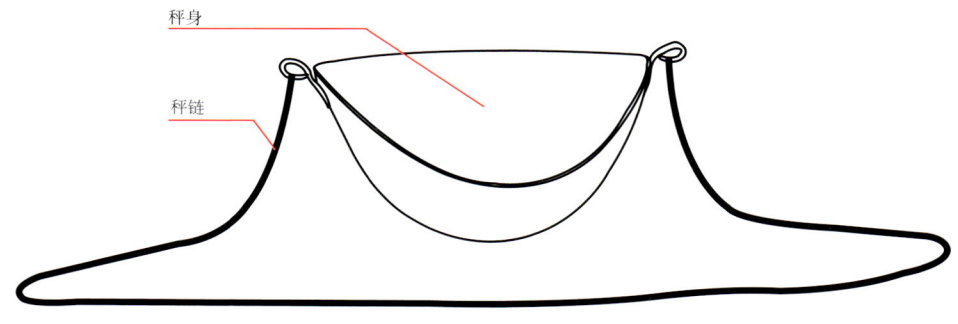

图二　回族錾花银秤斗结构名称图

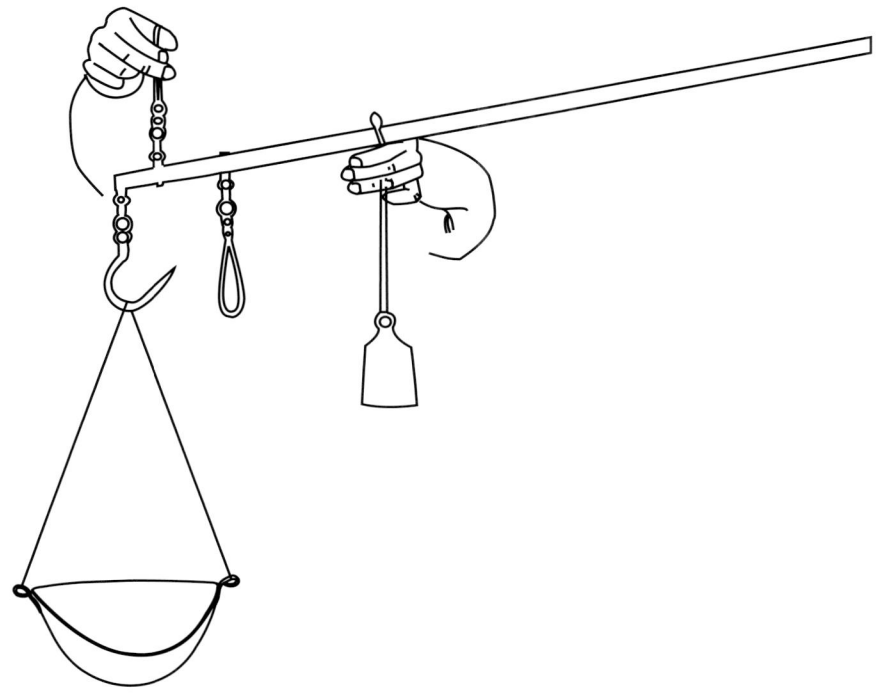

图三　回族錾花银秤斗使用示意图

回族帽筒

图一　回族帽筒主图

帽筒，又称"号帽帽筒"，是回民储存号帽的容器，可将暂时放置不用的号帽保存起来，以备不同季节的更换。本案例中的回族帽筒高48厘米，直径25厘米，从牛皮磨损程度与配件款式推测，可能为民国时期物品。现藏于宁夏银川永宁县中华回乡文化园中国回族博物馆。

帽筒其身为圆柱，顶为圆锥，以合页铆接，以锁扣相合。帽筒以木身为骨架，外镶牛皮，内饰布料。以木身为骨架，即可撑起帽筒，又不会像铁制品受潮生锈，使号帽染上锈色。外镶牛皮，利于防潮隔尘，弥补了木身结构的不足。内饰布料，使内置号帽与木桶隔开，号帽不会沾上木屑，拿取更为方便，还具有装饰作用。铆接的合页使盖子与桶身更好地衔接，方便了锥形桶盖的开关。锁扣则再次体现了回民对号帽的珍惜。对于帽筒本身而言，锁扣与合页的结合，使桶盖不易在碰撞或挪动当中被打开，使号帽散落出来。锥形的桶盖减少了桶身的容量，却多出了放置常用号帽的地方。

帽筒的设计具有民族特性，尊重宗教，质朴又重实用性。宁夏降水南多北少，亦有风沙。结合西北地域环境，帽筒采用牛皮、

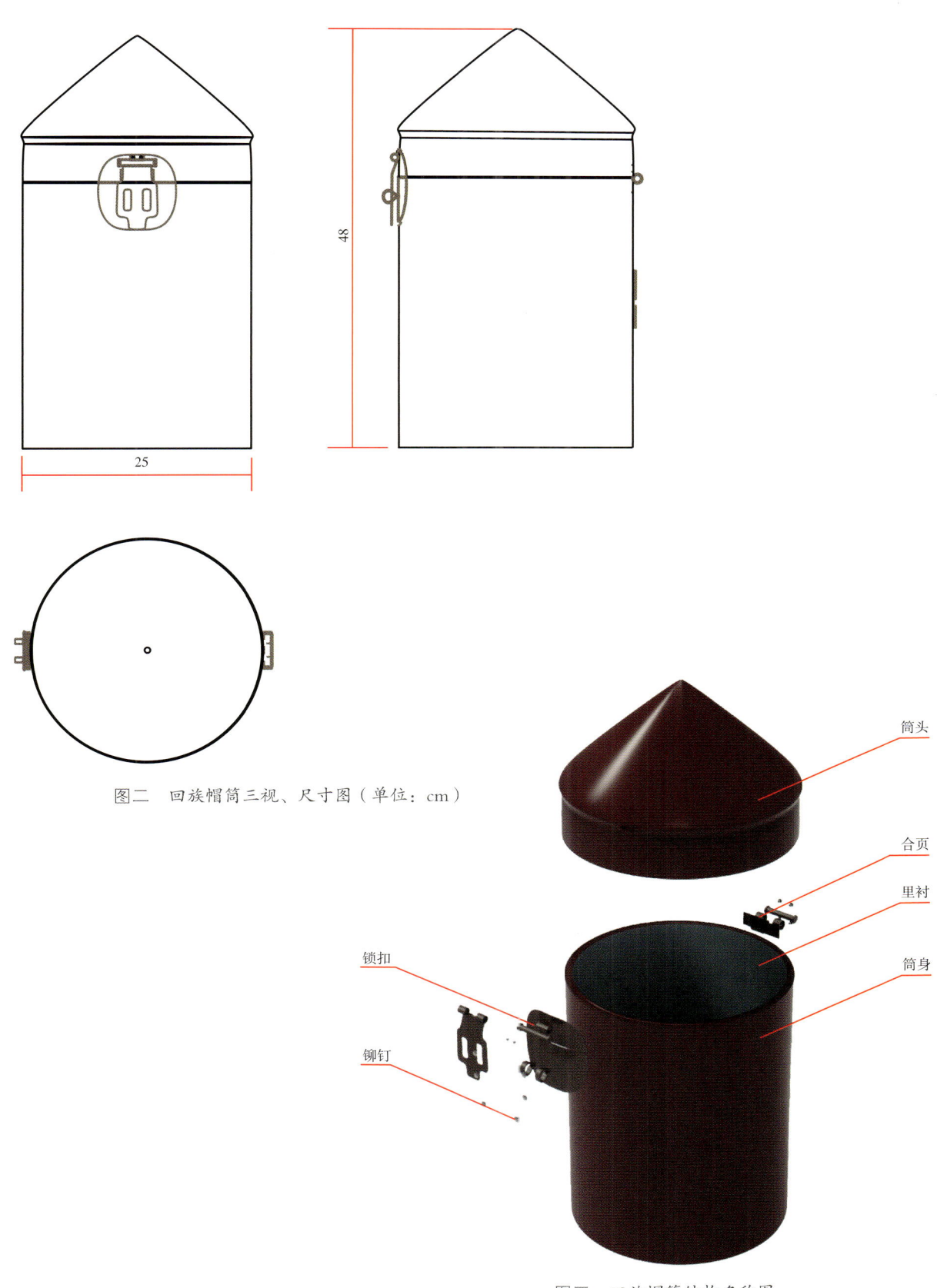

图二 回族帽筒三视、尺寸图（单位：cm）

图三 回族帽筒结构名称图

第四章 回族传统生活用具

上锁　　　　　　　　　　　开锁　　　　　　　　　　　开盖

图四　回族帽筒开关示意图

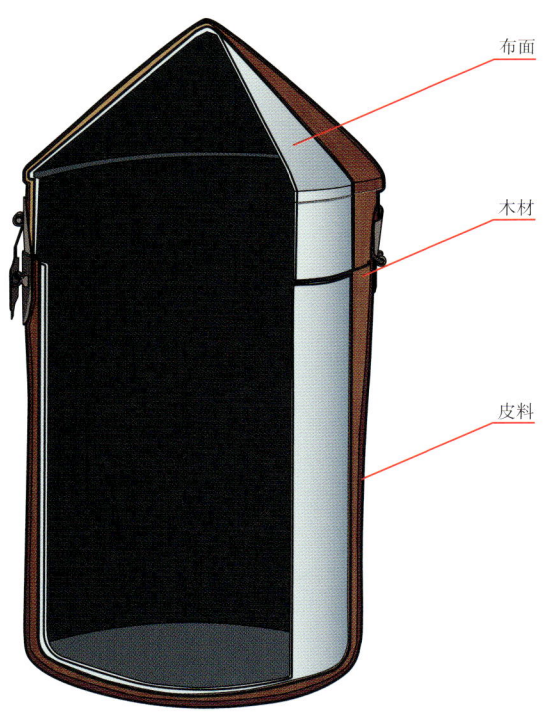

布面

木材

皮料

图五　回族帽筒剖面图

木头、布织相结合的工艺制作，既防止受潮，又抵御沙尘，其造型设计便于号帽的存放取用。

图片来源
图一　永宁县中华回乡文化园中国回族博物馆
图二至图四　汤繁稀　制图
图五　胡浩然　制图
图六　张灿斌　制图

图六　回族帽筒使用示意图

回族阿拉伯文錾花红铜提梁熏炉

图一　回族阿拉伯文錾花红铜提梁熏炉主图

熏炉是一种用来熏香和取暖的炉子，为回族民众的日用品。本案例中的阿拉伯文錾花红铜提梁熏炉是清代的文物，高10.2厘米，宽17.6厘米，厚14厘米，现收藏于宁夏银川永宁县中华回乡文化园中国回族博物馆。

该熏炉炉身呈长方圆形，直口溜肩平底，炉腹两侧铆焊有红铜，炉盖为镂空网状，溜肩与炉腹处有阿拉伯文和花鸟图案的錾痕，给熏炉增加了趣味美感。錾花是古代传统工艺之一。用小锤敲击金属錾子，在金属表面留下錾痕，形成各种不同的纹理，使单一的金属表面产生多层次的立体装饰效果。熏炉是红铜做的外表錾刻有精美图案的火炉，使用时在里面点燃炭火，时时撒上香料，炭火的热量使香精的气味散发在空气中以调节环境气氛。回族由于受到阿拉伯地区的风俗影响，对熏香很是喜爱，一般的家庭都会备有香案和熏炉，每当打扫完室内卫生后，都要燃上熏香，使室内的空气更加芬芳，给人以清爽舒适的感觉。人们在一个晴好的日子，焚香一炉、泡茶一壶，约两三好友畅谈品茗，也算得上是一件美事。

回族熏炉兼具实用、收藏、欣赏的功能，是回族人民对美的审视与表达，散发着迷人的伊斯兰风情。

图片来源
图一　永宁县中华回乡文化园中国回族博物馆
图二　张明　制图
图三、图五　陈炳灿　制图
图四　李雪松　制图

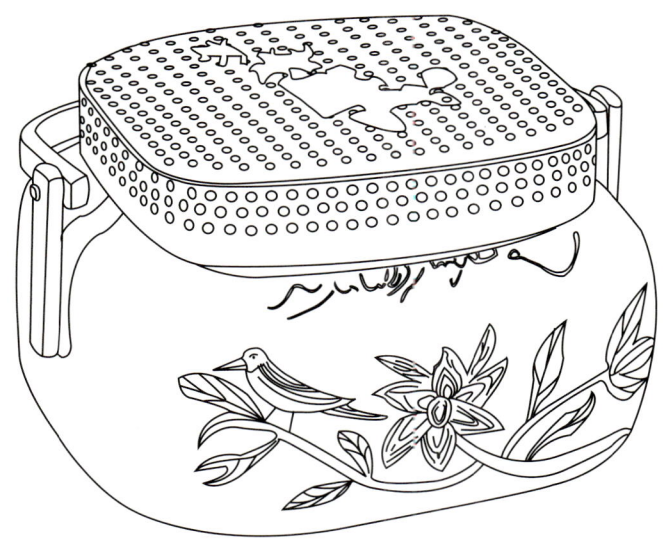

图二 回族阿拉伯文錾花红铜提梁熏炉线描图

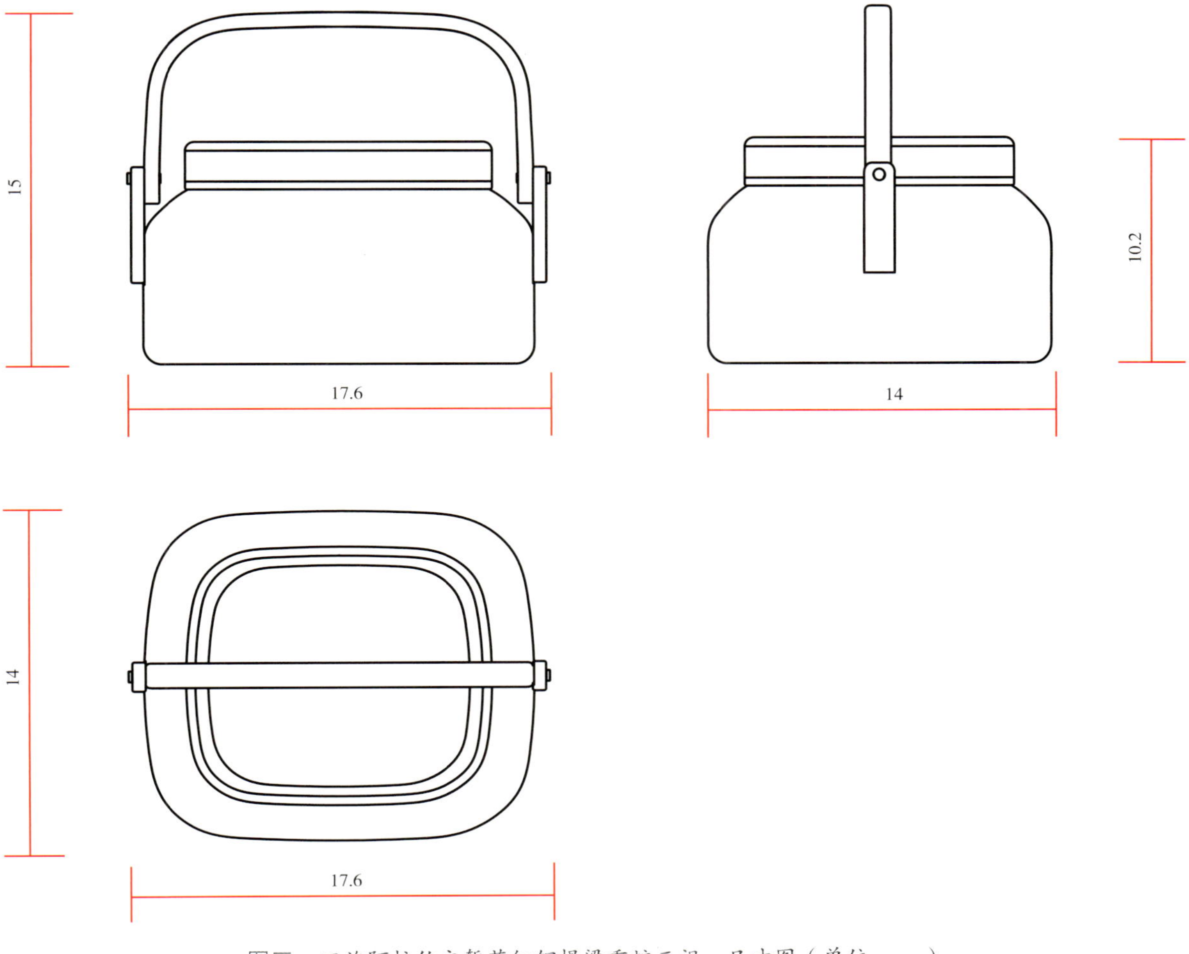

图三 回族阿拉伯文錾花红铜提梁熏炉三视、尺寸图（单位：cm）

图四　回族阿拉伯文錾花红铜提梁熏炉纹饰图

图五　回族阿拉伯文錾花红铜提梁熏炉使用示意图

回族圈足铜灯台

图一 回族圈足铜灯台主图

本案例圈足铜灯台，是清代回族人民照明时用的器具，通体只有半米高，所以一般都是放置在桌子上。圈足铜灯台是由灯盏、承盘、支柱和底座组成，顶端是灯盏，下面放有承盘，底座是整个的重心点，由支柱贯穿，既美观又实用。现存放在宁夏银川永宁县中华回乡文化园中国回族博物馆。

圈足铜灯台使用起来简单方便，在灯盏里放置灯芯并倒入灯油（回族使用的灯油大多是牛油、麻籽油、油菜籽油、棉籽油等，灯芯是用棉纱灯芯，因为柔软所以只能放置在灯盏中间），然后点燃灯芯就可以了。圈足铜灯台整体很小巧，便于移动；灯盏设计成碗状，便于在有限的空间里更多地放入灯油；承盘为瓷盘状，考虑到移动时灯油可能会洒落，所以稍大于灯盏；底座是一个梯形圆柱，既可以和承盘很好地衔接，又可以稳固地放在桌面上。这些设计考虑周全，突出使用功能。明清两代是古灯具发展鼎盛的时期，这一时期不只有圈足铜灯台，还有别的材料和种类的灯具。回族灯台的重要特点，就是具有历史传统特性和民族文化特性。这一时期的灯具不单是照明工具，还有着一定的装饰作用，制作的过程中，也加入了工匠的审美理念和情感。

图片来源
图一　永宁县中华回乡文化园中国回族博物馆
图二至图六　张明　制图

图二　回族圈足铜灯台剖面图

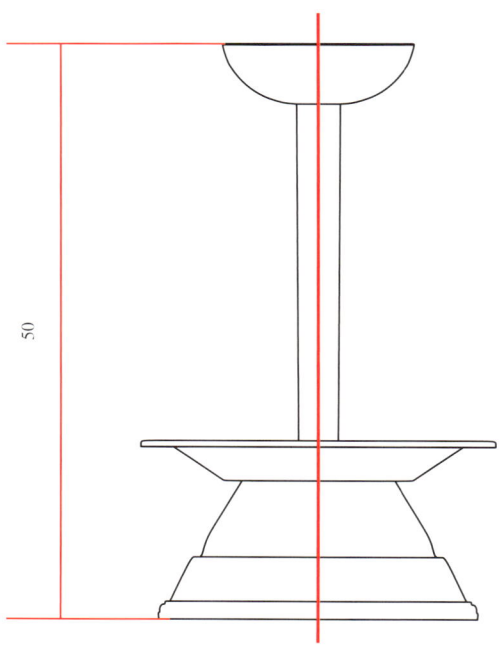

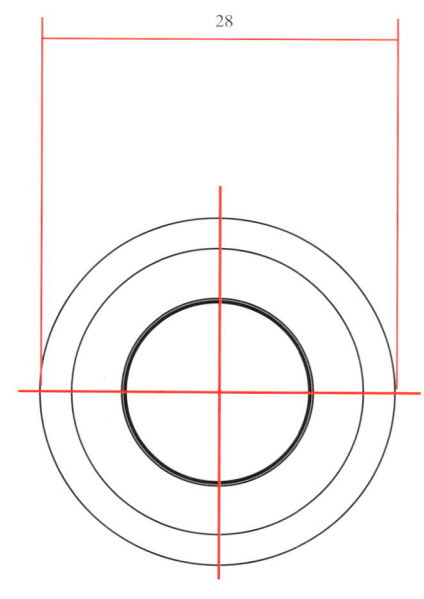

图三　回族圈足铜灯台视角、尺寸图
（单位：cm）

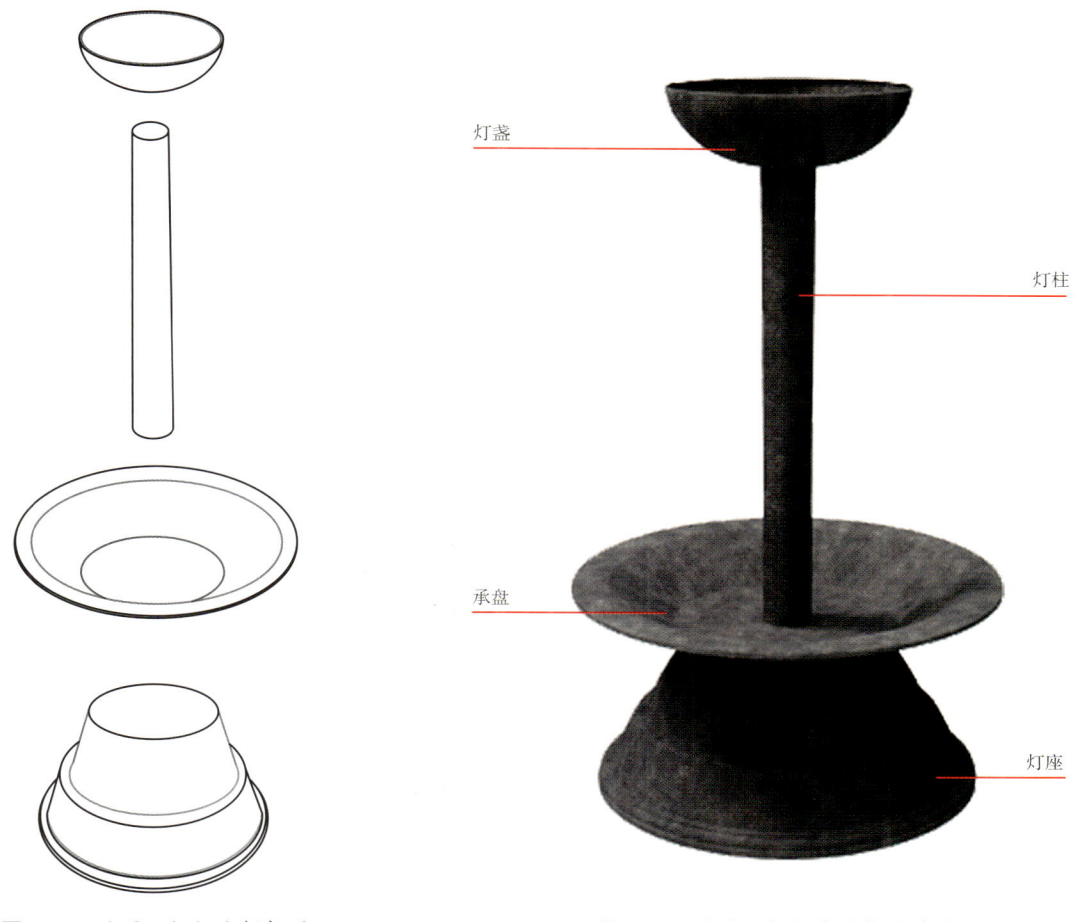

图四 回族圈足铜灯台解析图

图五 回族圈足铜灯台结构名称图

图六 回族圈足铜灯台使用示意图

回族铜吊罐

图一　回族铜吊罐主图

本案例铜吊罐为民国物品，收藏于宁夏银川永宁县中华回乡文化园中国回族博物馆，高23厘米，口径17厘米，腹径20厘米，底径17.8厘米。

相传吊罐是由波斯商人在盛唐时期传入我国的。形状似桶，一般均无盖，罐口两侧有提手或穿绳悬挂的耳环，悬挂于家中或清真寺沐浴堂固定设施上，高于浴者头顶。罐底有一个附有木塞或高粱秆塞的漏水口，洗浴时灌温水入罐中，拔下罐底塞子，从漏水孔中就会有水涓涓流出。吊罐的材质有瓷的、铝的、铁的、塑料的，还有铜的，边远山区还有用木头做的。不管哪种吊罐，其样式、大小基本一样，腹大口小，装水约5～10公斤。罐口有半开式可翻罐盖，罐口口沿外卷，罐身两侧长曲腹之上接有两个复式吊环，钩着一条两侧细长中间微粗的桥形提梁，提梁上带有环式铜钩。凡是悬挂吊罐的地方，其地下都修有一条通往室外的下水道，污水从此排出。下水道上有的用一块木板盖着，木板中间钻有一个小眼，洗过的水便从此眼流到下水道。有的下水道上是用砖砌一个盖子，还有的是用水泥板作盖子。

这种悬挂式的洗澡设备对后来的淋浴设施的发明产生了重要影响。

图片来源

图一　永宁县中华回乡文化园中国回族博物馆

图二至图六　庄泓　制图

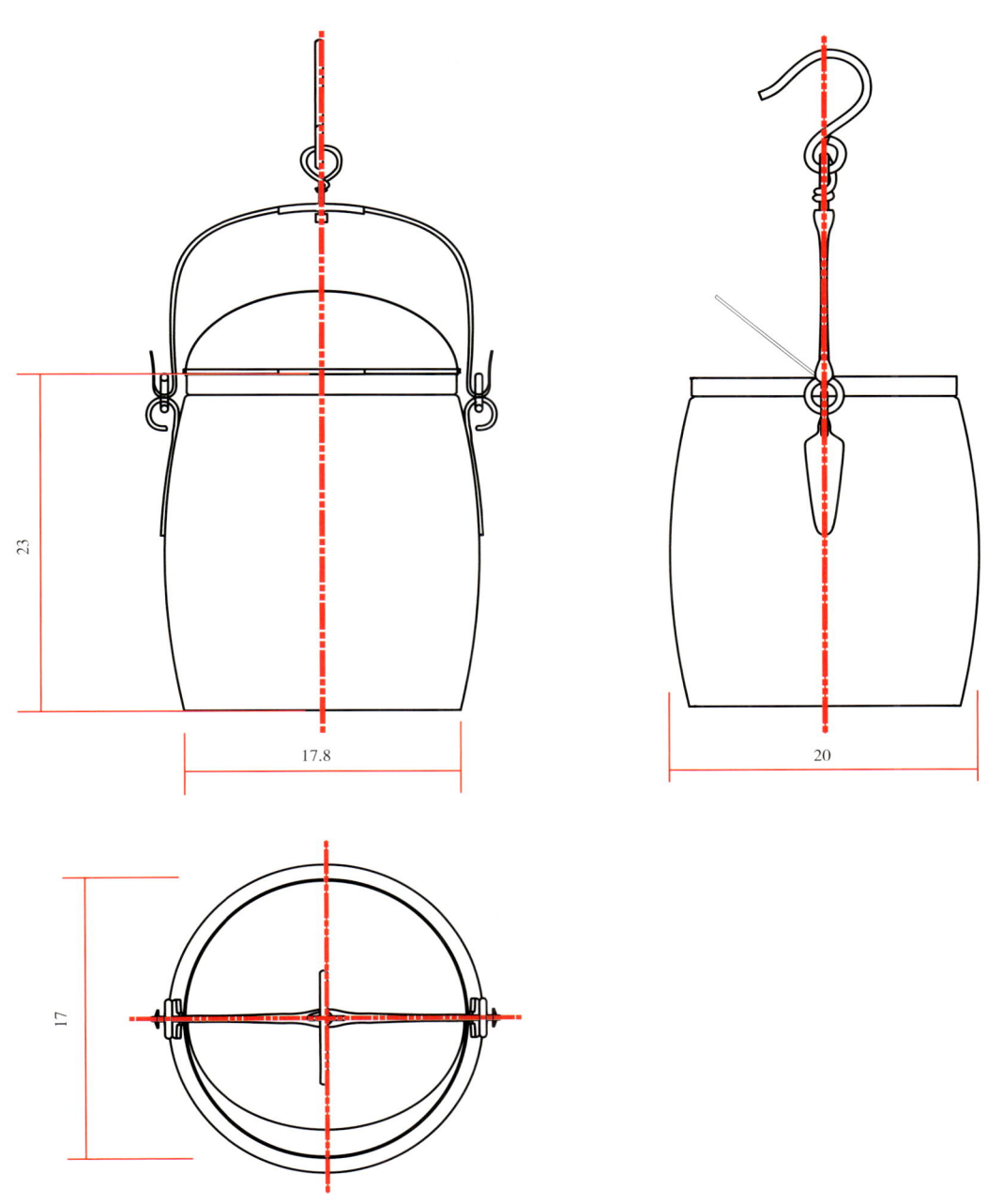

图二　回族铜吊罐三视、尺寸图（单位：cm）

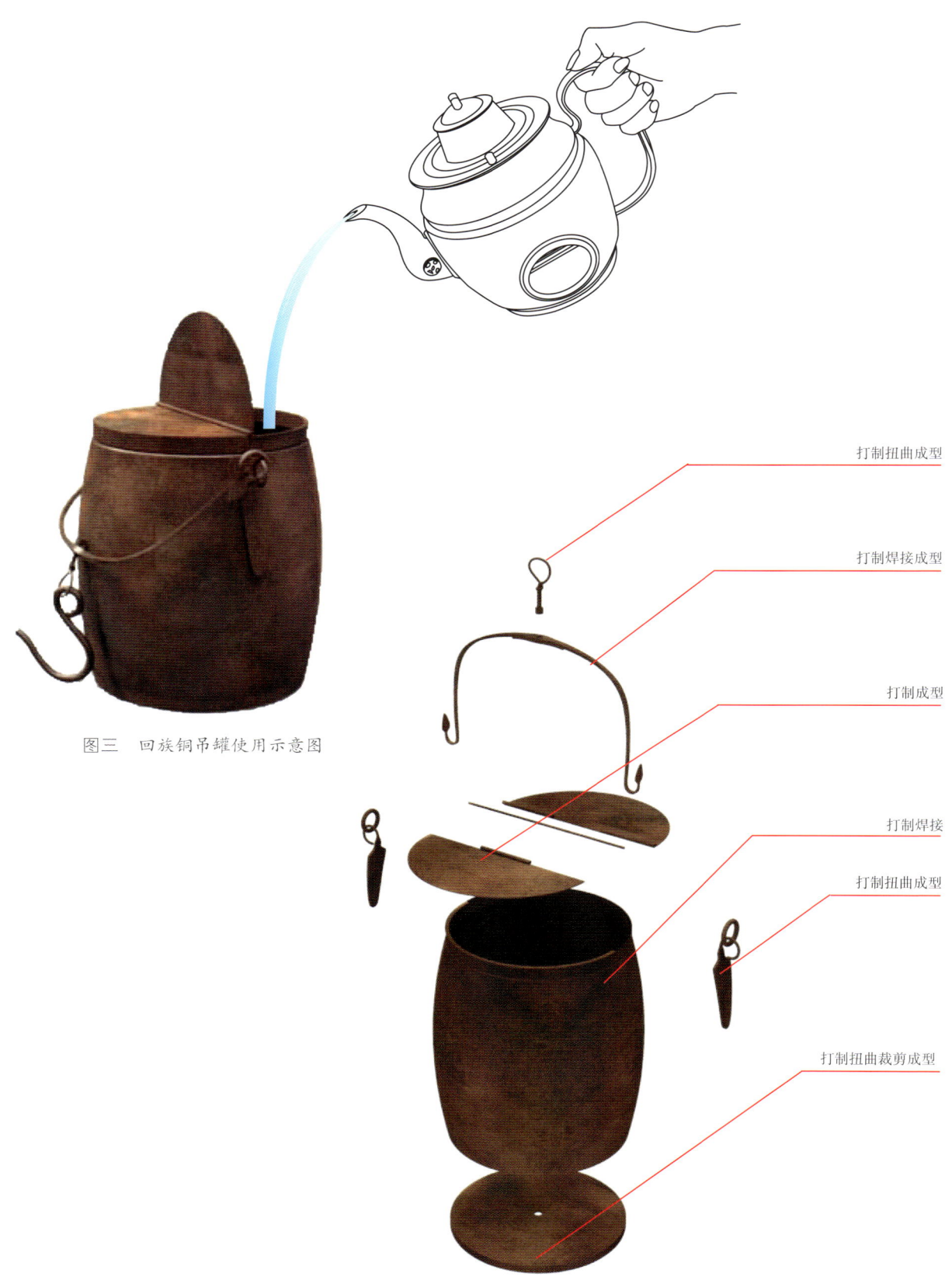

图三　回族铜吊罐使用示意图

图四　回族铜吊罐制作工艺分析图

打制扭曲成型

打制焊接成型

打制成型

打制焊接

打制扭曲成型

打制扭曲裁剪成型

图五　回族铜吊罐结构名称图

图六　回族铜吊罐上色图

第四章　回族传统生活用具

回族储物铜罐

图一　回族储物铜罐主图

储物铜罐是回族人民比较常用的生活用品，是以铜为原料制作的容器。它可用于储存食物、首饰等。本案例中的铜罐出自元代，收藏于宁夏银川永宁县中华回乡文化园中国回族博物馆。

此铜罐分为盖钮、盖钮托、盖子、罐身、高圈足几部分，特点是口径大、带盖、腹丰、高圈足。本案例中铜罐的制作步骤：首先是浇铸，即按顺序制模、制范、浇注；然后是把罐身和高圈足以及盖子和盖钮托用锡焊料焊接起来；接着在盖子上打孔，将盖钮上的铆钉穿过孔后用锤子在另一边打扁以固定；最后运用刻刀、锤子进行修整、打磨、抛光。罐身以及盖子上印制了极具民族特色的藤蔓纹，这种纹样强烈的形式感也给现代平面设计师带来丰富的启示。

图片来源
图一　永宁县中华回乡文化园中国回族博物馆
图二、图三　庄泓　制图
图四、图六　张灿斌　制图
图五　汤繁稀　制图

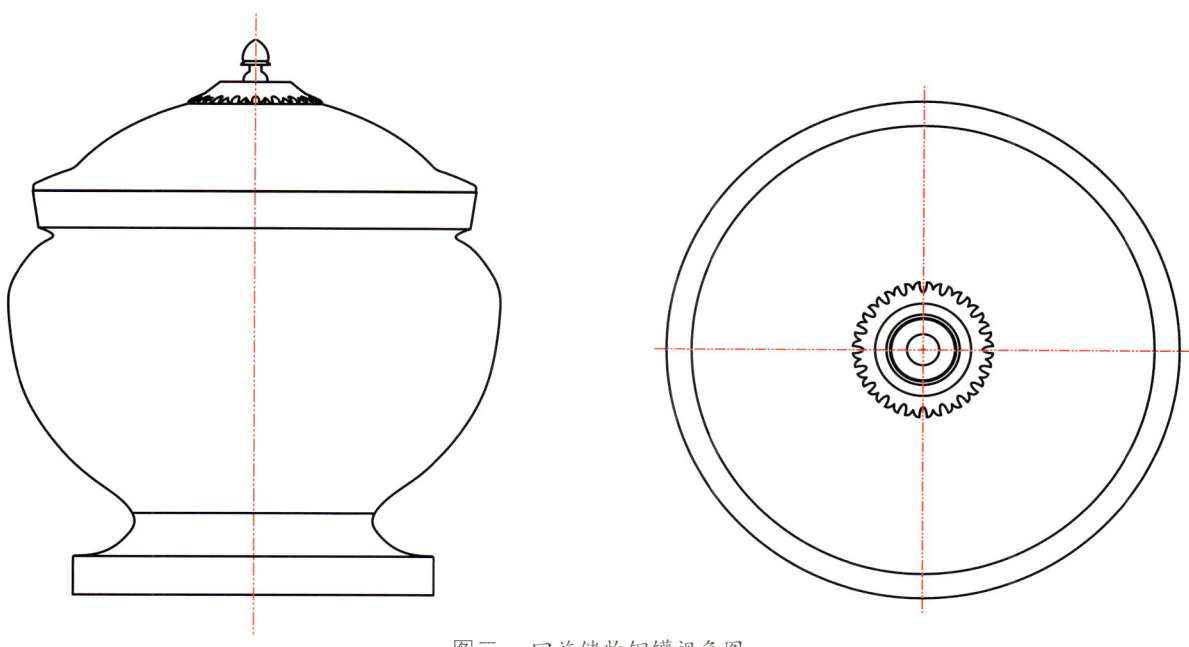

图二 回族储物铜罐视角图

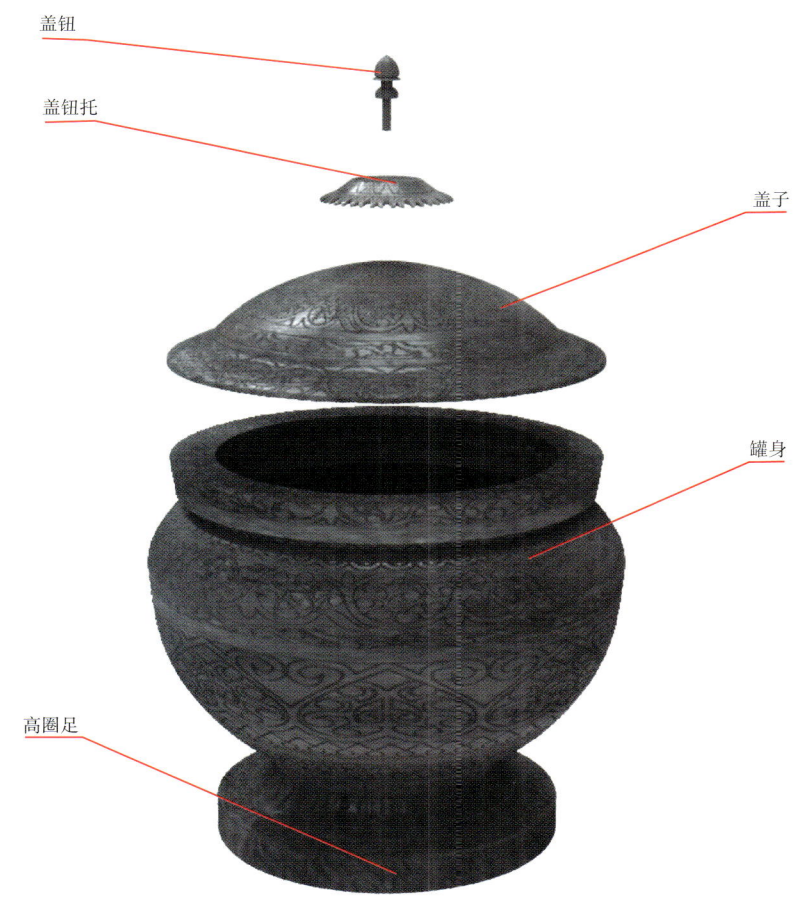

图三 回族储物铜罐解析图

图四　回族储物铜罐上色图

图五　回族储物铜罐纹样图

图六　回族储物铜罐使用示意图

回族提梁铜罐

图一　回族提梁铜罐主图

本案例回族提梁铜罐，现收藏于宁夏银川永宁县中华回乡文化园中国回族博物馆。此类铜罐公元14世纪流行于西北地区，主要用铜作为材料制作而成，多用于装水。提梁铜罐口径大，腹部大，胫部稍微向内收，圈足。铜罐上边装饰着丰富的带有回族特色的卷草花纹。

提梁铜罐由盖钮、盖子、提梁耳、提梁、罐身、圈足构成。罐身高36.5厘米，底径16.5厘米，罐身最鼓处直径为17厘米。整个铜罐雕刻着丰富多彩的卷草纹，由上至下分为九层，每层的卷草纹形态各不相同，做工细腻、精致。提梁铜罐的制作材料主要是铜。首先制成罐身和盖子的模型，雕刻上丰富多彩又工整的花纹，再将泥土敷在模型外面，然后脱出用来形成泥范的模型铸件，把这个敷在模型外边的泥范割成若干片，紧接着就是用泥土做成一个跟铜罐内部相当的范来，内外范做好后，将它们套合起来，然后就是往内外范中间的空隙里浇上铜浆，掌握好浇入铜液的速度，以快而平为宜，直到浇口和气孔皆充满铜液为止，等到铜液凝固冷却后去除内外范就可以取出铜罐了。接下来就是修整铜罐，这个过程需要经过锤击、锯挫、錾凿及打磨等几项工艺，除掉毛刺、飞边等。接下来就是给铜罐添加盖钮、提梁耳和提梁。盖钮就是在铸好的盖子上边正中钻个孔，然后把盖钮下边的铆钉穿过盖子的孔，再在盖子里边用锤子将铆钉捶平。然后是装上提梁跟提梁耳，把两个提梁耳分别穿过提梁两边的孔。最后是焊接提梁到铜罐的盖子上，就是把融化的焊料点粘在提梁耳与盖子上。这样整个提梁铜罐就完成了。提梁铜罐上边的花纹属于卷草纹，是从忍冬、荷花、兰花等植物中提取形态，进行卷曲波浪型排列，形成二方连续样式。

提梁铜罐各个部位大小比例协调，口大方便装水，底部大则重心稳，提梁和提梁耳的厚度、长度跟所能承受的重力相协调。铜罐上边的卷草纹充分体现了阿拉伯文化和中国文化的完美结合。

图片来源
图一　永宁县中华回乡文化园中国回族博物馆
图二、图六　汤繁稀　制图
图三　庄泓　制图
图四、图五　张灿斌　制图

图二　回族提梁铜罐上色图

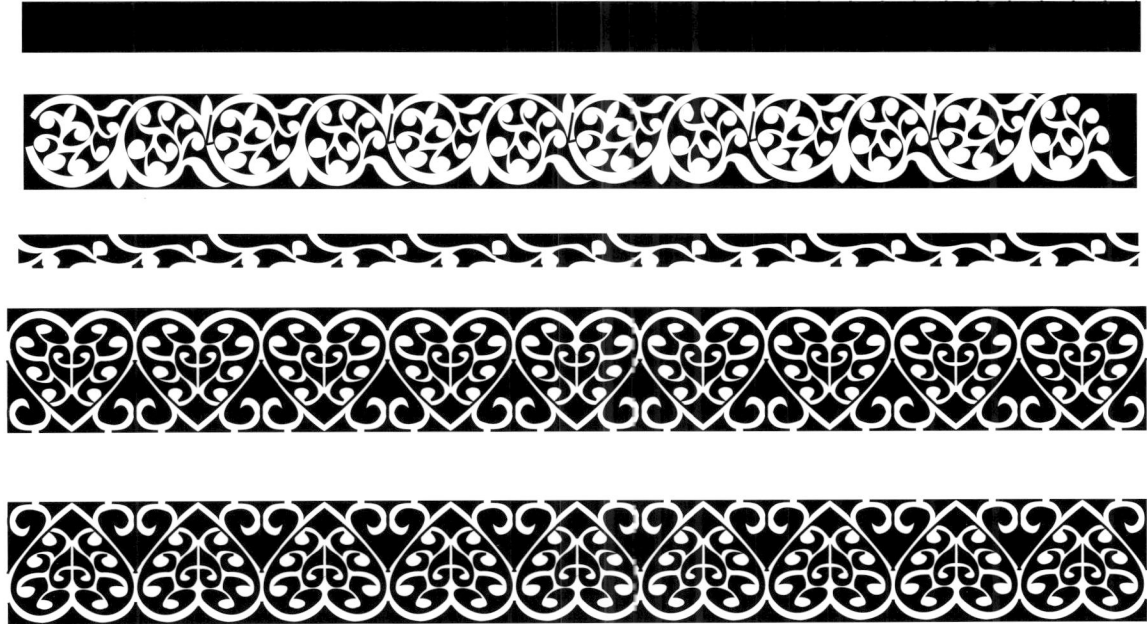

图三　回族提梁铜罐纹样图

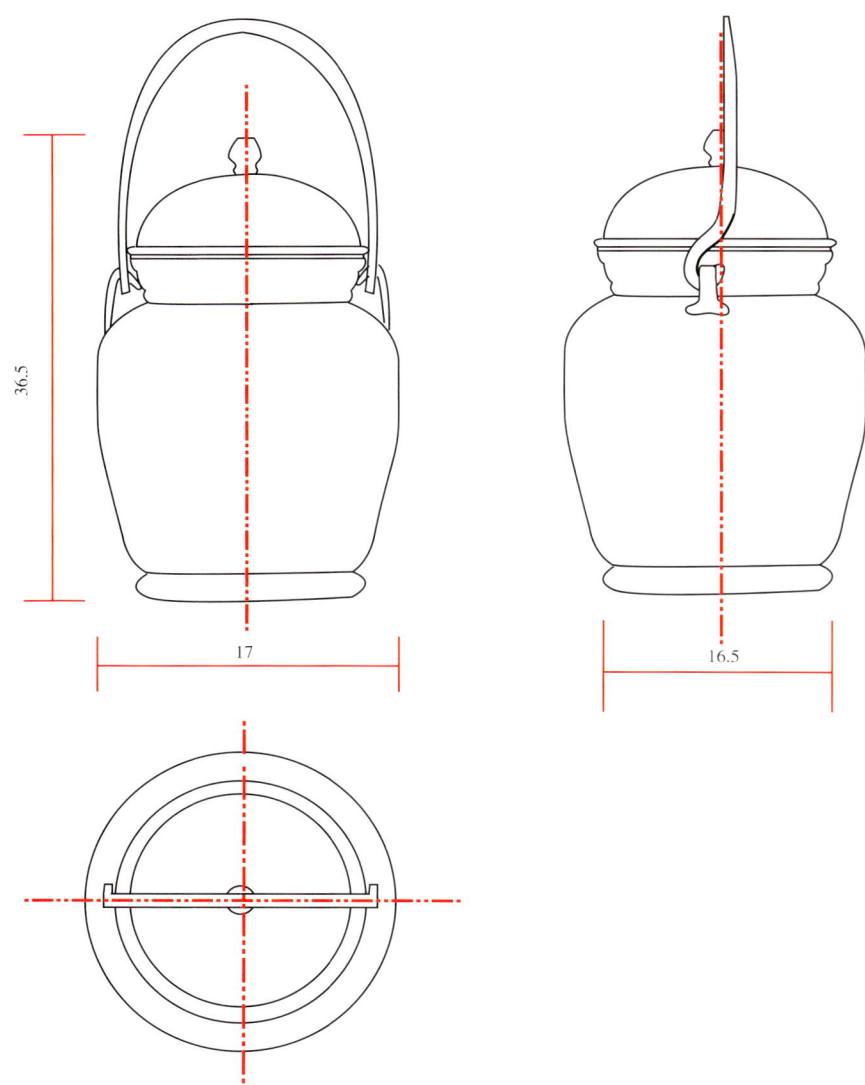

图四　回族提梁铜罐三视、尺寸图（单位：cm）

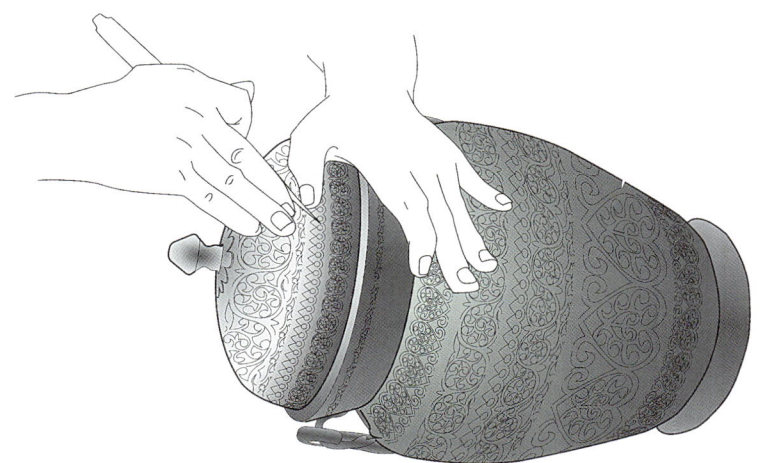

图五　回族提梁铜罐打磨图

图六　回族提梁铜罐使用示意图

回族高足提梁桶

图一　回族高足提梁桶主图

高足提梁桶最早产生于宋朝，是北方回族盛水、奶等饮品的日常生活用具。本案例中的高足提梁桶是民国时期所制，铜制材料，高33.5厘米，口径29厘米，足径15厘米。现收藏于内蒙古博物院。

该案例之所以叫提梁桶，是因为在设计之初照着屋梁的样子来做的提手，又因为足底高挑，因此叫作"高足提梁桶"。其造型敞口斜直腹，喇叭式圈足；雕刻工艺十分精细：花型提梁，桶身有三道弦纹，肩一侧有龙首流，肩部两边连以半月形提梁，显得稳重而古雅。

高足提梁桶的造型和材质具有鲜明的民族特色，有较高的使用价值和审美价值，为回族人民广泛使用。

图片来源
图一　内蒙古博物院
图二至图四　庄泓　制图

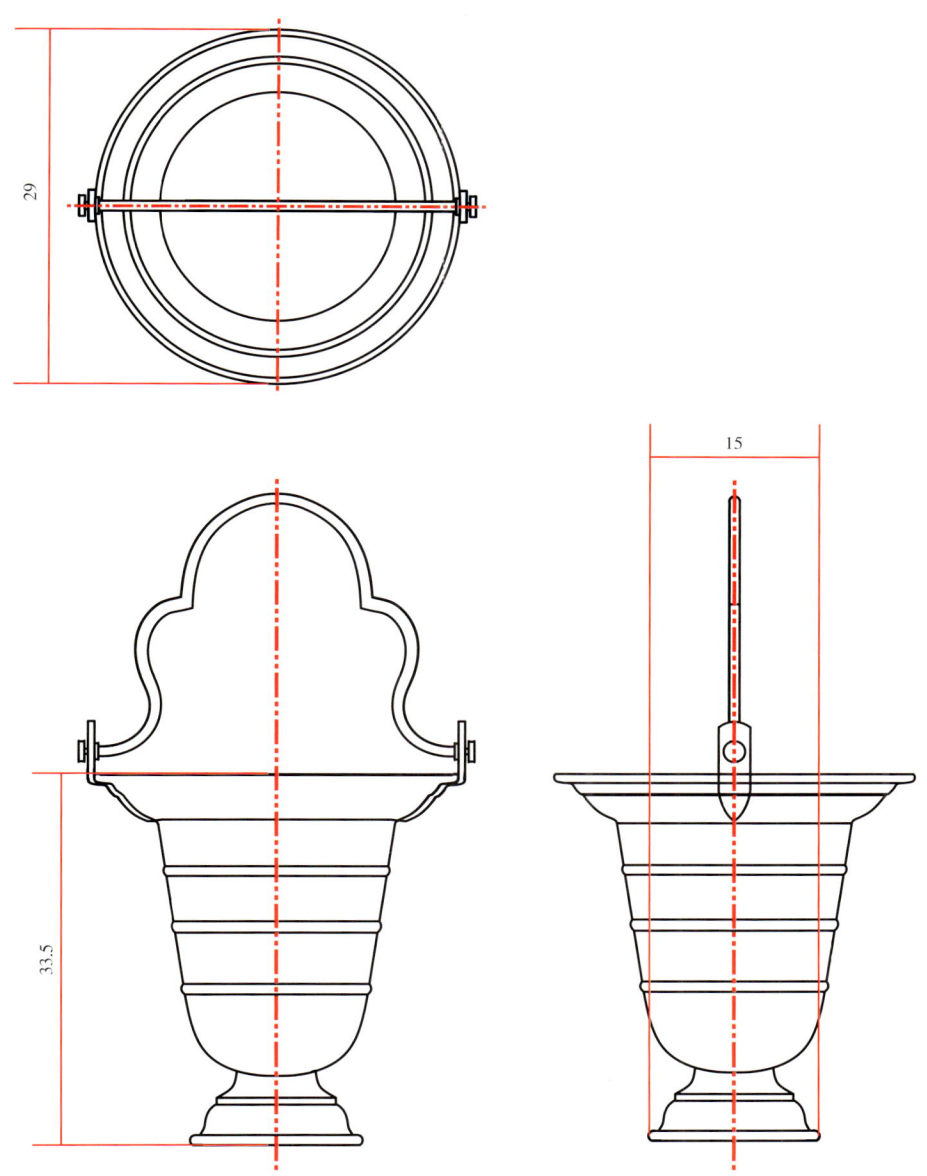

图二　回族高足提梁桶三视、尺寸图（单位：cm）

图三　回族高足提梁桶结构名称图

图四　回族高足提梁桶使用示意图

回族木质提梁盒

图一　回族木质提梁盒主图

该案例为木质提梁盒，是民国时期回族人民盛放物品使用的。其口径27厘米，高44厘米，为圆桶状，敛口、深曲腹、平底、高圈足，有圆饼形盖，对称凹槽，卡入提梁，提梁处有透雕花果，技艺精湛，通体红漆。腹部与足部开凹槽，卡双铁箍。现藏于青海博物馆。

该案例的用材为木材，造型圆滑，外有红漆，其提梁上的雕刻巧夺天工，巧妙又不影响手提，深曲腹的盒身可盛纳更多东西，多为女性使用。

箱盒类家具从古至今都作为家具的一个重要的类别。人们的生活状态总是随着生产力的发展与时俱进的，家具伴随着人类改造自然进行生产实践而出现，并且随着生产力的提高而出现细分，例如床、椅、柜、架、箱、盒，等等。它是人们日常生活中不可缺少的部分，并且不同的家具可以代表那一时期人们的生活和审美的趋势，其造型和功能在不同时代具有不同的特点。

该提梁盒造型稳重大方，设计讲究、制作精良，实现了实用性和艺术性的统一，体现了回族造物的特点。

图片来源
图一　青海博物馆
图二至图四　虞洁琼　制图

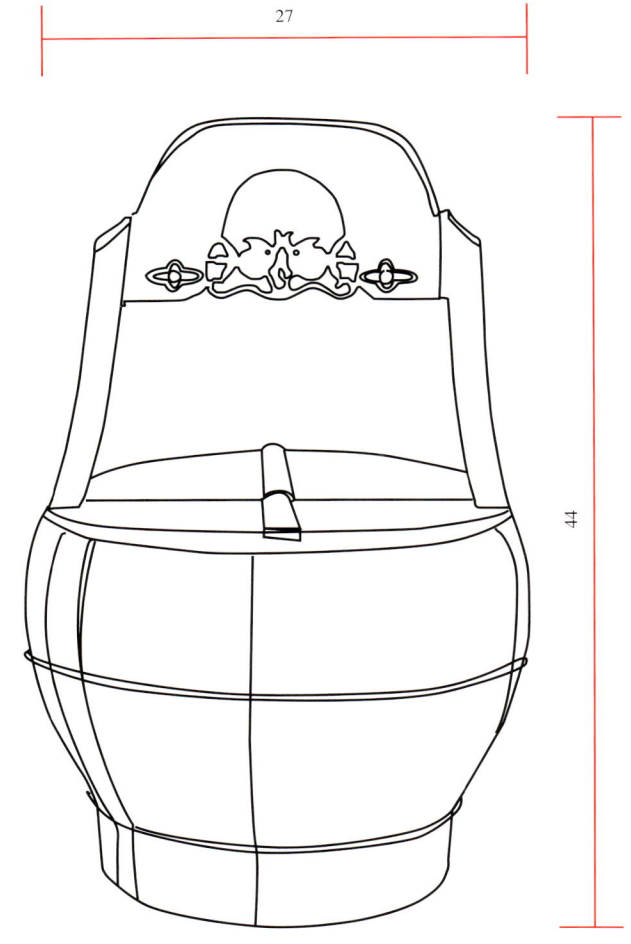

图二　回族木质提梁盒尺寸图（单位：cm）

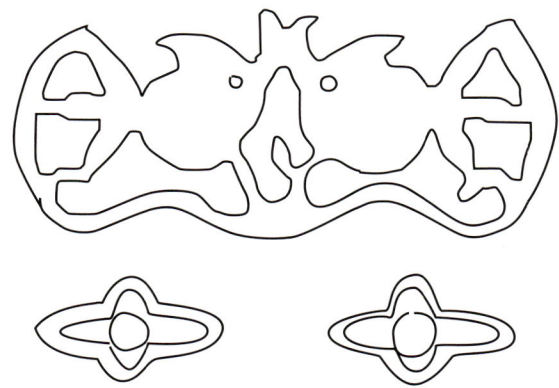

图三　回族木质提梁盒雕饰图

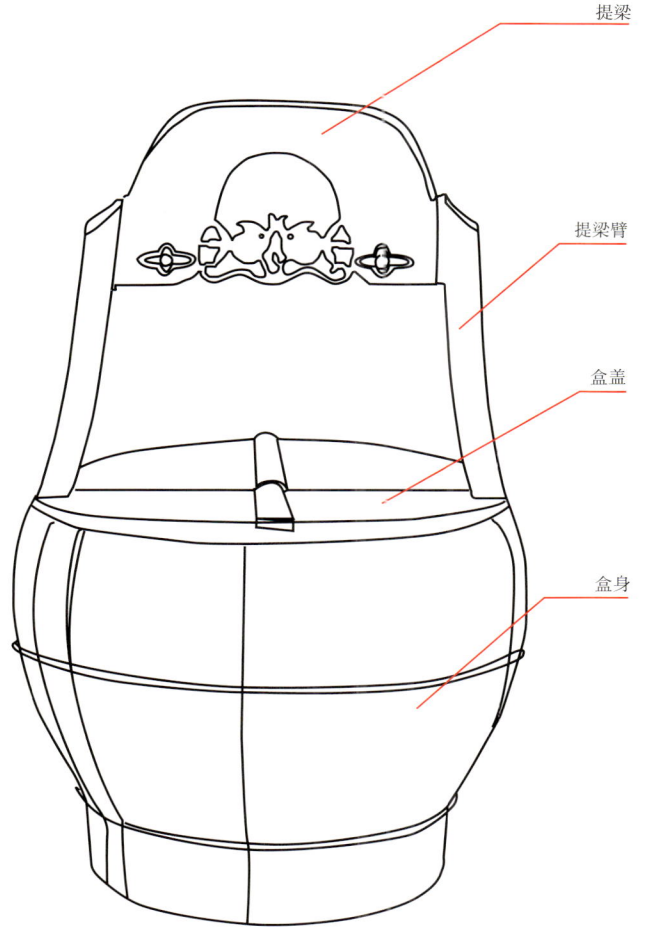

图四　回族木质提梁盒结构名称图

回族铜唾盂

图一　回族铜唾盂主图

唾盂即痰盂，也叫"痰筒"，主要是盛痰用的器皿，多为低矮的圆形、敞口容器。现代的痰盂多用搪瓷、塑料等材料制成。痰盂一般放在餐厅的饭桌下，同时可用来收集烟蒂、食物残渣，亦可挪进睡房作小孩尿壶之用。但较小型的痰盂，大小有如烟灰缸或冰桶，有时亦会放在桌上。因为卫生缘故，大部分痰盂会有痰盂盖跟随。

本案例中的回族铜唾盂出于公元13世纪，收藏于宁夏银川永宁县中华回乡文化园中国回族博物馆。它使用的是黄铜，分为四个部分，上段是敞开的撇口，撇口中间翻盖合页上有一个铆钉与撇口连接，中段是容痰的扁圆腹部，下段是圈足支座。整个痰盂包括盖子大致由四块铜皮打制后再焊接而成，盖钮和合页也是单独焊接在盖子上的，撇口表面使用模印工艺印制了一些几何形纹来装饰，翻盖也符合回族人民讲究卫生的良好习惯，上面有镂空的透气孔能保持里面的空气流通。在我国古代，痰盂都是宫廷使用或贵族所有，所以一般都做工严谨、雕刻精美。

本案例中的铜唾盂在工艺上制作精良、设计巧妙、比例协调，无论是雕刻还是印模都十分精美。这种具有民族特色的痰盂给现当代的设计师提供了丰富的设计启示。

图片来源
图一　永宁县中华回乡文化园中国回族博物馆
图二至图六　汤繁稀　制图

图二 回族铜唾盂上色图

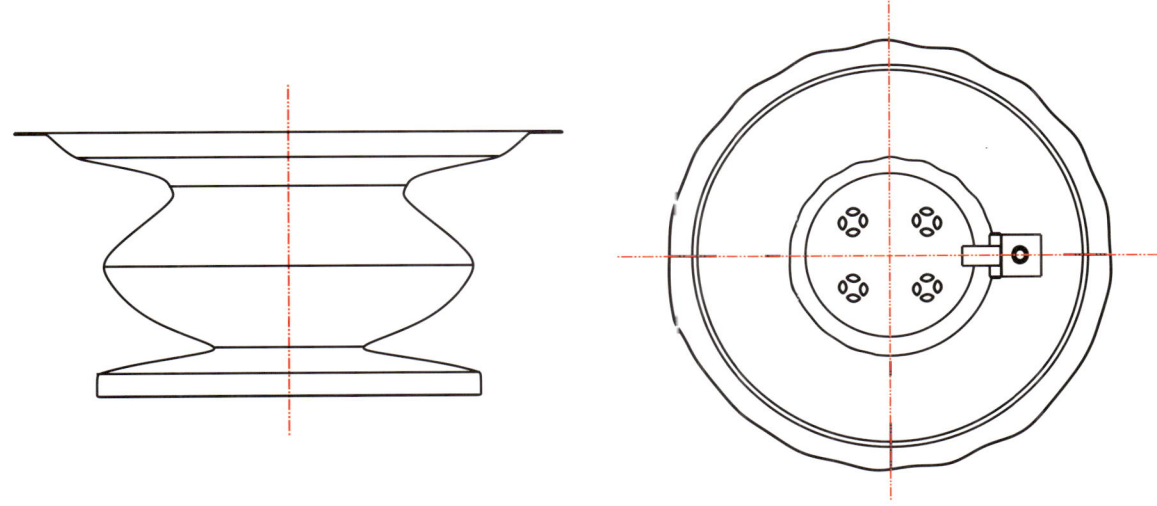

图三 回族铜唾盂视角图

图四 回族铜唾盂纹样图

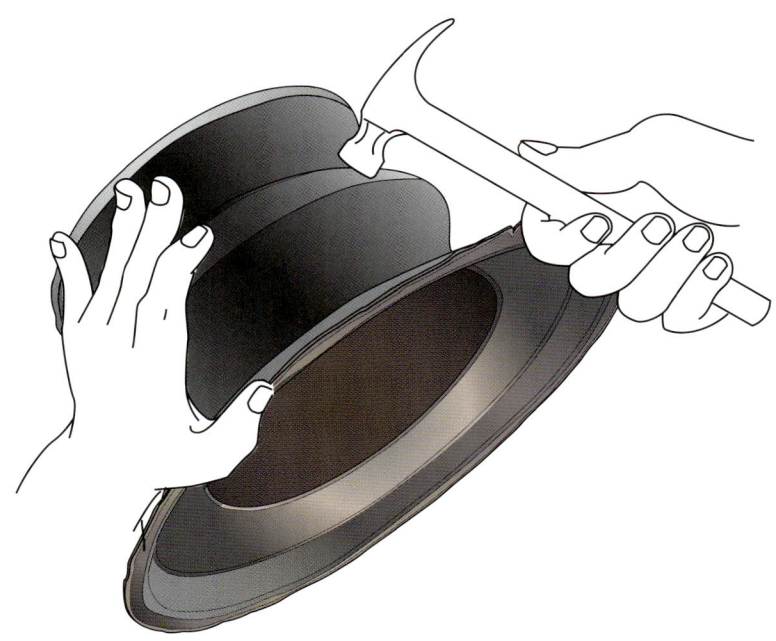

图五　回族铜唾盂制作工艺图

图六　回族铜唾盂使用示意图

回族铜药壶

图一　回族铜药壶主图

　　药壶又名煎药壶，是用于熬制中药的容器。本案例回族铜药壶产于近代，采自宁夏博物馆。

　　整个铜药壶可分为壶盖、壶嘴、壶身、壶把手。壶口设计在壶身与壶盖中间高出一阶的相对平整的地方，这样不仅扩大了壶体的容量，在熬药时也避免热气将盖子打翻。药壶是敲打而成的，壶嘴与壶身以及壶把手都是焊接而成，为了增加把手与壶身处的坚固程度，在把手与壶身连接处增加一片铜片，用四颗铆钉钉入壶身，与壶身里面的铜片连接起来，也就是说在把手连接壶身的这块地方有三片铜片，受力强度也因此大大增加。应该说，煎药器具应以砂罐或瓷罐为佳。金属药罐的使用，有其一定的时代性。铜药罐相比砂罐或瓷罐显得更轻，且不易摔坏，受热更快熬药更省时。当时铜的锻造工艺已相当成熟，价格比起砂罐与瓷罐来说更为便宜，所以出现了这样一批药罐。

　　铜药壶壶口和把手等地方的巧妙设计体现了设计者的生活智慧，值得后来人学习。

图片来源
图一　宁夏博物馆
图二、图三　张灿斌　制图
图四　汤繁稀　制图
图五　胡浩然　制图

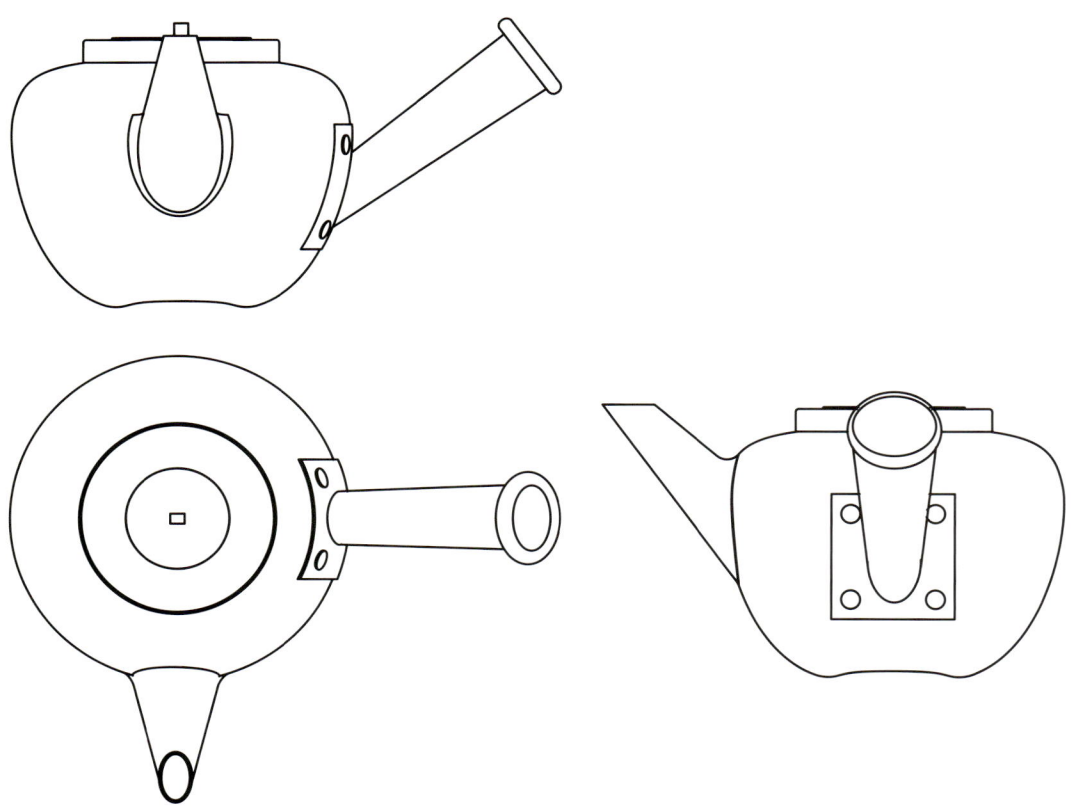

图二　回族铜药壶三视图

图三　回族铜药壶截面图

图四　回族不同形制铜药壶对比图

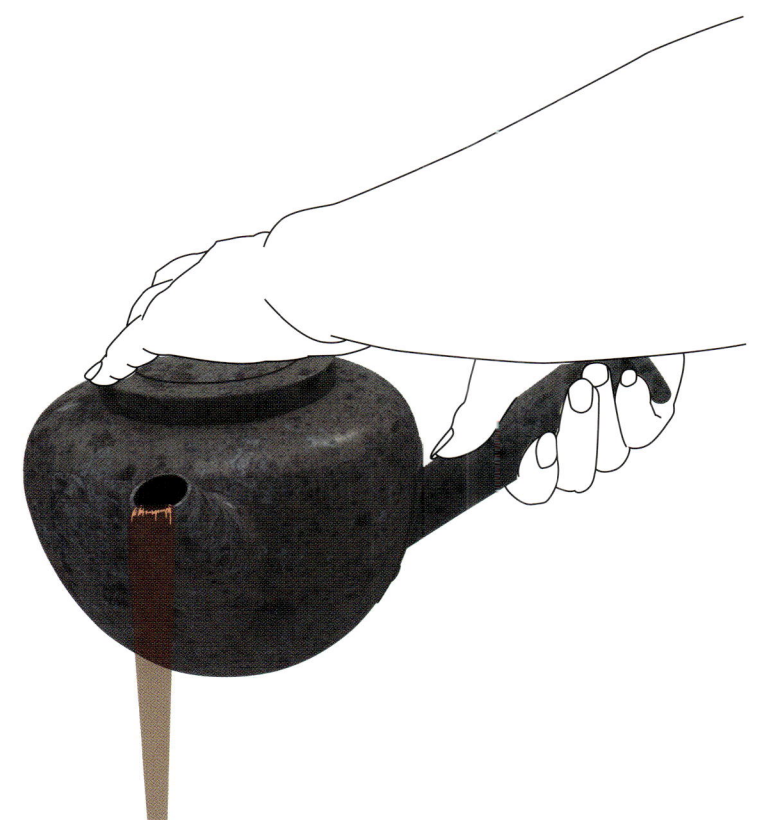

图五　回族铜药壶使用示意图

回族绣花布壶套

正面

背面

图一　回族绣花布壶套主图

绣花布壶套是回族人民的生活用品，套在茶壶外面，用来保温。本案例采自宁夏博物馆，是民国时期的物品，径长35厘米，高38厘米。

本物品是半椭圆形，黑布为底，红布镶边。黑布上正反两面都绣着五颜六色的花卉。中间是艳丽的花朵，花朵周围有新结的花骨朵和彩色的枝条。花朵外围是红布条装饰，将整个面分为五部分，左上、左下、右上、右下均绣有形态各异、颜色繁多的花卉图案。整体色彩艳丽明快，绣花工艺精湛、细节丰富。壶套顶端开孔，便于提壶。纽如伏鸭，羽分五色。

中国人喝水喜欢喝热的，开水沏茶，热水解渴，即使喝凉的也须是凉开水。早年间没有热水瓶，于是便有了壶套。壶套套在茶壶外面，紧贴壶壁，防止壶里的水凉得太快。壶套也有差别，有的壶套精细考究，细藤条编织，配有壶套盖子和壶嘴儿出口，镶着黄铜提手和饰件儿，往桌子上面一摆，既赏心悦目又气派；有的则拿干净的布做底，里边填满棉花，缝起来套在茶壶上，称作棉壶套，棉壶套的样子像帽子，又叫茶壶帽子。

回族绣花布壶套美观实用、做工精细、年代久远，为人们的饮水保温，特别是为冬季的水保温提供了便利，深受人民的喜爱，许多有特色的壶套还具有很高的艺术收藏价值。

图片来源
图一　宁夏博物馆
图二至图五　许梦露　制图

图二　回族绣花布壶套结构名称图

图三　回族绣花布壶套尺寸图（单位：cm）

图四　回族绣花布壶套上色图

图五　回族绣花布壶套纹饰图

回族脉枕

图一　回族脉枕三图

　　本案例回族脉枕，长20.5厘米，宽12厘米，高15厘米，是民国时期的瓷质物品，现收藏于宁夏博物馆。

　　回族医学是中国传统医学与阿拉伯—伊斯兰医学交流融合的产物。中阿医药交流历史源远流长，最早可追溯到西汉，而中医的诊脉也早已为回族人民接受和运用了。因中医诊脉的时间比较长，为了病人舒适和方便诊断病情，人们发明了放在病人腕下起衬垫作用的轻便小巧的脉枕，甚至还有脉褥、脉床等，都和脉枕配套使用。病人使用脉枕后，手腕平放，自然伸展，使得病人寸口三部九侯的脉象展露无遗。从这个角度来看，脉枕无疑是中医诊治的绝好"帮手"，与西医诊听器有异曲同工之妙。

　　本案例的脉枕属于箱型脉枕，下面留有小孔，是烧制时为防止爆裂而设的排气孔。

　　这件造型古朴大方、纹式优美独特、构思开阔巧妙的阿拉伯文彩绘瓷脉枕，体现着民族文化的交融，不仅具有实用价值，更具有收藏价值。

图片来源
图一　宁夏博物馆
图二至图五　李雪松　制图

图二　回族脉枕三视、尺寸图（单位：cm）

图三　回族脉枕剖面图

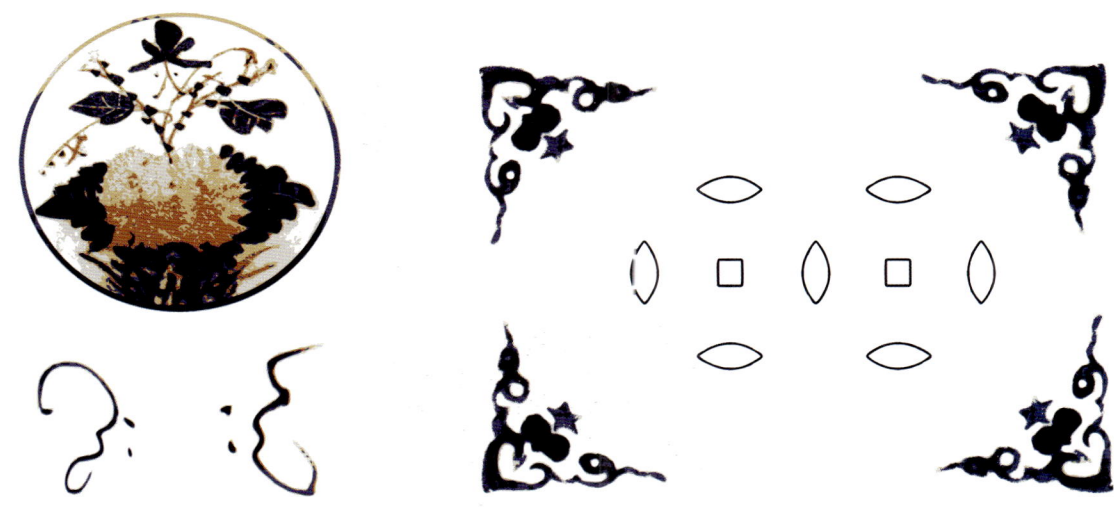

图四　回族脉枕纹饰图

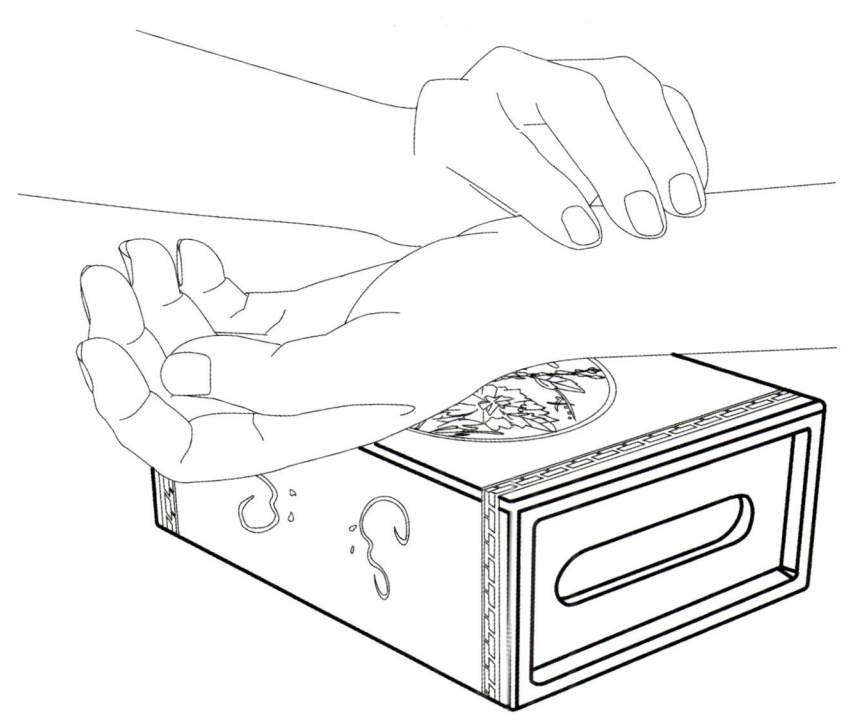

图五　回族脉枕使用示意图

第四章　回族传统生活用具

回族药捣

图一　回族药捣主图

本案例回族药捣采自宁夏省吴忠市，近代物品。药臼口径18.5厘米，罐颈长2厘米，内口径长15厘米，全高30厘米，腹径长20厘米。捣药罐也称药缸、药杵子，由药臼和药杵子组成。常常用来捣药，是中药房、药店使用的传统工具。

药捣可以由质地坚硬的石制材料打造，使用时将药材放入药臼中，慢慢地用药杵子捣碎，便于抓药和熬煮，是中药行业的必备工具。

药捣是中医药的典型代表器具之一，用药捣捣药是煎药前的一项重要工序，体现着中医的用药智慧。

图片来源

图一至图四　肖巧妮　制图

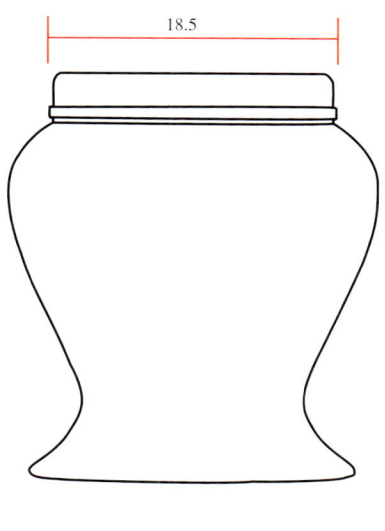

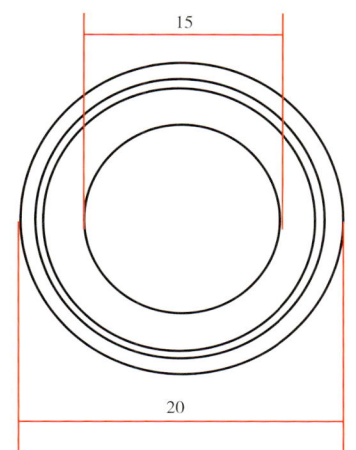

图二　回族药捣三视、尺寸图（单位：cm）

图三　回族药捣剖面图

第四章　回族传统生活用具

339

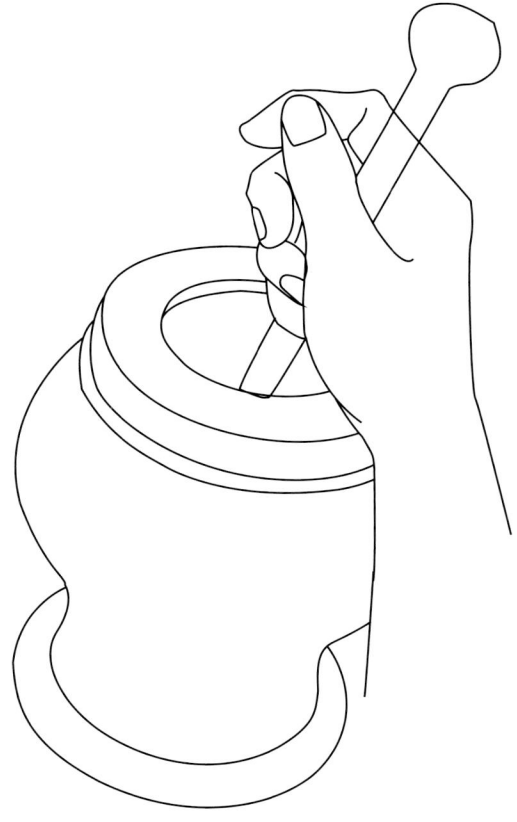

图四　回族药捣使用示意图

回族骨诊棒

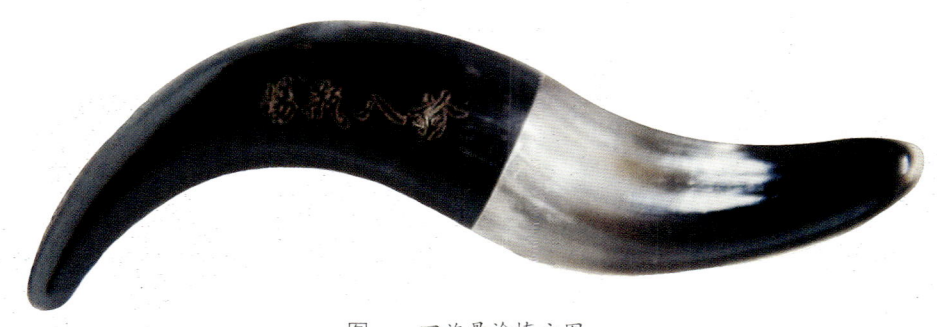

图一　回族骨诊棒主图

该案例回族骨诊棒是近代回族保健汤瓶八诊疗法之骨诊所用器材，牛角材质，出自宁夏回族自治区吴忠市。

本案例中的骨诊棒形如英文中的"S"，光滑坚致，表面刻有"汤瓶八诊"字样。骨诊是以全身骨干、筋经和骨节为施治目标，结合筋经走向流注次序，运用末梢经络根传法的刮、压、拔、颤、抖、叩、搬等刺激手法作用于骨干、筋经和骨节，以达到祛除骨垢、滑利关节，预防和治疗局部及全身性疾患。骨诊的操作步骤：长骨捋法—短骨刮法—骨节点压法—骨连接摇转法—筋结拔伸法—筋结抖颤法。骨诊的适应症：骨创伤、风湿、类风湿、骨质增生类等关节、筋腱损伤和功能性障碍类疾患，如痛风、颈椎病、落枕、急性腰扭伤、腰肌劳损、腰椎间盘突出症、肩周炎、膝关节骨质增生等。

骨诊除了能清除骨垢，对关节、骨骼的病变的治疗也特别有效。它的合理使用充分体现了回族医学对人体结构认知和作用的精熟程度。骨诊棒可谓回族人民重要的理疗工具，在回族的历史文化中占有重要地位。

图片来源
图一　洪梅香编著.中国回族民俗集萃.北京：朝华出版社，2012.
图二、图三　汤繁稀　制图

图二　回族汤瓶八诊使用工具图

图三　回族骨诊棒上色图

回族胡梳

图一　回族胡梳主图

本案例回族胡梳是老人们梳胡子的用具，主要分为梳柄、梳齿、梳链三部分，总长9厘米，梳齿宽2.5厘米。这件木质艺术雕刻品产于近代，以坚实细密、柔润光滑的质地，精美的雕刻工艺，备受藏家们的青睐。现收藏于昌吉博物馆内。

胡梳有着多种材质，包括象牙、桃木等。本案例的胡梳为桃木质地，设计做工华丽精细，整体小巧玲珑，便于使用，又可把玩，有着生活用品艺术化的突出特点，例如把手的四节段设计，便于人手四指握柄，十分称手；链条的设计使其十分方便挂于身上，以备随时使用；梳齿的设计又十分小巧密集……这些设计充分展现了民间艺人的生活审美与智慧。

中国地域辽阔、民族众多，自然与人文环境各异其趣，造就了丰富多彩的饰物文化。从饰物取材到造型纹饰，各民族既独立发展又相互影响。而在各类材质的饰物中，又以木质饰物最广泛地被各民族所运用。胡梳应人们生活需要而产生，已有上千年的历史，也体现了我国的灿烂文化。近年来，中国民间饰物的美丽形纹，对现代艺术设计，乃至现代生活的审美，都产生了巨大的影响。透过本案例的胡梳，读者将不只看到中国民间饰物直观的外在形状，更可领略中华民族社会、历史和宗教的丰富文化内涵。

图片来源
图一　昌吉博物馆
图二至图四　向益虹　制图

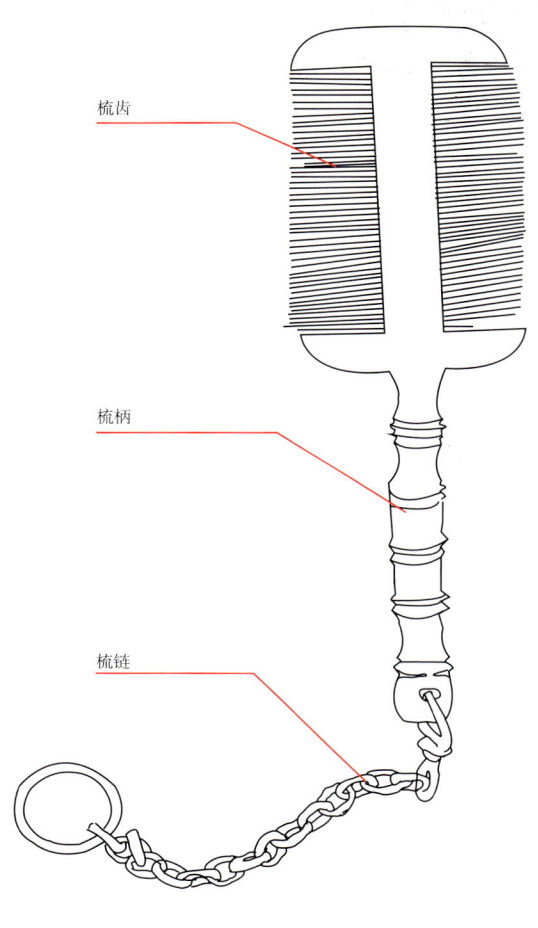

图二　回族胡梳结构名称图

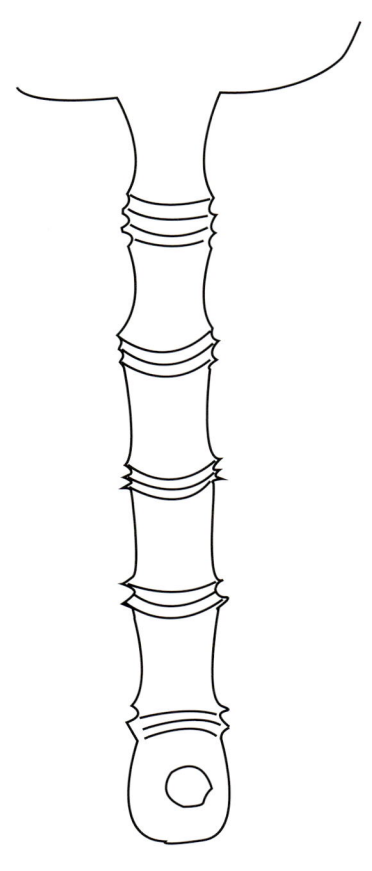

图三　回族胡梳梳柄细节图

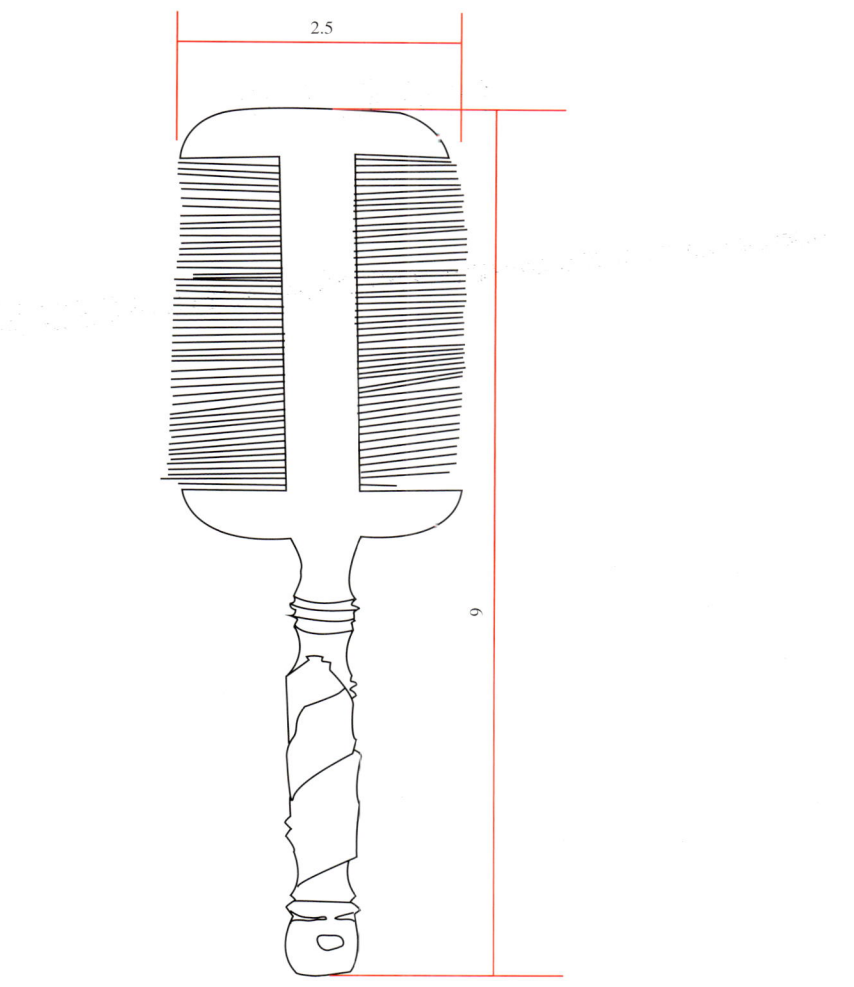

图四 回族胡梳尺寸图（单位：cm）

回族赶牛棍

图一　回族赶牛棍主图

"赶牛"是流传在中国宁夏南部泾源县回族群众中的一种游艺活动,是一种古老的运动,由波斯人、阿拉伯人在唐朝时传入当地。

本案例回族赶牛棍即是"赶牛"使用工具。从整体来看,其外形与古老的曲棍球有相似之处,长150厘米,头部宽20厘米,长30厘米,用根部带弯度的凸面嫩木制成,棍头凸面部分比较坚硬,但具有一定的弹性,便于击打。"牛"是一个木头制成的方块,边长10厘米,小孩一般用拳头大的石头。泾源回族"赶牛",一般在比较空旷的草地或比较大的麦场上进行。场地面积长、宽15米左右即可,场地中间挖一直径40厘米、深20厘米的窝,称为"牛圈"。场地的边沿距"牛圈"5米处再挖若干个窝,距离相等,称为"住屋"。每窝有1人驻守。泾源回族"赶牛"一般是9人参加,挖8个小窝。比赛时参加人员排成一队,把各自的赶牛棍放在肩膀上,向背后扔出,看谁的赶牛棍扔得远,扔得最近的人就开始"赶牛","赶牛"人为攻方、其他人为守方。守方一个人发"牛",用木棒将"牛"击向远方。攻方力图把"牛"往场地中间的窝里赶,称为"牛进圈",赶进为胜。守方要各自守住自己的窝,如果攻方占了守方谁的窝,谁就去赶牛。赶牛比赛,对输者要进行惩罚,窝被抢占或"牛"被赶到窝中的人要去山上赶真牛,之后活动继续进行。

"赶牛"在当地有着深厚的群众基础。这一民间传统体育活动内容健康、活泼,游戏规则简单易学,就地取材,便于开展,既能强身健体,又能开发智力,集竞技性、游艺性、娱乐性于一体,因此深受当地回族群众的喜爱。

图片来源

图一至图三　林志兵　制图

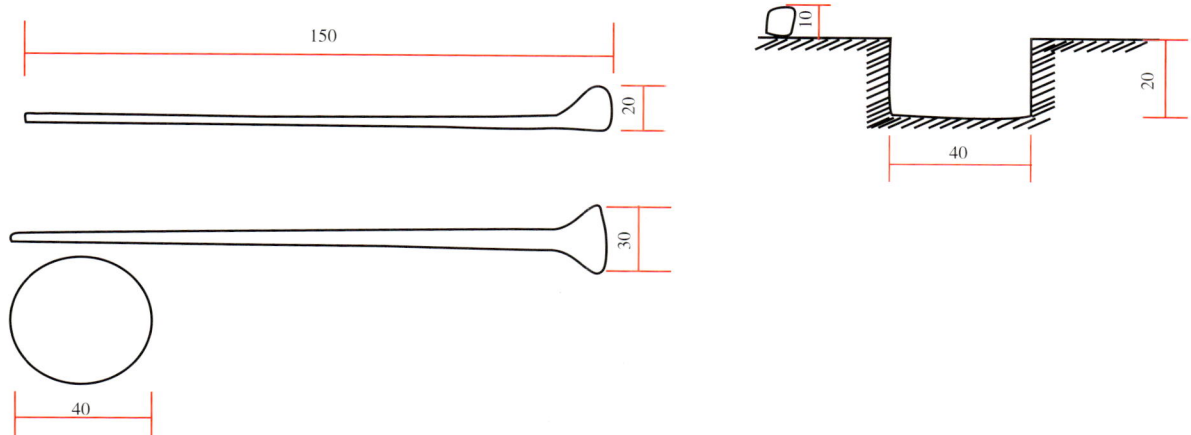

图二 回族赶牛棍尺寸图（单位：cm）

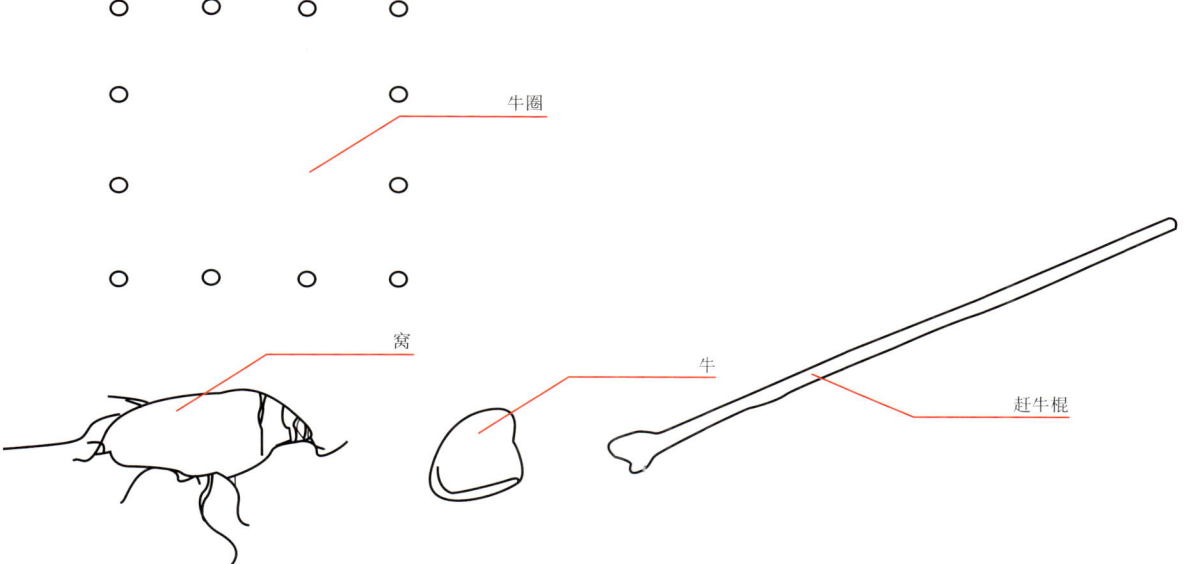

图三 回族赶牛棍结构名称图

回族石臼

图一 回族石臼主图

本案例中的石臼属于近代物品，是回族人民的日常生活用品，主要用来碾碎食材、药材，现收藏于宁夏博物馆。

石臼高20厘米，直径25厘米，内直径15厘米。材质为普通石材；通过凿洞、修理、打磨、雕刻等多重工序制作而成。

石臼就是将石头的外表雕成圆柱形或长方形，从上方中央处挖凿一个半圆球形的凹槽，作为盛装食材、药材进行捣碾加工的容器，一般搭配木杵或石杵使用。石臼有大小之分，大的石臼可以用来做年糕、糍粑，小的石臼一般是用来加工食材（比如大蒜、花生、豆、花椒、辣椒等）、药材（比如阿胶、香料等）。从日常饮食到治病救人都离不开小小的石臼。案例中的石臼造型古朴，臼身刻有大气的纹饰，由突出的圆点围成一圈并有条形交叉，不仅起到装饰的作用，同时增加了手掌与石臼之间的摩擦，使得使用石臼的时候不易打滑。

图片来源
图一　宁夏博物馆
图二至图四　邓奔　制图

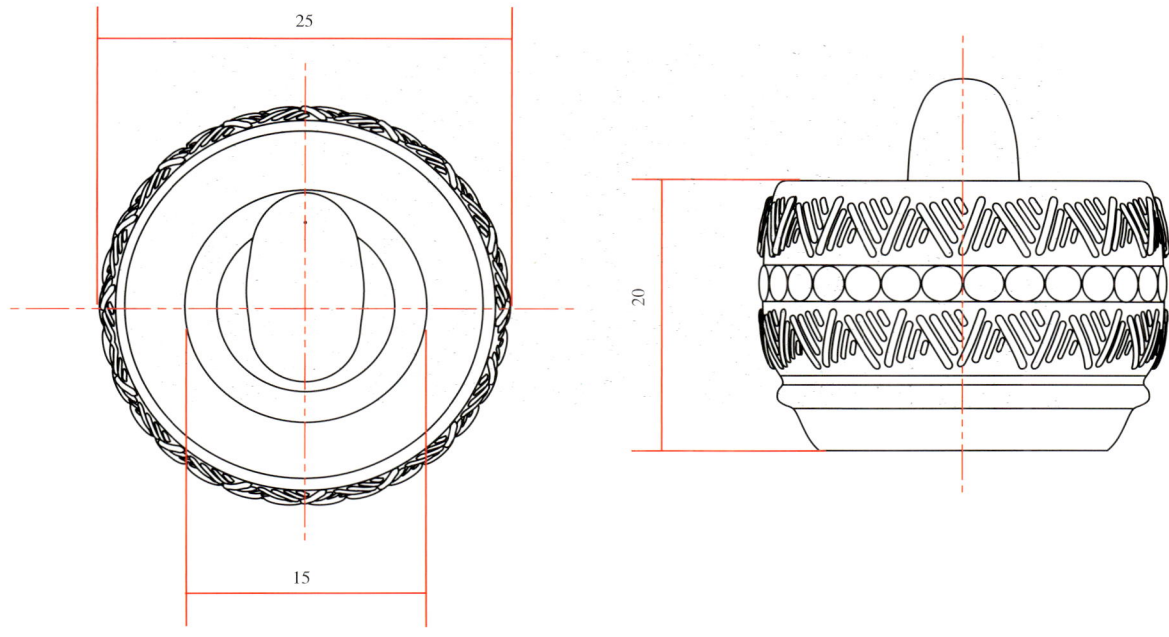

图二 回族石臼视角、尺寸图（单位：cm）

图三 回族石臼剖面图

第四章 回族传统生活用具

图四　回族石臼细节图

回族凤凰琴

图一　回族凤凰琴主图

本案例为回族凤凰琴，民国物品，收藏于宁夏博物馆。

凤凰琴构造简单，容易演奏，音色清脆、明亮，可用于独奏、合奏或为歌舞伴奏，尤其适合一般民间娱乐和弹唱使用。凤凰琴由琴身、切音板、键板、琴键、弦轴和琴弦等部分构成。琴身是呈扁长方形的共鸣箱，它由面板、框板和底板胶合而成。装有弦轴的一侧为琴头。面板尾部中央开有一个圆形音孔，在琴身的头部里面胶有安装弦轴的硬木，琴腔内胶有支撑框板和马子的木条和木柱。琴身底部装有4个琴脚。切音板是横胶于面板中央的木条，按下琴键后，能起到控制不同长度的琴弦振动的作用，在切音板的左端嵌有支弦的山口。有的琴在切音板上还镶有金属制的音品。键板是安装琴键的木板，表面多做琴的装饰用，也有涂上商标图案的，它的底面装有放键杆用的线槽板和勾住键杆的弹簧。琴键包括键杆和键钮，它们是用金属片冲压成型的（有的键钮是用塑料制的），每个键钮上镶有音名。琴键一般有23或24个，分两排并列，与钢琴的黑白键相同，一排为基本音键，另一排为半音键。弦轴与扬琴的弦钉相似，用细铁棍经砸方和滚螺纹制成，装于琴头处，起好转调音的作用。琴弦有4～7根不等，全部使用钢丝弦，除里面的一条采用缠弦（作低八度和声弦）外，其余各弦使用32号细钢丝。在琴的尾部，有支弦的马子和控弦的弦勾板。琴的附件有用于拧转弦轴的琴匙和用以拨弦的拨片。凤凰琴又称"大正琴"。由于构造简单、容易弹奏、音色清脆而深受民众的喜爱。为了纪念孙中山先生，还定名为"中山琴"。我国制作凤凰琴已有50多年历史。凤凰琴的品种以弦数分为四弦、五弦、六弦和七弦四种，按外型分为长方形、兵舰形、有盖和无盖的多种式样。工艺革新后的新品种有用料较少的窄琴头（不影响琴的共鸣）式、燕尾式、凤头式和吉他式等，造型新颖、色彩艳丽、发音清亮、工艺精细。

举凡古今中外的老歌新曲，凤凰琴均可弹奏自如。

图片来源
图一　宁夏博物馆
图二至图五　汤丹丹　制图

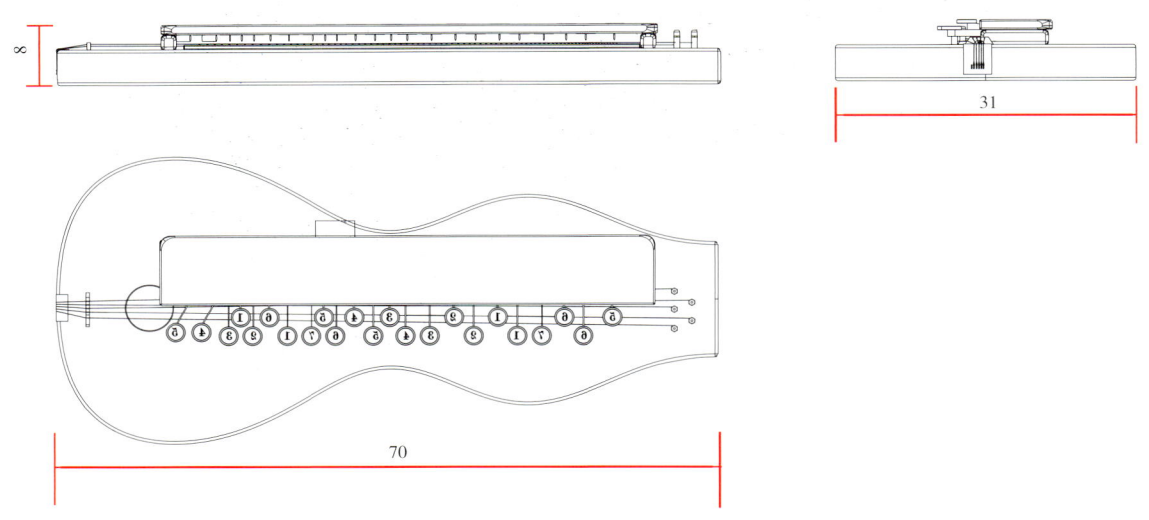

图二　回族凤凰琴三视、尺寸图（单位：cm）

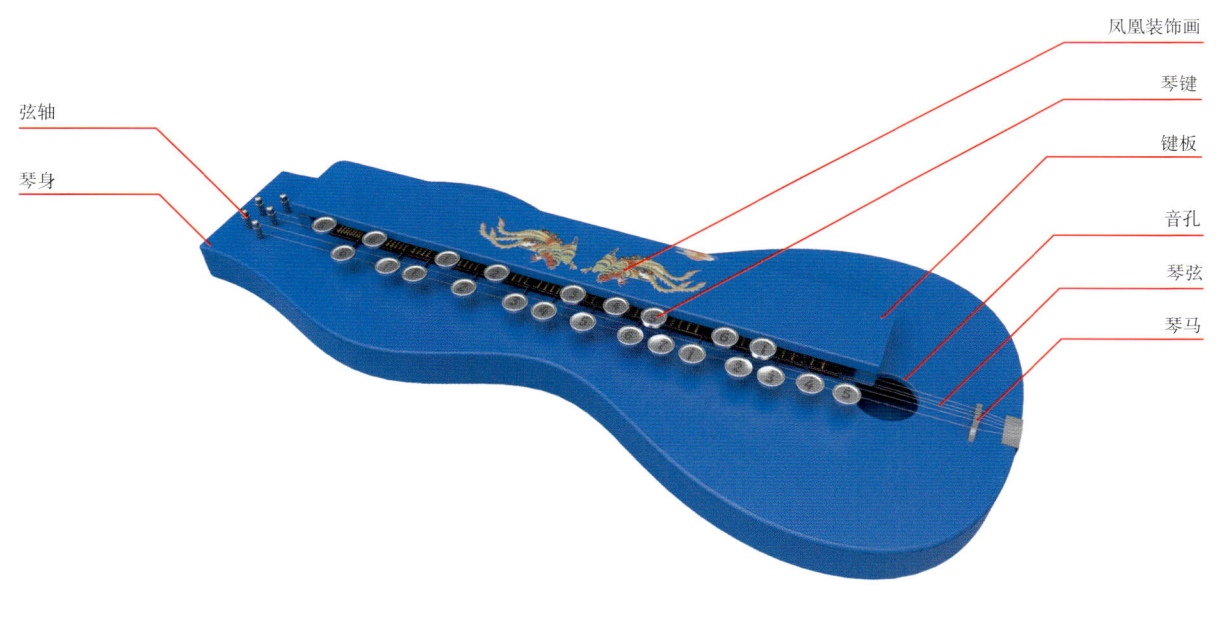

图三　回族凤凰琴结构名称图

图四　回族凤凰琴装饰图

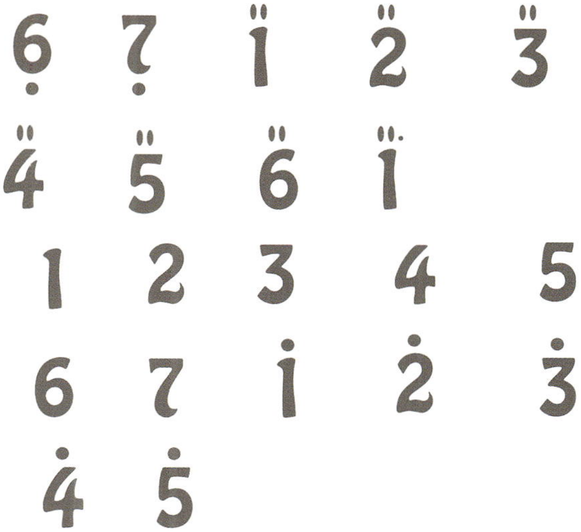

$\overset{..}{6}\ \overset{..}{7}\ \overset{.}{\dot{1}}\ \overset{.}{\dot{2}}\ \overset{.}{3}$

$\overset{.}{4}\ \overset{.}{5}\ \overset{.}{6}\ \overset{.}{\dot{1}}\ 4$ ...

图五　回族凤凰琴音阶数字图

回族四弦

图一　回族四弦主图

四弦又称四弦琴，其形似二胡，弦为四根。主要有高音、中音、低音三种，其中高音、中音四胡适合独奏和伴奏，低音四胡主要用于乌力格尔伴奏。

本案例四弦琴材质为硬木树种，琴弦的材质为橡皮筋、细线、钓鱼线、尼龙线、钢丝、铁丝、铜丝等，颜色为浅棕色，火焰状纹路非常漂亮。四弦制作工艺较简单，把有环的木螺钉固定在长方形的木块上，把琴弦的细线两端分别绕在木螺钉的环孔上，通过转动螺钉来调整琴弦。四弦制作主要是装饰和雕刻的工艺比较复杂。四弦琴可以说是扩大了音域的二胡，在选材及音响原理方面都与二胡接近；但由于它有四条琴弦，在琴体结构方面当然必须要有与其相适应的改革。它的定弦和小提琴一样，弓子是夹在两组琴弦之间（GD为一组，是里弦，AE为一组，是外弦）演奏的。四弦琴可以用来演奏所有的二胡曲，丝毫无损于民族风格；不过，四弦琴毕竟不是二胡，也不是小提琴，作为一种新的乐器，它本身独特的结构要求单独为它写作既富于民族风格又比二胡更有表现力的乐曲。

四弦制作设计非常美观、简约，不管在古代还是现代都有很高的使用价值和审美价值，体现了回族人民的智慧和对生活的热爱。

图片来源

图一至图四　李雪松　制图

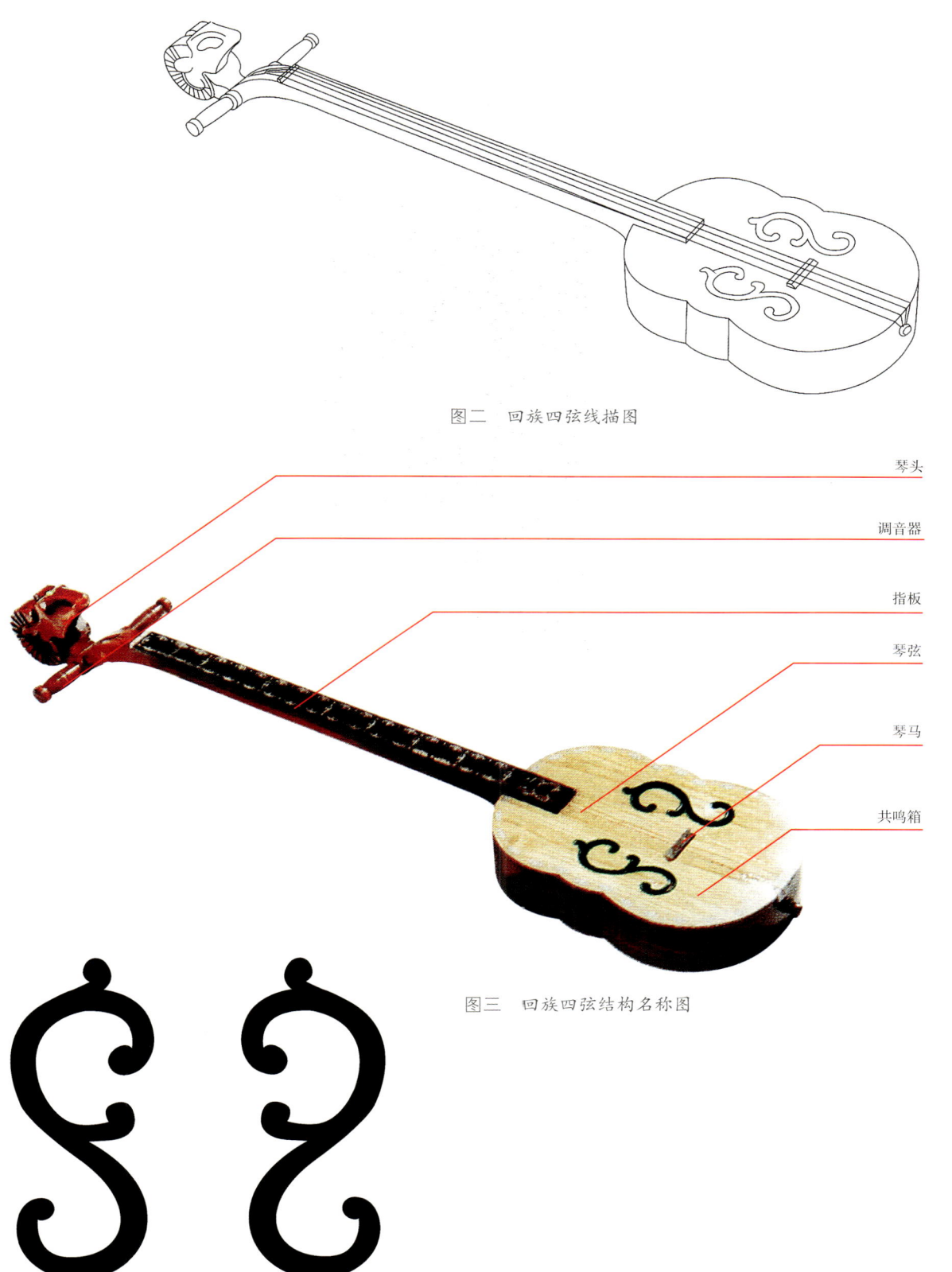

图二 回族四弦线描图

图三 回族四弦结构名称图

图四 回族四弦纹饰图

第四章 回族传统生活用具

355

回族腰鼓

图一　回族腰鼓主图

回族腰鼓来源于生活，又很好地表现了生活。在回族人节庆、迎宾、喜庆等日子里都离不开腰鼓这个乐器。

腰鼓是民族棰击膜鸣乐器，历史悠久，发音脆亮，在民间广泛流传。鼓本身形似圆筒，两端略细，中间稍粗，鼓长约34厘米，两面蒙皮。鼓框上有环，用绸带悬挂在腰间，演奏时双手各执鼓槌击奏，并伴有舞蹈动作。腰鼓在民间十分盛行，人们跳着腰鼓舞，变换队形，或行走或在一个场地内边舞边敲。腰鼓舞是一种非常独特的民间大型舞蹈艺术，最初流行于陕西，后来在全中国发展流行。独具魅力的安塞腰鼓掀起了黄土地上的狂飙，展示出西北黄土高原农民朴素而豪放的性格，张扬出独特的艺术性。近年来，腰鼓舞已在许多大中城市的居民中兴起，其主要是自娱自乐。

腰鼓舞省称"腰鼓"，源远流长。鼓是精神的象征，舞是力量的表现，鼓舞结合开舞蹈文化之先河。如果说《尚书·益稷》中"击石拊石，百兽率舞"记述了原始社会人们敲打着石器，模仿兽类的形象跳图腾之舞的话，那么《易·系辞》中"鼓之舞之以尽神"则说明鼓的出现，使舞蹈得到飞跃，成为农耕舞蹈文化的开端，是弘扬民族精神的重要艺术形式。腰鼓表演可由几人或上千人一同进行，磅礴的气势、精湛的表现力，令人陶醉不已，被称为"天下第一鼓"。

腰鼓在表演形式和技巧上，变化极为丰富，有着悠久的发展历史和广泛的群众基础，在一些主要流传地区，几乎是村村有鼓队，家家有鼓手，而且世代传承，经久不衰。正由于它流传的时间长、范围广，参加的人数多，所以，舞蹈的基本形式和动律虽然大致相同，但在不同的地区，形成了各自不同的表演风格和习俗，显示了中国人民一种豪放热烈、顽强拼搏的精神状态，在国际艺术中有着重大的影响。

图片来源

图一　洪梅香编著.中国回族民俗集萃.北京：朝华出版社，2012.

图二、图三　李雪松　制图

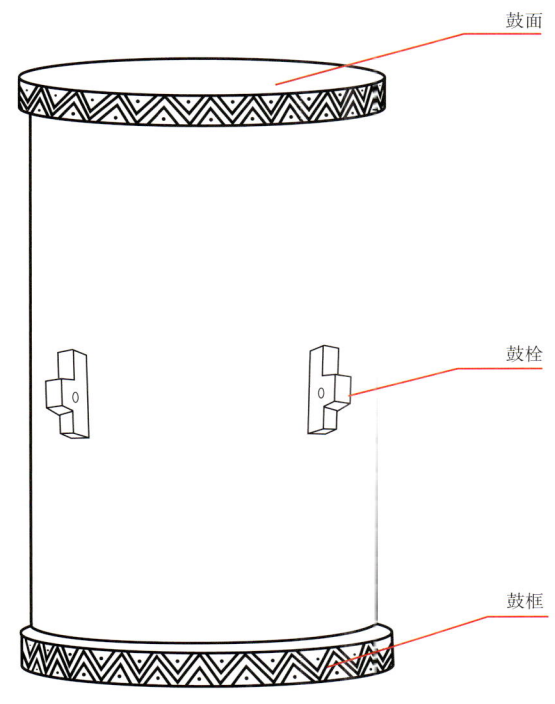

图二　回族腰鼓结构名称图

图三　回族腰鼓纹饰图

回族号角

图一　回族号角主图

　　号角又称角看，古代军旅中使用的号是用兽角做成的，故称号角。元明以后，竹木、皮革制作的号角消失，铜号角广泛使用，到清末新军创建，洋式军号盛行，号角就退出历史舞台了。

　　用兽角做的号角，牛角号角最为常见，本案例回族号角即是。号角的制作看似简单：把兽角除去异味，再通过简单的加工就可以制成号角，但通常号角都要经过精致的加工处理和雕刻装饰；总体形态为细长的圆锥形，整个圆锥又带有弧形。东汉时号角由边地少数民族传入中原。由于号角发声高亢凌厉，在战场上用于振气壮威或发号施令。后来号角也用于帝王出行时的仪仗。随着号角被广泛使用，制作材料也改用轻易可获得的竹木、皮革、铜角、螺角等。其型号也长短大小有别，以适应不同需要。

图片来源

　　图一　洪梅香编著.中国回族民俗集萃.北京：朝华出版社，2012.
　　图二、图三　李雪松　制图

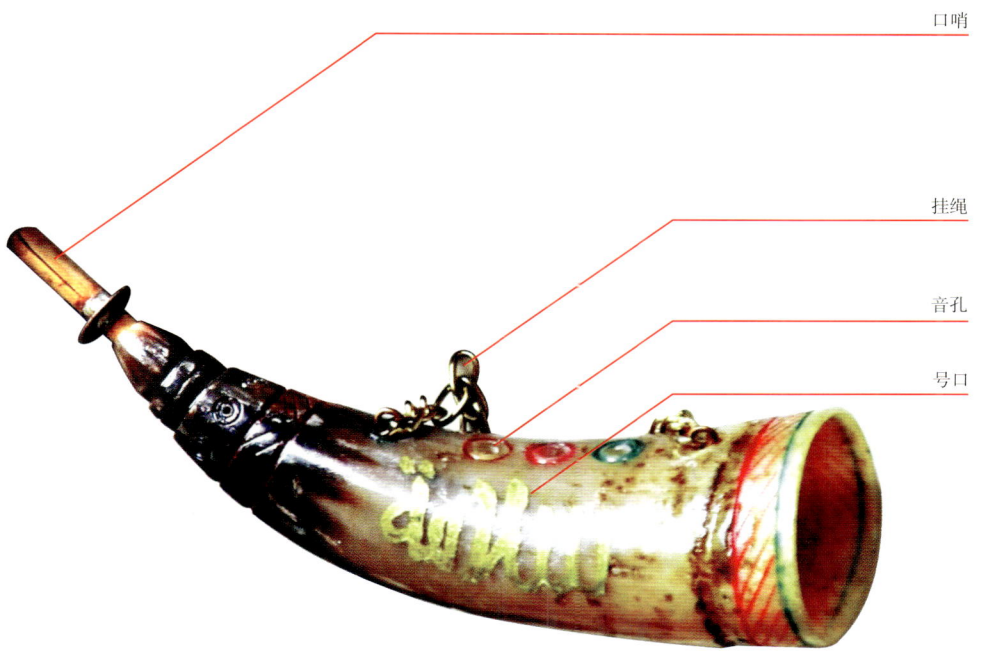

图二 回族号角结构名称图

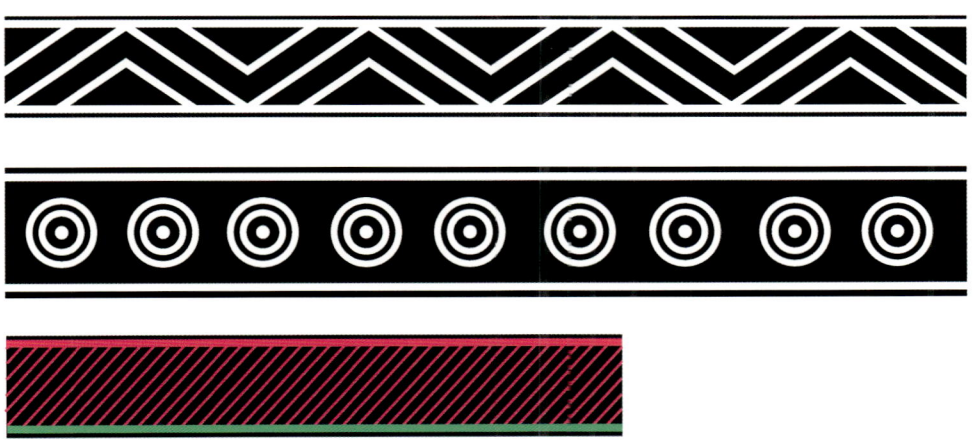

图三 回族号角纹饰图

第四章 回族传统生活用具

回族驼铃

图一　回族驼铃主图

本案例中的驼铃，是回族人民行走沙漠时一种常用的且非常重要的生活器具。现收藏于宁夏博物馆。

驼铃一般体积较大，生铁铸成，长方形，总高为16厘米，直径为6.4厘米，很沉重，敲出的声音非常响亮。这种驼铃只有在牵着驼队上路的时候，才会挂在一队骆驼的最后一峰的颈下，随着骆驼的行走而发出响声。为的是能够知道骆驼是否有走失，驼队是否散了。因为一般都是一个人走驼队，一人牵12～15峰骆驼，走在前面，只要听到悠长的驼铃声音，就能知道自己的驼队平安无事。驼铃之间的声音都是不一样的，熟悉这些的人们，大老远听声音就能知道是谁的驼队。

驼铃的出现是回族人民在沙漠的恶劣环境下萌生出的智慧，也是沙漠文化的一种代表。驼铃对于行走在沙漠中的人们、驼队来说有着举足轻重的作用。驼铃就像一个让沙漠中的人们感到安心的护身符，驼铃响，驼队就没散，货物都还在，生活就能继续。

图片来源
图一　宁夏博物馆
图二至图六　邓奔　制图

图二 回族驼铃剖面图

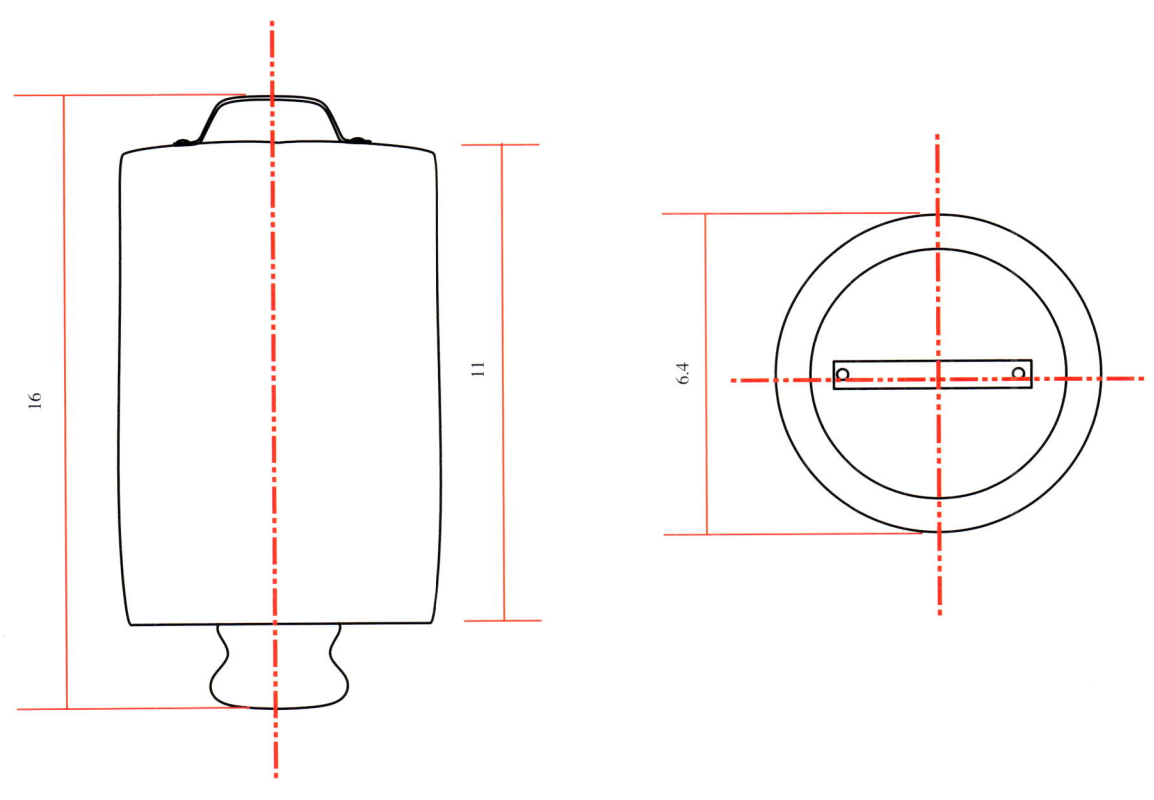

图三 回族驼铃视角、尺寸图（单位：cm）

第四章 回族传统生活用具

361

图四 回族驼铃系结示意图

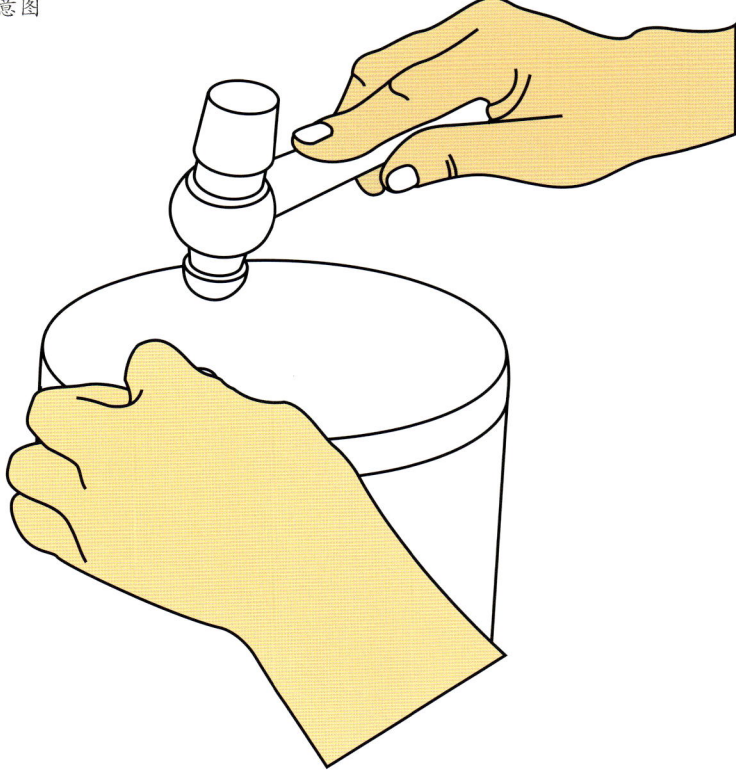

图五 回族驼铃制作示意图

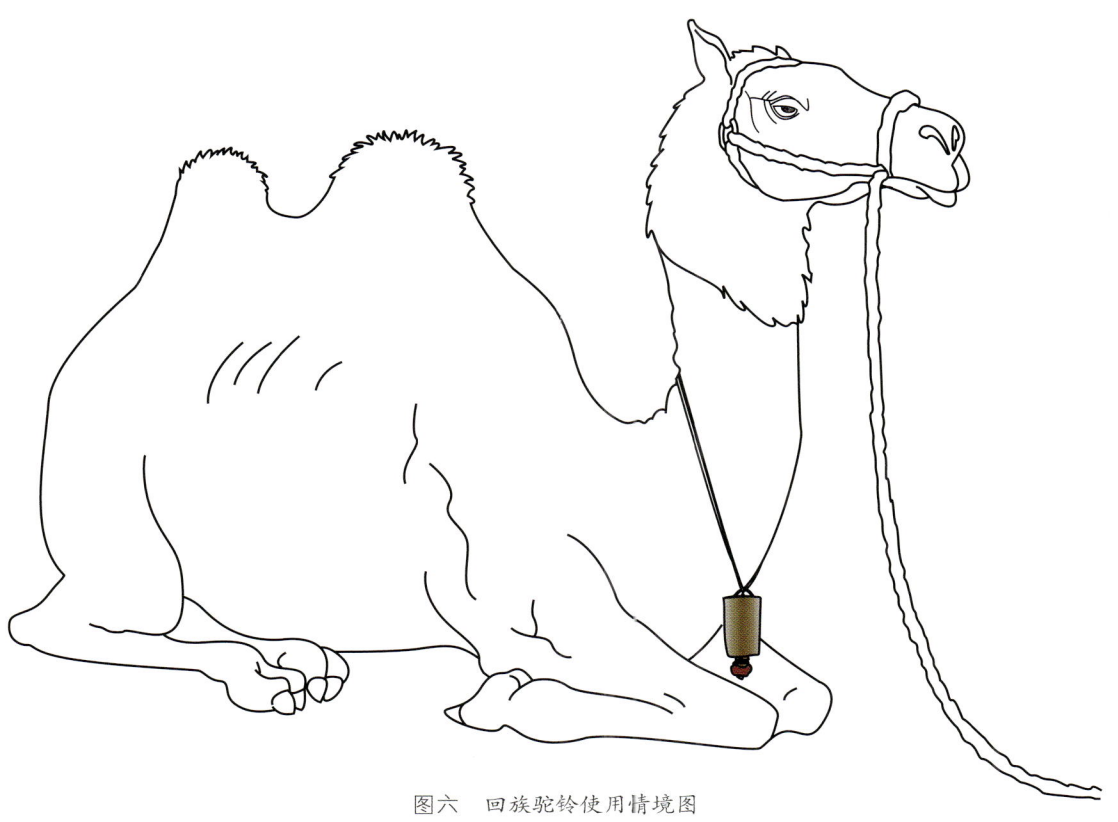

图六　回族驼铃使用情境图

回族"哇呜"

图一 回族"哇呜"主图

"哇呜"是一种流行于宁夏回族自治区的乐器，尤其以西海固一带最为盛行。"哇呜"由土制乐器演变而来，因吹出来的声音"呜呜哇哇"而得名。因形状似牛头，又叫"牛头埙"，还叫"泥哇呜"或"泥箫"，古代称为"埙"。本案例回族"哇呜"为现代物品，收藏于宁夏博物馆。

"哇呜"制作简单，取材方便，普及性强，回族聚集区的小孩，都喜欢用泥做"哇呜"——挖一块黏合力强、结实耐用的黄胶泥土，用水搅拌揉成泥球，然后做成圆形、鸡蛋形、蝴蝶形、鱼形、牛头形等各种各样的，待晾硬后用一根粗铁丝或粗芨芨秆，钻几个小孔。有些灵巧的村童，为了使"哇呜"更好看，用马尾刮边，用香油涂抹，然后放进砖窑里烧制，这样一来使得"哇呜"外表更光滑、好看，音色上也更加纯正响亮。通常在"哇呜"上端正中开吹孔，在前后开数量不等的音孔。例如核桃形"哇呜"，在正面开一个音孔；椭圆形"哇呜"，前面开四个音孔、后边开一个音孔；鱼形泥哇呜前开五孔；牛头形泥"哇呜"形状如牛头，上边宽下面尖，吹孔在上方中间，音孔多是四孔或六孔；牛角形"哇呜"，音孔多为前二个、后一个，或六孔，前五个、后一个；而蝶形"哇呜"，音孔多为四孔，前三个、后一个。"哇呜"虽形状、音孔各不相同，但都在两侧或底部设有小孔，然后拴系上不同颜色的丝穗或彩珠作为装饰。吹"哇呜"的时候，双手托捧着，拇指、中指夹持，口对着上边的吹气口吹气发音，形状不同指孔不等的"哇呜"指法也各不相同，音域多为 d1—a1或d1—c2。音色清脆、悠扬多为小的"哇呜"，音色浑厚、深沉多为大的"哇呜"。妇女喜爱吹奏的泥"哇呜"品种有蝶形"哇呜"和牛角形"哇呜"，这两种"哇呜"在形态结构上相似，都很美观、别致。山区或农牧区的人们普遍比较喜欢牛头形泥"哇呜"，它既是牧民和牧童喜爱的自娱性乐器，又是辅助牧业生产的工具。"哇呜"常用于独奏。比较普遍的乐由有《苏武牧羊》《放牧小调》《即兴曲》等。

"哇呜"种类繁多，牛头的形态比较有特色，在比例和尺寸上都符合人手握的弧度，线条流畅、大小适中，符合人机工程学，手指和指孔能很好地对应，表面的图案装饰也充分表现出回族自身的特色。"哇呜"这种乐器带来了一种独特的设计样式。

图片来源
图一　宁夏博物馆
图二至图四　张灿斌　制图

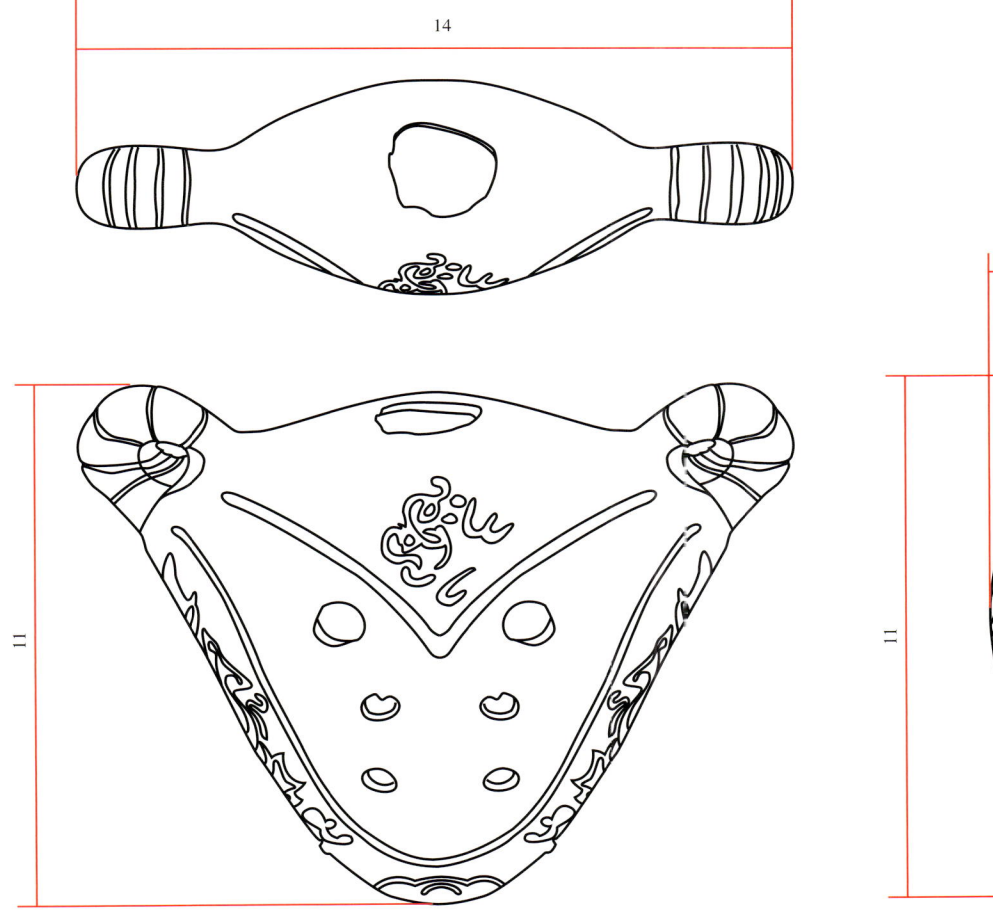
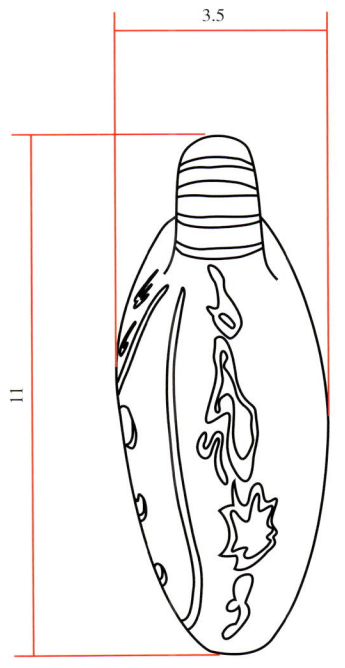

图二　回族"哇呜"三视、尺寸图（单位：cm）

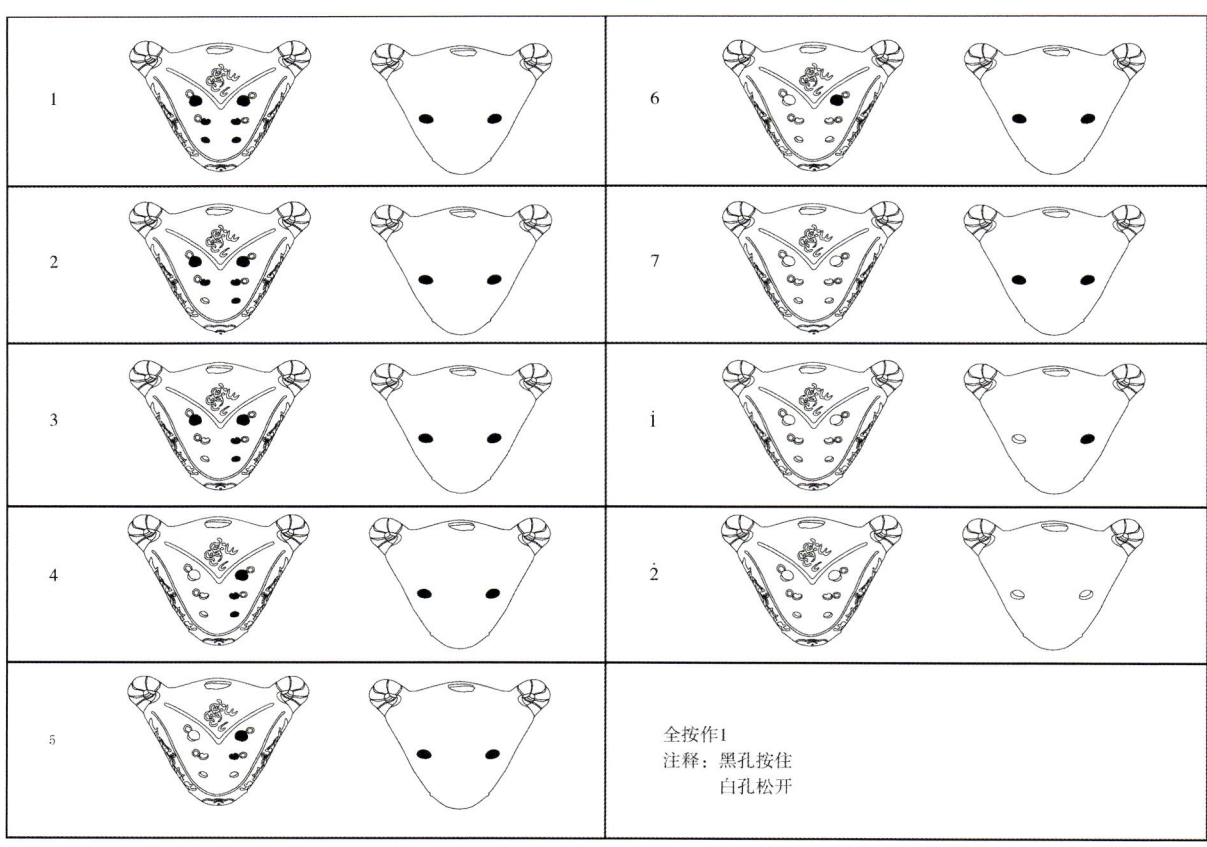

图三　回族"哇呜"指法图

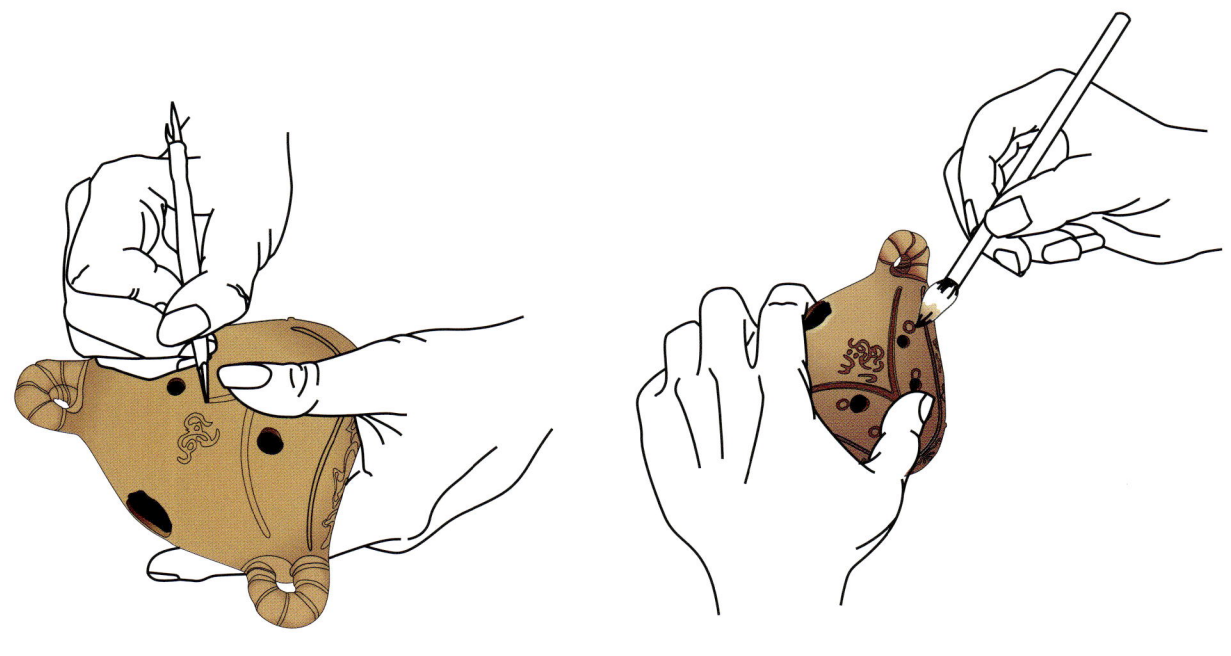

图四　回族"哇呜"上色图

回族口弦

图一　回族口弦主图

口弦，又名响篾、篾簧、口簧，是西北回族民间自制、自娱性的一种微型弹拨乐器，多为回族妇女所乐于演奏。回族民谣有对口弦形象的描述："三寸竹片片，两头扯线线；一端衔口中，消愁解麻缠（解除心中的烦恼）。"元代以后，簧在汉族地区已近绝迹，但在边疆民族地区依然流行，逐步形成现在的口弦的雏形。本案例口弦出自明代，取材于六盘山剑竹，长15厘米，宽2厘米，厚0.8厘米，簧舌位于中间，簧舌上连有拉线。现藏于广西民族博物馆。

口弦按制作材料，可以分成两种，一为竹制，二为铁制，铁口弦和竹口弦演奏的效果差不多。铁口弦在其他民族当中也有，但竹口弦却是回族姑娘所独有的。竹口弦，顾名思义是用竹子削的，主要取用六盘山当地特有的竹子。口弦表面上看起来不复杂，但做时颇讲究工艺。上好的口弦，精心选取优质的竹子，截制成长三寸左右，一头大，一头小的若干根，放入锅中油炸，晾干后用刀精心去削。从颜色上看，如漆清漆、锃亮光滑；从质地上看结实耐用、不宜破裂、富有弹性；从效果上看，音量适中、清脆柔和。弹奏时，将口弦放于嘴边，左手扶口弦，右手拉动簧线，嘴唇的开合决定音量的大小，富有节奏的扯动拉线，使簧舌震动，发出一种"咕咕咚，咕咕咚"的具有特殊魅力的声音。弦应构造精简，没有过多的音调，通过姑娘的口形、气力等变化去表达喜怒哀乐等各种思想感情。其发声原理与鼓相似，以口弦为鼓皮，以口腔为鼓身。

口弦就地取材、做工简单、上手容易，又可娱乐放松、宣泄情感，极易在民间推广。

图片来源
图一　广西民族博物馆
图二至图六　胡浩然　制图

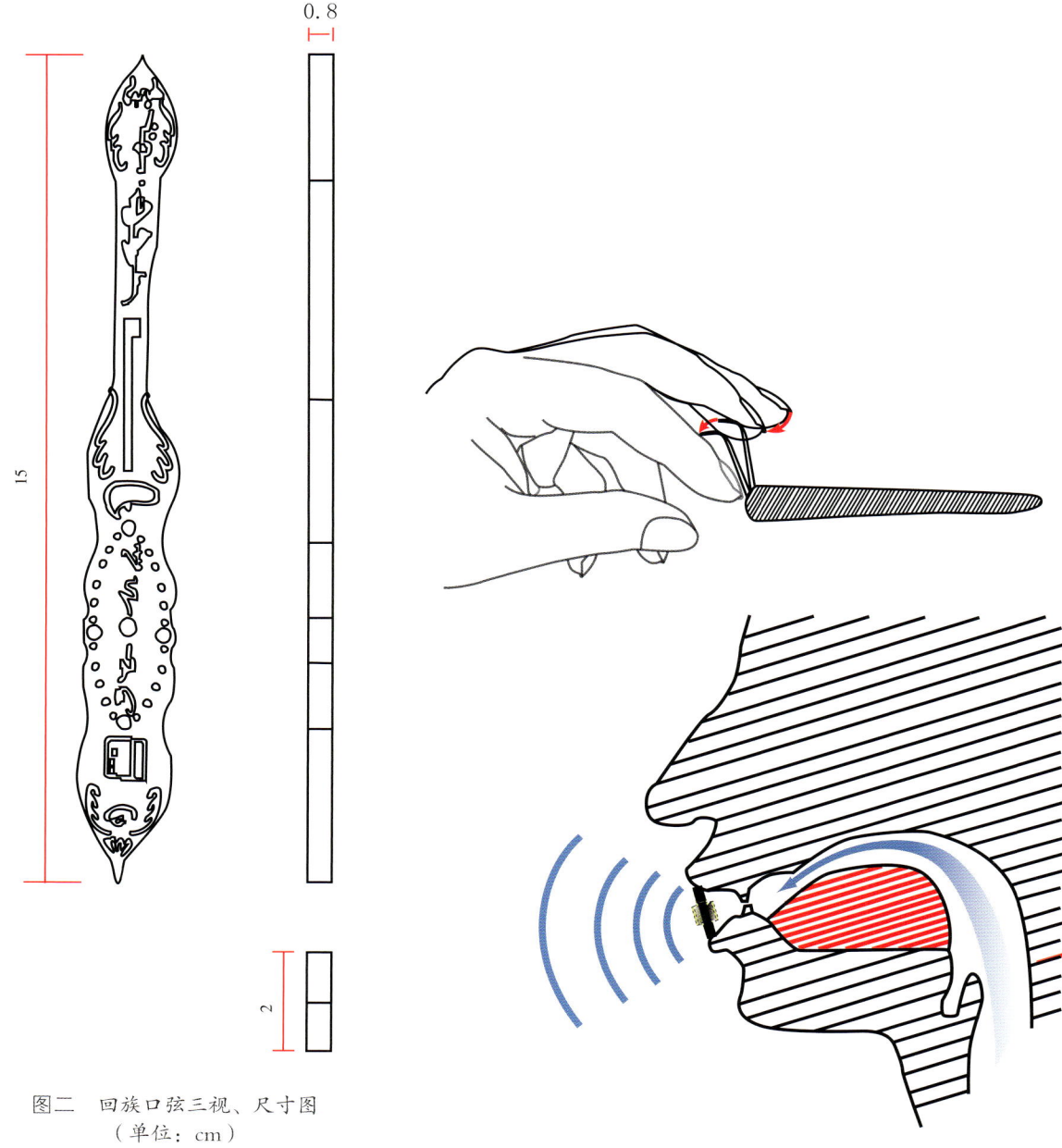

图二　回族口弦三视、尺寸图
（单位：cm）

图三　回族口弦发声原理示意图

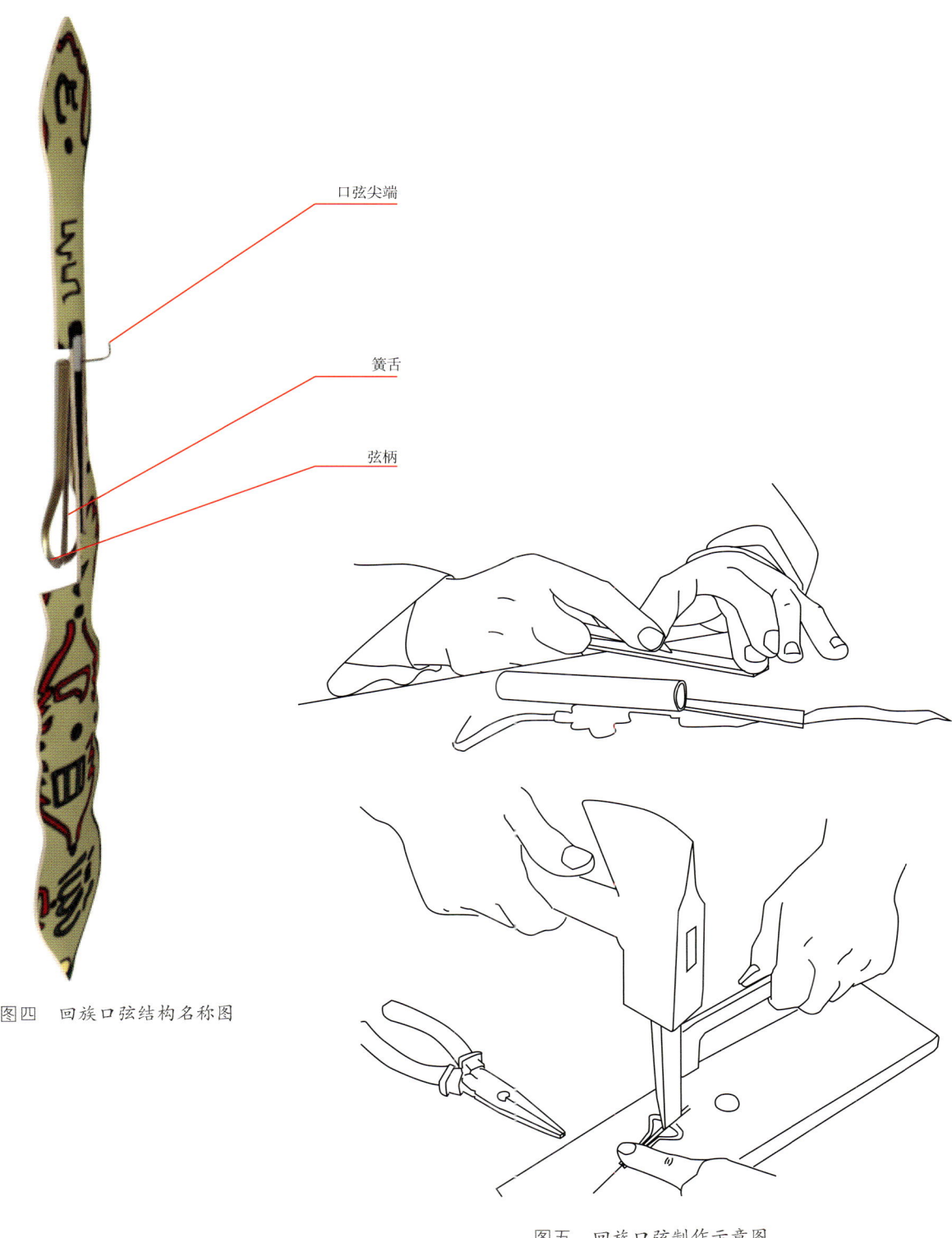

图四　回族口弦结构名称图

图五　回族口弦制作示意图

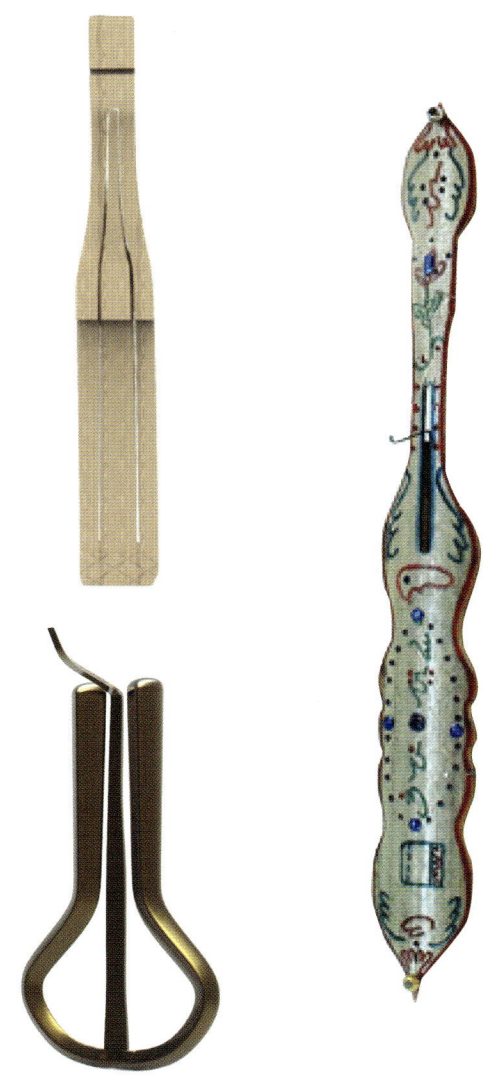

图六 回族不同形制口弦对比图

回族盖兰

图一　回族盖兰三图

盖兰即排刷，又译为"格莱姆"，是阿拉伯文书写工具的一种，其名称由阿拉伯文"笔"的音译而来，现在为中国的阿拉伯文"笔"的统称。本案例盖兰为民国物品，现藏于广西民族博物馆。

盖兰的取材与制作更显质朴与简洁，盖兰可分为木制、草制、竹制等，都使用当地处处可见、易于取得的材料。竹制盖兰，选取一截质地良好、挺直干爽的竹竿，长大约20厘米，粗细根据需求而定，将竹竿的一端用锋利的小刀削出一个斜面，尖端切平，收缩两侧，类似于现在的钢笔笔头制作原理。木制，选取质地良好、光滑平整、厚约1厘米的木片，用刀将一端削成平刃，笔尖约0.2厘米厚，用吸水性较好的麻布裁以合适的尺寸，包在笔尖，再以麻绳加以捆绑。芦管制的则以较细的芦管从中间对折，将两端对齐，每根芦管如此重复再将其环绕一圈晒干．以细长的麻绳捆绑加固，笔尾圆而粗，手握的笔身则相对细，笔身与书写的笔头以麻绳区分开来，笔头扁平，头宽尾窄，呈扇形．与现在的油画笔刷相似。不同的工具书写出的作品又有着不同的效果。盖兰所写出的字体特点是笔画较宽、线条笔直、棱角清晰，利于书写阿文字体。盖兰借鉴了中国毛笔的优点，书写起来，运笔自然，笔墨浓淡不一，且有飞白，表现出与汉字书法相类似的风格。

图片来源
图一　广西民族博物馆
图二、图三　张灿斌　制图
图四至图六　胡浩然　制图

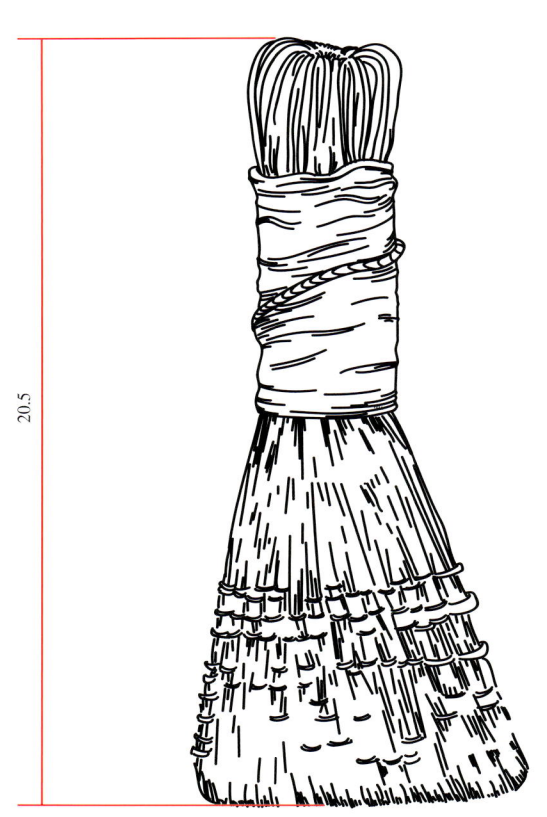

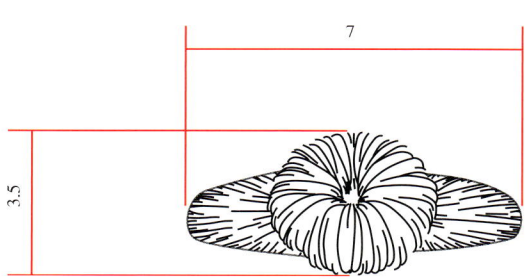

图二　回族盖兰三视、尺寸图（单位：cm）

图三　回族盖兰结构名称图

藤条
麻绳

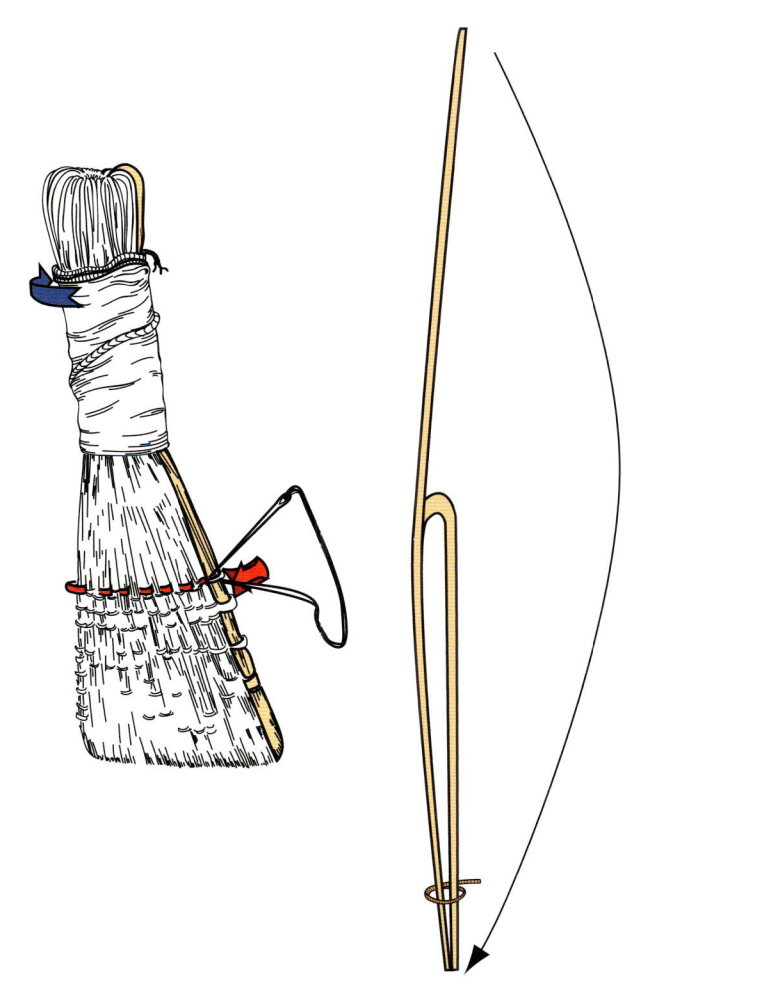

图四　回族盖兰编制方式图

第四章　回族传统生活用具

373

图五　回族盖兰使用示意图

图六　回族不同形制盖兰对比图

第五章 回族传统生产工具

回族石磨

图一　回族石磨主图

石磨是一种把米、麦、豆等粮食加工成粉或浆的原始工具。磨自诞生以来距今有2100多年的历史了，经过历代劳动人民的改良革新，产生了很多种类。传统磨（非机电磨）依据动力方式来看，分别有畜力、水力和人力等。其中人力推动的一般属于小型磨。本案例讲的回族石磨就是一种家用的小型石磨，采自青海西宁清真大寺回民街的商铺。

回族小石磨一般都由上下两个大小相等的圆柱形石柱组成，上层石柱称为上扇，下层为下扇。上扇中心偏左部位留有一孔，叫作磨眼。整个磨眼穿透上扇，它也是粮食进入磨膛的唯一入口。上扇边缘部位装有磨把，是人手发力的地方。两扇接合的那一面都分别刻有整齐的数组磨齿（相当于现代农机里的金属机械齿），磨齿间的凹槽叫作磨膛。其中磨齿的方向也是各自相反的，目的是为了在加工过程中粮食粉末可以从转动的磨膛中顺利排出。同时，为保证上扇不会在运动的过程中偏离出去，特意在两扇磨之间用一根较短的金属立轴将其固定。立轴插在上扇底面中心的方形孔中和下扇顶面中心的圆形孔中，这样在操作的过程中就不会偏离，更重要的是达到了下扇固定不动，上扇围绕下扇中心旋转的目的。如此一来，不仅保证了安全，还节省了人的体力，使加工过程更加高效快捷。这种家用小磨造型小巧精致、质地较轻，便于操作和收纳，深受广大回族人民的喜爱。

在以前回族先民就用石磨来研磨青稞面，磨制豆浆、香料等日常生活用品。石磨作为一个时代的记忆，已经深深印在了人们的脑海里。现代的一些粮豆作物的加工工具都是效仿石磨的工作原理制成的，比如各式豆浆机的设计与制造。出于现代人都喜欢喝现泡现磨、原汁原味豆浆的原因，一些生产厂商纷纷开始设计研发新产品，古朴的石磨又被拿了出来，并成为当今的时尚。历史的确是一本永恒的教科书，值得每一位设计工作者去细细咀嚼、用心发现。忽然有一天你会发现，我们的身边到处都是设计的源泉。

图片来源

图一、图四　张灿斌　制图
图二、图三　汤繁稀　制图
图五　　　胡浩然　制图

图二　回族不同形制石磨对比图

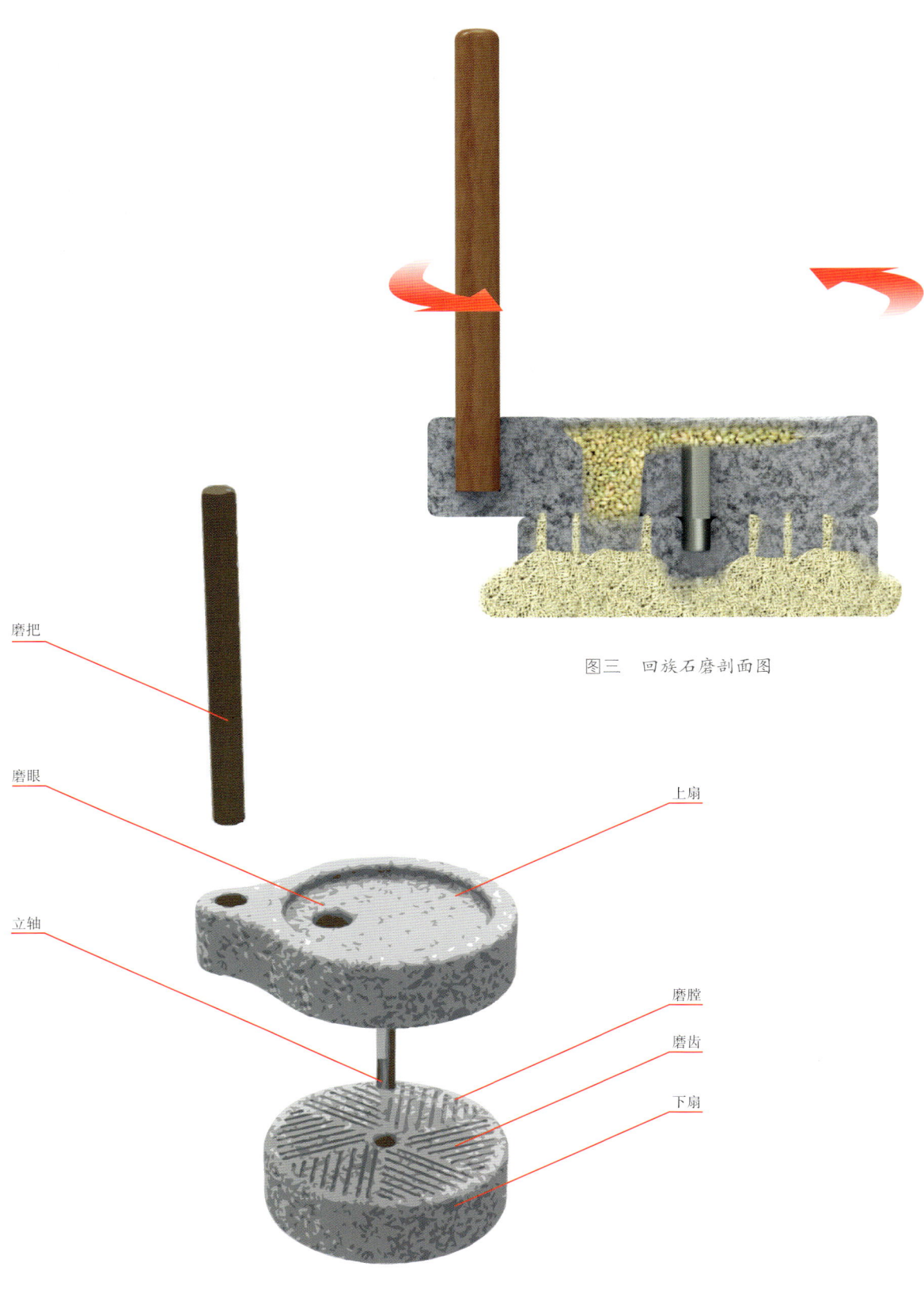

图三 回族石磨剖面图

图四 回族石磨解析图

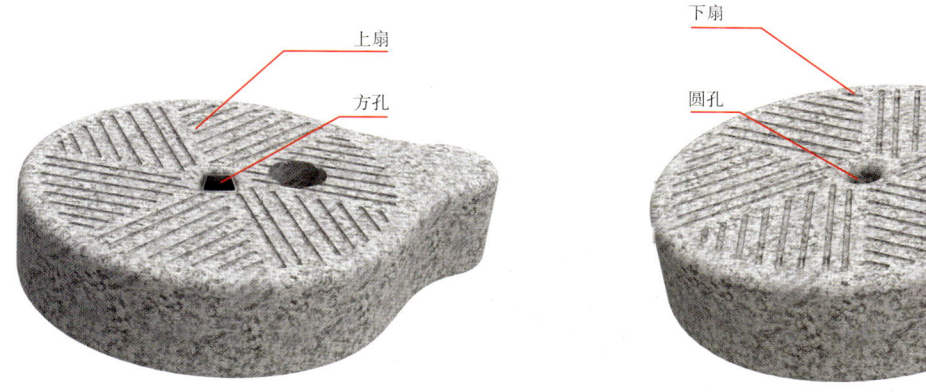

图五　回族石磨上下扇

回族制皮工具

图一　回族制皮工具主图

制皮工具历史悠久，是回族人民智慧的结晶，在古代中国便得到了很大发展。

本案例回族制皮工具共三件，现藏于甘肃临夏博物馆，其中大刀长27.8厘米，小刀长15.7厘米，木弓间距47.5厘米，木板长49.5厘米。大刀形如铲，弧刃、直腰，背上安双叉銎，可安装柄；小刀如折扇，刃似扇面，柄端安銎。制革工艺即除去毛和非胶原纤维等，使真皮层胶原纤维适度松散、固定和强化，再进行一系列化学、机械处理整饰。其过程通常分为准备、鞣制和整饰三阶段。制革过程使用最多的设备是转鼓，浸水、浸灰、脱毛、软化、浸酸、鞣制、染色、乳液加油等工序都要在转鼓中完成，通过转鼓的机械作用，促进各种化工材料的均匀渗透，完成制剂对皮的化学作用。改革开放以来，随着人民生活水平的提高，皮革需求的增加，我国的制革行业得到快速发展，尤其是成品革的制造技术，无论在皮革产量、质量、风格还是花色上，都有了长足的发展，皮革行业成为我国轻工行业中的支柱产业，我国正在成为全球制革生产大国以及皮革贸易最活跃、最有发展潜力的市场之一。制革是回族的传统手工艺。早在明代，回族人就

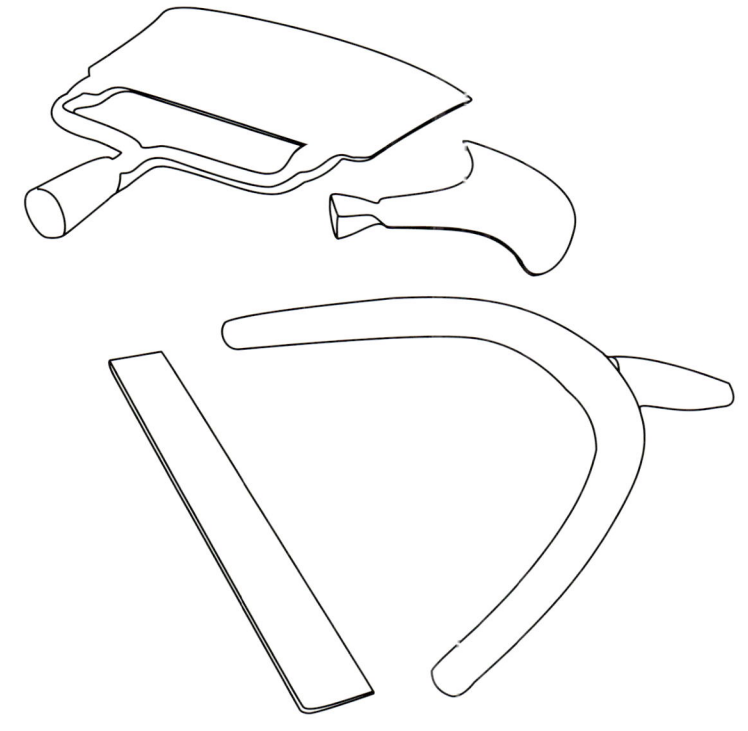

图二 回族制皮工具线描图

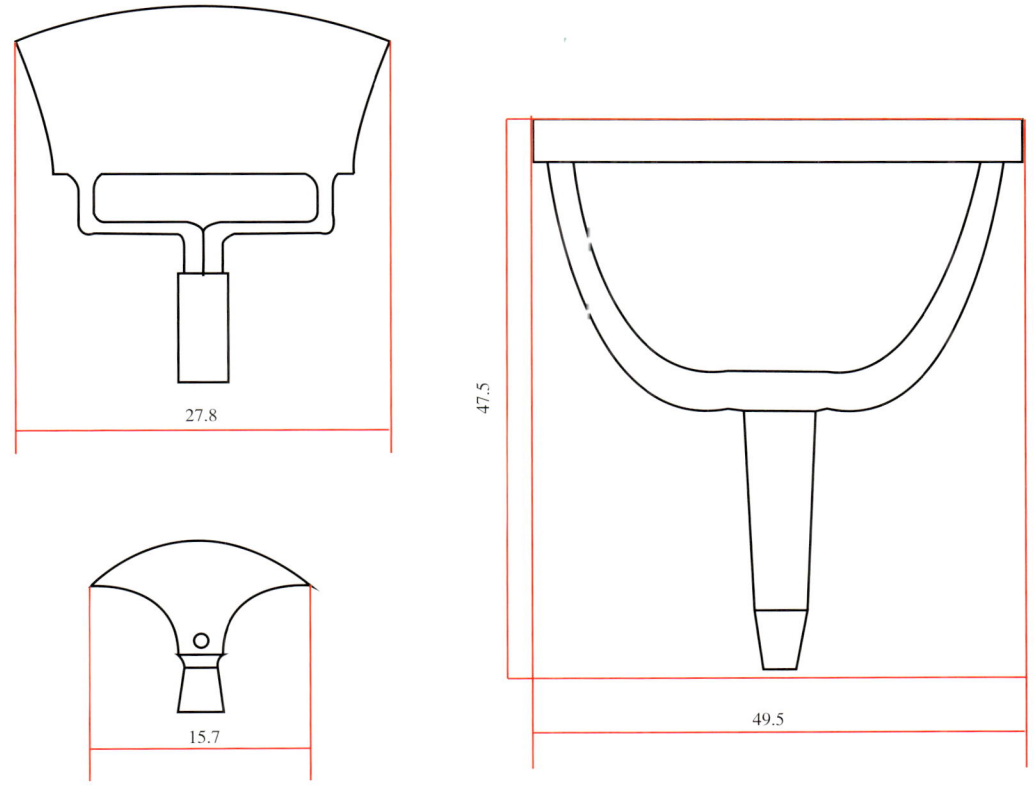

图三 回族制皮工具尺寸图（单位：cm）

第五章 回族传统生产工具

开始从事皮革、皮毛的加工业，时至今日，已形成了如宁夏的西海固、同心、吴忠，甘肃的临夏、张家川，河南孟县等皮毛加工集散地。这些地方加工生产的皮革制品因其技术精湛、美观实用而深受各族群众喜爱，尤其是宁夏五宝之一的滩羊二毛皮，更是以其洁白柔软、轻便保暖享誉国内外。

图片来源
图一、图二、图四　张灿斌　制图
图三　向益虹　制图

图四　回族制皮工具解析图

回族簸箕

图一 回族簸箕三图

簸箕是一种可以"扬米去糠"的农具，它的主要作用是簸去稻米或小麦等粮食作物中的空壳和麸皮等杂质，从而得到更加干净卫生的粮食。这一古朴的生活器具，时至今日仍在我国广大农村地区广泛使用。

由于气候条件的差异，簸箕的编制取材上也各不相同。在我国南方地区，簸箕一般都是用竹子（竹篾）制作。由于南方雨水充沛、气候湿润，适合竹子的生长。竹子纤维长、韧性好且不易遭虫蛀，取材又方便，成了人们编制簸箕的首选之材。而北方地区气候干燥、水量稀缺，所以北方的簸箕大多都不是竹制，而是用剥皮的柳条和麻绳来制作的。本案例回族簸箕属于柳条簸箕，制作工序较多、做工精细，成品色泽清白、经久耐用，深受人们喜爱。使用时两手握紧簸箕两边的锁边条儿，拿起至腰间，敞口（簸箕口）的一端向外，另一端（簸箕托儿）抵在腰间，身体保持平直。然后借助大臂的力量农箕托儿为旋转轴，将箕口快速抬起约45度，箕托儿保持不动。之后随即恢复原位。这样，装在簸箕里的粮食就会随着簸箕的上下运动而翻转运动，然后借助簸箕上下簸动时产生的气流将质地较轻的空壳和杂质带出去，以达到分离清理的目的。所以簸箕在有风的条件下使用时清理效果最佳。簸箕的使用范围不局限于此，比如用来盛晒易于干燥又不粘连的物品，如枣、核桃、花椒等。到后来，工匠们又在簸箕上编制各式图样，不仅丰富了簸箕的品类，也赋予它浓厚的艺术气息，使普通的农具成为民间艺术品，深受众多热爱民间艺术的收藏家们的青睐。所以即便是生活在科技日益发达的今天，簸箕和人们的关系并没有明显疏远。

据考证，500多年前，人们已经掌握了簸箕的编制方法，并利用它为日常生产生活带来便利。今天我们看到的扬场机、风机、风扇等农机具都是效仿它的原理设计制造的。

图片来源

图一至图三　张灿斌　制图
图四至图六　汤繁稀　制图

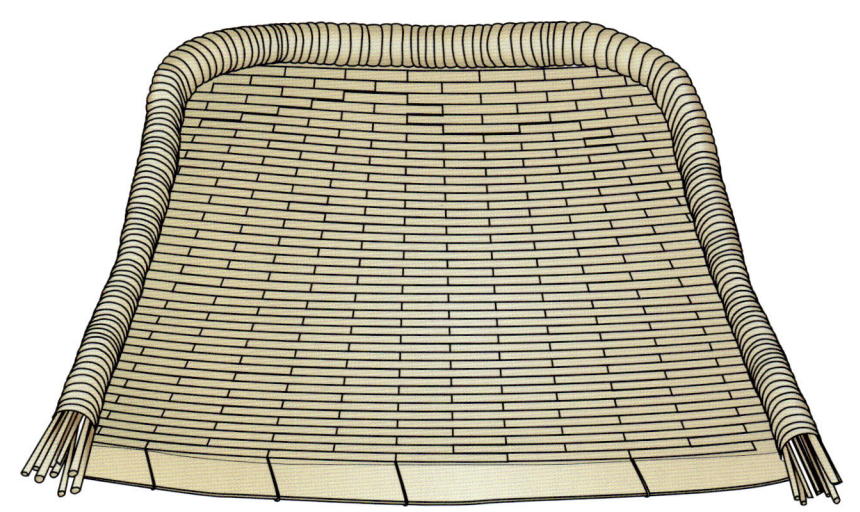

图二　回族簸箕手绘图

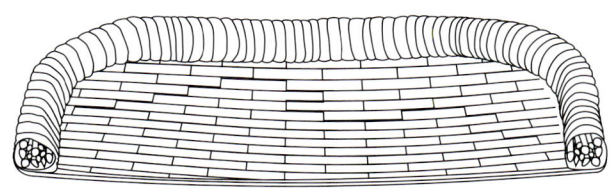 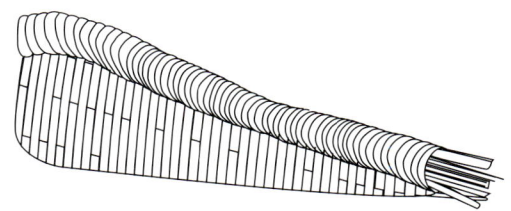

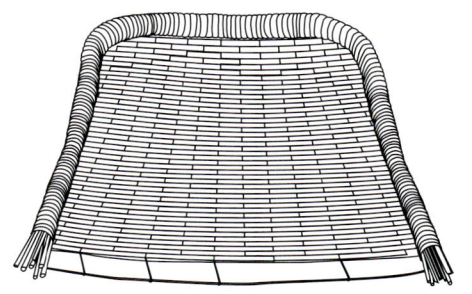

图三　回族簸箕三视图

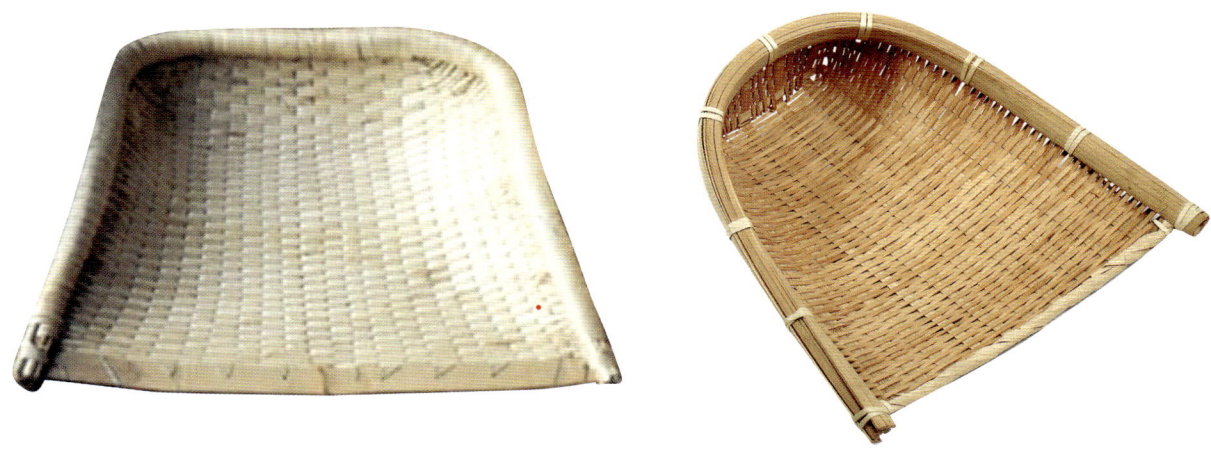

图四 回族簸箕对比图

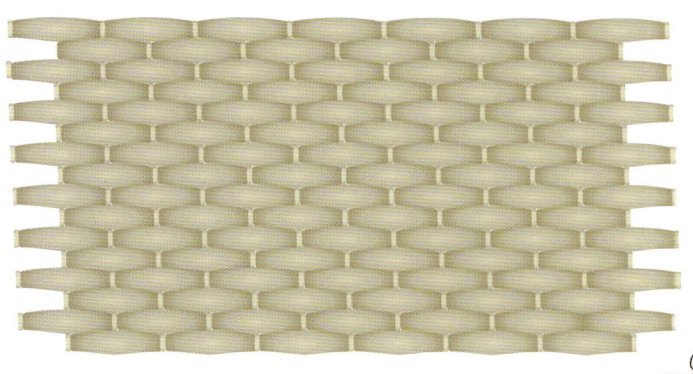

图五 回族簸箕编织图

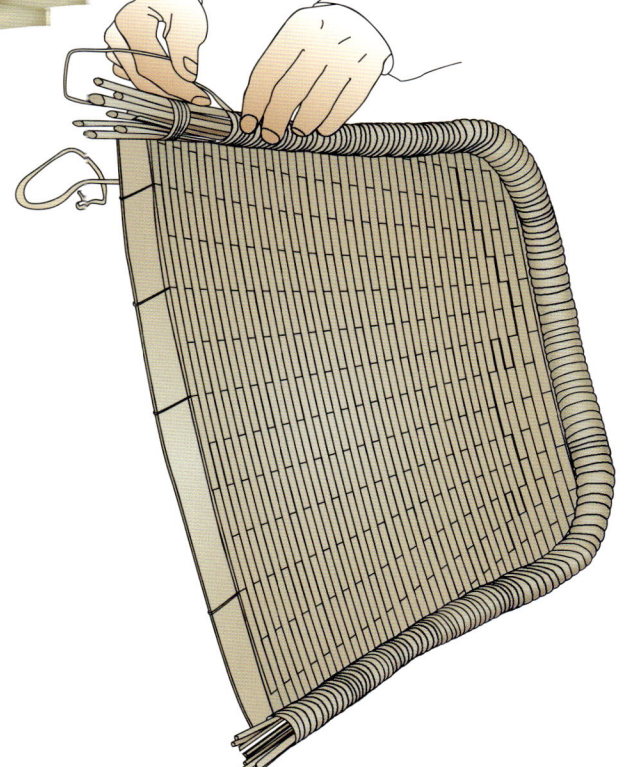

图六 回族簸箕编制工艺图

回族药碾子

图一 回族药碾子主图

本案例为制作回药丸散膏丹的器具——药碾子。器物弧形部分为瓷器，是一个长85厘米、宽19厘米、高16厘米的槽，底座平稳，为四角超出结构，轮状部分为直径21厘米的碾轮。药碾子的使用方法大致分两种，一种是用双手来推碾轮，主要利用双臂和腰背的力量，让碾轮在碾槽中前后滚动，通过切割、挤压等力量达到粉碎药物的目的。这种使用方式适用于对易于粉碎的药物进行短时和少量的操作。因为碾压力量较小，体力消耗比较大，但优点在于方法易于掌握，且可近距离观察药物粉碎状况，随时调整碾轮行进方向和使用力度。另一种使用方法是用双脚来踩动碾轮，这其中又包括坐、立两种方式。较为容易和省力的是坐在凳子上，双脚踩在木柄两端，依靠双腿的前后运动而转动碾轮。在古代因为粉碎设备单一，很多老药工和老大夫都喜欢采用这样的方法，在粉碎药材的同时可以抱一本医书药书仔细研读来消减劳累，这样的碾药方式可以持久但效率较低。效率最高但又最难掌握的使用方式就是双手抓住类似于双杠的东西，然后双脚抬起踩在木柄两端，利用身体前冲和后撤的力量转动碾轮，大大增加作用力，使碾碎药材的效率大大提高。这种方式为古代各大药局制作丸散时粉碎药材所常采用，及至现在，因其使用难度较大，又有其他多种粉碎方式取代，所以技巧多已失传。药碾子的手动操作，应用了"最速降线"的原理。说明在中国古代，就已发现沿圆摆线下滑，需要的时间最短，并应用于实际制作碾药槽，提高时间效率。

人们在制作药碾子时尝试选用了多种材料，包括铁质、铜质、石质、陶瓷质、玉石质、黄金质，等等，其中玉石质和黄金质多为古时的贡品，而石质和陶瓷质多为药局展示和民间收藏用。

尽管如今新一代中药研磨机广泛应用，但是古老的中药碾子仍在发挥着它的作用。药碾子本身除了具有粉碎药材便于调剂煎煮

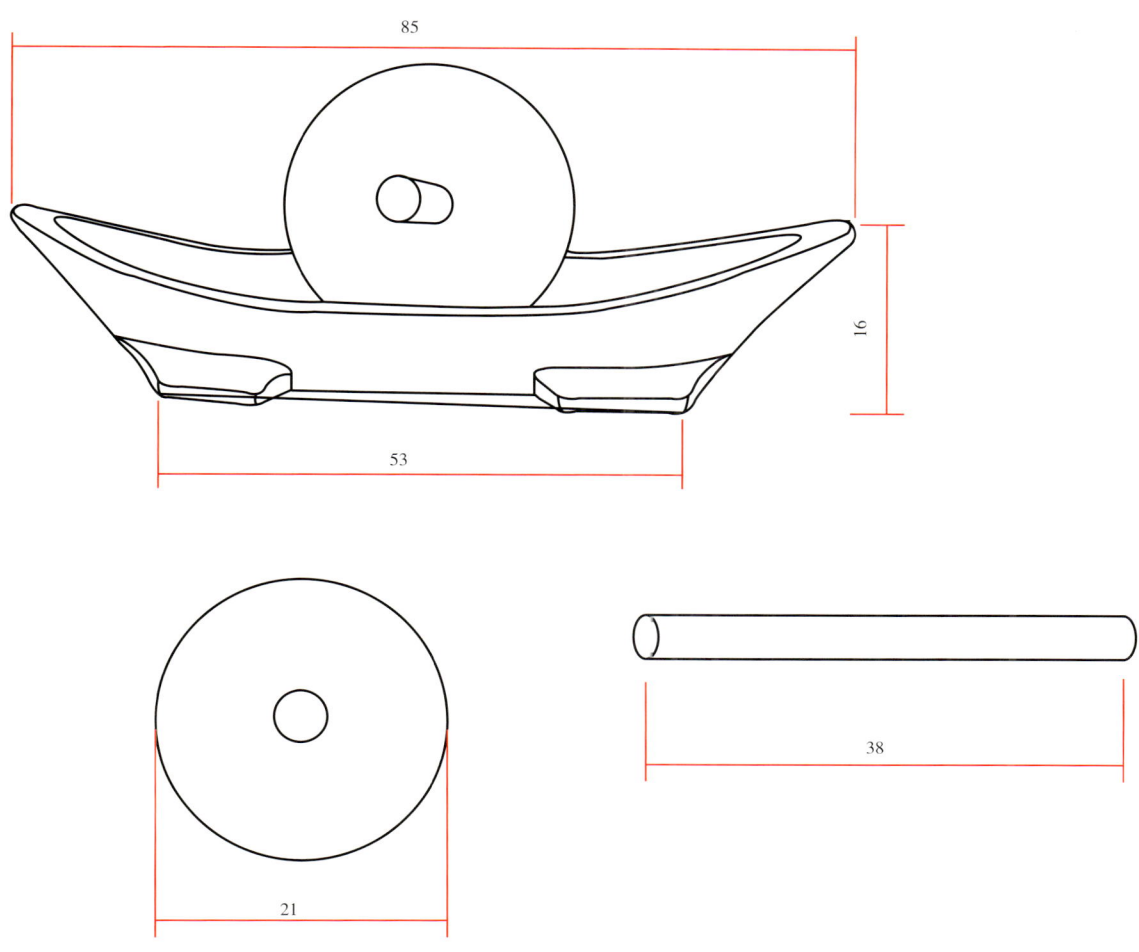

图二　回族药碾子尺寸图（单位：cm）

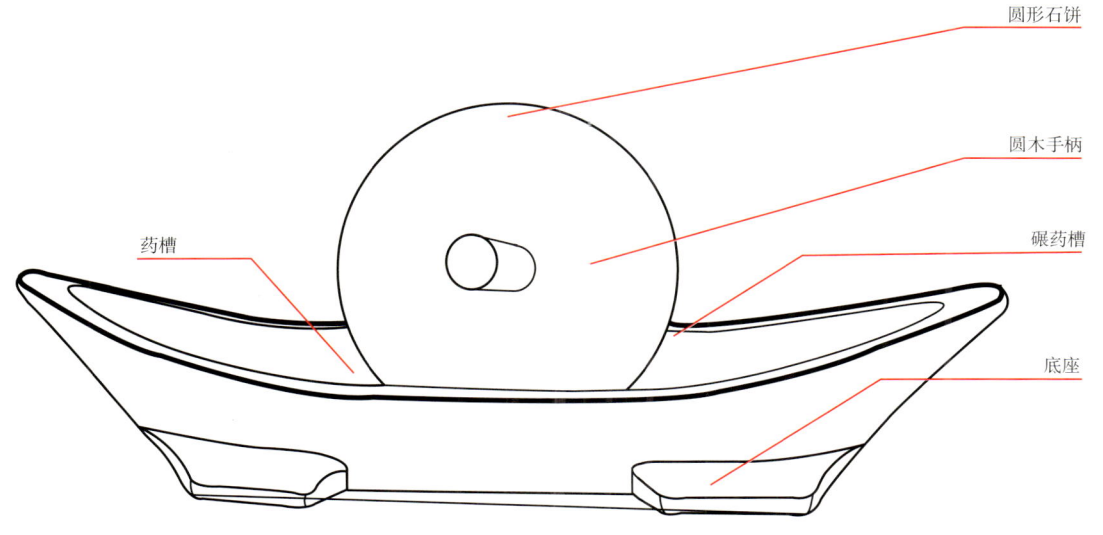

图三　回族药碾子结构名称图

第五章　回族传统生产工具

的作用外，因其外观富流线型和对称型的美感，一直以来颇受收藏爱好者的青睐。

图片来源
图一至图五　林志兵　制图

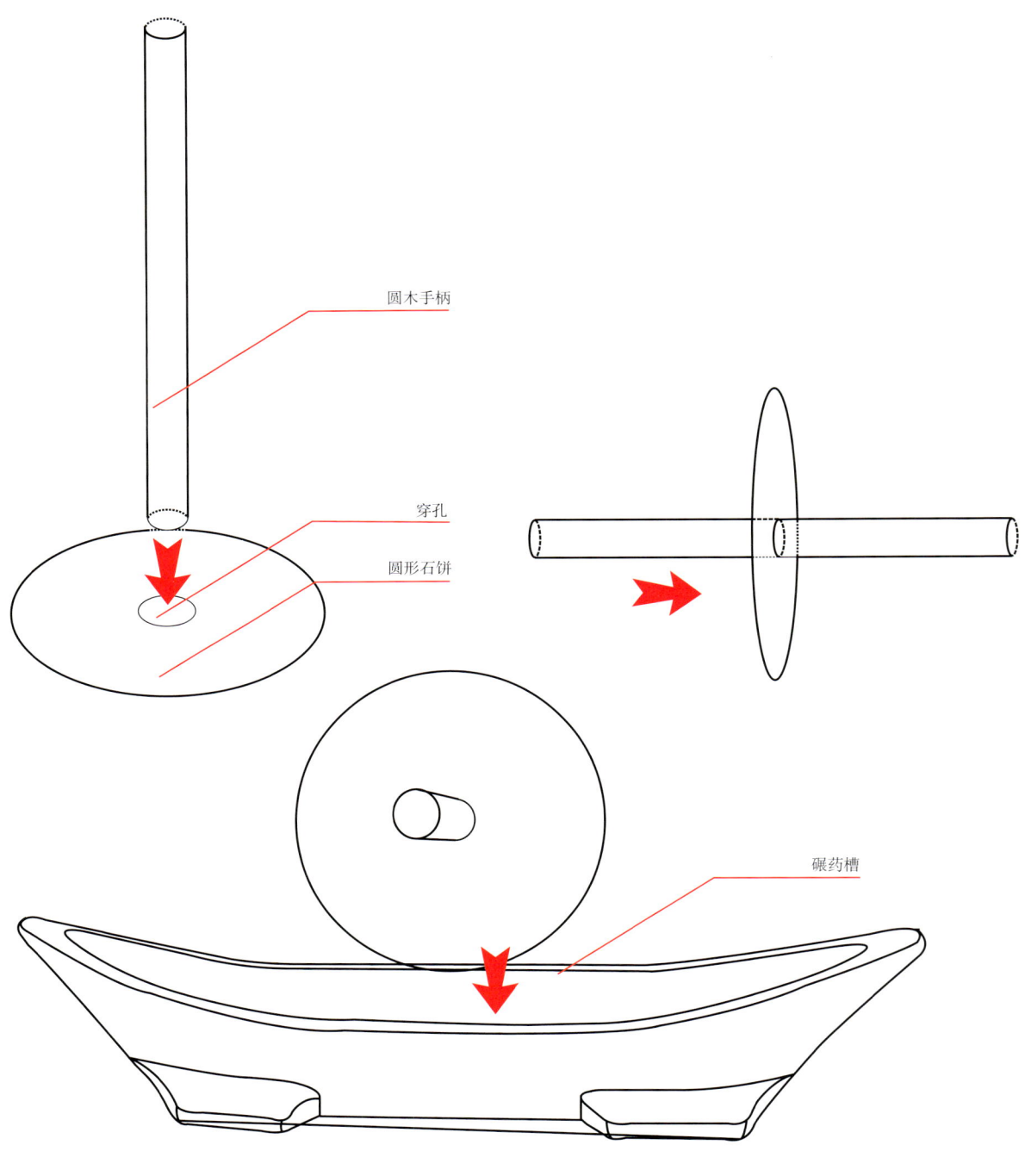

图四　回族药碾子解析图

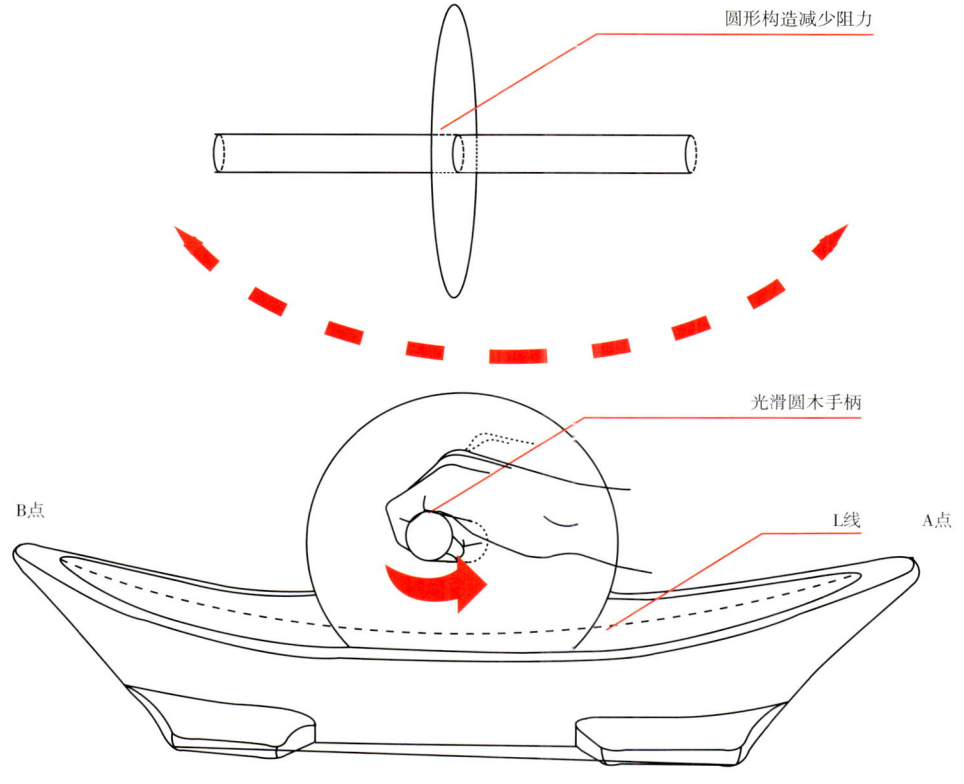

图五 回族药碾子工艺分析图

回族木榔头

图一 回族木榔头主图

木榔头也称锤子，是一种农业生产用具。也作"狼头"（因形状像狼头得名）。

木榔头的主要作用是敲击物件，造型简单、制作容易、使用方便。木榔头分为榔头和榔把，榔把底端一段被削薄与榔头钉在一起，使其相对垂直。木榔头长140厘米，锤头长50厘米，直径18厘米，把手直径8厘米。榔头的制作工艺主要为：在木块的中部打一个直径约为4厘米的方孔，以便安装手柄，安装时要求方孔与木块垂直，然后在木块表面画上切割线，以确定榔头的外形，然后依线锯割成形。然后把长度约为140厘米的木棍一头削为方形插入方孔，最后打入楔子以确保榔头安装牢固。

榔头在使用时，前掌握在手柄中部，后掌握在手柄尾部，两腿自然分开，以腰为轴，两臂用力均匀挥动，轻轻对击点小范围挥动榔头1~2次，在此校准，然后缓慢增大挥动范围砸击即可。

木榔头在农业社会林林总总、大大小小的农具中，可以当之无愧地称为艺术品。简洁实用、自然环保是它的特性，我们需要这种类型的设计。

图片来源

图一、图二　汤繁稀　制图
图三　庄泓　制图

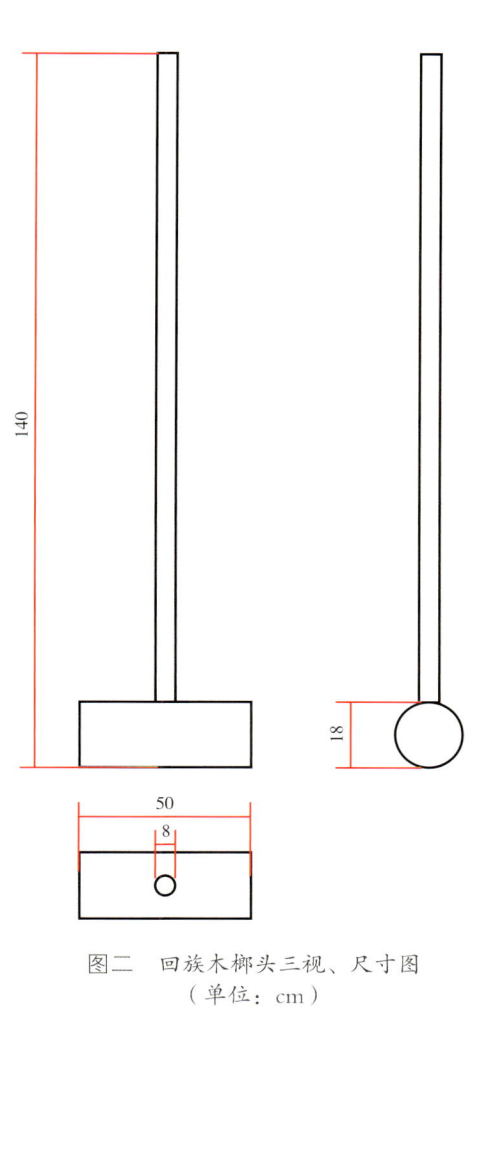

图二 回族木榔头三视、尺寸图
（单位：cm）

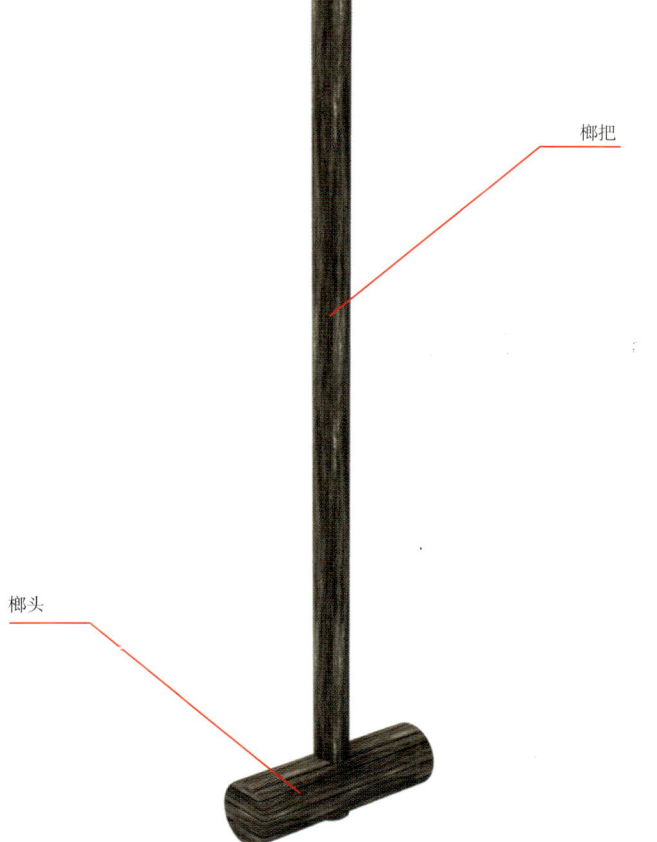

图三 回族木榔头结构名称图

第五章 回族传统生产工具

回族木锨

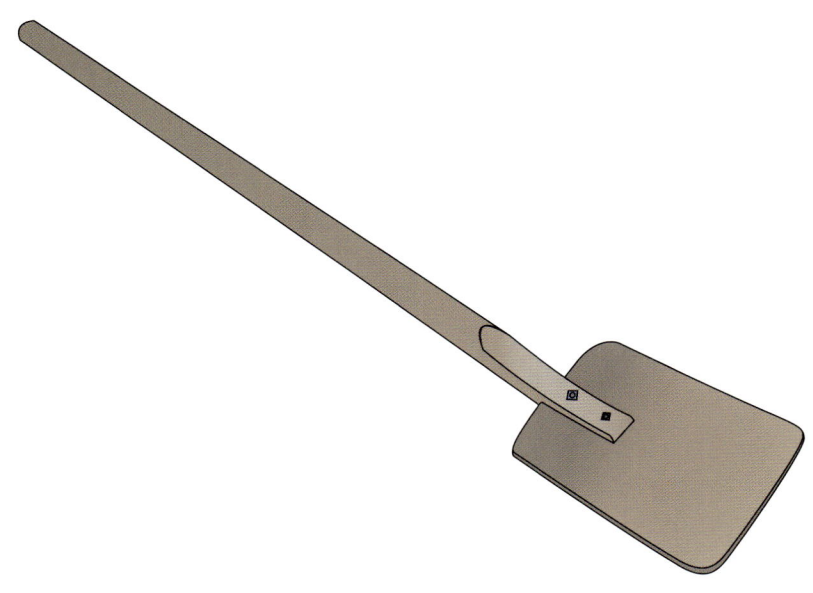

图一　回族木锨主图

木锨形状像锹，但顶端比锹宽平，是农家用来扬场的一种农具。木锨分为锨头和锨把两部分。锨全长140厘米，锨头长40厘米，宽35厘米。锨把底端一段被削薄与锨头钉在一起，使其成为一个相对平行的平面。木锨选用遇水不易变形且木质柔软的椴木。椴木在木质纹理上也不明显，无须取其自然长势，做木锨把儿不至于撅断；做木锨的锨头，也好将它弯曲成应有的弧度，又要薄而轻巧。早先没有椴木，更多的时候则用白松。庄稼脱粒后，用杈挑取长的秸秆或稻草，将混杂在一起的谷粒、谷壳、茎叶碎片和尘屑等杂物聚积成堆。待有风时，用杈、木锨把谷粒连同细碎的杂质一同扬起，"向风而掷之"，利用风力使其相互分离，以得到纯净的谷物。元王祯在《农书》中对其形制和功用作了简单描述："剡木为首，谓之木锨，可（策）谷物。"关于木锨，诗云："柄头掌木尽宽平，谷实抄来忌满盈。苗夏耰锄方用事，几回高阁待秋成。"扬场时一般是先用四齿或五齿杈挑取较长的堆积物，次用六齿杈，最后用木锨铲取较细者，直到扬净为止。有一些带壳的粮食和同谷粒重量相似的杂物则用簸箕等上下簸动，把谷粒和杂物分开。

虽然现在农村收割庄稼多用到脱粒机、收割机，大部分人也不再扬场，但在少数农户家中仍可见到木锨。

图片来源
图一、图四、图五　张灿斌　制图
图二、图三　庄泓　制图

图二　回族木锨解析图

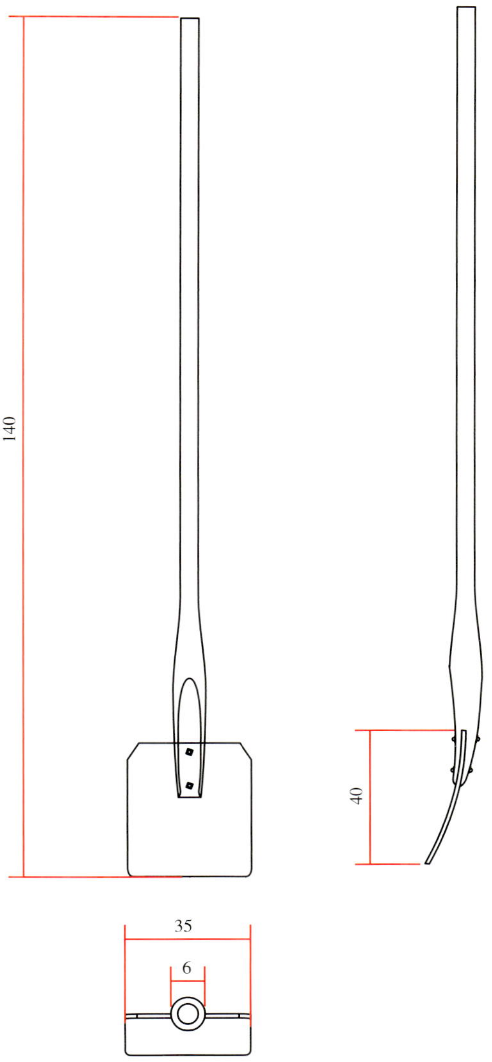

图三　回族木锨三视、尺寸图（单位：cm）

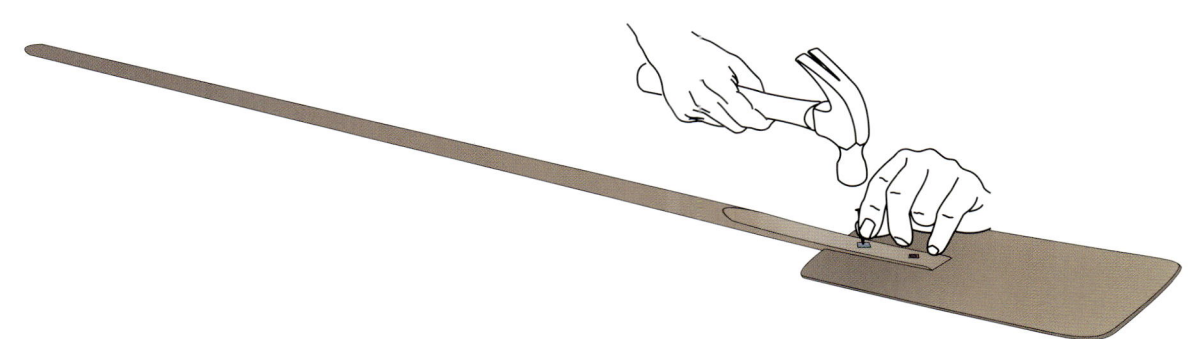

图四　回族木锨制作工艺图

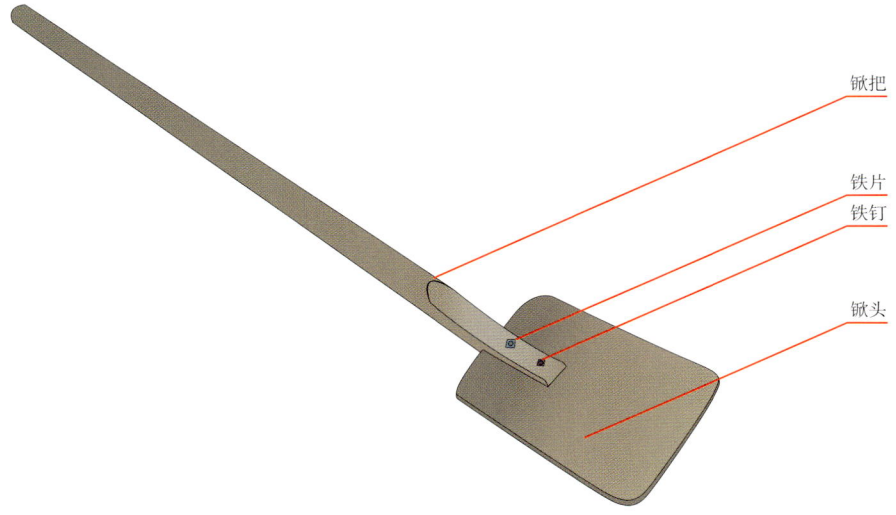

图五　回族木锨结构名称图

回族筐

图一　回族筐主图

　　回族筐是由芨芨草编成的盛东西的器具。它是农民经常使用的一种农具。本案例是盆状，可以盛放鸡蛋或者蔬菜等。

　　芨芨草是我国西北高原上的一种野生多年生草本植物，生命力极强，耐干旱、耐盐碱，在别的植物不能生存的贫瘠土壤上，它仍可以茁壮生长。芨芨草不仅可以供牛羊食用，而且它的老茎可以用来造纸、编筐、做扫帚。编筐的技巧是将芨芨草缠到锨把、鞭杆上，一缕一缕地拔下来，三两天拔上一墩，然后将其晒到墙跟里。少则几月半年，多则一年两年，等到备够编一只筐的材料时，将晒干的芨芨草泡进水里。过几日后芨芨草变得柔韧劲立时，根据家里或干农活的需要编成各种样式的筐。手艺好的人，编出来的筐既圆又好看，没有一点点毛茬子，就像一件做工精细的工艺品。

图片来源

图一至图四　李雪松　制图

图二　回族筐线描图

图三　回族筐局部细节图

图四　回族不同形制的筐对比图

回族锄

图一　回族锄主图

　　锄是一种长柄农具，由锄刃和锄柄组成。锄刃多为铁制，扁长平薄，有长方形、梯形等；锄柄是用硬木制成的圆形长木棍。锄柄插入锄刃后面的孔中，楔入铁钉、木条固定，即做成锄，耕垦、挖穴、作垄、盖土、除草、碎土、中耕、培土作业皆可使用，属于万用农具。其构造、形状、重量等，依地方、土质而异。本案例回族锄的锄柄棍长130厘米，铁片长25厘米，宽11厘米。

　　我们的祖先早就已经发明了用石头做的锄头，用来从事农业劳作，但用石头做的锄头，比较不耐用，到了汉朝，就出现了铁锄头，耐用度就大幅度地上升了。柄的长短从80厘米到160厘米，适应不同的劳动条件和需要。

　　锄的设计从力学的角度来说，是运用杠杆原理来做省力运动，锄柄的粗细是按照人手握的粗细来设计的，这也是人机工程学的体现。

图片来源
图一至图四　汤繁稀　制图

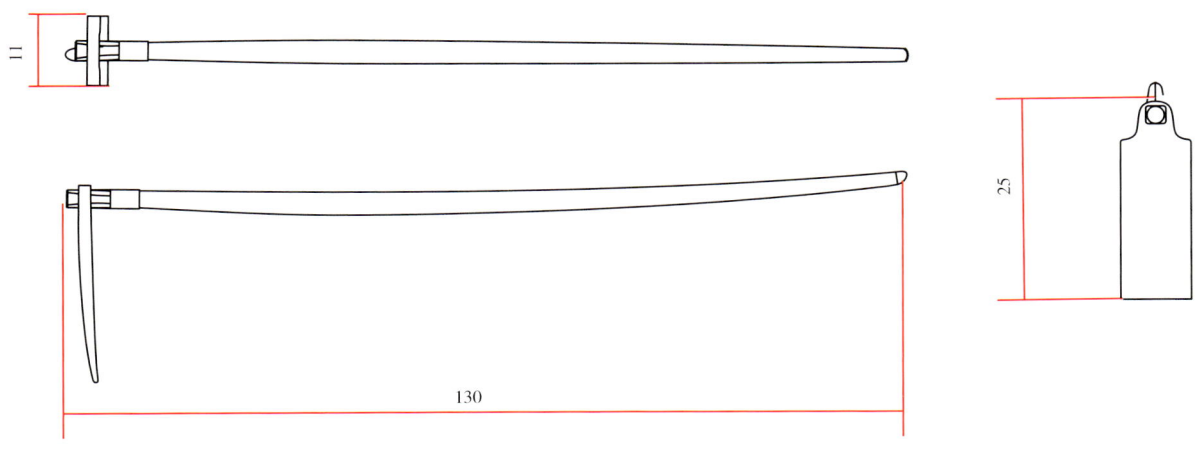

图二 回族锄三视、尺寸图（单位：cm）

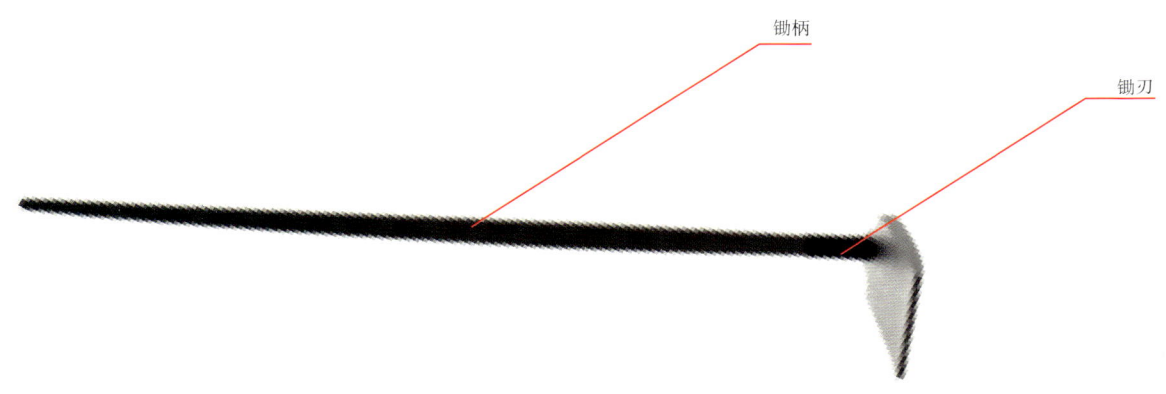

图三 回族锄结构名称图

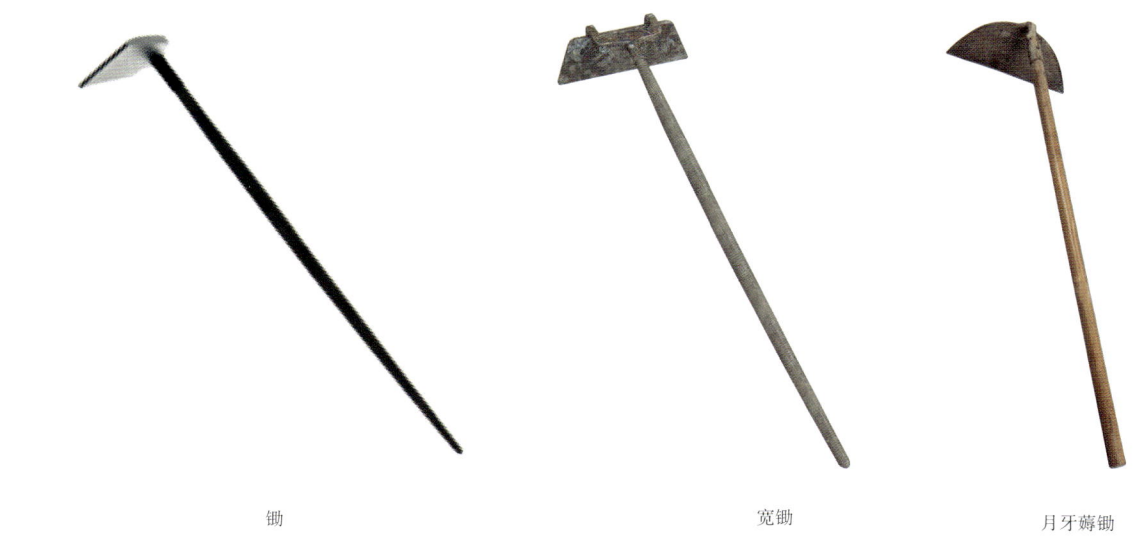

锄　　　　　　宽锄　　　　　月牙薅锄

图四 回族不同形制的锄对比图

回族钉耙

图一　回族钉耙主图

钉耙又称钉齿耙，是回族传统农具之一，以成组的钢制钉齿为工作部件。用于犁耕后平整地面，破碎地表的土块或板结层，以减少水分蒸发，也可用于覆盖撒播的种子和肥料，还可苗期除草、疏苗、抓牛粪等。耙深5~6厘米。耙齿断面有方形、圆形、椭圆形、菱形和刀形。刀形耙齿又称刀齿耙。方形、菱形和刀形耙齿有良好的松土、碎土能力。

本案例回族钉耙手把长165厘米，耙齿30多根，耙齿面长45厘米，宽20厘米，耙齿折回形成耙齿尖长5厘米。耙齿是铁匠用毛铁打造而成，手把一般由坚硬耐湿的岩青冈制作而成，用来装在耙后面的一个孔来支撑这个钉耙的。手把的长度有长有短，但长的会比较方便，因为这样农人就不必弯腰太低。

钉耙的设计简单实用，柄的长短粗细根据人劳作的具体需求而定，这是杠杆原理和人机工程学的体现，同时也是回族人民智慧的体现。

图片来源

图一至图四　汤繁稀　制图

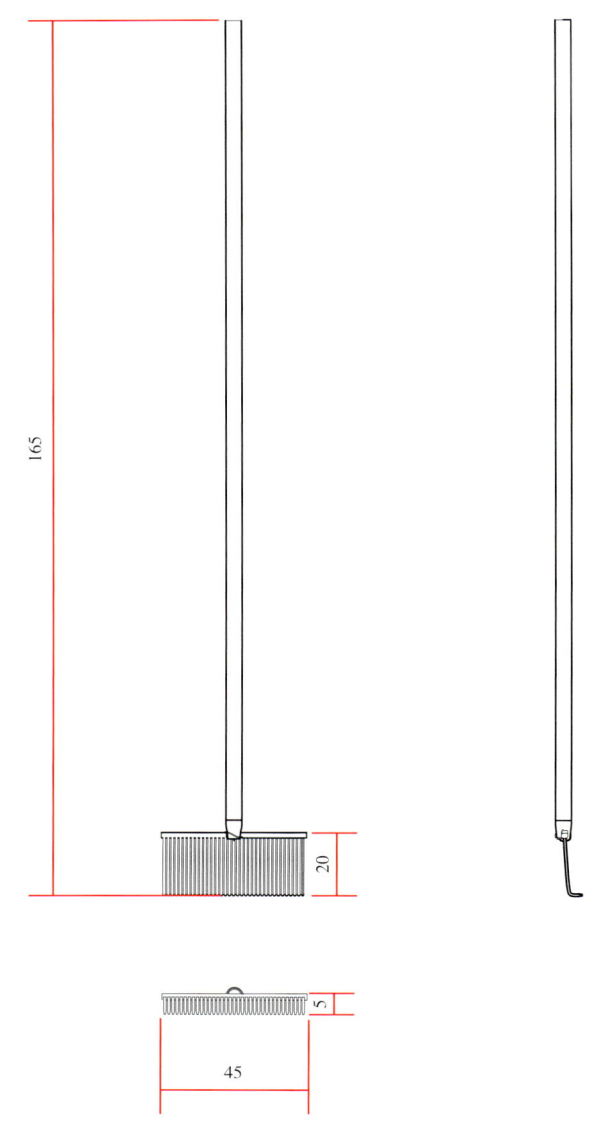

图二　回族钉耙三视、尺寸图（单位：cm）

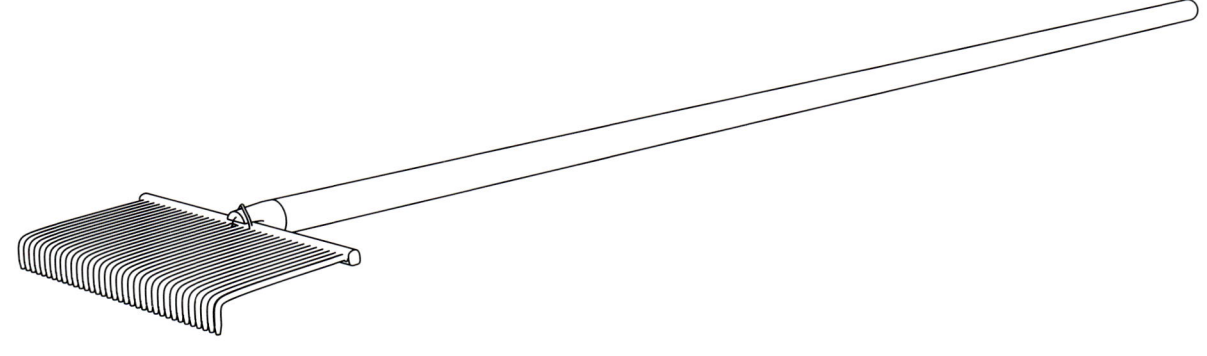

图三　回族钉耙线描图

图四 回族不同形制的钉耙对比图

回族量斗

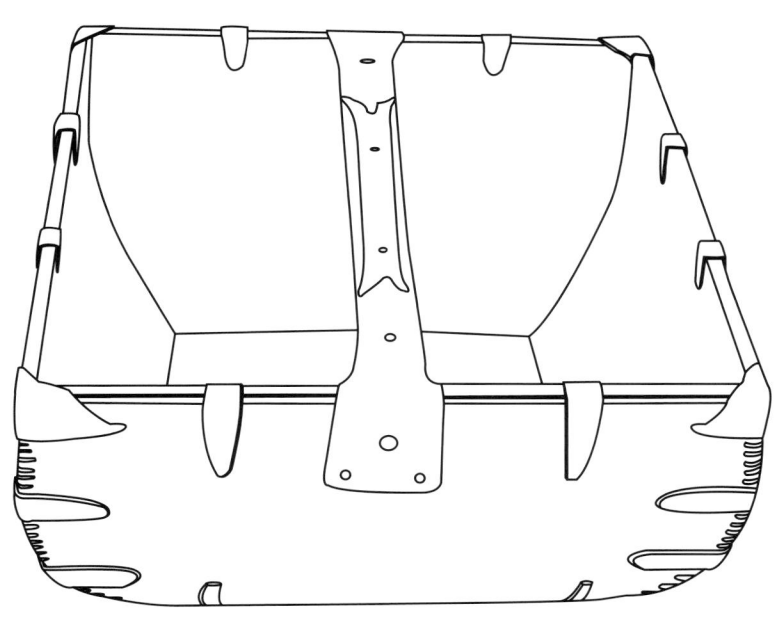

图一　回族量斗主图

本案例回族量斗是一种用于计量米量的定量容器，采自宁夏银川永宁县中华回乡文化园中国回族博物馆。该量斗的外形呈方体，上宽下窄，斗口直径14厘米，底部直径21厘米，高10厘米，用木板制成，四边入榫处密如梭齿；造型线条流畅，斗身四周雕刻着阿拉伯文。量斗相当于现在的秤，一些做生意的人，更认为量斗对于做生意很有"意头"（彩头），"斗出斗入"，日进斗金。

本案例回族量斗由提手、包边框、容器三个部分组成，包边框和提手为铁质，容器为木质。容器为5块木板（周边四块，底面一块）组成，每两块连接处各由两块铁块固定。包边框由四根铁棒组成一个正方形，四角各有铁块固定着容器与包边框，每根铁棒上各有两块铁块固定着容器与包边框。提手为拱形铁棒，两端固定着容器与包边框。

回族量斗造型简洁、结体坚固、使用方便，只要将米倒入量容器的斗里铺平就知道所装的米有多少了。中国古代计量方法极为精确，且为十进制。即：一斗为十升，每升重1.5公斤；一升为十合，每合重150克；一合为十勺，每勺重15克；一勺为十抄，每抄重1.5克；一抄为十作，每作重0.15克；一作为十厘，每厘仅重0.015克（约一粒米）。

图片来源
图一至图四　张明　制图

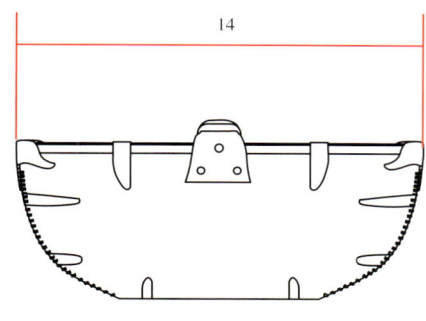
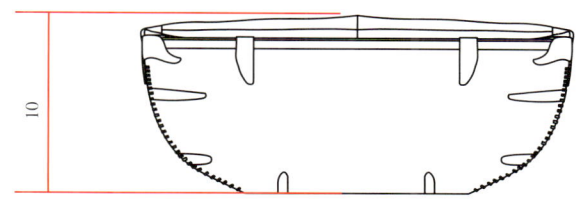
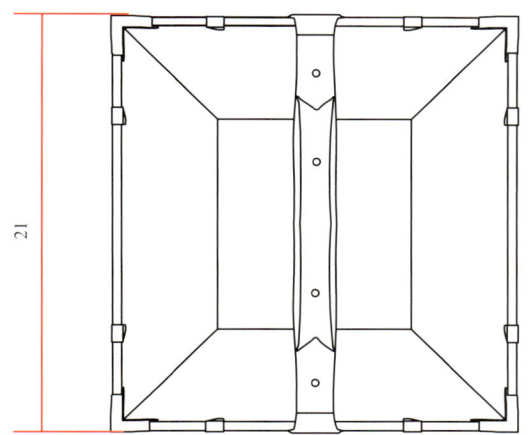

图二 回族量斗三视、尺寸图（单位：cm）

图三 回族量斗解析图

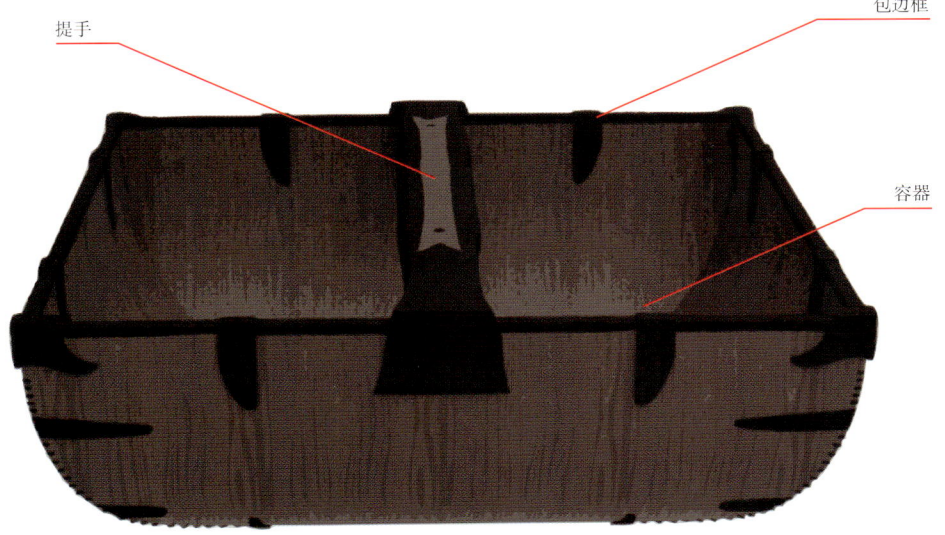

图四　回族量斗结构名称图

第六章
回族传统手工艺

回族挂毯

图一　回族挂毯主图

挂毯也称作"壁毯"。原料和编织方法与地毯相同，作室内壁面装饰用。我国壁毯历史悠久，自古以来，新疆和内蒙古等地人民就善于用羊毛编织壁毯。壁毯装饰以山水、花卉、鸟兽、人物、建筑风光等为题材，国画、油画、装饰画、摄影等艺术形式均可表现。形态万千，种类丰富。

挂毯具有较高的艺术性，它所反映出的时代特征又使得这一艺术品具有一定的收藏价值。早在战国时期新疆就有制作，唐代时织造的毯子在花纹、图案、做工方面已很精致，到了元、明、清，织造工艺就更成熟了。织毯分毛织和丝织两种，毛织挂毯用羊毛织成，古代丝毯则采用纯蚕丝和金银丝线编织而成，毛头长，色泽艳丽，主要有红、黄、蓝、绿四种颜色。传统挂毯多采用人字纹的编织方法。

壁毯多采用羊毛手工编织而成。染色上大部分仍使用植物颜料，如核桃皮、橡树皮、石榴皮、茜草等，使其看上去色调柔和，且不易褪色。

图片来源
图一至图五　姚惠婧　制图

图二 回族挂毯平面图

图三 回族挂毯尺寸图（单位：cm）

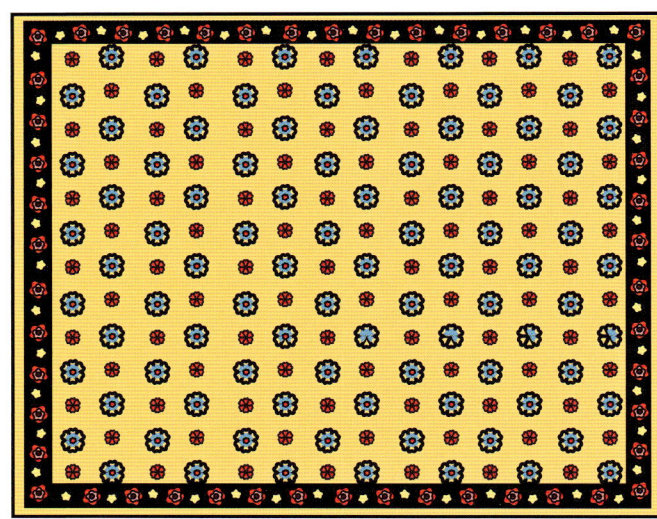

图四　回族挂毯纹饰图

图五　回族挂毯使用示意图

回族青花无挡尊

图一　回族青花无挡尊主图

　　回族青花无挡尊，造型新颖独特。本案例青花无挡尊上下折沿、器身如筒、口底相通。

　　青花无挡尊又称盘座。整体呈圆筒状，中空、无底，上下口均出宽沿，直壁，腹中部有一凸棱。通体满饰青花，上下口沿均绘蕉叶纹，器身三层纹饰，上下均绘缠枝花纹，其上书阿拉伯文，器身中部以凸棱为界，对称饰仰覆莲瓣纹。高16.5厘米，外径17.5厘米，内径9.6厘米，青花颜色深沉，有晕散现象。通体以青花绘花卉纹和阿拉伯文字；所用青料是"苏麻离青"，呈色深蓝，浸入胎骨。无挡尊是用于支撑置放器物的盘座，是明朝永乐时期景德镇官窑吸收西亚地区器物造型艺术烧制的充满了异国情调的瓷器精品，反映出当时中外文化交流的成就。尊内放置一花形铜胆，可用于插花，为宫中陈设器。

图片来源
图一　天津博物馆
图二至图五　汤繁稀　制图

图二　回族青花无挡尊上色图

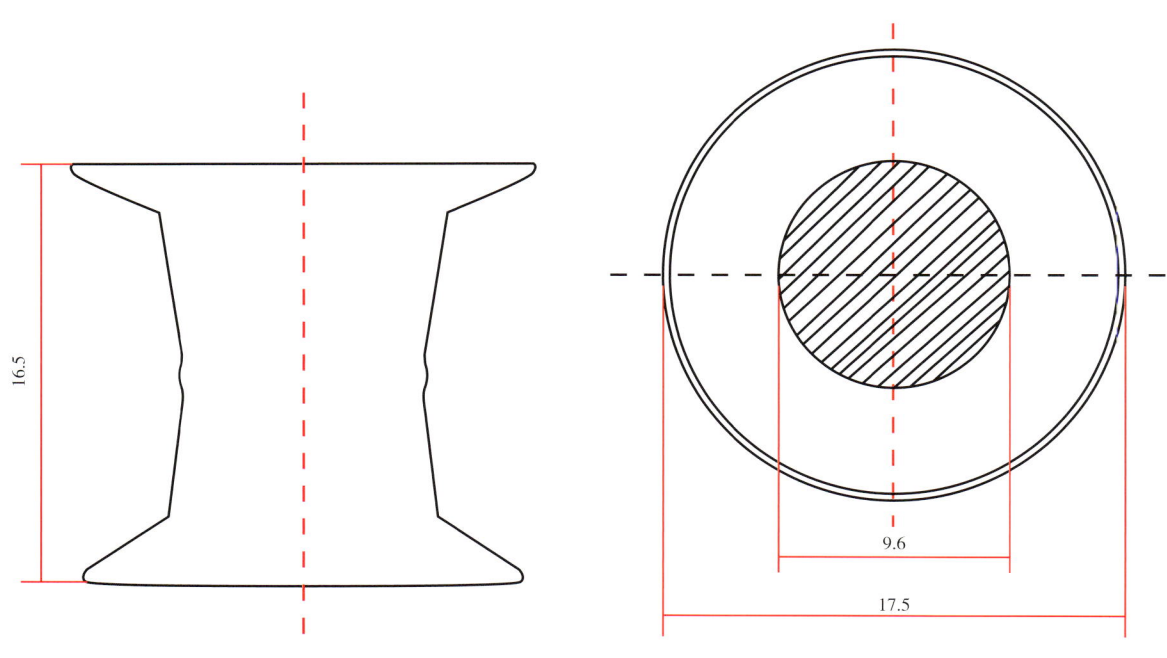

图三　回族青花无挡尊视角、尺寸图（单位：cm）

图四　回族青花无挡尊纹饰图

图五　回族青花无挡尊使用效果图

第六章　回族传统手工艺

回族黄釉粉彩瓷碗

图一　回族黄釉粉彩瓷碗主图

本案例回族黄釉粉彩瓷碗，圆唇、敞口，腹壁弧曲渐内收，圈足。碗口直径11.5厘米，圈足直径5.8厘米，碗高6.2厘米。壁内较薄、胎质细腻、碗内素面，底印有一直径4.2厘米的红色圆形阿拉伯文印款。口外沿施一周红、蓝、绿三彩回形纹，上下用红色单线隔开。外壁腹黄釉铺底，并有四个圆形开光，内用红釉书写"万寿无疆"四个汉字，开光以外用粉红色的五瓣花卉和绿色的忍冬叶纹装饰。腹下至圈足用粉红、蓝、绿、黄彩的莲瓣纹装饰一周，足部不施彩釉，做工细致、釉彩艳丽、纹饰生动。

不同时期的瓷碗，其形状、釉水、纹饰是有着明显差别的。唐以前的碗，其型多为直口、平底，施釉不到底，基本无纹饰。宋代的碗其型多为斗笠式、草帽式，大口沿、小圈足，圈足直径大小差不多是口沿的三分之一。釉色多为单色，如影青、黑、酱、白等，纹饰用刻、划、印等手法，将婴戏、动物、植物文字形象绘在碗的内外壁或内底心上。而黄釉粉彩瓷碗不仅用色多样，而且碗壁的纹案也与众不同。

中国的瓷器品种非常丰富，详细分类可达数十种之多，粉彩是其中的一大类。粉彩瓷器色彩柔和，瓷画精细优美，因此深受人们的喜爱。

图片来源
图一　广西民族博物馆
图二至图四　肖巧妮　制图

图二　回族黄釉粉彩瓷碗视角、尺寸图（单位：cm）

图三　回族黄釉粉彩瓷碗纹饰图

图四　回族黄釉粉彩瓷碗使用情境图

回族鸳鸯银碟

图一　回族鸳鸯银碟主图

本案例回族鸳鸯银碟为洪维宗先生捐赠，系家传之物。收藏于宁夏银川永宁县中华回乡文化园中国回族博物馆。

鸳鸯银碟高2厘米，口径9.4厘米，底径5.7厘米，一组四件，均为敞口、浅腹、平底，为回族日常饮食用品。银碟内部光滑，手感上佳、盘中间有一"S"形的隔片，内刻花卉图案，整体形制规整、工艺精湛，堪称回族家用器皿之代表。鸳鸯银碟的制作材料主要是银。首先制成鸳鸯银碟的模型，雕刻上丰富多彩又工整的花纹，再将泥土敷在模型外面，然后脱出用来形成泥范的模型铸件，把这个敷在模型外边的泥范割成若干片，紧接着就是用泥土做成一个跟银碟内部相当的范来，内外范做好后，将它们套合起来，再往两个范中间的空隙里浇上银浆，掌握好浇入银液的速度，以快而平为宜，直到浇口和气孔皆充满银液为止，等到银液凝固冷却后去除内外范就可以取出银碟了。接下来就是修整银碟，这个过程需要经过锤击、锯挫、錾凿、打磨等几项工艺，以让碎块、毛刺、飞边去除掉。接着在鸳鸯银碟中间焊接一块"S"形的隔片。

鸳鸯银碟是回族人民继承传统后的优秀设计，是后代人需要学习和传承下去的。

图片来源
图一　永宁县中华回乡文化园中国回族博物馆
图二至图七　张灿斌　制图

图二　回族鸳鸯银碟线描图

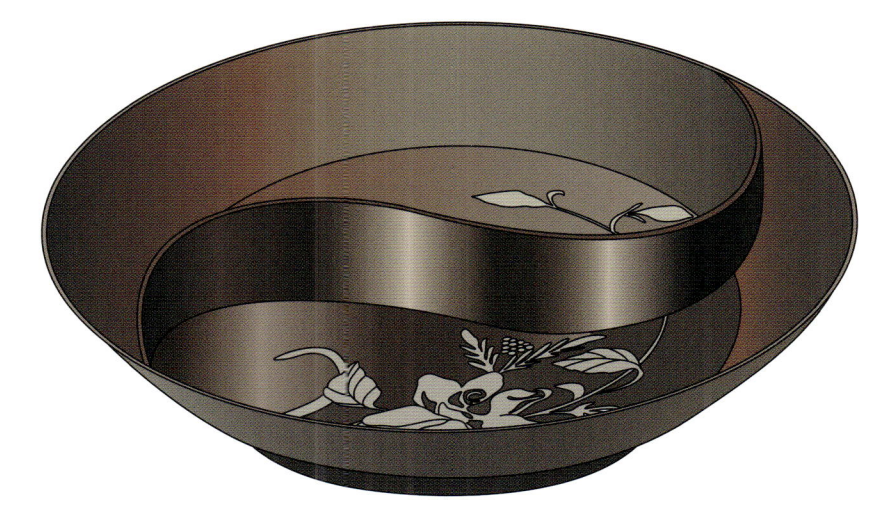

图三　回族鸳鸯银碟上色图

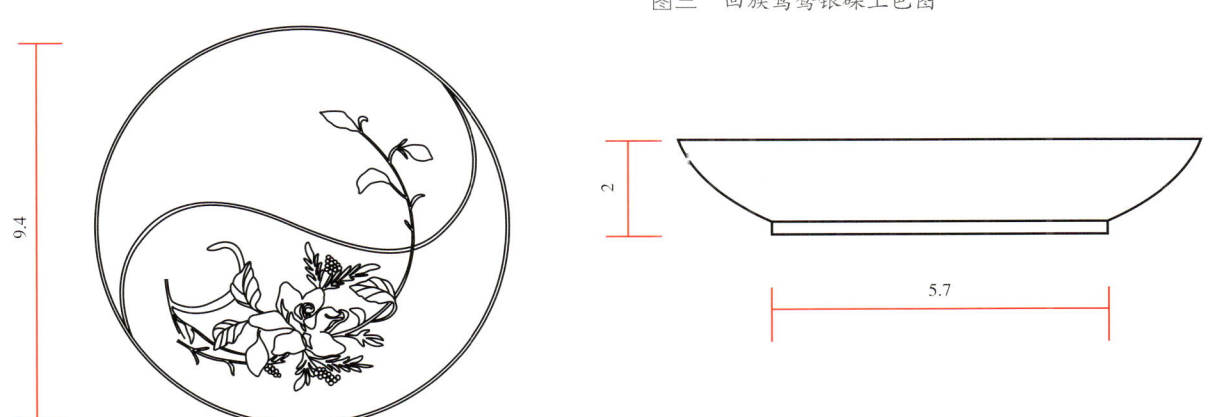

图四　回族鸳鸯银碟视角、尺寸图（单位：cm）

图五　回族鸳鸯银碟结构名称图

图六　回族鸳鸯银碟纹饰图

图七　回族鸳鸯银碟使用效果图

回族白釉盘口瓷花瓶

图一　回族白釉盘口瓷花瓶主图

本案例白釉盘口瓷花瓶为民国时期的物品，采自宁夏银川永宁县中华回乡文化园中国回族博物馆。高61厘米，口径18.5厘米，底径15厘米。该瓷瓶釉质肥厚莹润、平净油光，整体造型为盘口，唇部比较圆滑，长颈、溜肩、长曲腹、圈足。瓷瓶通体施以白釉，口沿为黑色并绘有四瓣花纹饰，颈部及肩部纹饰分四层，自上而下分别为垂吊花叶、蕉叶及双重如意云头纹饰，代表吉祥如意，腹部两面以红彩勾边绘出椭圆形开光，主题图案是五彩的天房和圣寺，并绘有红黑阿拉伯文字样。

本案例造型简单大方，瓶口、瓶颈、瓶腹图案风格统一，传统的用色传达出别样的神韵，既具有实用性又具有装饰性。

图片来源
图一　永宁县中华回乡文化园中国回族博物馆
图二至图三　张雪　制图

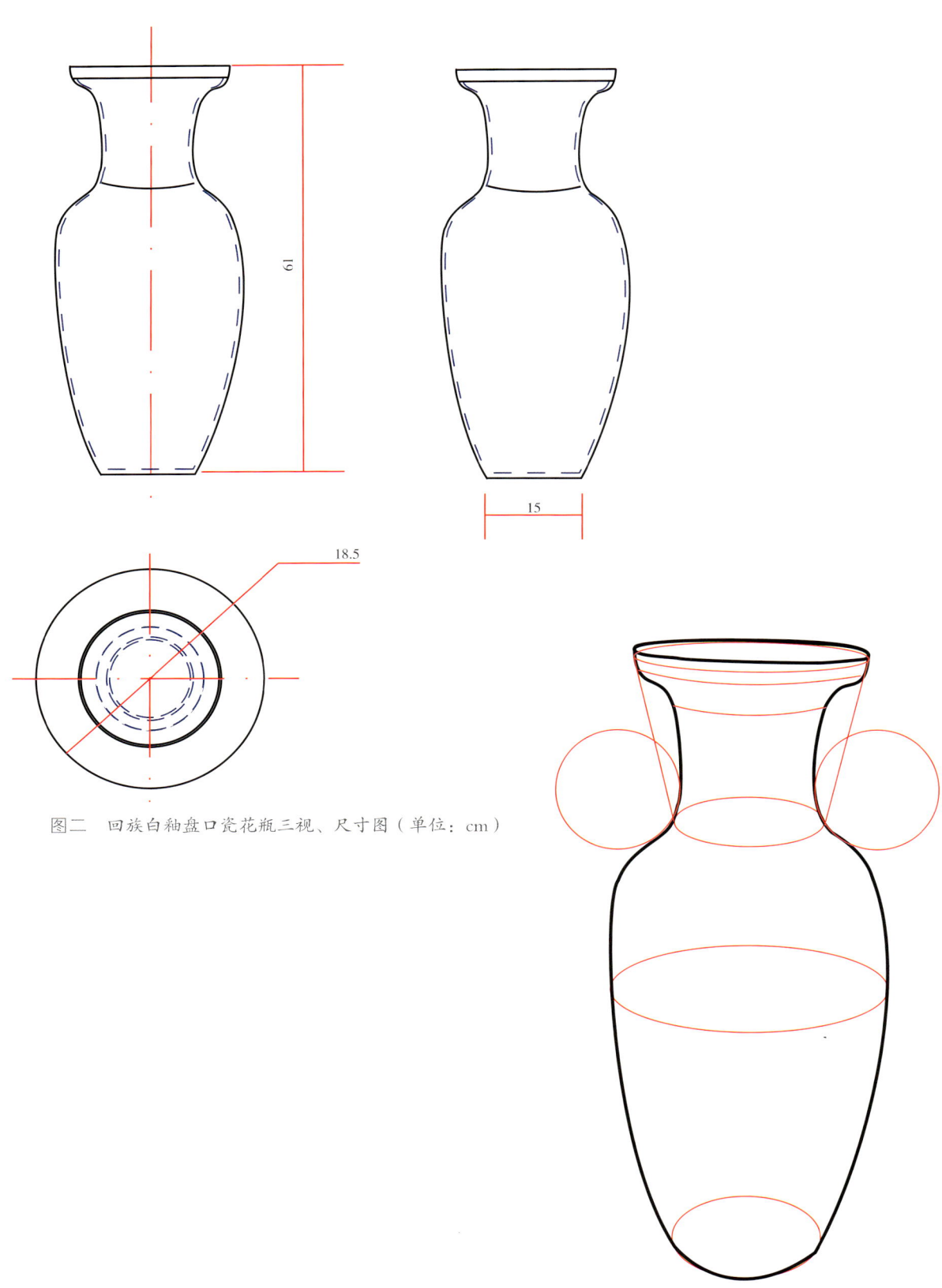

图二 回族白釉盘口瓷花瓶三视、尺寸图（单位：cm）

图三 回族白釉盘口瓷花瓶骨式图

回族珐琅炉瓶

图一　回族珐琅炉瓶主图

本案例回族珐琅炉瓶，出自清代，现藏于宁夏银川永宁县中华回乡文化园中国回族博物馆。珐琅炉瓶由箸瓶和香炉组成。炉高24厘米，长17厘米，宽14厘米。瓶高18厘米，瓶腹直径6.3厘米。炉由炉身、炉盖两部分组成。炉身为长方形鼎状，敞口、折沿、方唇、深腹、平底、双立耳、四柱足。通身施珐琅彩。唇露胎，压印回字纹。主体图案是四组阿拉伯文，以黑色为底，金色围边作出开光，内书朱红色阿拉伯文。炉盖为覆斗形，上置蘑菇形钮，四壁露胎，镂空成缠枝花叶形。

炉瓶以及铲、箸等是焚香时所需的成组器Ⅲ，炉为焚香之用，箸做夹香木块用，铲则是要翻动炉中的香灰，而瓶用来插放箸与铲。焚香的具体方法是：在炉中预置香灰，将香炭烧透后，用瓶中的铜箸夹入灰中浅埋，然后用铜铲将香灰压平，炭上置玉质或银质的片状隔火，隔火上放置香饼。焚香力求少烟、多气，香味持久、香韵悠长。

珐琅工艺在元代从中亚传入内地，明代逐渐风行。珐琅作为一种美术工艺品，其制法是在铜器表面以各色珐琅质涂成花纹，花纹的四周嵌以铜丝或金银丝，再用高火焙烧即成。

这件阿拉伯文珐琅炉造型别致精美、色彩缤纷绚丽、纹饰富丽华贵，华贵中又不失沉稳，工艺精湛成熟，是一件典型回族文物。

图片来源

图一　永宁县中华回乡文化园中国回族博物馆
图二、图四、图七　祝燕琴　制图
图三、图五、图六　宋姣　制图

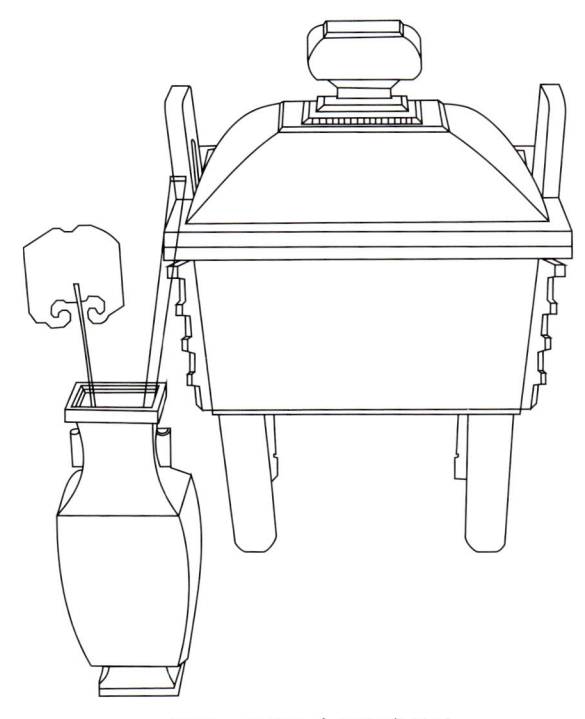

图二　回族珐琅炉瓶线描图

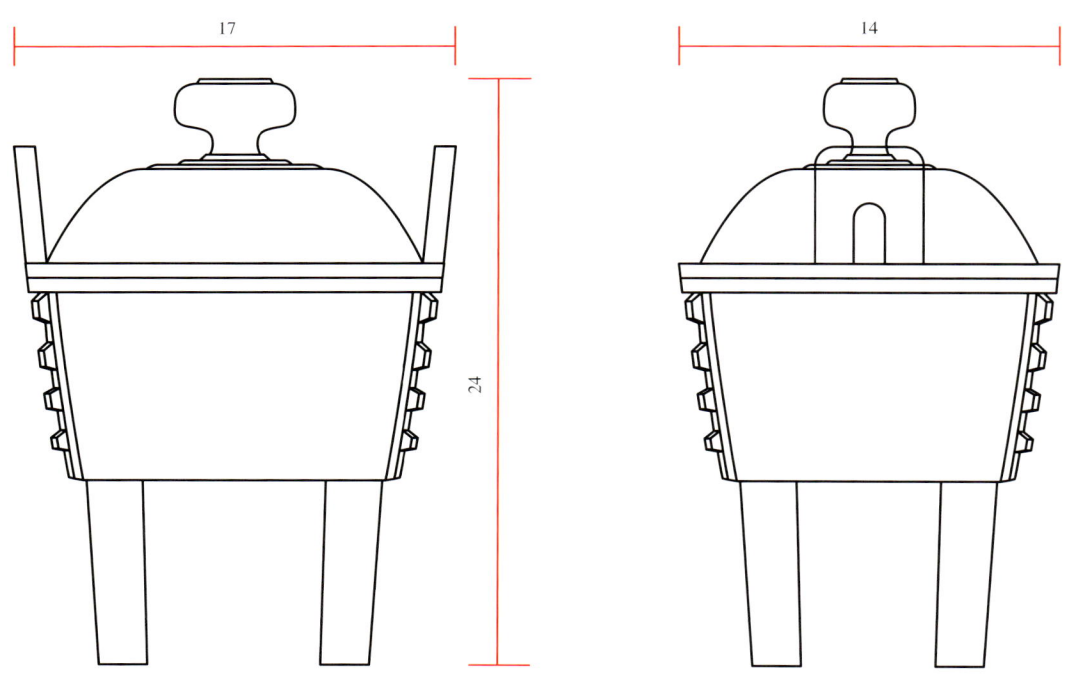

图三　回族珐琅香炉视角、尺寸图（单位：cm）

图四 回族珐琅箸瓶三视、尺寸图（单位：cm）

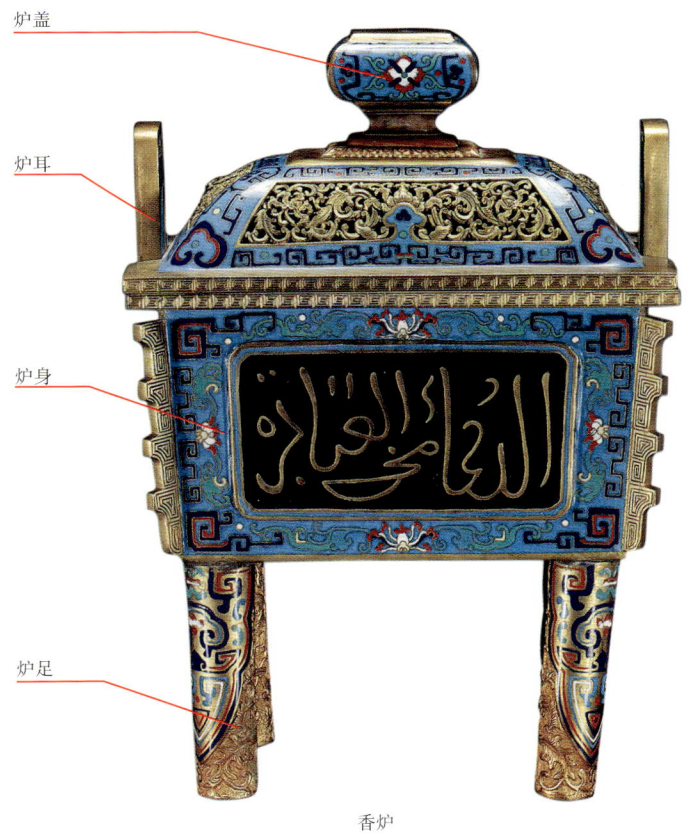

香炉

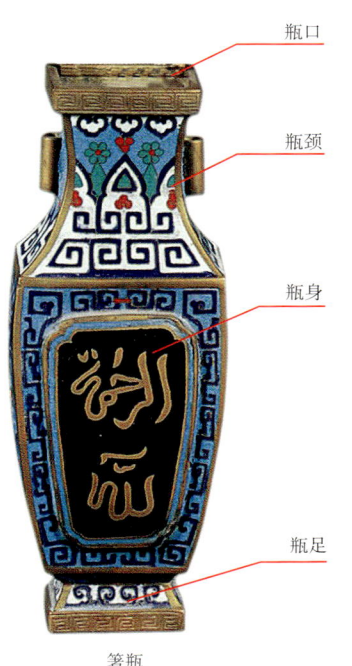

箸瓶

图五 回族珐琅炉瓶结构名称图

第六章 回族传统手工艺

图六 回族珐琅炉瓶制作工艺分析图

图七 回族珐琅炉瓶使用情境图

回族景泰蓝瓶

图一　回族景泰蓝瓶主图

本案例回族景泰蓝瓶采自宁夏银川永宁县中华回乡文化园中国回族博物馆，是回族人民日常生活的陈设品。高25厘米，口径8厘米，底径6.6厘米，瓶身最隆处直径11厘米。该景泰蓝瓶有别于传统景泰蓝瓶的华丽风格，朴实、典雅，选用的植物纹样则是牡丹纹，寓意着"富贵吉祥"，纹样主要集中在瓶子的正面，瓶身布满了祥云的装饰图案，瓶腹上装饰了阿拉伯文书法。

清朝回族景泰蓝器物样式丰富多彩，有瓶、炉、盒等。装饰图案主要是植物纹样，通常为团花、莲花、牡丹、梅花等。

自伊斯兰教传入中国以后，唐、宋、元、明、清历代留存的回族文物品种繁多，历史文化内涵十分丰富。本案例景泰蓝瓶丰富了中国艺术宝库，具有很高的艺术价值和历史价值。

图片来源
图一　永宁县中华回乡文化园中国回族博物馆
图二　詹伟国　制图
图三至图六　姚惠婧　制图

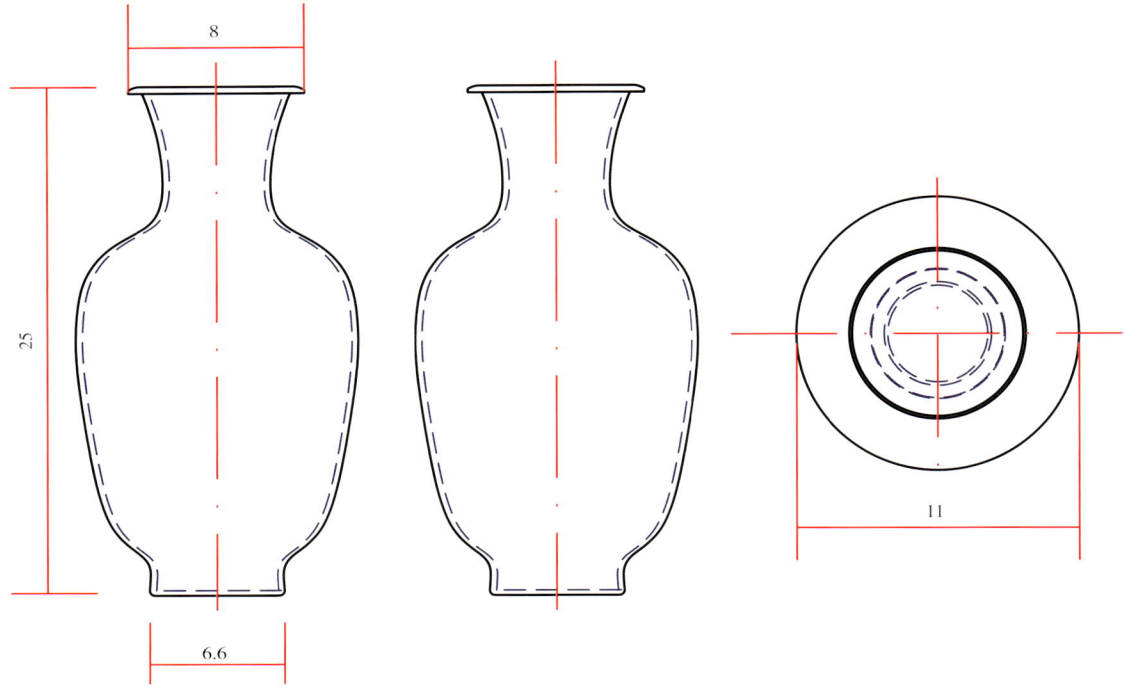

图二　回族景泰蓝瓶三视、尺寸图（单位：cm）

图三　回族景泰蓝瓶上色图

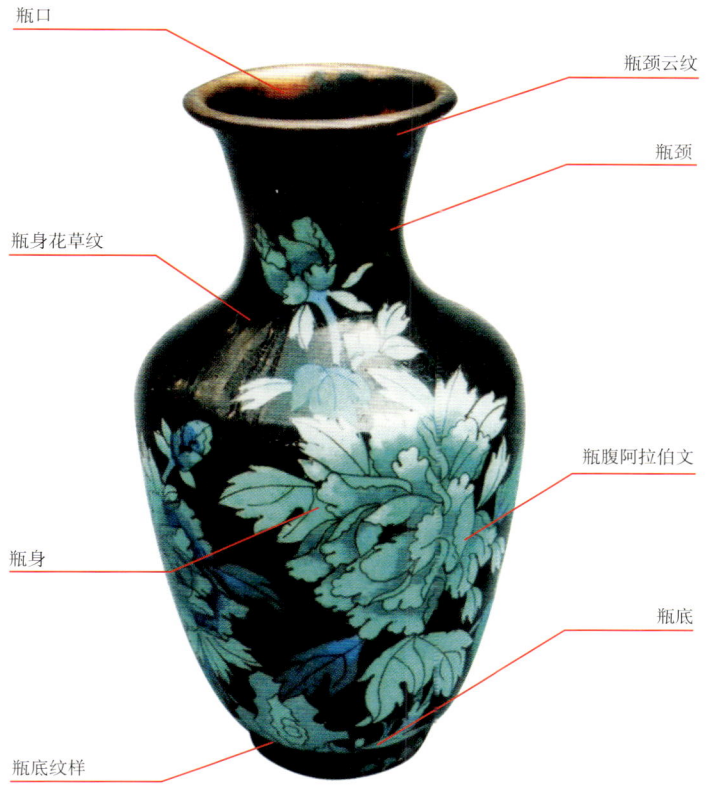

图四 回族景泰蓝瓶结构名称图

图五 回族景泰蓝瓶纹饰图

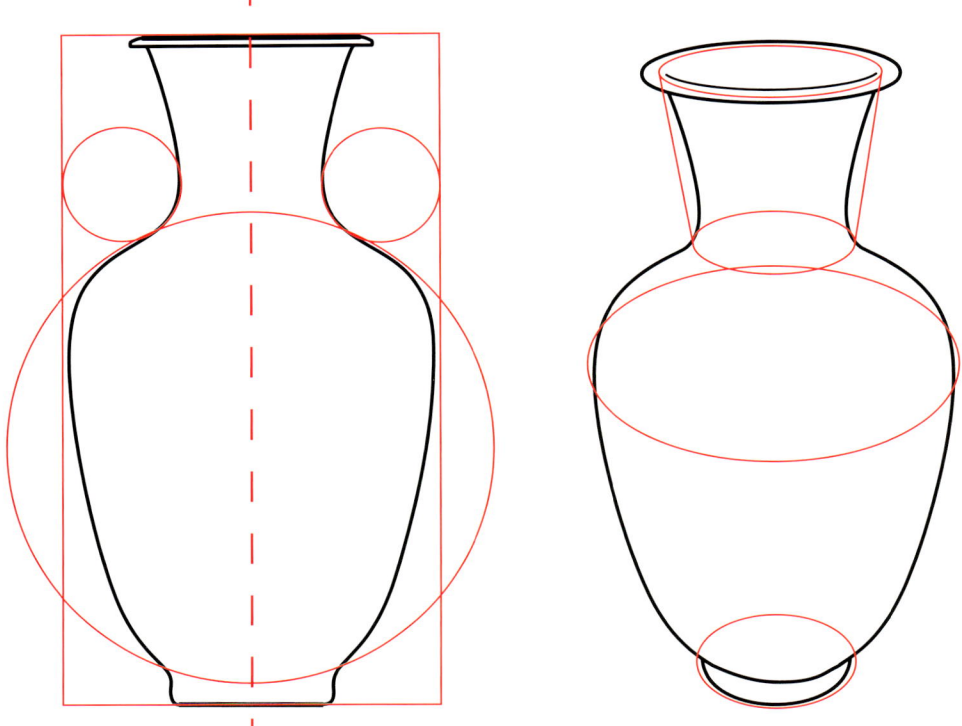

图六 回族景泰蓝瓶形态分析图

回族景泰蓝细颈花瓶

图一　回族景泰蓝细颈花瓶主图

本案例回族景泰蓝细颈花瓶出自民国，现藏于宁夏银川永宁县中华回乡文化园中国回族博物馆。该花瓶高22厘米，瓶身最隆处直径为9厘米，瓶口直径5.2厘米，瓶底直径6.9厘米。瓶身是个球形，与细长的瓶颈形成反差，给人强烈的视觉冲击。瓶颈、瓶身、瓶底分割分明，瓶颈细长便于抓握；球形瓶身给人饱满、富态的感觉；花瓶底座形态类似于莲花底座，寓意吉祥，装饰图案绘满整个花瓶，风格统一。

景泰蓝工艺明代逐渐风行，尤以景泰年间（1450—1457）出现了较多的以阿拉伯蓝釉作底的铜胎金属器，故名。景泰蓝制作工艺复杂，先用紫铜制胎，待工艺师作画完后再用铜丝在紫铜胎膜上粘出绘好的花纹图样，并将不同色彩的珐琅釉料镶嵌在粘好的图样边框中，最后经过反复烧制，打磨光滑镀上边后制成。景泰蓝工艺不仅运用了青铜工艺，又吸收了瓷器工艺，同时大量引进传统绘画和雕刻技艺，是集冶金、铸造、绘

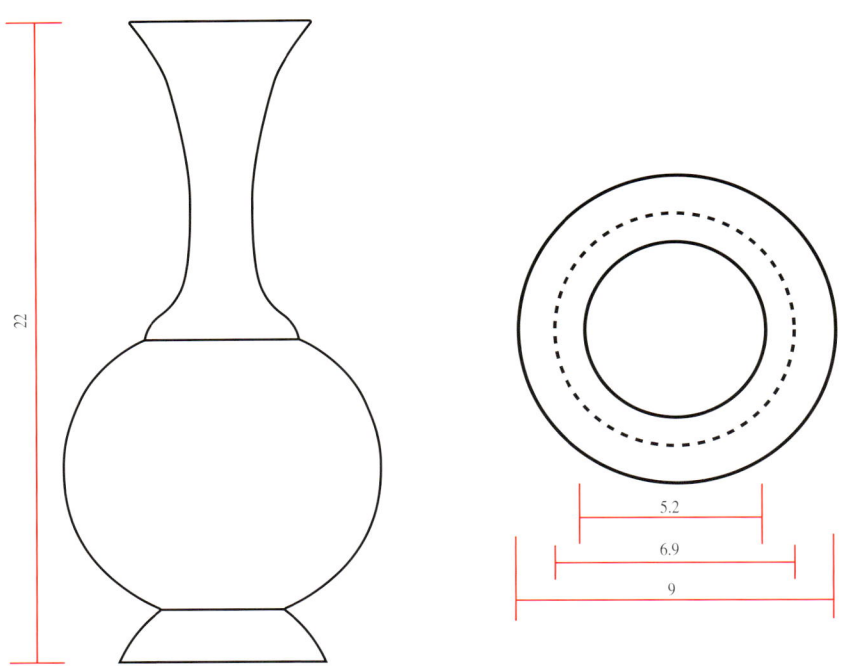

图二　回族景泰蓝细颈花瓶视角、尺寸图（单位：cm）

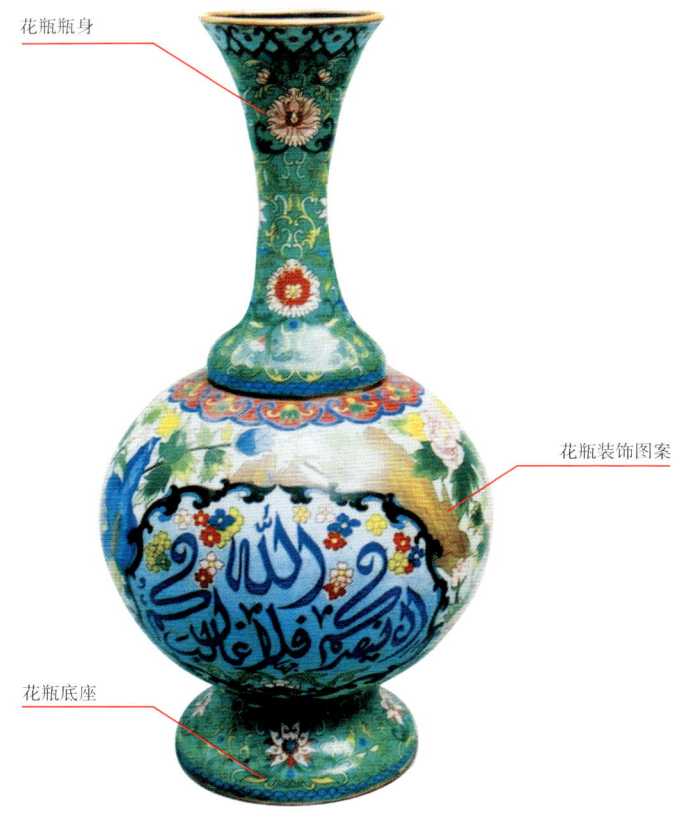

图三　回族景泰蓝细颈花瓶结构名称图

画、雕、錾、锤等多种工艺为一体的复合性工艺，堪称集中国传统工艺之大成。

本案例花瓶造型稳重大方、雅致美观，整体装饰图案多样、线条流畅、色彩对比浓烈，有蓝色阿拉伯文字样，艺术效果极强，具有独特的民族风格和深刻的民族内涵。

图片来源
图一　永宁县中华回乡文化园中国回族博物馆
图二、图三　宋姣、祝燕琴　制图
图四、图五　宋姣　制图

图四　回族景泰蓝细颈花瓶使用情境图（一）

图五　回族景泰蓝细颈花瓶使用情境图（二）

回族青花瓷瓶

图一 回族青花瓷瓶主图

本案例回族青花瓷瓶，出自清代，现收藏于宁夏银川永宁县中华回乡文化园中国回族博物馆。本案例中的瓷瓶高16.8厘米，瓶口直径6厘米，瓶腹最隆处直径10厘米，敞口束颈垂腹圈足，颈和身过渡自然，整体曲线丰满。瓶底浅，使瓶身更突出。瓶腹以蓝花装饰，绘画装饰清秀素雅，腹部正中以阿拉伯文装饰一周。

青花瓷，又称白地青花瓷，常简称青花，是中国瓷器的主流品种之一，属釉下彩瓷。青花瓷是用含氧化钴的钴矿为原料，在陶瓷坯体上描绘纹饰，再罩上一层透明釉，经高温还原焰一次烧成。钴料烧成后呈蓝色，具有着色力强、发色鲜艳、烧成率高、呈色稳定的特点。青花瓷是应用青花料在瓷胎上绘画，然后上透明釉，在高温下一次烧成的釉下彩瓷器。花面呈蓝色，幽倩、素雅，呈色稳定、不易褪脱。青花瓷萌芽于唐代，元代烧制已相当成熟，到明代，景德镇青花瓷则以胎釉精细、青花浓艳、造型多样而达顶峰。

图片来源
图一 永宁县中华回乡文化园中国回族博物馆
图二至图五 林志兵 制图

图二　回族青花瓷瓶线描图

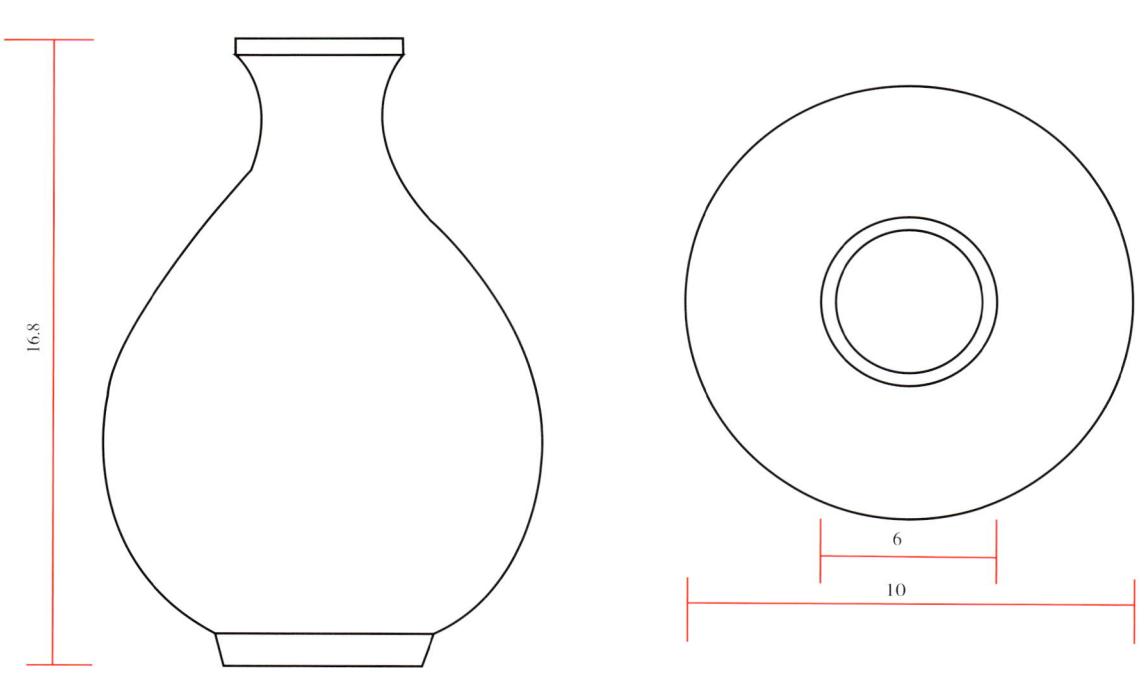

图三　回族青花瓷瓶视角、尺寸图（单位：cm）

图四 回族青花瓷瓶细节图

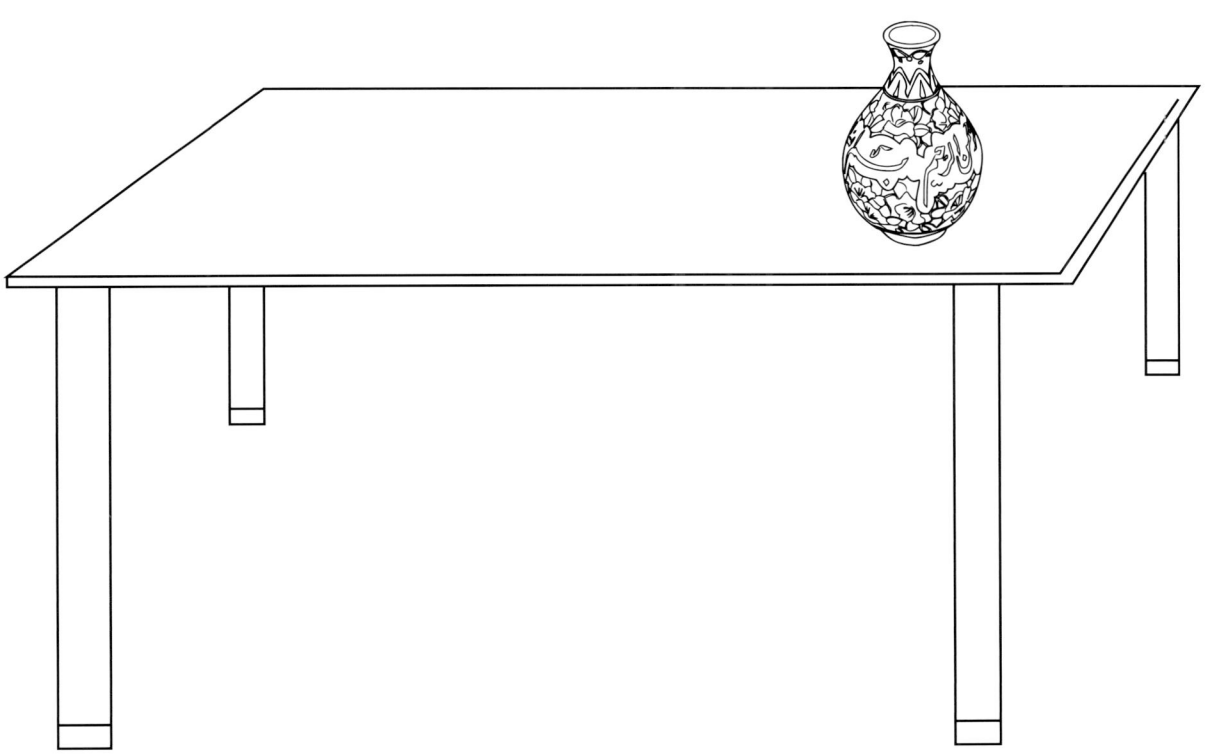

图五 回族青花瓷瓶使用效果图

回族景泰蓝花插

图一　回族景泰蓝花插主图

本案例回族景泰蓝花插出自清代，现藏于宁夏博物馆。高17.3厘米，口径8.6厘米，底径7.5厘米。大口外敞、细长颈、瘦长腹、盘形底座。口、底沿露红色铜胎，内壁施蓝釉。外壁为灰白色地，饰以红、蓝、黄、绿色珐琅釉料涂成的植物花卉纹，其余空间以褐色密集的螺旋纹填充，形成五彩绚丽的装饰效果，造型纤细。

花插一词始于明代。明正德年间流行的器皿呈圆球形，或梅花筒形，或鼓式，顶部开有六个小圆孔，器身饰青花地白缠枝莲纹、栀子花或青花缠枝花，有的器物上堆贴露胎的四兽面装饰。在明代很多家庭都有花插艺术品。清代继续烧造，器型略有变化，品种更加丰富，有仿哥釉、粉青釉、天蓝釉等多种。花插有"花囊"之称，以单色釉品种为常见，以雍正、乾隆时制品为最佳。

本案例花插口大腹细与一般花瓶瓶腹比瓶颈大的结构相反，造型独特，开辟了装饰花瓶的另一风格。花插内外壁颜色对比强烈，外壁装饰图案简洁大方，具有鲜明的时代风格。

图片来源
图一　宁夏博物馆
图二至图五　庄泓　制图

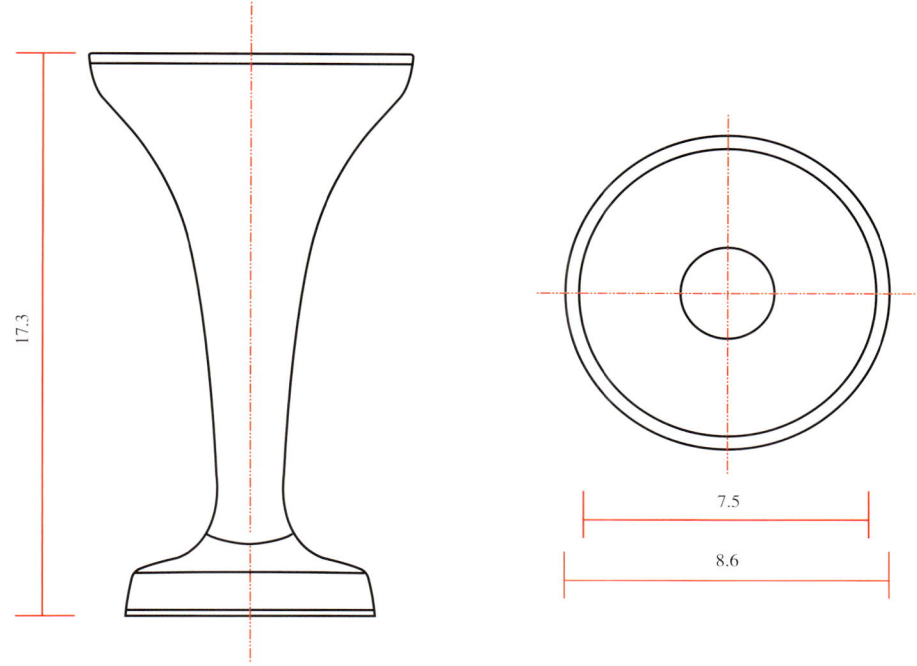

图二　回族景泰蓝花插三视、尺寸图（单位：cm）

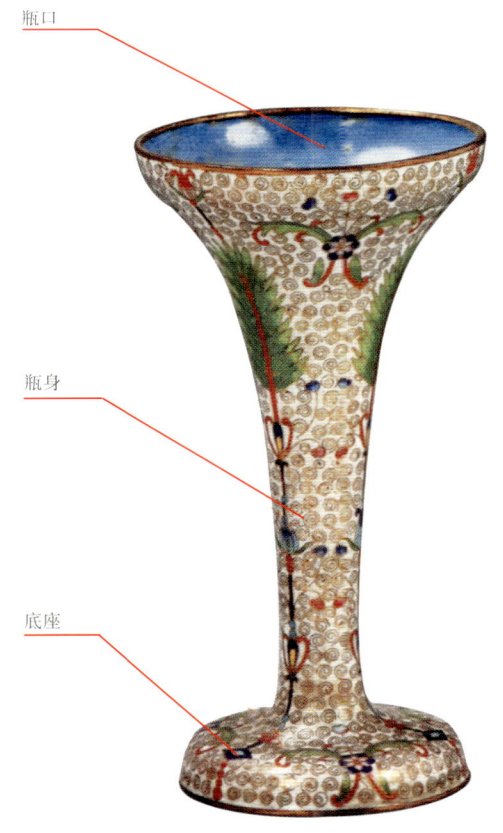

图三　回族景泰蓝花插结构名称图

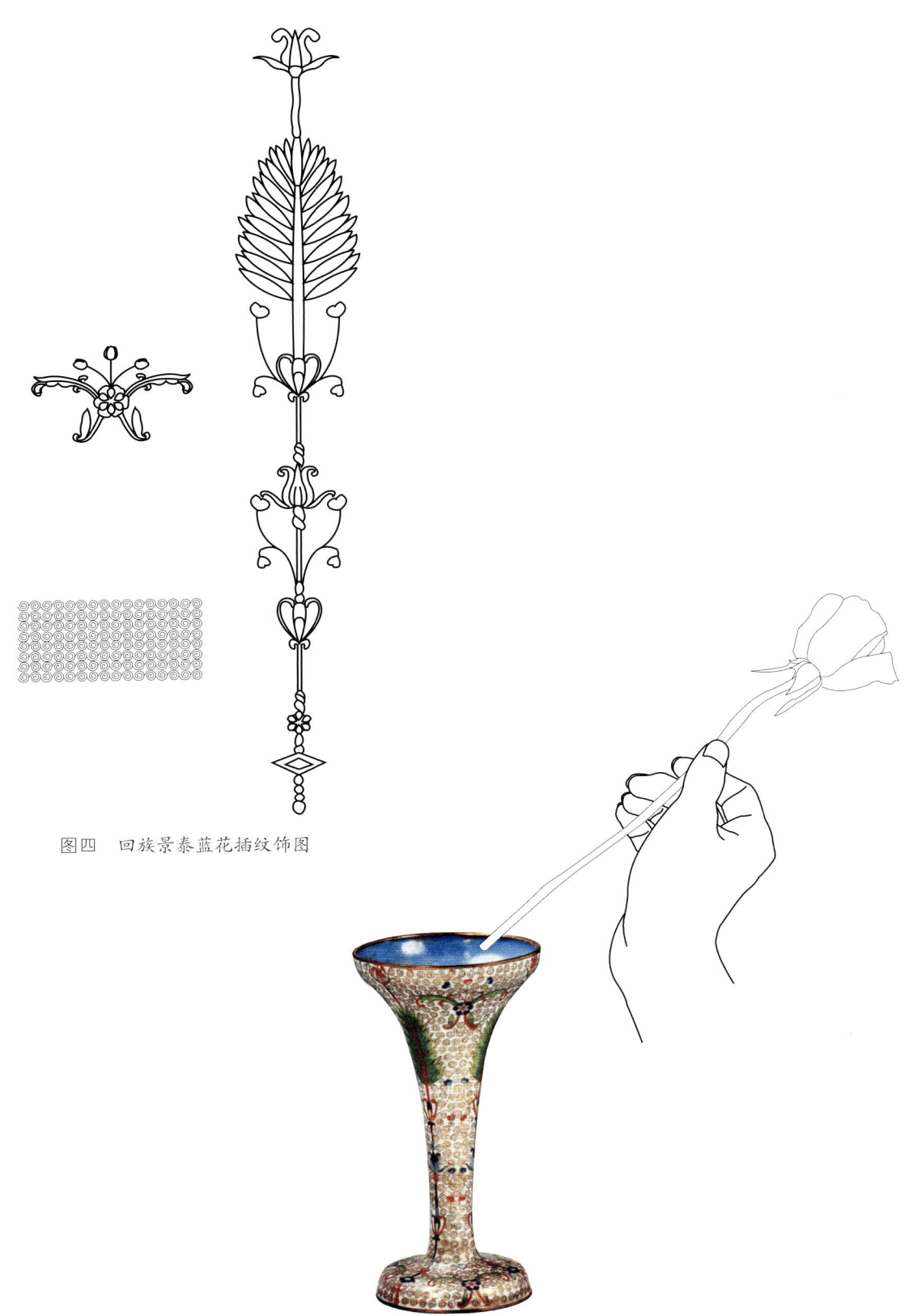

图四 回族景泰蓝花插纹饰图

图五 回族景泰蓝花插使用情境图

回族景泰蓝花瓶

图一　回族景泰蓝花瓶主图

本案例回族景泰蓝花瓶，出自民国，现藏于宁夏银川永宁县中华回乡文化园中国回族博物馆。

景泰蓝花瓶是一种瓷铜结合的独特工艺品。起于元朝，盛行于明代景泰年间。花瓶一直都是景泰蓝工艺品的主要器型，而且花瓶的器型也是种类繁多，比如梅瓶、葫芦瓶、周器垒、六线瓶、将军罐、金龙瓶，等等。景泰蓝花瓶是用陶烧制的，烧制所需要的温度必须达到800度以上，这样才能保证烧制出来有一定的硬度，且声音清脆。景泰蓝花瓶上面的图案是在上釉前手工钩绘，颜色是填上去的。

本案例景泰蓝花瓶形态优美，各个部位比例协调，符合人们的审美。景泰蓝花瓶上的花纹充分反映了当时人民的文化习俗和社会面貌。同时景泰蓝花瓶的制作方式有别于其他花瓶，新颖独特，为当代花瓶制造业的创新和发展起了良好的示范作用，为我们将来的设计打开了新思潮。

图片来源
图一　永宁县中华回乡文化园中国回族博物馆
图二至图五　许梦露　制图

图二　回族景泰蓝花瓶线描图

图三　回族景泰蓝花瓶纹饰图

图四　回族景泰蓝花瓶结构名称图

图五 回族景泰蓝花瓶使用效果图

回族白釉刻花鸡首壶

图一　回族白釉刻花鸡首壶主图

本案例回族白釉刻花鸡首壶，产于公元10世纪，壶高25厘米，壶身最隆处直径为12厘米，现藏于宁夏银川永宁县中华回乡文化园中国回族博物馆。

鸡首壶因壶嘴作鸡首状而得名。壶嘴有的可通，有的是实心，壶肩部有系，小平底。壶口为鸡首状，颈部细长、腹部滚圆、底部内收，器型庄重古朴，不失灵动流畅。外施青釉，发色纯净，刻有花卉，线条圆熟。白釉瓷器在辽代较为盛行并具有民族特色，目前已发现龙泉务窑、赤峰缸瓦窑均有烧制。此壶为辽代所特有，其造型端庄秀丽，口、颈、腹分别装饰不同的花纹。

白釉刻花鸡首壶，从它的造型上可以看到五代耀州窑的影子，从其色彩上可以看到唐白瓷的遗韵，而且之后辽白瓷对定瓷的影响也颇深，这就是在同一时期中国各民族艺术相互影响、相互借鉴的文化成果。这是历史文化的见证，更是对瓷文化的一种继承和发展，充分表现出中华民族的创造力。其精致的纹饰表达出中国自古以来人与自然和谐统一的人文思想，反映了中国人民对美好生活和美好事物的艺术化的追求。

图片来源
图一　永宁县中华回乡文化园中国回族博物馆
图二至图四　张灿斌　制图

图二　回族白釉刻花鸡首壶上色图

图三　回族白釉刻花鸡首壶三视、尺寸图（单位：cm）

第六章　回族传统手工艺

441

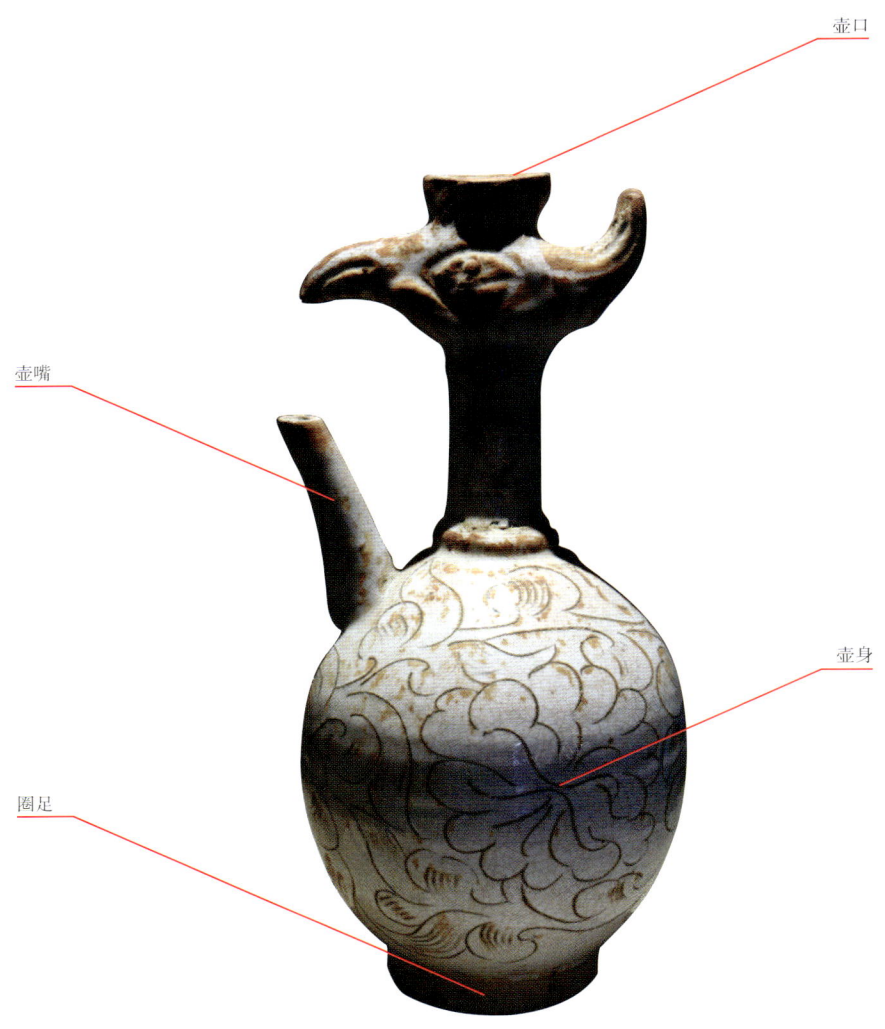

图四　回族白釉刻花鸡首壶结构名称图

回族瓜棱圈足铜壶

图一　回族瓜棱圈足铜壶主图

本案例回族瓜棱圈足铜壶产于公元12世纪，高36.5厘米，腹径15厘米，底径15厘米，现藏于宁夏银川永宁县中华回乡文化园中国回族博物馆。

壶身为长颈，椭圆腹，口外侈而圈足，独特的瓜棱造型，上面有精致的刻画。颈腹一侧附有长扁形带状执手，腹部另一侧附有微曲直流，此种形式具有鲜明的时代特色。此件铜器早期制造的时候应该是铜鎏银的，但是，随着岁月的流逝，三分之二面积的鎏银已脱落或淡化，下方的高足部分的鎏银较明显。

本案例的瓜棱圈足铜壶充分体现出了回族人民的智慧。优美的造型充满了时代的气息，引领着时代的潮流，体现出人民对美好生活和美好事物的向往。

图片来源
图一　永宁县中华回乡文化园中国回族博物馆
图二至图六　庄泓　制图

图二　回族瓜棱圈足铜壶线描图

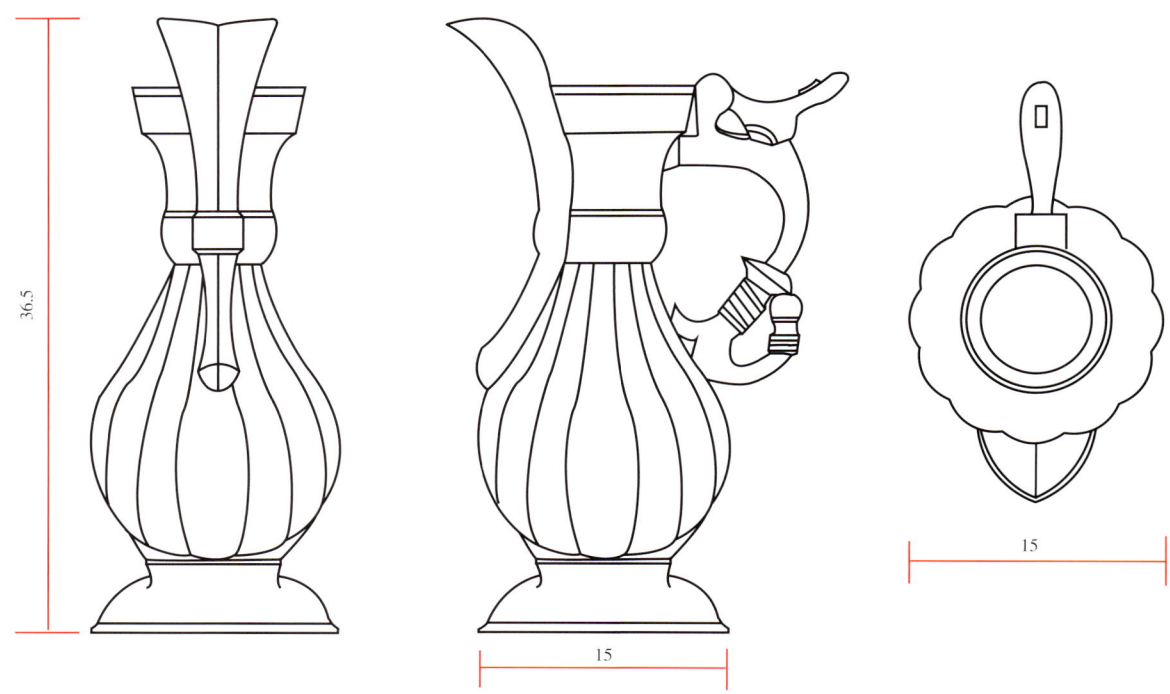

图三　回族瓜棱圈足铜壶三视、尺寸图（单位：cm）

图四 回族瓜棱圈足铜壶结构名称图

图五 回族瓜棱圈足铜壶使用示意图

第六章 回族传统手工艺

445

錾花圈足鼓腹带盖铜壶

瓜棱圈足铜壶

图六　回族不同形制铜壶对比图

回族青花缠枝莲扁壶

图一　回族青花缠枝莲扁壶主图

　　回族青花缠枝莲扁壶，产于明代永乐年间，现藏于伊朗德黑兰国立考古博物馆。壶高30厘米，口径5厘米，足径8.4厘米。

　　这件青花缠枝莲扁壶蒜头形口，短颈，口与肩之间对称，置如意形耳，圆腹，腹壁的两侧各凸饰一个鼓钉，长方形圈足。内施白釉，外壁通体绘青花缠枝莲纹，辅以花卉、灵芝、梅花等边饰，圈足内施白釉。其制作过程如下：先用水调和泥块，去掉渣质，用手搓揉，或用脚踩踏，把泥团中的空气挤压出来，并使泥中的水分均匀。然后摔掷在辘轳车的转盘中心，随手法的屈伸收放拉制出坯体的大致模样。印模的外型是按坯体内弧线旋削，将晾至半干的坯覆放在模种上，均匀按拍坯体外壁，然后脱模。将坯覆放于辘轳车的利桶上，转动车盘，用刀旋削，再使坯体厚度适当，表里光洁，这是一道技术要求很高的工序。将加工成型的坯摆放在木架上晾晒，用竹、骨或铁制的刀具在已干或半干的坯体上刻画出花纹。采用蘸釉或荡釉，琢器或大型圆器用吹釉。时间约一昼夜，温度在1300℃左右。最后烧制出青花缠枝莲扁壶。

　　这是一件明代永乐年间官窑烧造的宫廷

用瓷，其造型、纹饰表现了明代永乐年间在陶瓷器皿制作方面尚古之风的兴盛。永乐青花以其工艺高超的成型、细腻的胎体、严格的工序、艳而不俗的品质独树一帜。壶身上面的卷草纹充分反映了回族的民族特色。

图片来源

图一 陈育宁，汤晓芳.中国回族文物.银川：宁夏人民出版社，2008.

图二至图五 王欣欣 制图

图二 回族青花缠枝莲扁壶线描图

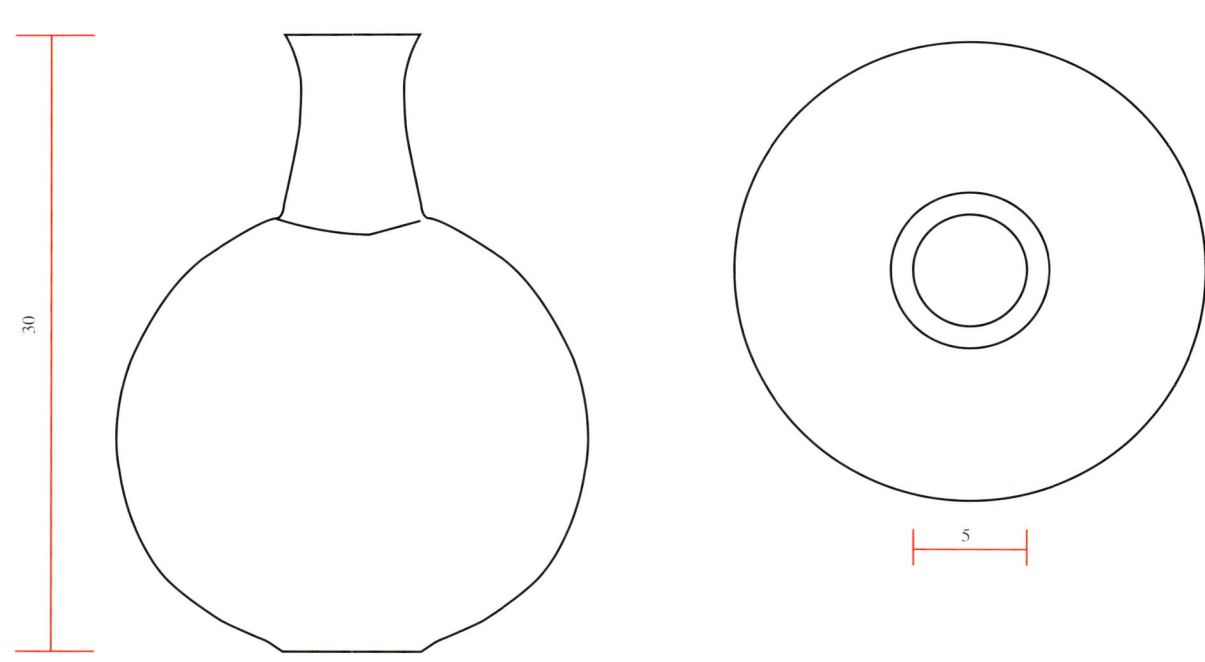

图三 回族青花缠枝莲扁壶视角、尺寸图（单位：cm）

图四 回族青花缠枝莲扁壶制作工艺图

图五 回族青花缠枝莲扁壶纹饰图

第六章 回族传统手工艺

回族镂花银套杯

图一　回族镂花银套杯主图

回族镂花银套杯，高7.8厘米，口径5.5厘米，底径4.8厘米。其套杯的作用是为了保护杯子，隔热、保温、防爆。

生活中的杯子是传导热很快的玻璃或金属材质制成的，盛热的饮料时手不方便直接把握，因此就有了利用金属耐高温的特性制成的套杯。比较常见的套杯，主要针对无把手的盖碗、杯等容器。本案例为镂花银套杯，之所以镂花是因为金属导热比较快，通过凹凸设置后不但手感舒适且能有效地阻隔热量传递，防止烫伤，又起了一定的装饰作用。套杯可重复使用，套接顺畅，既环保又能节约成本。

镂花银套杯体现出古代劳动人民的智慧，在生活中发现不足，加以改良，科学地解决问题，同时，精美的造型体现出古代人民对美的向往与追求。

图片来源
图一　宁夏博物馆
图二至图六　林志兵　制图

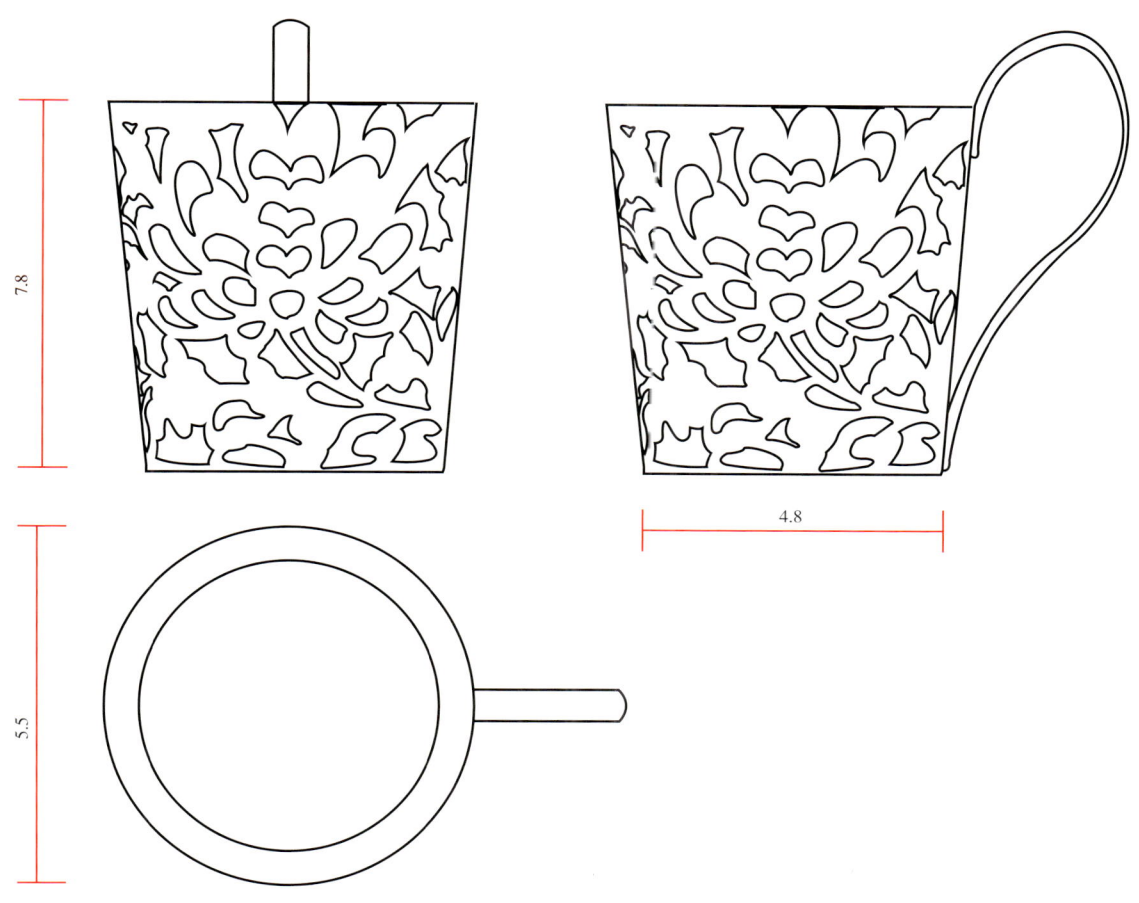

图二　回族镂花银套杯三视、尺寸图（单位：cm）

图三　回族镂花银套杯结构名称图

第六章　回族传统手工艺

图四 回族镂花银套杯解析图

将盛有热水的烫手杯子放入镂花银套杯中,既美观又不烫手

图五 回族镂花银套杯操作分析图

图六 回族不同形制的银套杯对比图

回族掐丝盘构银烛台

图一　回族掐丝盘构银烛台主图

回族掐丝盘构银烛台，高10.5厘米，口径6.2厘米，底径9.1厘米，有戳记。现收藏于甘肃博物馆。

掐丝盘构银烛台，整体形如"工"字，烛台顶部和台身用银丝盘构的草叶和花瓣组成，构思极为巧妙，底盘为银铸的莲瓣、佛手、石榴、柿子、仙桃，寓意为福寿多子、事事如意。掐丝是景泰蓝制作中最重要的工序，即将金、银等金属细丝，按照墨样花弯曲转折，掐成图案，粘焊在器物上。掐丝工艺，技艺巧妙，全凭操作者的一双巧手，掐饰出妙趣横生、神韵生动的画面。

掐丝盘构银烛台在当时是达官贵人府邸所特有的生活用品，银制的器具尽显奢华，精致的手工艺技巧令人叹为观止。掐丝盘构银烛台寓意着古代人民对福寿多子、事事如意的美好生活的向往，这与当今世界和平美好的潮流相吻合，体现了古代人民的睿智。

图片来源
图一　甘肃博物馆
图二至图五　林志兵　制图

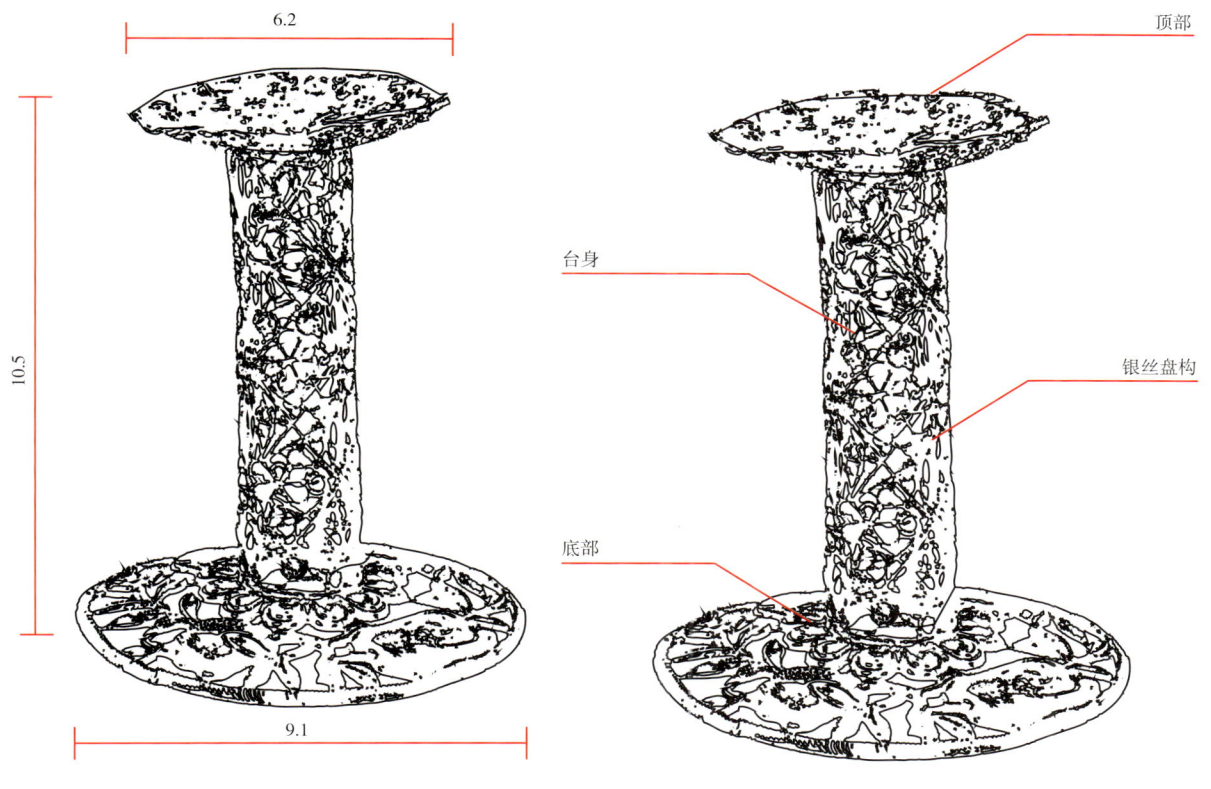

图二 回族掐丝盘构银烛台尺寸图
（单位：cm）

图三 回族掐丝盘构银烛台结构名称图

底盘为银铸的莲瓣、佛手、石榴、柿子、仙桃，寓意为福寿多子、事事如意

图四 回族掐丝盘构银烛台底部纹饰图

图五　回族掐丝盘构银烛台使用情境图

回族玉笔筒

图一　回族玉笔筒主图

回族玉笔筒，高14厘米，外径7.5厘米，内径5.6厘米，出自明代，现藏于宁夏银川永宁县中华回乡文化园中国回族博物馆。笔筒是一种最为常见的置笔用具，是文人书案上的常设之物，也是一种具有传统意味的中国艺术品。

玉笔筒材质一般为和田白玉和碧玉（或青玉），将开采的玉石切割后，雕琢成笔筒的圆柱形，并磨细表面，掏空内腔，形成内空的笔筒，在笔筒的外表阴刻阿拉伯文线条，把已雕琢好的笔筒外表，仔细地磨光。由于玉笔筒体积较大，外表适宜雕琢图案，因此往往浅浮雕山水人物纹。由于按照文人绘画底稿雕琢的玉图画题材的流行，玉笔筒成为表现玉雕工艺的重要载体。

这件阴刻阿拉伯文玉笔筒丰富了中国艺术宝库，具有很高的艺术价值和重要的历史价值。回族工艺家们以丰富的想象力，采用阴刻的方法创造性地将阿拉伯文雕刻在筒身，构思奇妙、古朴雅致，尽显回族工艺家的艺术才华和审美情趣。

图片来源
图一　永宁县中华回乡文化园中国回族博物馆
图二、图三　祝燕琴、宋姣　制图

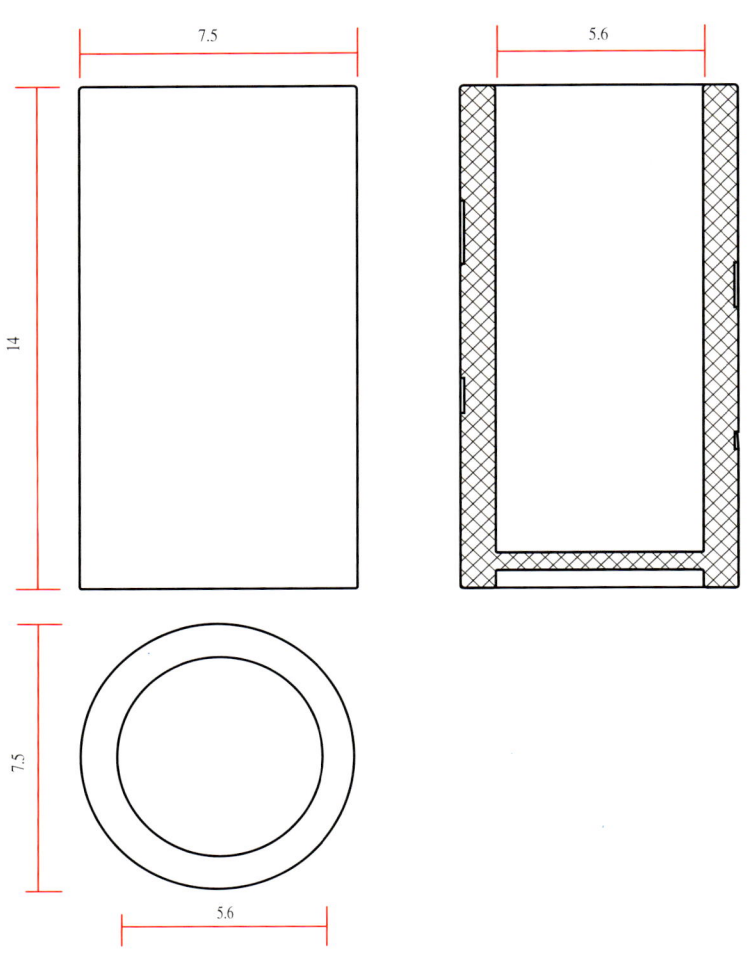

图二 回族玉笔筒三视、尺寸图
（单位：cm）

图三 回族玉笔筒制作工艺图

回族景泰蓝长方盒

图一　回族景泰蓝长方盒主图

本案例回族景泰蓝长方盒，出自清代，高8.3厘米，长12.5厘米，宽7厘米，现藏于宁夏博物馆。

景泰蓝长方盒盒身以回纹图案装饰，顶部正中饰以阿拉伯文。其采用金银铜及多种天然矿物质为原材料，经制胎、掐丝、点蓝、烧蓝、磨光、镀金等复杂工艺。一般先用紫铜制胎，接着工艺师在上面绘制图案，再用铜丝粘出相应的花纹，然后用色彩不同的珐琅釉料镶嵌在图案中，最后再经反复烧结、磨光、镀金，最终呈现斑斓夺目的效果。

本案例的景泰蓝长方盒在景泰蓝中具有一定的代表性。回族人民在长期的实践中，将景泰蓝制作、装饰工艺等进一步发展，创造了许多上乘之作，丰富了景泰蓝工艺的表现形式。

图片来源

图一、图二　陈育宁，汤晓芳.中国回族文物.银川：宁夏人民出版社，2008.

图三至图五　郭林森　制图

图二　回族景泰蓝长方盒三视、尺寸图（单位：cm）

图三　回族景泰蓝长方盒结构名称图

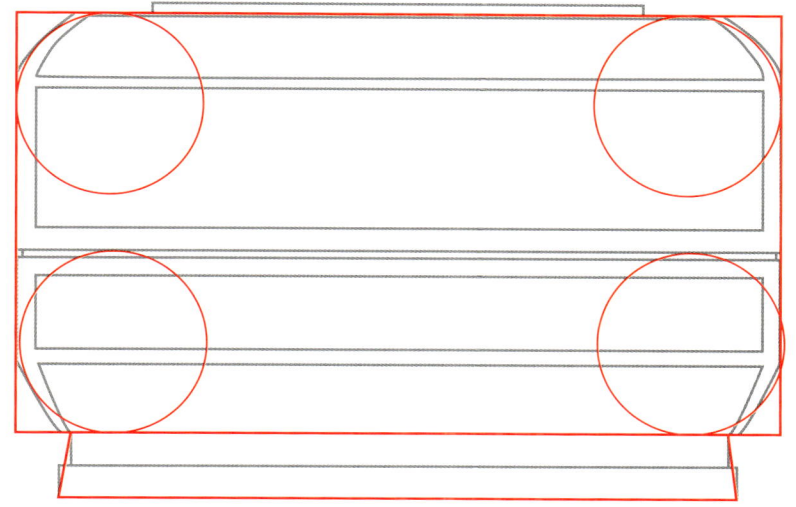

图四　回族景泰蓝长方盒骨视图

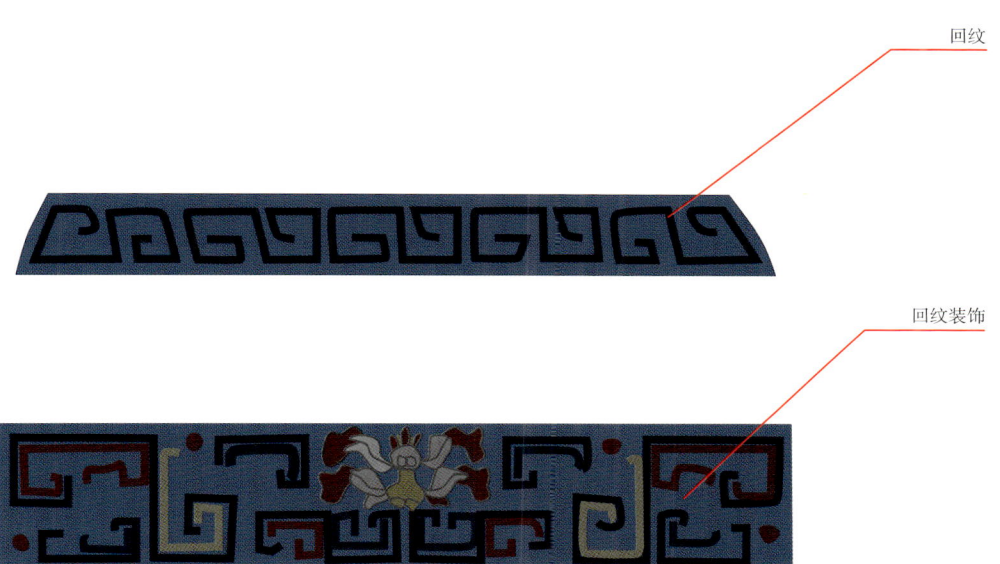

图五　回族景泰蓝长方盒纹饰分析图

回族剪纸

图一　回族剪纸主图

回族剪纸作为回族的民间艺术之花，有着旺盛的生命力。在西北回族聚居区，回族妇女的剪纸内容丰富，生活气息浓厚，无论在窗户上、墙上、顶棚上，还是箱柜上，随处可见她们的作品。

剪纸已经成为回族的一个传统习惯，心灵手巧的回族妇女用一把剪刀、几张彩纸，通过自己的想像力和创造力，剪出各式各样的作品，用来美化和点缀生活。回族剪纸的造型大多源于自然界和社会生活中的各类花草和蝴蝶、鸽子、金鸡、黄牛、骏马、滩羊、双飞燕、领头雁等动物。从表面上看是一般的飞禽走兽，但经过她们巧手布局、精心组合、大胆点题，富有含蓄独特的艺术魅力。

本案例采自云南民族博物馆。其上剪有蝴蝶、凤凰、鸟、花等图案，既不是传统观念的自然模仿，也不是现代观念的夸张变形，而是借形寓意，充分表现了回族人民的心理意识和朴素、大方、自然的审美观。

随着社会的发展，回族妇女的剪纸艺术在不断翻新花样，可谓百花齐放。特别是到回族的传统节庆、乔迁新居、举行婚礼等喜庆活动时，妇女们便剪出寄托她们美好愿望的作品，增加节日欢快的气氛。

图片来源
图一　云南民族博物馆
图二至图六　张雪　制图

图二　回族剪纸线描图

图三　回族剪纸上色图

图四　回族剪纸结构名称图

第六章　回族传统手工艺

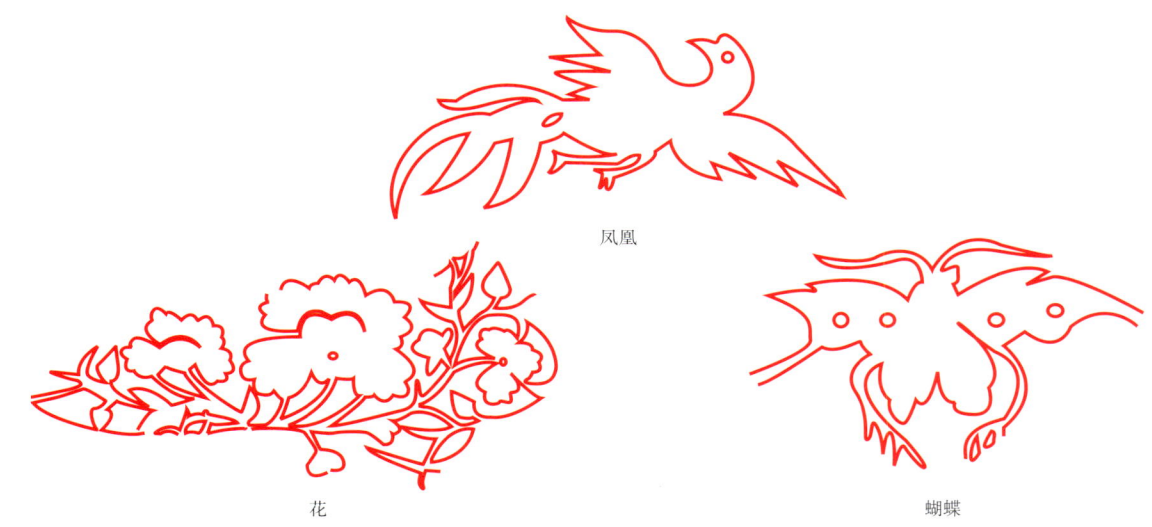

凤凰

花　　　　　　　　　　　　蝴蝶

图五　回族剪纸纹样分析图

图六　回族不同形制的剪纸对比图

回族藤编碗套

图一　回族藤编碗套主图

回族人民自古至今喜好经商，其传统的商业，除了珠宝业、香料业、医药业、餐饮业之外，马贩、驼队、羊皮筏子以及长途贩运业也是回民普遍经营的行业。明清时期，西北等地的穆斯林商人，常常拉着大批驼队，长途贩运货物，一走就是几个月，甚至还有几年才能返回的。

本案例是藤编碗套，采自宁夏银川永宁县中华回乡文化园中国回族博物馆，是回族商人在外出运输时携带的保护碗的装置。碗套是用藤编织而成，骑马旅行时挂在马鞍上，防止碗被摔碎。碗套主要由碗套上盖和碗套主体构成，由于材料是软性的藤，所以将碗放置其中，能起到固定和保护的作用。

图片来源
图一　永宁县中华回乡文化园中国回族博物馆
图二至图四　宋姣、祝燕琴　制图
图五、图六　宋姣　制图

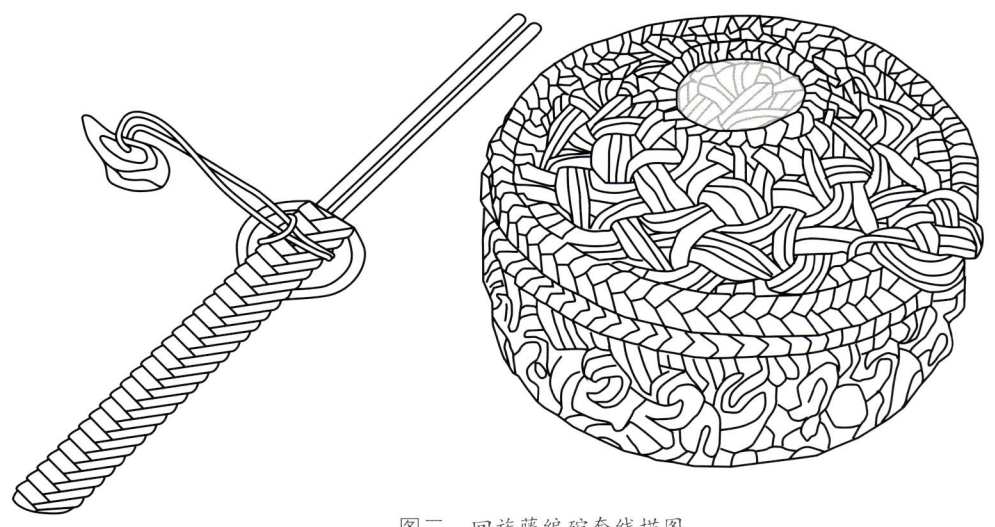

图二 回族藤编碗套线描图

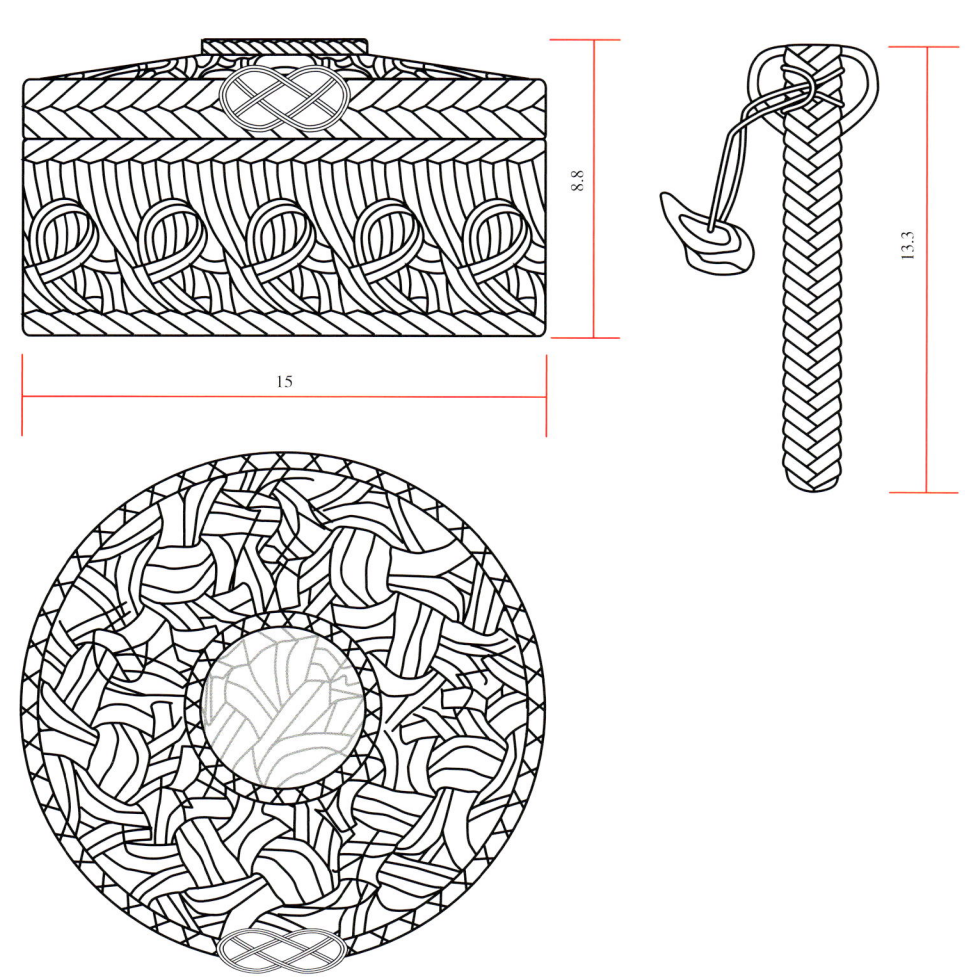

图三 回族藤编碗套三视、尺寸图（单位：cm）

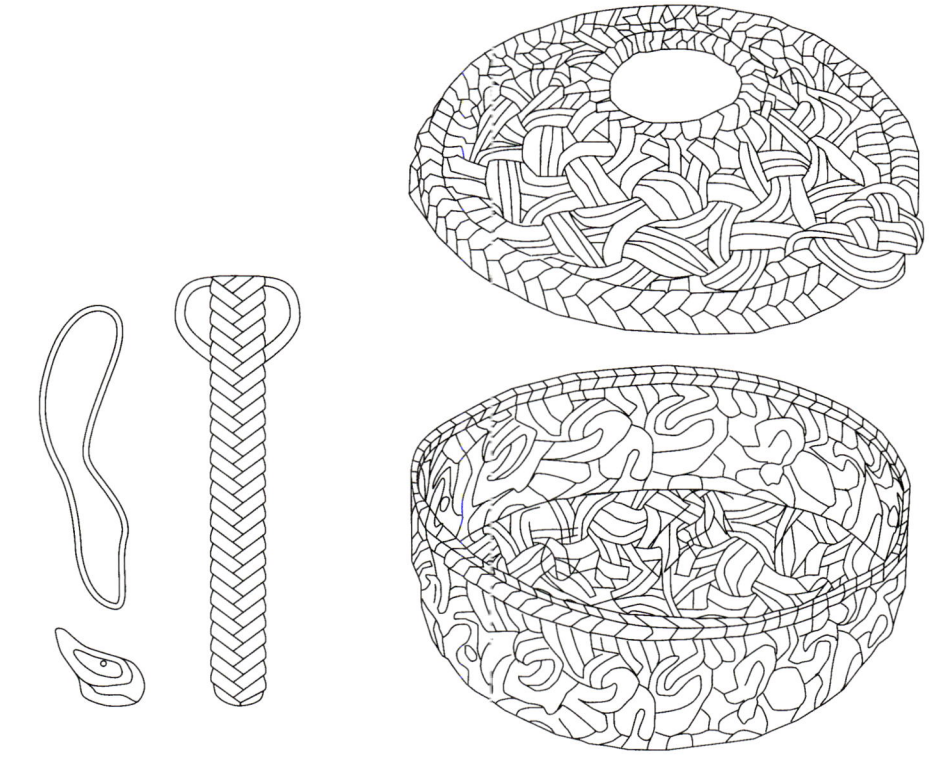

图四 回族藤编碗套解析图

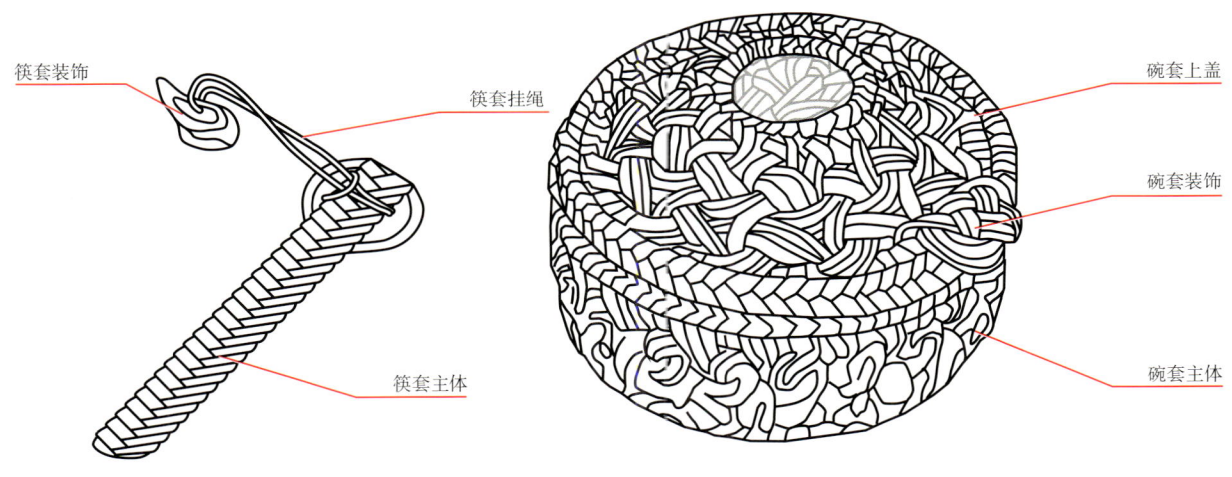

图五 回族藤编碗套结构名称图

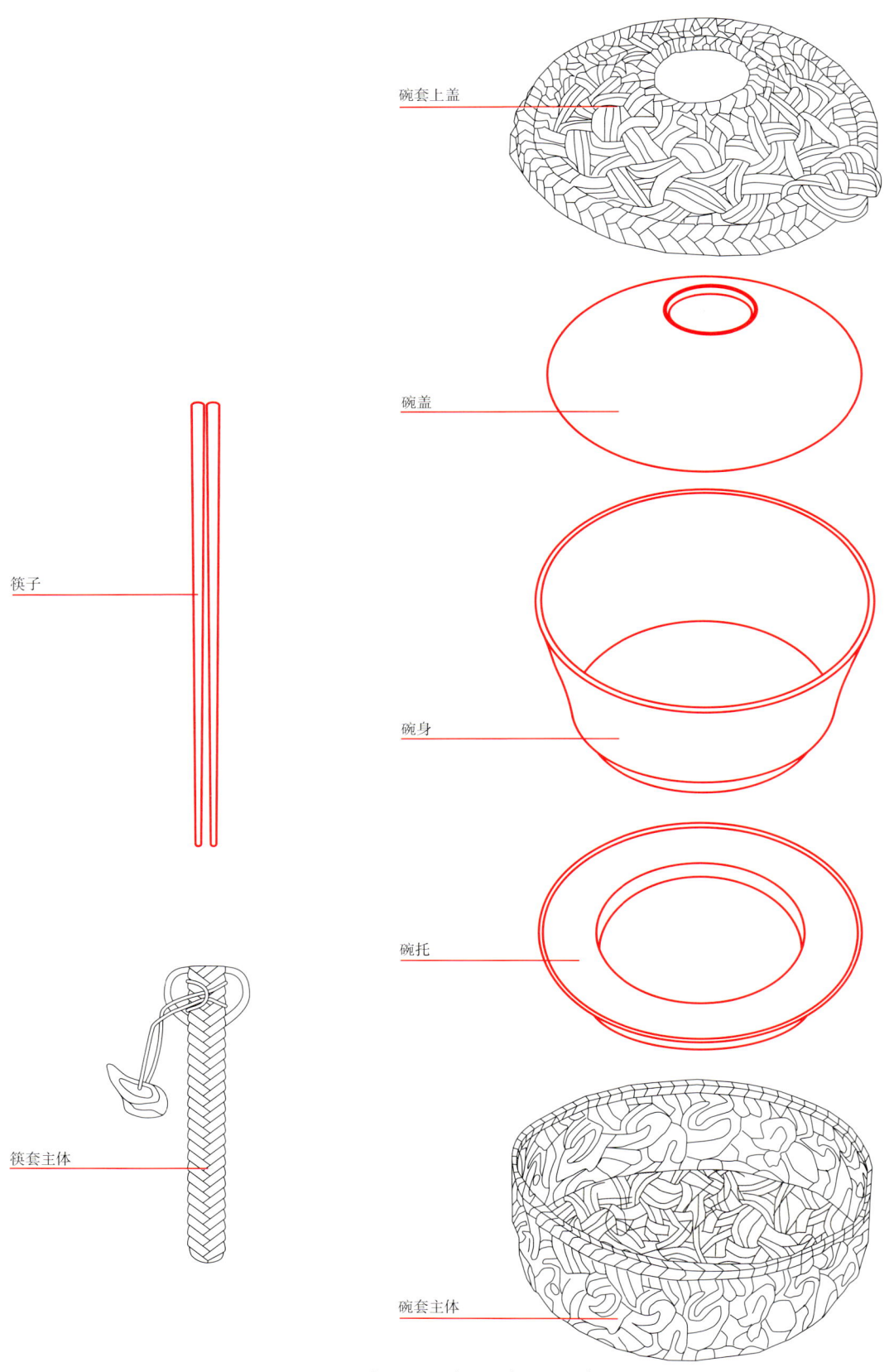

图六　回族藤编碗套使用分解图

回族刺绣瓶挂

图一　回族刺绣瓶挂主图

回族刺绣发展于清代，针法精巧工整、绣品精美淡雅，主要以植物为题材，少量采用鸟、虫、鱼类为题材，作品具有浮雕感，有鲜明的民族特色，具有实用价值、艺术价值和经济价值。

回族刺绣的植物形象非常逼真，采用大自然中各种不同的植物叶，构成自己想象中的花草树木，枝与叶、花与蔓达到和谐统一。回族刺绣不仅表现自然美、生活美，而且还艺术地表现其宗教信仰，其刺绣中经常采用传统的阿拉伯几何图形或云纹。

本案例中的刺绣瓶挂采用植物作为主要元素，花和枝叶和谐地统一在瓶身主体中。本案例作为装饰用的挂件，比例协调，瓶型优美，色彩层次丰富，具有强烈的装饰性。

图片来源
图一　永宁县中华回乡文化园中国回族博物馆
图二、图三、图七　祝燕琴、宋姣　制图
图四至图六　宋姣　制图

图二　回族刺绣瓶挂纹饰图（一）

图三　回族刺绣瓶挂纹饰图（二）

图四　回族刺绣瓶挂尺寸图（单位：cm）

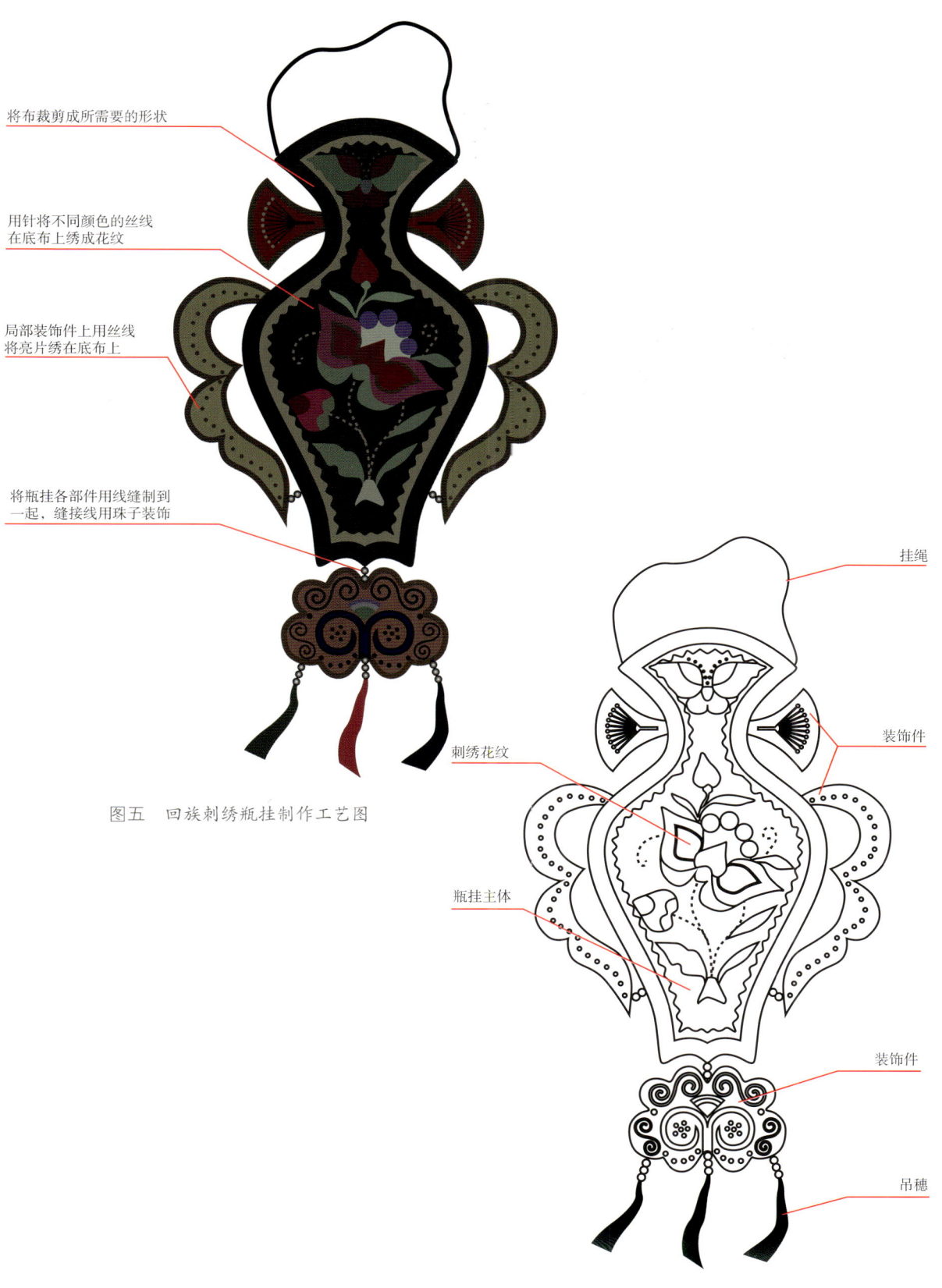

图五 回族刺绣瓶挂制作工艺图

图六 回族刺绣瓶挂结构名称图

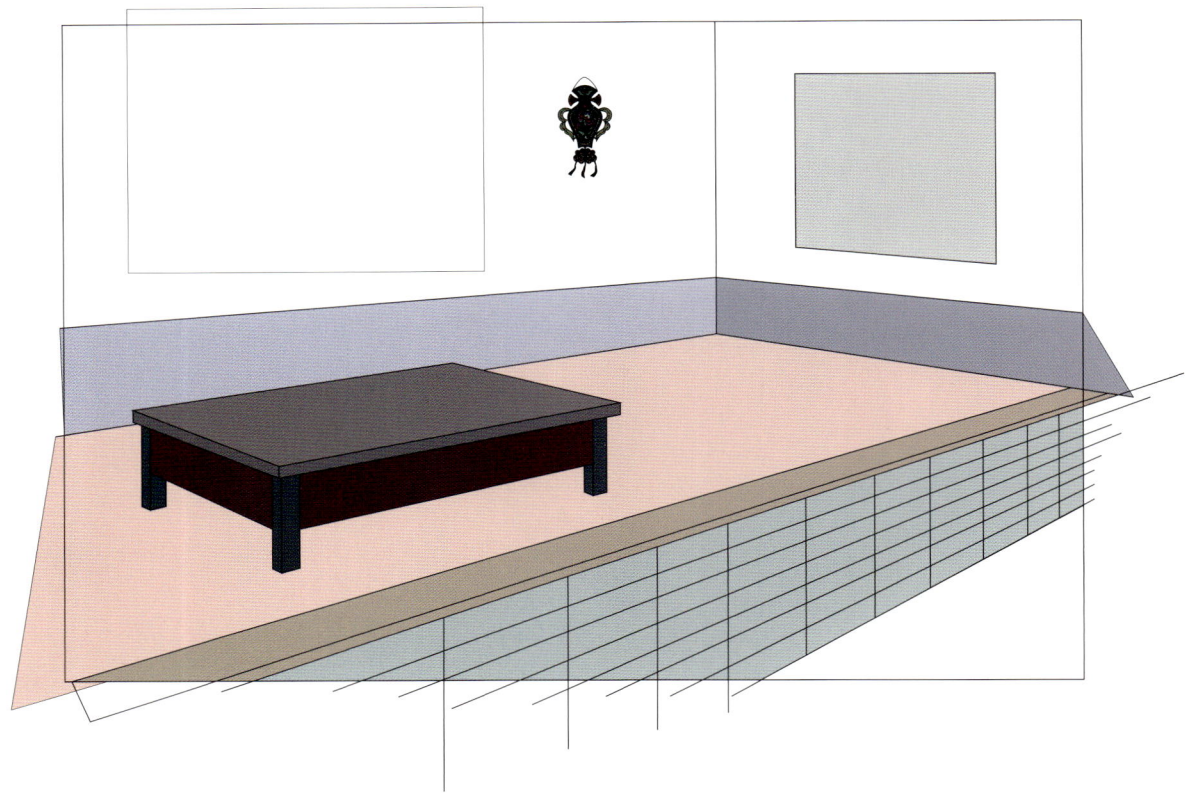

图七　回族刺绣瓶挂使用情境图

回族木雕门

图一 回族木雕门主图

木雕是回族的传统工艺，纹饰布局讲究、图案精美，一般为素色，也有彩绘和贴金，显得庄严华贵，颇具民族特色。本案例为木雕门，饰有花卉图案，为近代物品，现藏于宁夏博物馆。

回族民众吸收了中国楼台亭阁的结构方法，在大量的木质材料上，精雕细刻，或花草虫鸟，或经文教语，有时略施淡彩于其上，富有装饰效果，使建筑显得更加丰满与华丽。回族木雕的工艺非常讲究，各个流程都有严格的要求，以保证作品的质量。凿粗坯：粗坯是整个作品的基础，它以简练的几何形体概括全部构思中的造型细节，要求做到有层次、有动势，比例协调、重心稳定、整体感强，初步形成作品的外轮廓与内轮廓。掘细坯：先从整体着眼，调整比例和各种布局，然后将人物等具体形态及五官、四肢、服饰、道具等逐步落实并形成，为修光

图二　回族木雕门素描图

图三　回族木雕门骨视图

留有余地。这个阶段，作品的体积和线条已趋明朗，因此要求刀法圆熟流畅，要有充分的表现力。掘细坯中的镂空技巧，要求以纵纤维组合镂空，镂去多余的部分。修光：运用精雕细刻及薄刀密片法修去细坯中的刀痕凿垢，使作品表面细致完美，要求刀迹清楚细密，或是圆转，或是板直，力求把各部分的细微之处及其质感表现出来。打磨：根据有些作品需要，将白坯木雕用粗细不同的木工砂纸进行搓磨，先用粗砂纸，后用细砂纸，顺着木纤维方向反复打磨，直至刀痕消失，表面细润光滑，显示美丽的木纹，要注意保持作品轮廓清晰、线条流畅。

图片来源
图一　宁夏博物馆
图二至图五　郭林森　制图

图四　回族木雕门纹饰分析图（一）

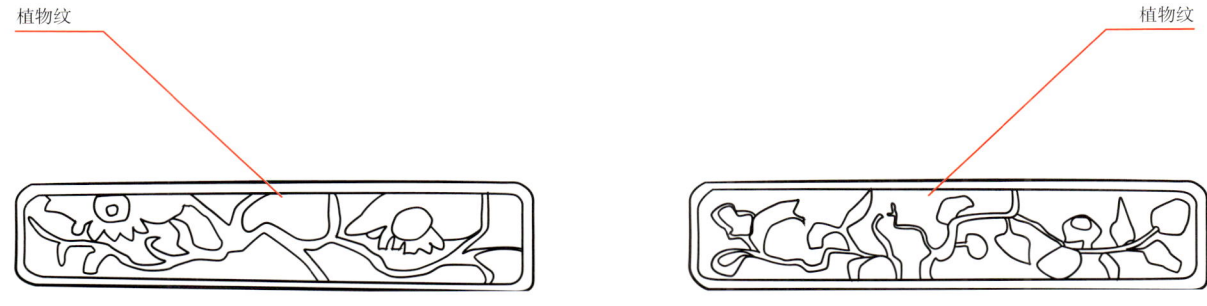

图五　回族木雕门纹饰分析图（二）

回族绣莲花绸壁挂

图一　回族绣莲花绸壁挂主图

回族刺绣壁挂历史悠久，是一种宝贵的传统文化和艺术，有着独特的艺术语言和表现手法，我国现代化发展更是给古老的回绣艺术注入了新的发展活力和生机。回族的刺绣富有想象力与艺术魅力，一般刺绣花草图案和几何图形，是回族妇女刺绣的绝技。

回族刺绣的针法有平绣、结绣、盘绣、扎绒绣、补花、拼贴、掏花等多种。这些针法，大都以细密精致、纹样灵动明了为特点。色彩运用上冷暖相照、对比鲜明，其换色、变色，追求大平面色彩对比效果的丰富手段，堪称一绝。

本案例绣莲花绸壁挂，现展于宁夏博物馆"盛世回乡"展厅。壁挂由绣花和挂穗两部分组成，绣花部分长29厘米，宽23厘米；黑色挂穗长32厘米。整体精美大方，撷取大自然中各种不同的植物叶，构成自己想象中的花草树木，枝与叶、花与蔓和谐地统一，具有较高的艺术价值和工艺水平，民族特色鲜明。

图片来源

图一　宁夏博物馆

图二至图六　姚惠婧　制图

图二　回族绣莲花绸壁挂纹样图

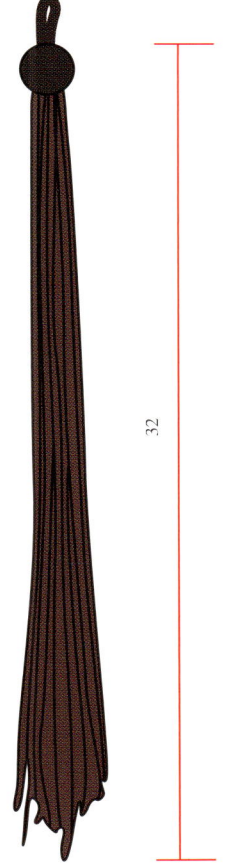

图三　回族绣莲花绸壁挂尺寸图（单位：cm）

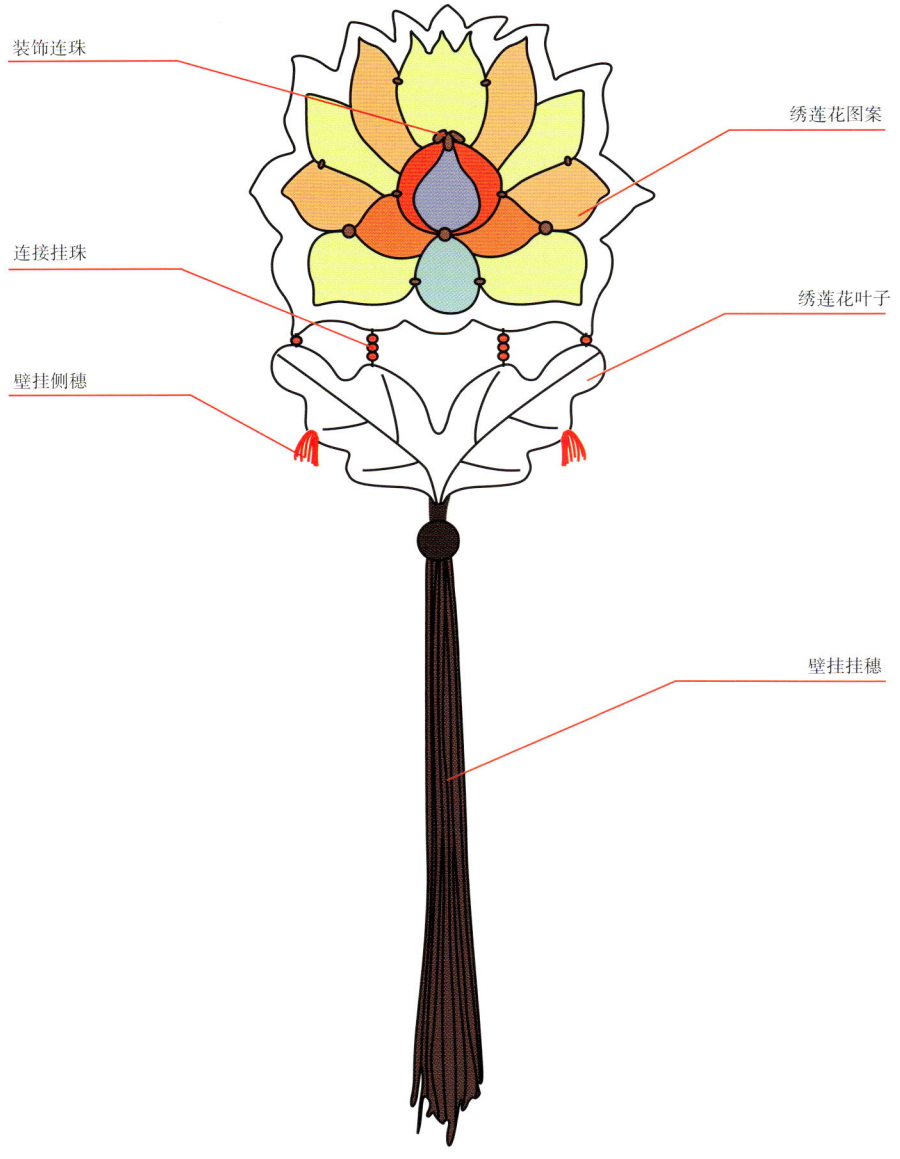

图四 回族绣莲花绸壁挂结构名称图

图五　回族绣莲花绸壁挂组件示意图

图六　回族绣莲花绸壁挂使用效果图

第六章　回族传统手工艺

回族铜饰牌

图一　回族铜饰牌主图

本案例回族铜饰牌，直径28厘米，宽沿，内圈凹形，圈内浮雕有阿拉伯文，西安化觉巷清真寺藏。

铜饰牌是挂在衣服或腰带上的一种特殊装饰品，也有叫铜饰板的。

铜饰牌在北方游牧民族生活区域发现很多，但它绝不是北方游牧民族的专利，在云南青铜器中也有透雕铜饰牌。后者不同于前者，其形制较大，不是片状而是圆雕。在内容上更加丰富，在形式上更多变化。

图片来源
图一　西安化觉巷清真寺
图二、图三　肖月　制图

图二　回族铜饰牌尺寸图（单位：cm）

图三　回族不同形制的铜饰牌对比图

第六章　回族传统手工艺

回族皮雕

图一　回族皮雕主图

所谓皮雕，就是以旋转刻刀及印花工具，在皮革上刻划、敲击、推拉、挤压，在皮革上雕出凹凸不同层次的作品，统称皮雕。运用的技巧与竹雕、木雕等技法类似。皮雕时，皮质的选用相当重要，不同的皮革将能展现风格迥异的魅力。一般而言，羊皮柔软细致，多半用作皮包或服饰配件的素材；而牛皮具有细致的纹理和毛细孔，其柔软及强韧的特性，是皮雕材质之最佳选择。但不是所有的牛皮都可以作为皮雕的材料，最上乘的选择是优质黄牛头层植鞣革。植鞣革——特指用植物鞣剂鞣制而成的皮革，具有环保无污染的特点，成型性好，较为坚实，使用雕刻刀直接在皮革上雕出图案纹样。由于是手工制品，产量不大，主要用在一些小件的饰品上。

皮雕首重雕工之美，其基本步骤如下：1. 选用适当大小的皮革材料，在雕刻前用水适度湿润皮革，使其膨胀变软，增加皮革的可塑性。当湿润的皮革几乎恢复原来的颜色时，便可开始图案转绘。必须注意的是皮革若过于干燥，就不易切割；若是过于湿润，则不易留下切割的痕迹。2. 设计雕刻的图案纹样，并将图案描绘在透明纸上。3. 将图案纹样运用圆头铁笔转绘到湿润的皮革上。先描出其轮廓，再描绘其他细部图样，运笔要坚定、有力，如此便能将图案纹样完美地描绘在皮革上。4. 顺着皮革上转绘图案纹样的痕迹，使用旋转刻刀划出弯曲的图案轮廓线条。使用旋转刻刀时，刀刃面向执刀者，刀身向外倾斜约45度，切入皮革三分之一至二分之一的深度，向执刀者面前刻划线条，一次刻划完成较佳。有时左手要拉住皮革的一端，配合曲度旋转，才能刻出理想之曲线。5．使用打敲工具及印花工具，在图案纹样上敲打出基本轮廓及阴影，并依设计敲打背景纹样，制造出图案纹样的立体感。6．利用旋转刻刀刻划装饰线条，将皮雕作品再次修饰，让画面丰富生动。7．依设计选用染色方法，使图案纹样栩栩如生。常见的皮革染色法有油染法、糊染法、防染法、水晶染法、干擦法、蜡染法等。若不上色的话，经过表面处理后，更可保持皮革本身的特性。8．待图案雕刻、染色制作完成后，确认无尘埃附着后，使用皮革亮油以划圈方式轻轻在皮革表面擦拭，增加光泽，涂上一层后不要再重复擦拭。皮革亮油有保持皮革品质、外观的功能。这样，作品就完成了。回族皮雕利用皮革绝佳的可塑性，融入作者的创意巧思，是回族具有鲜明民族特色的手工艺。

图片来源

图一　洪梅香编著.中国回族民俗集萃.北京：朝华出版社，2012.

图二至图五　邱珂　制图

图二　回族皮雕纹样图

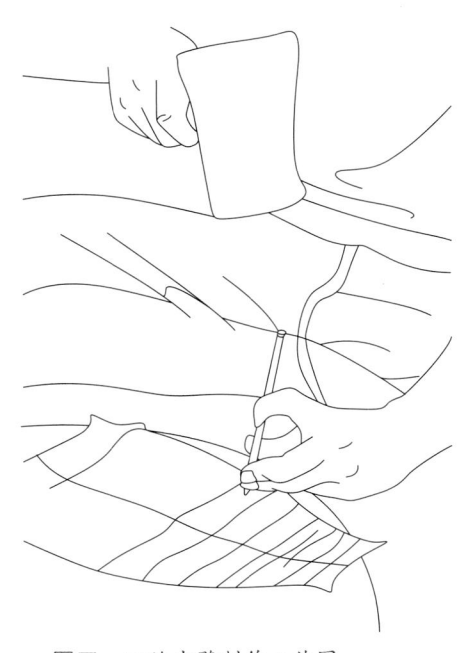

图三　回族皮雕制作工艺图

图四　回族皮雕工具图（一）

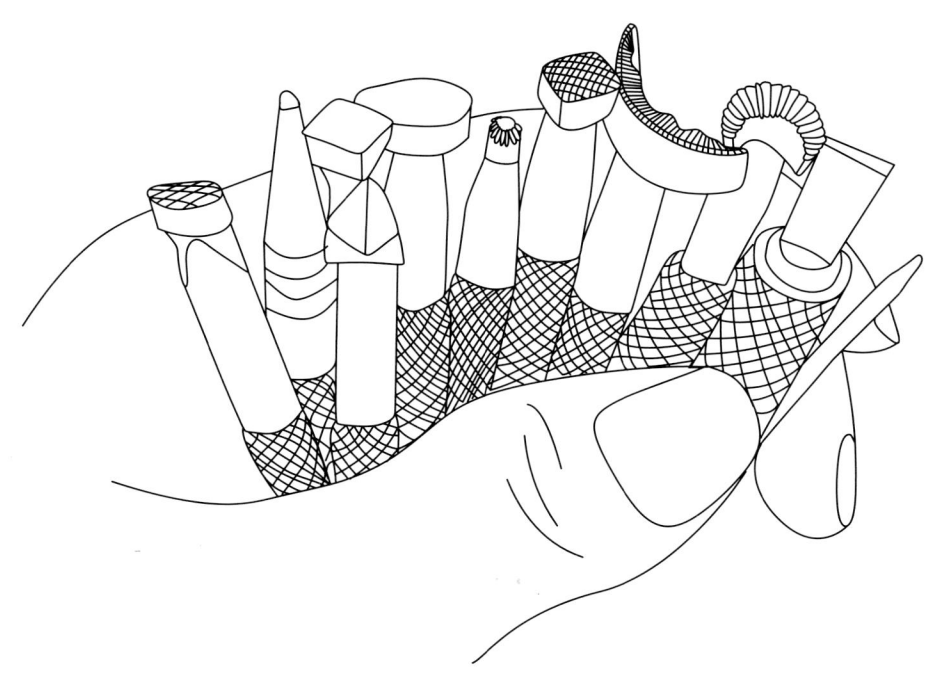

图五　回族皮雕工具图（二）

回族托盘

图一　回族托盘主图

　　托盘是装食物和餐具的盘子，常见于饭馆，方便一次运送多个餐具或食物。托盘通常使用木材、塑料、金属制成，形状有长方形、圆形、椭圆形等。

　　本案例回族托盘为一套，分为四层，每一层用不同的花样来装饰。最上面一层印有文字"兰为香祖"以及它的阿拉伯文翻译，底部一丛兰花跃然，丰富的颜色搭配点缀了整个托盘；接下来一层印有文字"松雪"，上面画着蝶与花；再下来一层印有文字"国色天香"，左右两圈用阿拉伯文图案进行装饰；最底下一层也是最厚的一层，又叫托盘底座，印有"石青"二字，也有一丛兰花还有一小片阿拉伯文，内部藏有三个抽屉，抽屉上镶嵌有三个金属拉扣。

　　该托盘各层的图案构图饱满、颜色鲜艳，既有中国传统的味道，又有西域的特点，精致、独特的拉扣设计给整个托盘增添了亮点。这款托盘不仅很实用，同时也非常具有观赏价值。

图片来源
图一至图四　李雪松　制图

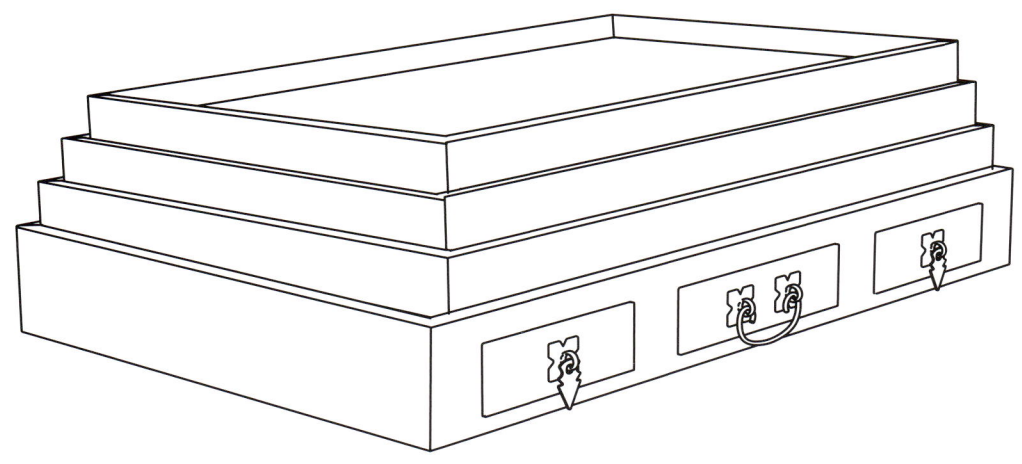

图二　回族托盘线描图

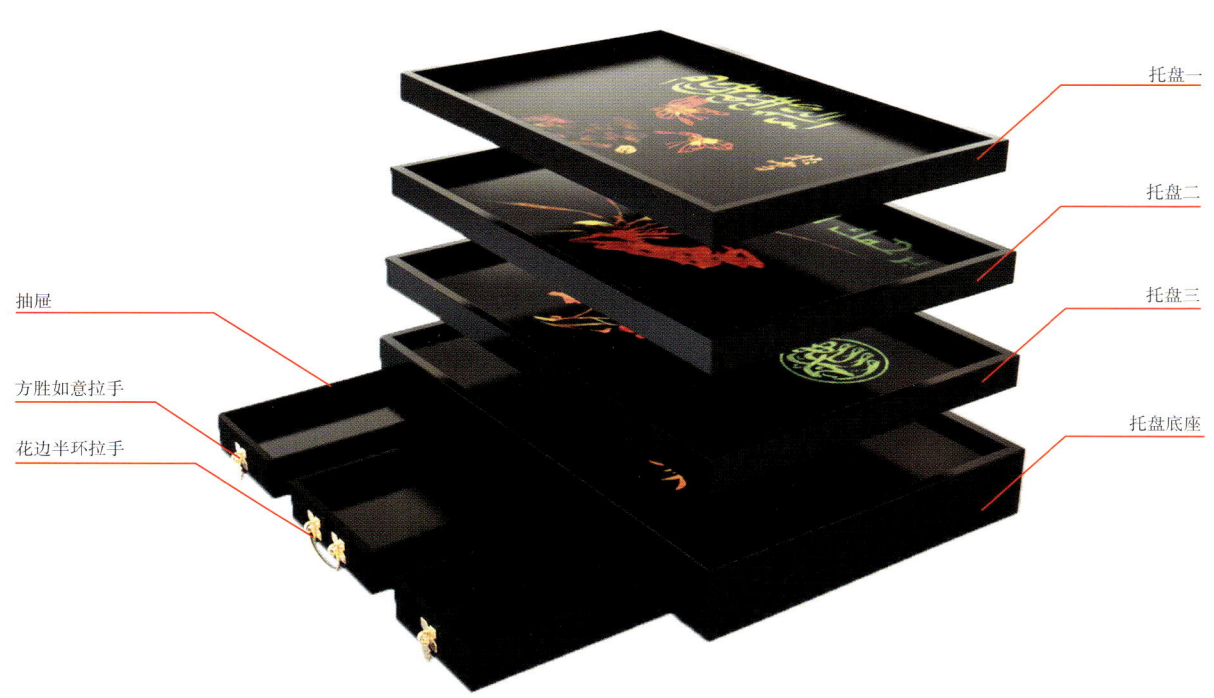

图三　回族托盘结构名称图

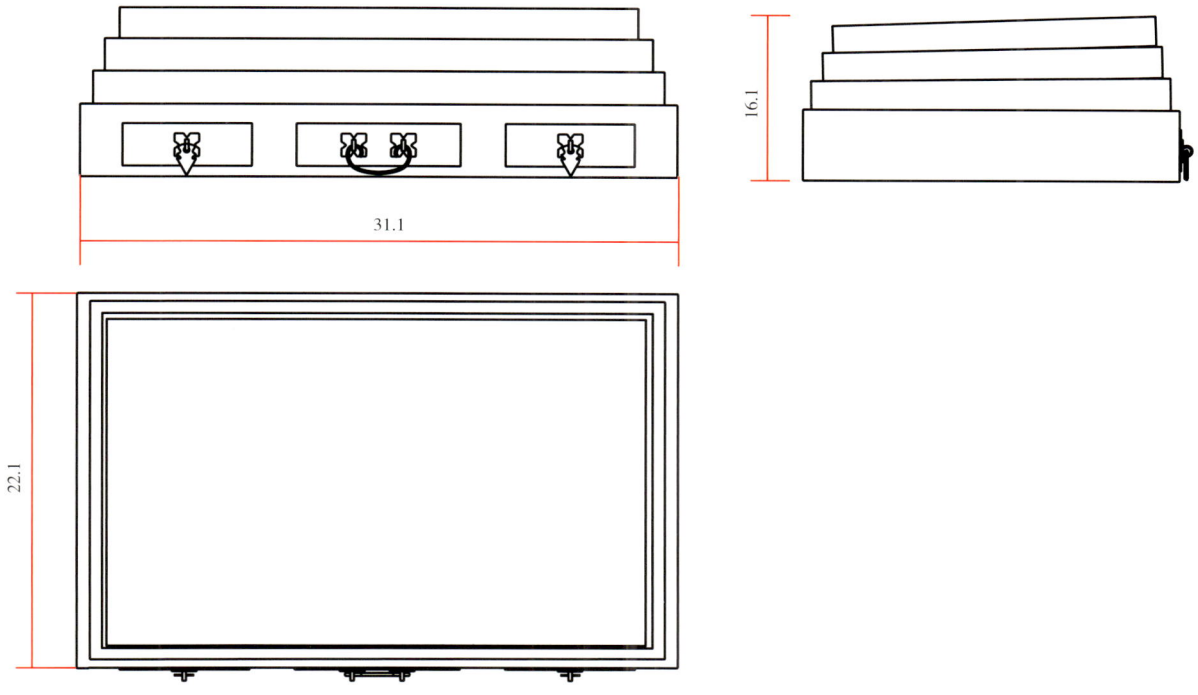

图四 回族托盘三视、尺寸图（单位：cm）

回族铜印章

图一　回族铜印章主图

  本案例回族铜印章造型为一穹顶清真寺，星月为钮。印面正方形，阳刻阿拉伯文。现藏于宁夏博物馆。

  中国印章历史悠久，意趣盎然，通行于周代，盛于秦汉，大都以金、铜、玉等铸、凿而成，它是我国古代作为凭证的信物。印章起源跟商品社会的出现、社会交流的需要关系密切。不相识的人相互怎样取信？只有凭信物，印章于是应运而生。汉代蔡邕《独断》云："印者信也。"印章在古代社会中虽不能和青铜器、礼器相比，但地位也很重要。印材（即印坯）是篆刻艺术最基本的凭借材料。宋元以前制印大多用质地较为坚硬的金、银、铜、玉或犀角、象牙、竹、木等为材料。及至元代，王冕始试以花乳石作印。由于花乳石质地细腻温润，且容易受刀，一时间成为书画治印的普遍用料。到了明代，石质印材被印人广泛采用。石章质地松脆柔糯，易于入刀，加上刀法不同会产生比其他印材更为丰富的艺术效果，所以深受历代篆刻家的青睐。此后印坛即以石章作为刻印的主要材料，并一直延续至今。

  铜印章用雕塑等手段确定印钮的造型及章坯尺寸，然后制造专用的橡胶模具，把加热熔化的工业合成蜡倒入模具，冷却后取出，印章蜡型便完成了。蜡型经过修整、组模、挂砂、制壳、焙烧、浇注、清理等过程，生产出适合錾制的印章毛坯。錾制所用的印章毛坯要求很高，必须保证生产出的毛坯无铸造缺陷。

图二　回族铜印章浅描图

图三　回族铜印章尺寸图（单位：cm）

第六章　回族传统手工艺

古代铜印，是印章的起源，其印制古朴、用料特殊、不易损坏，便于长久保存，具有较高的历史价值。

图片来源
图一　宁夏博物馆
图二至图四　虞洁琼　制图

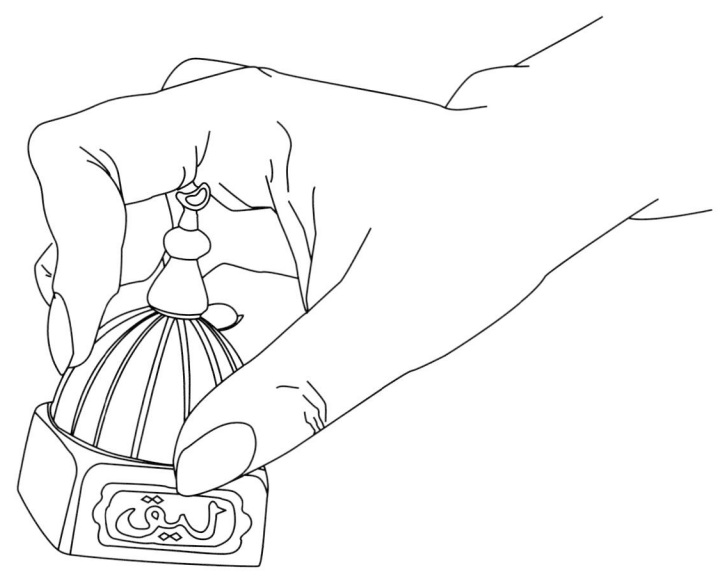

图四　回族铜印章使用示意图

第七章 回族传统民俗和宗教

回族经架

图一　回族经架主图

　　本案例回族经架,现代物品,收藏于宁夏博物馆,为伊斯兰教礼拜用品,可供大小不同的经书放置其上,便于长时间的阅读。本经架长38.2厘米,宽18.7厘米,厚0.7厘米。

　　经架用材名贵,为红木。采用传统手工的制作技法,由工匠将整块木头锯成两片,进行雕刻,再用连体榫卯相互套合,最后打磨、抛光、不上漆制作而成。经架采用透雕工艺,镂刻着丰富的几何图形、植物花卉纹饰及阿拉伯文。工艺古朴典雅、精美绝伦,体现了现代木工纯熟的木雕技能。转轴设定有固定的角度,约120度,是经过一代代的经验得出的最适合阅读并翻阅经书的角度。折叠式的设计使经架便于收放。

图片来源
图一　宁夏博物馆
图二至图四　陈炳灿　制图

图二　回族经架解析图

图三　回族经架套合结构图

第七章　回族传统民俗和宗教

图四　回族经架渲染图

回族经柜

图一　回族经柜主图

　　本案例回族经柜为民国物品，现藏于宁夏博物馆。回族经柜是用于存放《古兰经》的用具，是回族人民日常生活中家家必不可少的生活器具，由箱盖、箱体、插板、须弥座、牙板、四蹄箱脚所构成。经柜的尺寸为长35厘米，宽26厘米，高51厘米。

　　该经柜为长方形，箱盖呈飞檐形态，造型优美大气。顶面开横槽，内置插板当作箱门，捏住插板上的把手向上提起即可打开。插板左右的圆柱设有卡槽，用以固定插板打开与闭合的路径。经柜中间具有民族特色的木雕图案是阿拉伯文书法所篆刻的经文，团花形开光内阳刻阿拉伯文。箱脚为四蹄足，造型优美，并与上顶相呼应。

　　本案例的回族经柜造型经典，整体比例协调、结构合理，是近代经柜之典范。

图片来源

图一　宁夏博物馆
图二　汤繁稀　制图
图三　张灿斌　制图

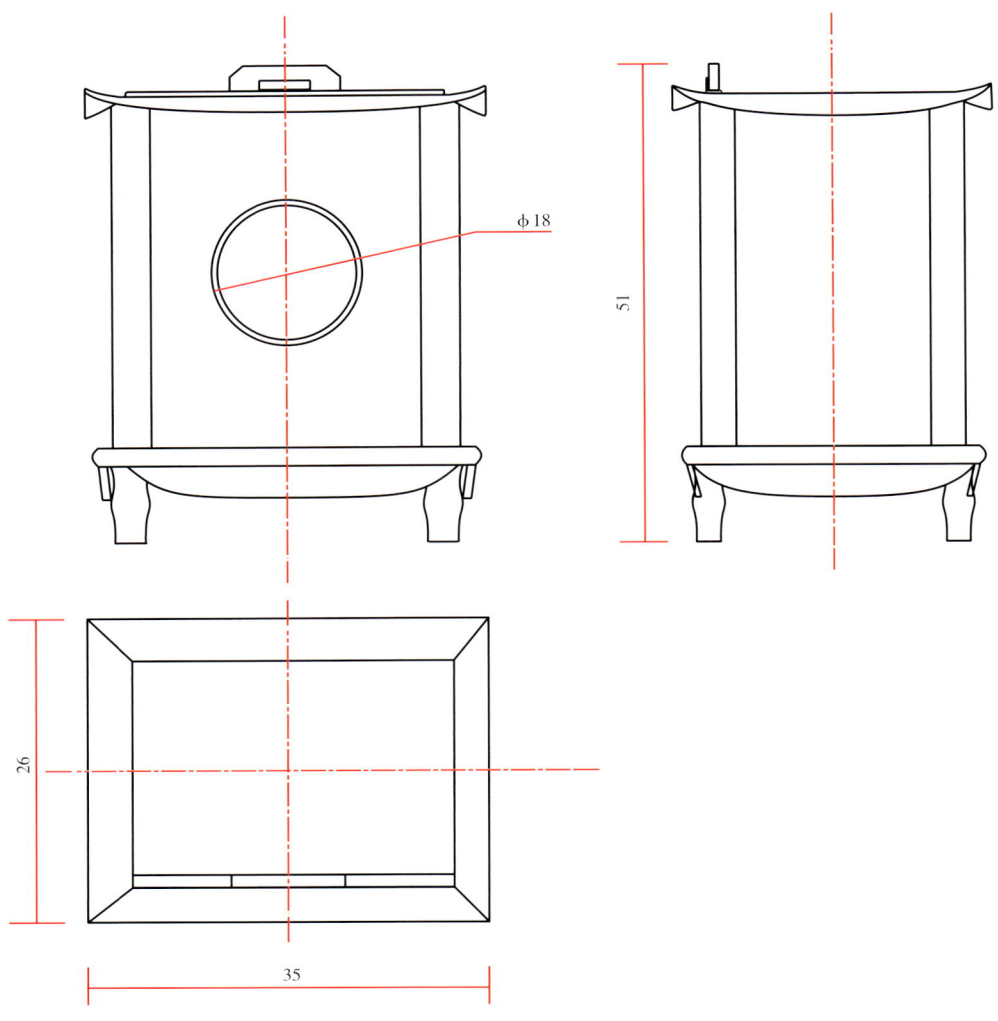

图二　回族经柜三视、尺寸图（单位：cm）

图三　回族经柜结构名称图

回族经案

图一　回族经案主图

案，古称几，本义是指木制的盛食物的矮脚托盘，亦指长形的桌子或架起来代替桌子用的长木板。案的古意为狭长的承具，如书案、平头案等。本案例回族经案长227厘米，宽45厘米，高93厘米。该经案现收藏于宁夏博物馆。

本案例中的经案为桃木质地，长方形，纹饰图案集中在正面，挡格上方横排三组阳刻阿拉伯文，下方刻着花叶，绿色花叶衬托着金色的阿文，以及醒目的朱漆，视觉效果相当强烈。经案的案腿不在四角，而在案的两侧向里收进一些的位置。前后案腿不一致，在前案腿上有精致的花纹，而后案腿则没有。两侧的腿间大都镶有雕刻各种图案的板心或各式圈心。该经案做工精细，是清真寺大殿中为数不多的陈设品之一，用来放置《古兰经》以及香炉等，具有很高的历史研究价值。

图片来源
图一　宁夏博物馆
图二至图四　汤繁稀　制图

图二　回族经案线描图

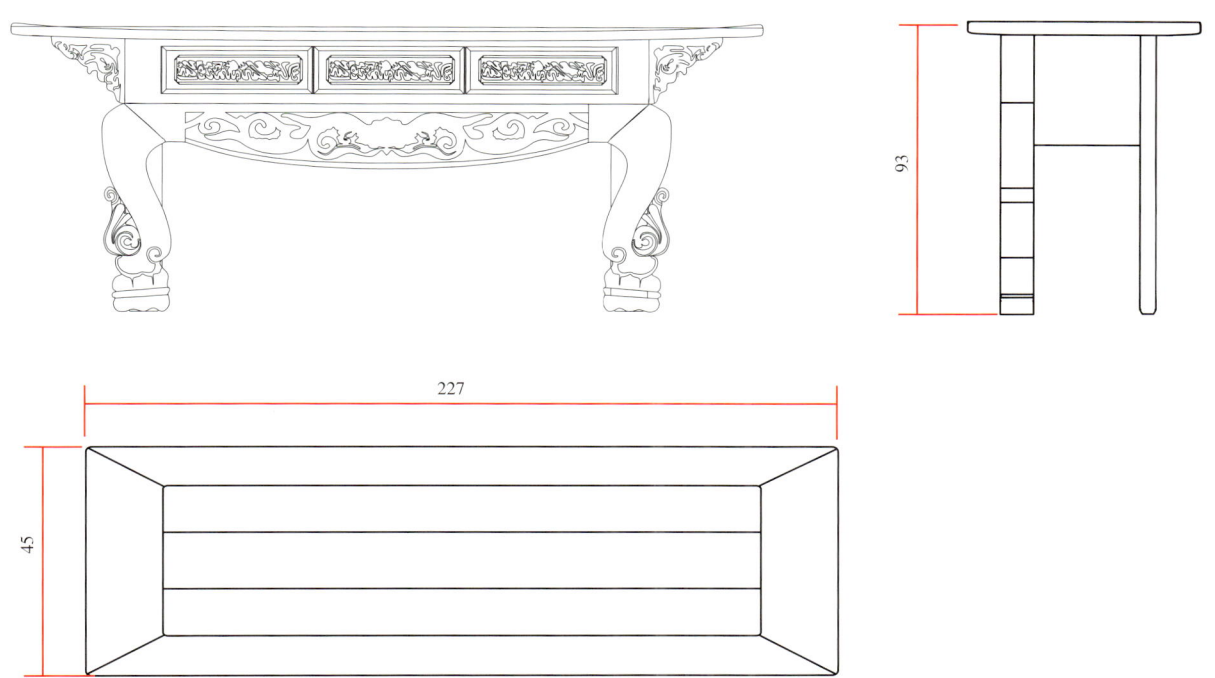

图三　回族经案三视、尺寸图（单位：cm）

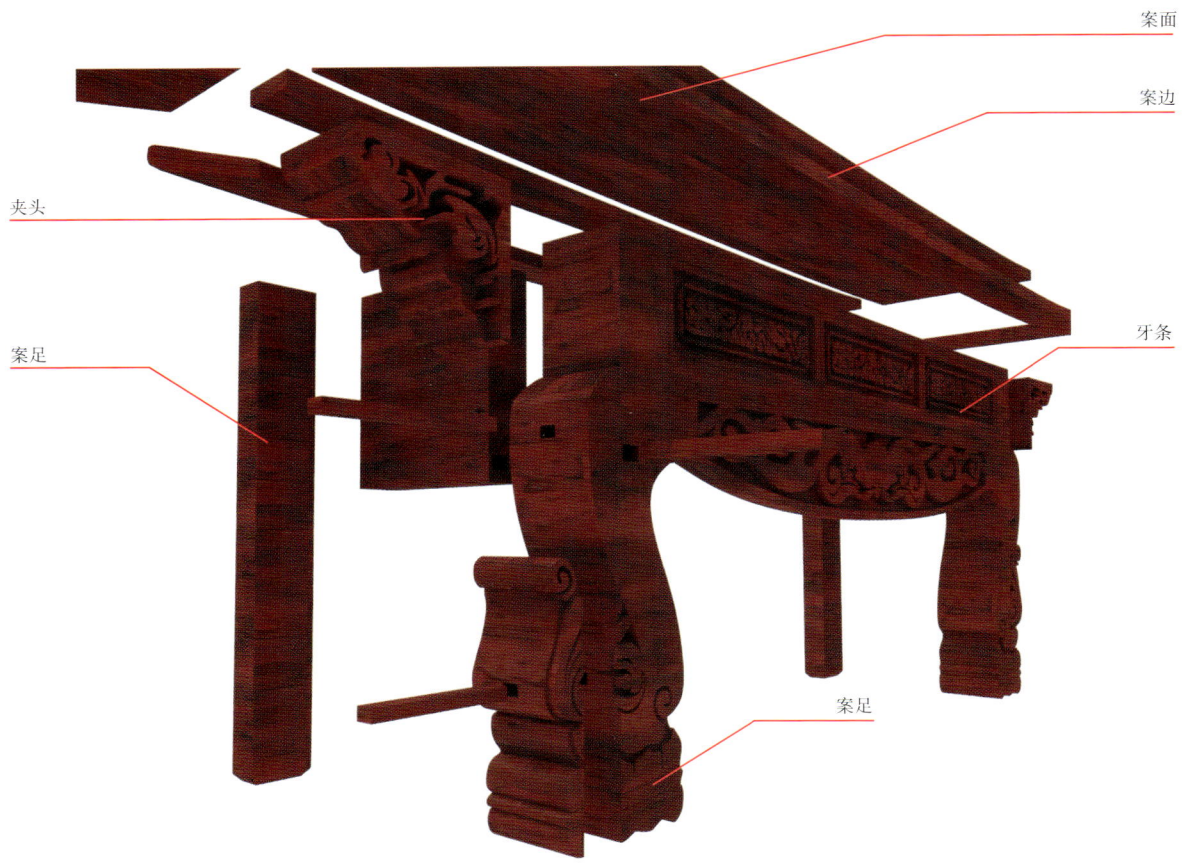

图四　回族经案解析图

回族梆子

图一　回族梆子主图

梆子（又名梆板），民间打击乐器。主要随着梆子腔戏曲的兴起而流行，常常应用于戏曲音乐、说唱音乐及民间器乐合奏，广泛流行于山西、陕西、河北、河南、山东等地。而在回族民众心中，梆子有其特殊的含义，它是举行宣礼仪式中必要的工具。

本案例回族梆子宽44.5厘米、长16.5厘米，敲击时声音清脆。梆子一般用干透的枣木心制作，取材方便而且坚实，外表光滑、带有适度的圆弧和棱角。

邦克仪式开始时，由专人上邦克楼，左手执方形梆板，右手执圆形硬木棒，以圆柱形的木棒有规律地敲击长方形的梆板头，发出高亢、清脆、坚实的声音。

图片来源

图一、图三至图六　汤繁稀　制图
图二　邱珂　制图

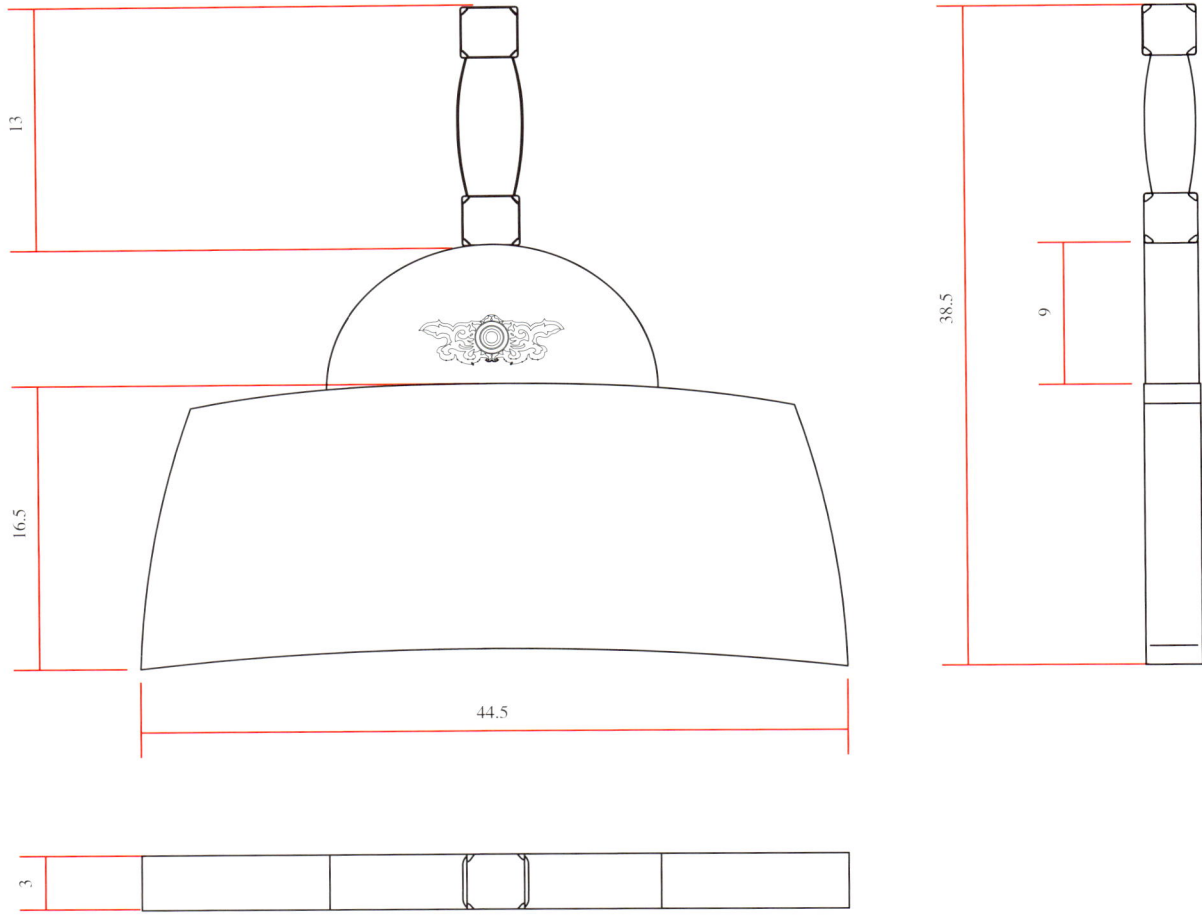

图二 回族梆子三视、尺寸图（单位：cm）

图三 回族梆子纹饰图

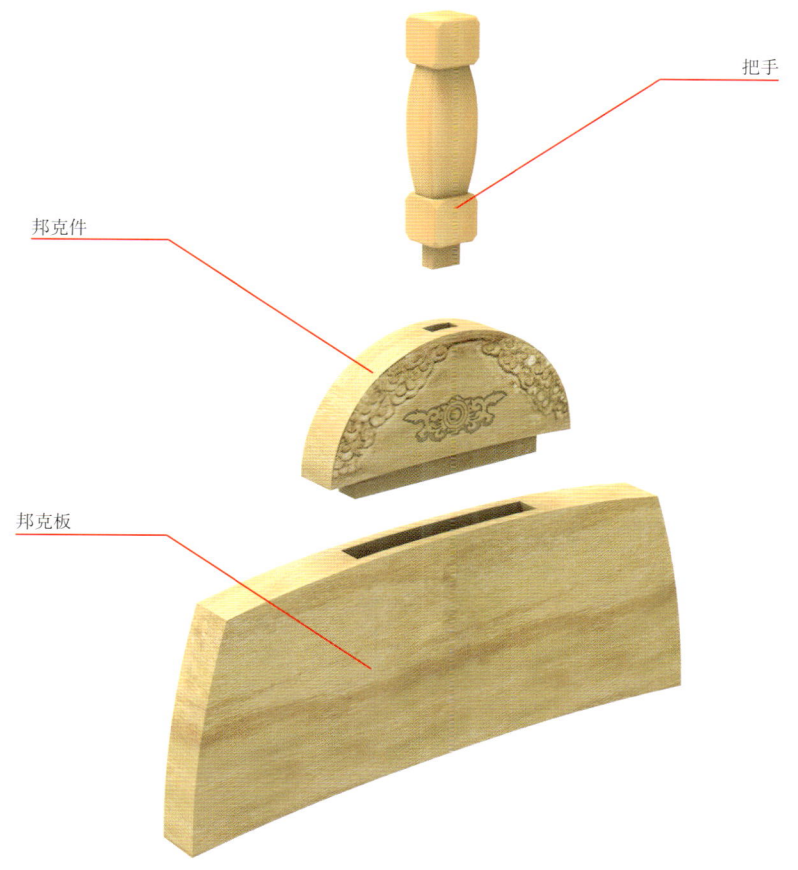

图四 回族梆子解析图

把手

邦克件

邦克板

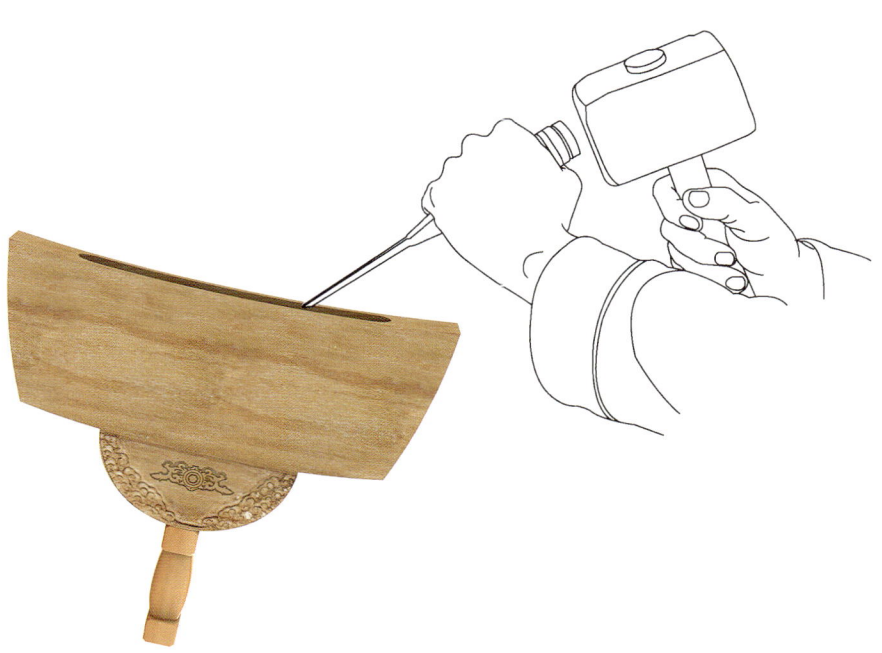

图五 回族梆子制作工艺图

第七章 回族传统民俗和宗教

503

图六　回族不同形制的梆子对比图

回族袖珍版古兰经盒

图一　回族袖珍版古兰经盒主图

本案例回族袖珍版古兰经盒出自清代至民国时期，基本形态是长方体。长3.6厘米，宽2.4厘米，高3.5厘米。现藏于宁夏博物馆。

该经盒上半部分是半圆柱体，而下半部分是长方体。其功能是用来放置和保护《古兰经》（袖珍版）的。袖珍版古兰经盒是一个仅比拇指稍大的镀金小盒。该铜盒精致小巧，浮雕是植物纹饰，而且镶嵌有翡翠和玛瑙。盒盖的中央有一个径长约1厘米的放大镜，供翻阅时使用。盒上的小铁环是用丝带穿连起来的，便于携带。

该经盒兼具实用价值和艺术价值，是回族的典范设计案例。

图片来源
图一　宁夏博物馆
图二至图五　董琪　制图

图二　回族袖珍版古兰经盒线描图

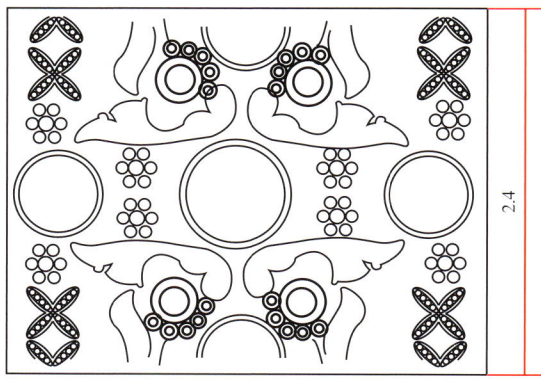

图三　回族袖珍版古兰经盒三视、尺寸图（单位：cm）

图四　回族袖珍版古兰经盒纹饰图

图五　不同形制的袖珍版古兰经盒对比图

回族三联双耳桶炉

图一　回族三联双耳桶炉主图

阿拉伯文香炉是回族人民使用的一种焚香器物，源于明代，香炉用途亦有多种，或熏衣、或陈设、或敬供。

本案例阿拉伯文香炉是三联炉，形态呈海棠花形，海棠花有"满堂"之意，蕴含着喜气和吉祥的意义；两侧对称式一对环耳，喻意着连接；直壁平底，四棱间的壁面弯弧，腹部前后一个莲纹图案，莲瓣饱满、枝叶舒卷，代表莲花的自然属性，莲纹内刻有阿拉伯文书法。

本香炉为陶瓷材质，制作工艺上采用失蜡法，属于"熔模铸造"的范畴。

图片来源
图一至图三　尧优生　制图

图二　回族三联双耳桶炉解析图

图三　回族三联双耳桶炉使用情境图

第七章　回族传统民俗和宗教

回族阿拉伯文无足香炉

图一　回族阿拉伯文无足香炉主图

本案例回族阿拉伯文无足香炉上沿长19厘米，宽8.4厘米，底长15厘米，宽6.5厘米，炉高11厘米。材质为白石质，整体呈元宝状、方唇、敞口、口缘凹弧形、斜直腹、平底、无足。外壁四面阴刻阿拉伯文。正面以绿漆为边，红漆为底，阴刻阿拉伯文。

香炉，是华人民俗、宗教、祭祀活动中必不可少的供具。历代使用的香器包含博山炉、手炉、香斗、卧炉等不同形制的香炉，以及熏球、香插、香盘、香盒、香夹、香铲、香匙、香筒及香囊等配套器具，使用的质料主要包括铜、陶瓷、金银、竹木及玉石等。其用途亦有多种，或熏衣、或陈设、或祭拜。形状常为方形或圆形，方形的香炉一般有四足；圆形的香炉，都有三足，一足在前，两足在后放置。

中国从古至今，从宫廷到民间，都有焚香祭拜、焚香净气、焚香抚琴和焚香静坐的习俗。古人追求焚香的境界，会尽量减少烟气，使香味低回悠长。对于焚香之趣，古书上多有论述。古时也有"焚香计时"之法。

图片来源
图一至图四　张灿斌　制图

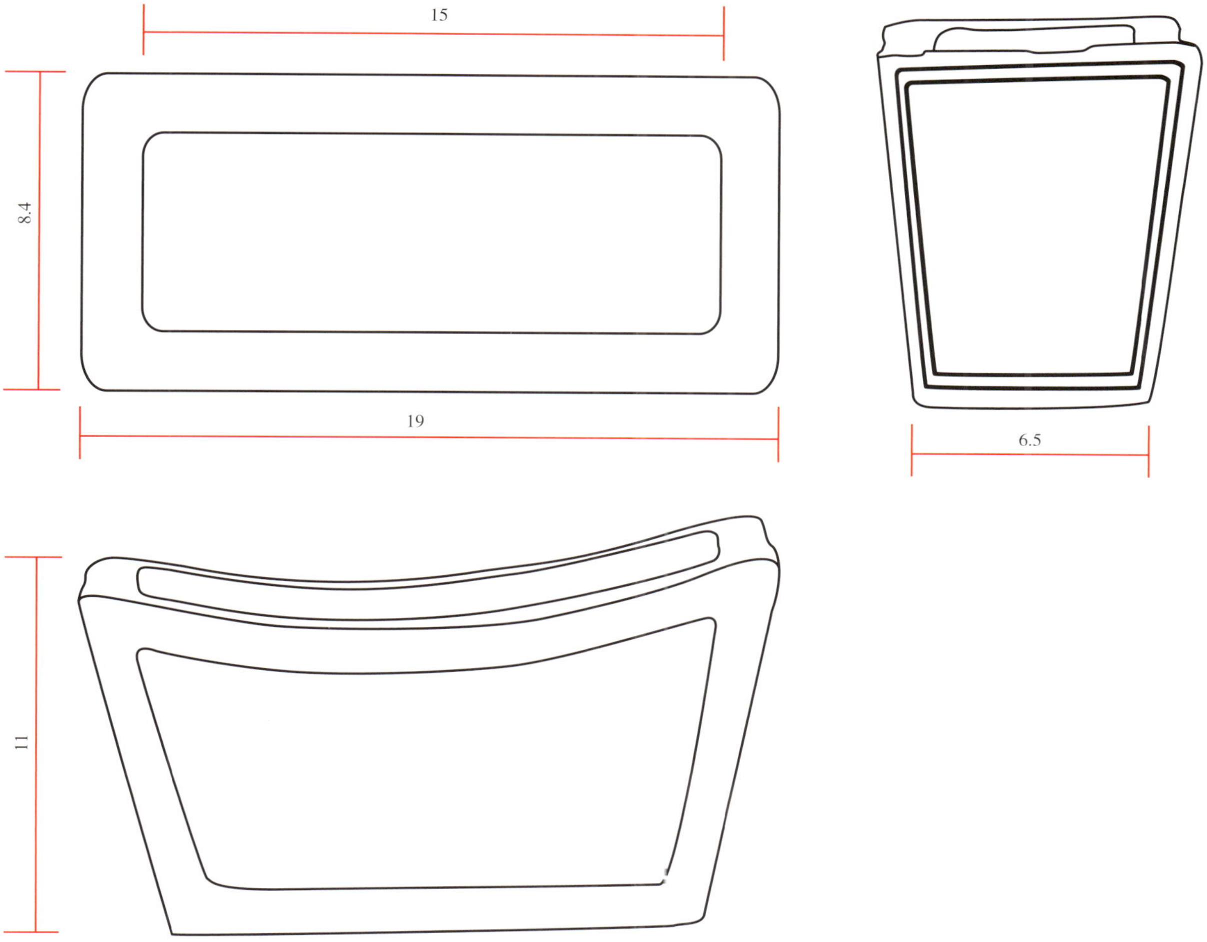

图二　回族阿拉伯文无足香炉三视、尺寸图（单位：cm）

图三　回族阿拉伯文无足香炉结构名称图

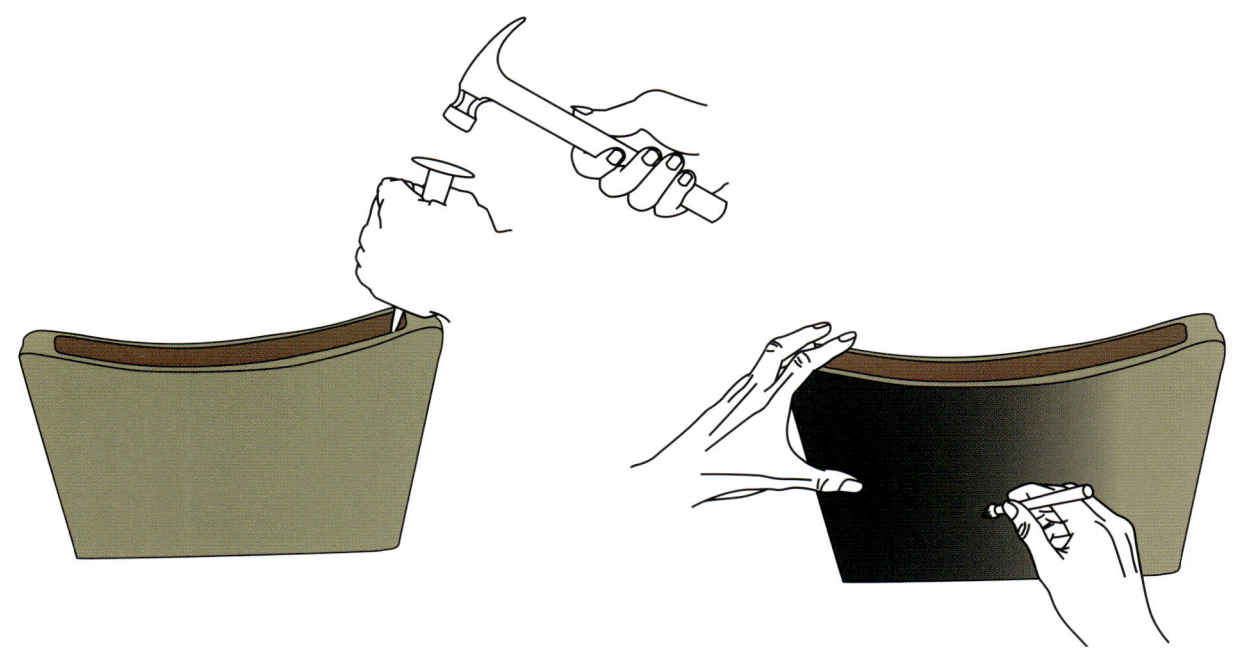

图四　回族阿拉伯文无足香炉制作工艺图

回族香筒

图一　回族香筒主图

香筒又称为香插，是古代熏化空气的一种室内用具，也是常见的祭祀工具，一般是直接将特制的香料或是香花放入香筒内，香气便从筒壁、筒盖的气孔中溢出，是古代富贵人家必不可少的生活用品。本案例回族香筒出自清代，造型与民间使用的筷筒相似，呈倒四棱柱形，长10厘米，宽10厘米，高36厘米。现收藏于宁夏银川永宁县中华回乡文化园中国回族博物馆。

用来制作香筒的材料是多种多样的，其中黄杨木为最常见的材料。比较讲究的是用紫檀、竹子等材料做成，工艺一般都非常精美，切雕工多为镂空，较为经典的图案有商山四皓、惠山五老、竹溪六逸、竹林七贤等。本案例中的香筒使用的是黄铜的材质，经过多番捶打焊接成型。由于是放置祀神敬祖的香枝，做工装饰均有讲究，并以各种吉祥图案装饰。

香筒外形各异，但一般以各种吉祥的图案为主要装饰，以表达古时人们对神明的崇高敬意和对未来美好生活的向往与追求，这种用具一般出现在大户人家，而且以它独特的花纹和特殊的材质受到了古玩收藏爱好者的青睐。

图片来源
图一　永宁县中华回乡文化园中国回族博物馆
图二至图四　虞正韬　制图

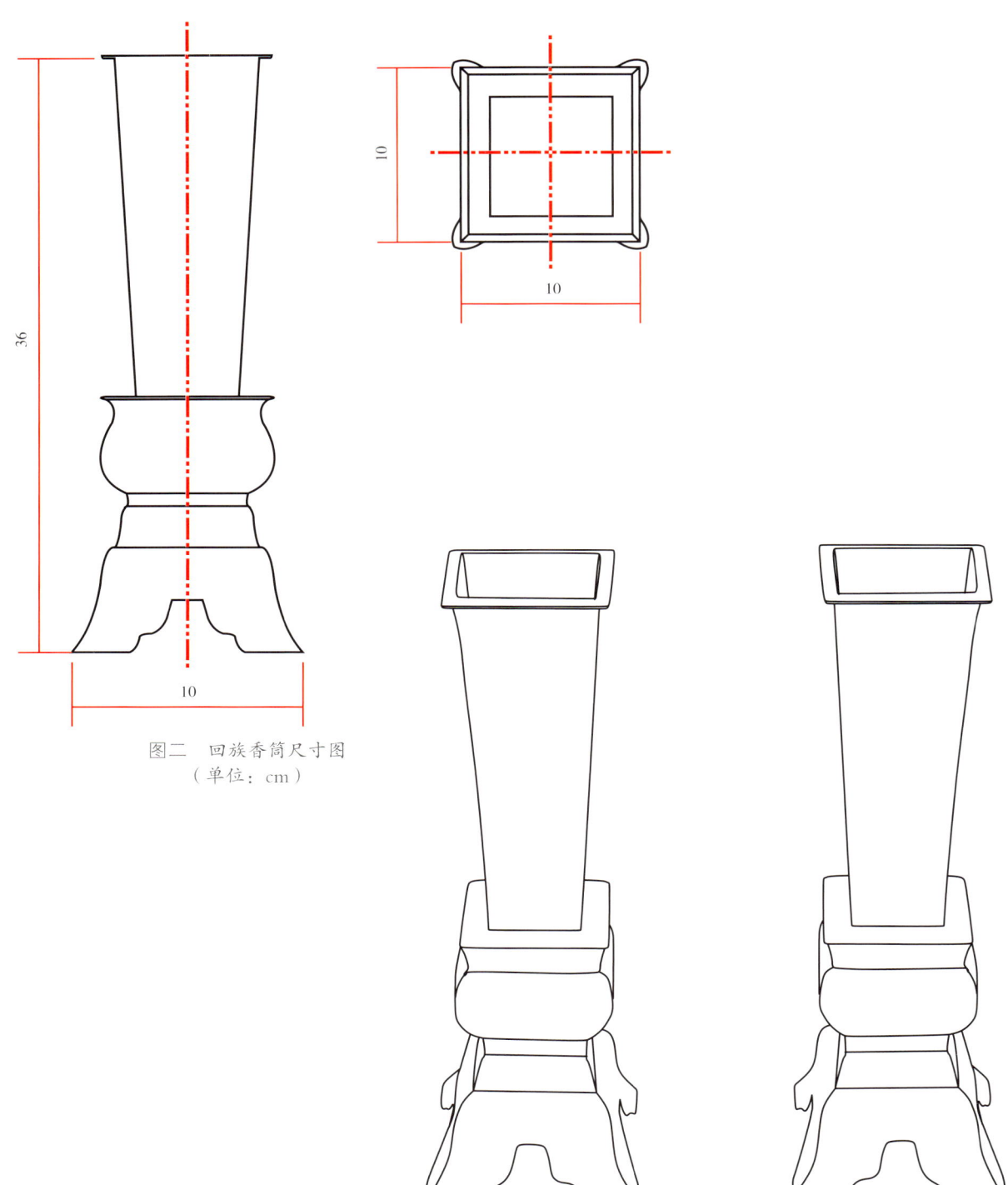

图二　回族香筒尺寸图
（单位：cm）

图三　回族香筒线描图

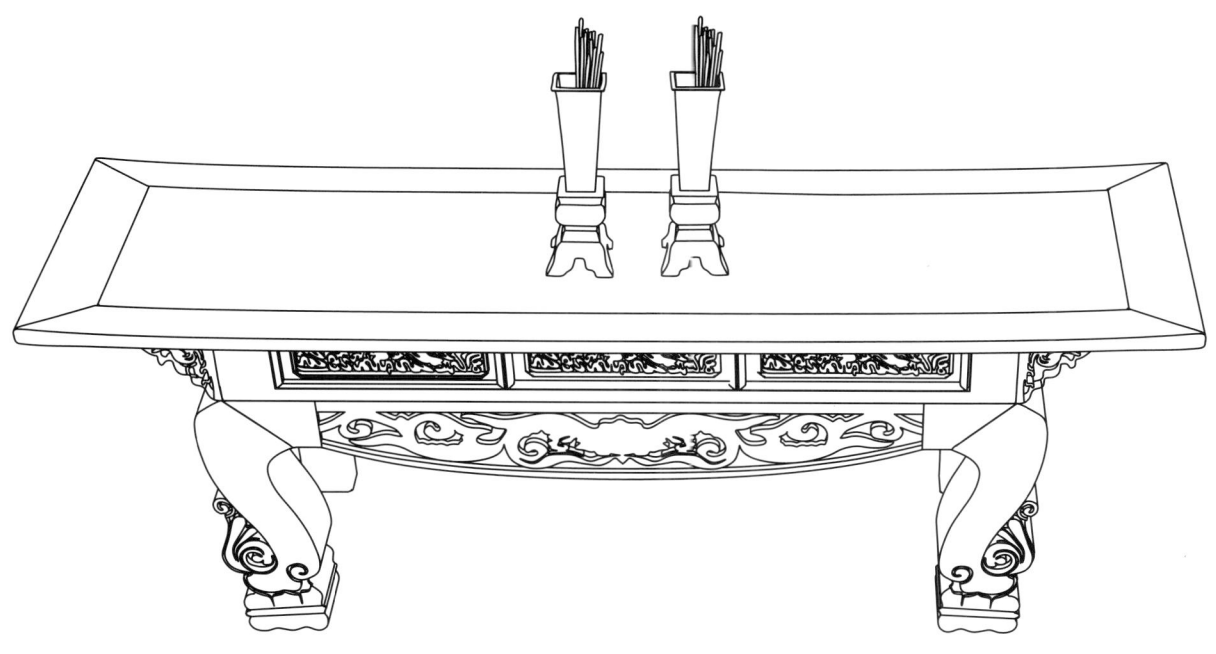

图四　回族香筒使用情境图

第七章　回族传统民俗和宗教

515

声　明

本书编写时收入的个别图片，因条件所限，未能同相关著作权人取得联系，获得授权，敬请谅解。请相关著作权人及时与编者联系，以便奉上稿酬。谢谢！